残疾人服务业
跨越式发展研究

基于融会中西的广东视角

STUDY ON THE LEAPFROG DEVELOPMENT
OF SERVICES FOR THE DISABLED IN CHINA:
A Comparative Analysis

刘小敏　张永安
　　　　　　　　　　著
左晓斯　江明旭 等

社会科学文献出版社
SOCIAL SCIENCES ACADEMIC PRESS (CHINA)

目　　录

第一章　选题论说 ………………………………………… 1

第一节　研究对象 ………………………………………… 1

第二节　研究价值 ………………………………………… 8

第三节　研究范式 ………………………………………… 15

第二章　理论基础 ………………………………………… 25

第一节　中国的相关理论 ………………………………… 25

第二节　国际社会的理论 ………………………………… 33

第三节　马克思主义理论 ………………………………… 41

第三章　制度支撑 ………………………………………… 50

第一节　发达国家相关制度 ……………………………… 50

第二节　后发国家相关制度 ……………………………… 61

第三节　当代中国相关制度 ……………………………… 70

第四章　道路回眸 ………………………………………… 79

第一节　发达国家发展道路 ……………………………… 79

第二节　后发国家发展道路 ……………………………… 89

第三节　当代中国发展道路 ……………………………… 101

第五章　个案分析 ………………………………………… 112

第一节　历史总结 ………………………………………… 112

第二节 现状透视 ……………………………………… 121

第三节 前景预测 ……………………………………… 128

第六章 总体构想 ……………………………………… 136

第一节 总体要求 ……………………………………… 136

第二节 战略定位 ……………………………………… 142

第三节 战略路径 ……………………………………… 150

第七章 理念创新 ……………………………………… 161

第一节 以人为本 ……………………………………… 161

第二节 服务至上 ……………………………………… 170

第三节 奋力跨越 ……………………………………… 178

第八章 制度创新 ……………………………………… 187

第一节 政策规定 ……………………………………… 187

第二节 法律规范 ……………………………………… 196

第三节 伦理规则 ……………………………………… 206

第九章 体制创新 ……………………………………… 216

第一节 公办机构服务 ………………………………… 216

第二节 民办机构服务 ………………………………… 226

第三节 社区机构服务 ………………………………… 236

第十章 机制创新 ……………………………………… 248

第一节 投资融资 ……………………………………… 248

第二节 队伍建设 ……………………………………… 259

第三节 综合测评体系 ………………………………… 266

附录一　残疾人服务业研究广东访谈录 ·················· 285

附录二　残疾人服务业研究广东实地调研报告 ·········· 325

附录三　残疾人服务业研究广东问卷调研报告 ·········· 339

参考文献 ································· 364

后　记 ···································· 372

第一章　选题论说

　　满腔热情地关心残疾人，切实尊重残疾人的公民权利和人格尊严，给他们以平等地位和均等的机会，让他们共享社会物质文化发展的成果，是我国社会主义制度的本质要求。

——中共中央前总书记：胡锦涛①

　　《残疾人服务业跨越式发展研究——基于融会中西的广东视角》，是由广东省社会科学院、广东省残疾人联合会和中山大学联合成立的"残疾人服务业研究"课题组承担的中国残疾人联合会 2012～2013 年度残疾人事业理论与实践研究课题——"残疾人服务业研究"的最终研究成果。本章从研究对象、研究价值、研究范式三个方面对该著作的选题作简要论说。

第一节　研究对象

　　确定研究对象是科学研究各类选题的基本前提。有鉴于此，本节先对本选题之"残疾人服务业跨越式发展"的基本概念、研究范围与重点对象作简要探讨。

一　内涵诠释

　　准确把握"残疾人服务业跨越式发展"的内涵，旨在找到开启残疾人服务业跨越式发展之门的钥匙，科学掌握残疾人服务业跨越式发展的客观

---

①　胡锦涛：《发展残疾人事业　共同创造幸福生活》，《中国残疾人》2003 年第 10 期，第 6～7 页。

规律，有效促进残疾人服务业的跨越式发展。

（一）残疾人概念与类别

"残疾人是指在心理、生理、人体结构上，某种组织、功能丧失或者不正常，全部或者部分丧失以正常方式从事某种活动能力的人。"[①] 1990 年 12 月 28 日第七届全国人民代表大会常务委员会第十七次会议通过、2008 年 4 月 24 日第十一届全国人民代表大会常务委员会第二次会议修订的《残疾人保障法》认同这一概念，并指出残疾人包括视力残疾、听力残疾、言语残疾、肢体残疾、智力残疾、精神残疾、多重残疾和其他残疾的人。

1995 年中国残疾人联合会出台《残疾人实用评定标准（试用）》，对不同类别的残疾作过明确界定。视力残疾是指由于各种原因导致双眼视力障碍或视野缩小，通过各种药物、手术及其他疗法不能恢复视功能者（或暂时不能通过上述疗法恢复视功能者），以致不能进行一般人所能从事的工作、学习或其他活动。听力残疾是指由于各种原因导致双耳不同程度的听力丧失，听不到或听不清周围环境声及言语声（经治疗一年以上不愈者）。言语残疾是指由于各种原因导致的言语障碍（经治疗一年以上不愈者），不能进行正常的言语交往活动。肢体残疾是指人的肢体残缺、畸形、麻痹所致人体运动功能障碍。智力残疾是指人的智力明显低于一般人的水平，并显示适应行为障碍。精神残疾是指精神病人患病持续一年以上未痊愈，同时导致其履行家庭、社会应尽职能出现一定程度的障碍。

（二）残疾人服务业内涵

服务业可分为服务事业和服务产业。为满足社会公共需要而提供服务产品的政府或社会的非营利性行为的集合属于服务事业。以增值或营利为目的而提供服务产品的生产部门和企业的集合属于服务产业。残疾人服务业是按照服务对象划分的现代服务业的重要组成部分，由政府及其相关职能部门统筹管理，以专业机构为骨干，以城乡社区为基础，以家庭邻里为依托，以向残疾人提供托养看护、康复训练、医疗卫生、教育培训、劳动就业、社会保障、文化体育、信息通达、无障碍出行、法律维权等为服务主要内容。

按服务机构的性质划分，残疾人服务业可分为残疾人服务事业和残疾

---

① 邓朴方：《人道主义的呼唤》，北京：华夏出版社，1999，第 108 页。

人服务产业。残疾人服务事业是残疾人服务业的基本内容，属于"雪中送炭"的工作，主要提供确保底线公平所必需的基本公共服务，以非营利为准则，通常由政府及其相关部门设置的相关事业机构提供服务，或者由政府及其相关部门组织社会各类非营利性组织提供服务，政府及其相关部门必须切实加强对服务的管理，并承担终极责任。残疾人服务产业是残疾人服务业的拓展内容，属于"锦上添花"的工作，主要提供基本公共服务以外的其他各类别、各层次的服务，以营利为准则，通常由以营利为目的的市场经济组织提供服务，政府及其相关部门设置的相关事业机构和社会各类非营利性组织一般不从事这类服务，但政府及其相关部门对这类服务负有监督管理的责任。无论是残疾人服务事业还是残疾人服务产业，都必须依法管理和依法运营，违者都必须追究法律责任。

（三）跨越式发展的内涵

在中国，"跨越式发展"的概念，是由清华大学公共管理学院学者胡鞍钢在世界银行总结韩国快速追赶发达国家的模式以及在经济合作与发展组织中的英国经济学家麦迪森（Angus Maddison）[①] 等人的启发下，依据美国经济学家罗默（Paul Romer）的"新经济增长"模型理论最早于 1999 年提出的。这一概念，顾名思义，就是指一定历史条件下落后者对先行者走过的某个发展阶段超常规的赶超行为。科学使用这一概念，必须对这一概念做更进一步的严格界定，否则就会将其混同为违背客观规律的"大跃进"式的"作秀"的政治口号。[②]

参考学术界的研究成果并将之融入课题组的思考，所谓"跨越式发展"必须满足五个要件。一是高速度发展，即要在遵循发展规律的前提下，用尽可能短的时间达到目标；二是高水平发展，即要在凸显科技进步的前提下，努力实现质量与效益的跨越；三是赶超型发展，即要在增强竞争能力的前提下，努力缩小地区与行业差距，甚至让后发的地区与行业赶上或超过发达的地区与行业；四是非均衡发展，即要在符合客观实际的前提下，突出重点，在不同的领域有先有后、有所侧重；五是可持续发展，即要在

---

① 本著作对正文中出现的能确认已故的中外名人均在首次出现时标注生卒年份；健在或不能确认已故的中外名人均不标注生卒年份；除不习惯使用英文名的华裔、亚裔人士外，健在或已故的非中国籍名人均在首次出现时统一标注英文名。以下不再注。

② 鞠靖等：《"跨越式发展"，连"地基"都跨越了》，《南方周末》2011 年 8 月 4 日（时局版）。

增强发展活力的前提下，努力兼顾经济社会协调发展和人口、资源、环境协调发展。

二 外延界定

"残疾人服务业跨越式发展"是本著作整体上的研究对象。该研究对象不仅涉及上一目所讨论的三个基本概念，而且必须拓展到以下三个层面。

（一）服务主体

残疾人服务业跨越式发展的服务主体，是指具有不同性质的从业资质并直接或间接为残疾人提供事业服务或产业服务的机构、组织及其从业人员。

按主体属性划分，当下中国主要有三类服务主体。一是以政府残疾人工作委员会和残疾人联合会为代表的相关机构或组织。政府残疾人工作委员会的成员单位所涉及的党务机关、权力机关、行政机关、司法机关、国有企业、群众团体以及相应的政治、经济、文化组织均属于此类。二是以残疾人托养中心或收养残疾人的安养院、康复中心、康复医院或综合性医院康复科、有随班就读学生的普通学校、特殊教育学校、残疾人就业培训服务中心、残疾人文化体育服务中心、残疾人信息服务中心、残疾人法律服务站等为代表的专业服务机构或组织。这一类包括非营利性的事业服务机构与组织，非营利性的民间服务机构与组织，营利性的产业服务企业、机构与组织。三是相关机构或组织中的公民。在残疾人服务业内从业的公民，通常以健全人为主，但也包括残疾人集中就业的福利企业①或具有一定从业能力的残疾人。

按服务属性划分，当下中国主要有两类服务主体。一是直接服务主体。所谓直接服务，是指服务主体与服务客体之间不存在中介环节。如在社区从事残疾人慈善事业、残疾人社会服务或志愿服务，或残疾人服务产品销售的机构、组织、企业或个人，经常为残疾人服务的残疾人家庭成员及其邻里与亲友，大抵属于直接服务主体。二是间接服务主体。所谓间接服务，是指并不直接向服务客体提供服务，而仅仅生产残疾人所需的公共产品，或仅仅为服务产业或服务事业主体提供服务。如仅仅生产残疾人所需的公

---

① 课题组认为，福利企业即便不直接从事为残疾人服务的工作也应该划归残疾人服务业，因为仅就残疾人就业服务的功能而言，福利企业也具有残疾人服务业的性质。

共产品的营利型企业或社会企业，专门为残疾人服务事业、产业单位提供各类服务产品的中介机构与提供各类服务指导的机关社团单位，残疾人事业、产业发展的研究机构、组织，营造有利于残疾人事业、产业服务开展的舆论氛围的大众传播媒介，大抵属于间接服务主体。

（二）服务客体

残疾人服务业跨越式发展的服务客体，是指残疾人服务业的服务对象，即广大残疾人。

根据 2010 年第六次全国人口普查中国总人口数及 2006 年第二次全国残疾人抽样调查，中国残疾人占全国总人口的比例和各类残疾人占残疾人总人数的比例推算，2010 年末，中国残疾人总人数为 8502 万人。各类残疾人的人数分别为：视力残疾 1263 万人；听力残疾 2054 万人；言语残疾 130 万人；肢体残疾 2472 万人；智力残疾 568 万人；精神残疾 629 万人；多重残疾 1386 万人。各残疾等级人数分别为：重度残疾 2518 万人；中度和轻度残疾 5984 万人。[①]

（三）服务载体

残疾人服务业跨越式发展的研究对象，还包括在服务主体与服务客体中间发挥连接作用、对残疾人服务业跨越式发展有重要辅助作用的若干服务载体。

具体来说，在中国主要有以下三类服务载体。一是地理载体。例如，残疾人家庭及其邻里所居住的城乡社区，就是残疾人服务业跨越式发展的地理载体。二是物质载体。例如，发展服务所需的各类资金，各类无障碍设备、设施与场馆，都是残疾人服务业跨越式发展的物质载体。三是精神载体。例如，古今中外与残疾人服务业跨越式发展相关的理论、政策法规与实践经验教训，与残疾人服务业跨越式发展相关的著作、论文、研究报告等研究成果，在现实生活中大力促进残疾人服务业跨越式发展的舆论环境，都是残疾人服务业跨越式发展的精神载体。

三 个案选择

本著作主要立足于广东省，研究如何实现中国大陆 31 个省、自治区、

---

① 赵燕潮：《中国残联发布我国最新残疾人口数据——全国残疾人口逾 8500 万》，《中国残疾人》2012 年第 4 期，第 20 页。

直辖市残疾人服务业的跨越式发展。① 为什么要选择广东省残疾人服务业发展作为研究的个案或基本的研究视角，主要有三个方面的缘由。

（一）必要性

个案研究法是指对某一个体、某一群体、某一组织或某一地区进行长时期的跟踪调查，研究其相关现象发展变化的规律性，并将研究结果以其他辅助方式推广到全局的研究方法。个案研究法在系统掌握全局性数据和资料上存在难以克服的缺陷，但麻雀虽小，肝胆俱全，仍可以充当鸟类生理构造的标本。个案研究法作为解剖麻雀式的研究方法，也并非完全不具有推论全局的可能性。

更为重要的是，个案研究法在收集历史数据和资料的积淀上有优势，也可获取最新鲜的现实数据与资料，而且数据和资料都比较精确。由于存在数据资料上的这些优势，个案研究法对问题的分析往往比较深刻，据此提出的解决问题的方案往往具有较强的可操作性和现实针对性。个案研究法不是简单地收集个别事实的经验主义的方法，它的真正价值，就在于通过个案研究总结或提取普遍性原理，在个别与一般的辩证统一中寻求个案的一般化。

由此可见，在全局性研究对象中选取较有典型性、代表性的个案进行深入研究，对形成全局性的判断具有重要意义。正因为如此，本著作必须选择较有典型性、代表性的个案来研究如何实现中国大陆 31 个省、自治区、直辖市残疾人服务业的跨越式发展。

（二）可行性

本研究选择广东为研究个案的最重要的原因，就是因为作为个案的广东在全局性研究对象——中国大陆 31 个省、自治区、直辖市中较有典型性、代表性。

从历史上看，广东无愧为中西文化的交汇地。形成于秦汉时期的中国

---

① 31 个省、自治区、直辖市指黑龙江省、吉林省、辽宁省、河北省、河南省、山东省、山西省、湖南省、湖北省、安徽省、江苏省、浙江省、福建省、江西省、广东省、海南省、贵州省、云南省、四川省、陕西省、青海省、甘肃省；内蒙古自治区、新疆维吾尔自治区、宁夏回族自治区、广西壮族自治区、西藏自治区；北京市、上海市、天津市、重庆市。台湾、香港、澳门是中华人民共和国不可分割的重要组成部分。之所以本著作只研究除台湾省、香港特别行政区、澳门特别行政区之外的中国大陆 31 个省、自治区、直辖市残疾人服务业的跨越式发展，是因为中国大陆地区与中国台湾、香港、澳门地区实行不同的社会制度，前者实行社会主义制度，后者实行资本主义制度，二者属于不同的研究类别。

与外国交通贸易和文化交往的海上通道——"海上丝绸之路",始发港是广东的徐闻古港;从1523年开始海禁,到1842年签订《南京条约》为止的320年间,除个别地区和特殊情况外,中国基本上是广州"一口通商",广东垄断了中国的对外贸易;毗邻的实行资本主义制度的香港、澳门地区,历史上也曾长期属于广东管辖。1978年12月至今,广东一直充当中国改革开放的排头兵,到2012年,广东的GDP①总量已经连续24年高居中国大陆各省、自治区、直辖市之榜首,其残疾人服务业发展总体上走在中国大陆的前列;广东的对外贸易总额,多年来也一直占中国大陆1/4的份额。这表明,广东不仅具有实现残疾人服务业跨越式发展的良好经济基础,而且其视角的确具有历史形成的融会中西的独到优势。

广东虽然经济总量较大,但面临的挑战也十分严峻。广东的城乡差距、区域差距、阶层差距之大,与中国大陆许多地区相近,远非GDP总量紧逼广东的江苏等地区可比。广东残疾人服务业跨越式发展虽然成效卓著,但经济社会发展不平衡的问题,包括残疾人服务业跨越式发展面临的问题和困难,仍然与中国大陆许多地区相近,某些方面甚至更为突出。这些问题和困难,在中国大陆具有普遍性。

展望未来,中共中央总书记习近平对广东的期望是"努力成为发展中国特色社会主义的排头兵、深化改革开放的先行地、探索科学发展的实验区,为率先全面建成小康社会、率先基本实现社会主义现代化而奋斗"②。这就表明,广东残疾人服务业跨越式发展所肩负的历史使命,比中国大陆许多其他地区更重。广东残疾人服务业跨越式发展的未来设计,应该对中国大陆残疾人服务业跨越式发展具有重要参考价值。

(三) 必然性

毋庸置疑,个案研究法并非研究全局的最佳方法,以点代面或以点带面在一定程度上难以避免研究的片面性。选择广东作为研究的个案,还有受客观条件制约及希望发挥主观能动性两个方面的原因。

众所周知,中国地大物博、人口众多,残疾人服务业构成情况错综复

---

① GDP:英文 Gross Domestic Product 的简称,即国内生产总值。指在一定时期内(一个季度或一年),一个国家或地区所生产出的全部最终产品和劳务的价值,常被公认为是衡量国家经济状况的最佳指标。

② 胡键、岳宗:《改革不停顿　开放不止步——习近平总书记考察广东纪实》,《南方日报》2012年12月13日(A01)。

杂，全国性的残疾人服务业统计指标体系尚未建立健全，即便就职于中国残疾人联合会，也常会有关键性数据难求之憾或存疑之虑。本著作的研究者均为地方学者，搜集全局性数据更为困难。本著作研究者过去曾承接并较好地完成了中国残疾人联合会残疾人事业理论与实践研究课题，在一定程度上具有全局性的理性认知，但是，却较难查找到全面、系统、精准的全局性数据材料，特别是极难获得非公开文献中的全新的数据资料，只能从已经公开的文献中获取若干相对滞后的数据资料。这让我们只能从个案入手，在深度拓展上做文章。当然，研究者会尽可能多地搜集全局性数据以及其他地区的比较性数据，以弥补个案研究法的不足。

但是，本著作研究者长期跟踪所在地区广东的残疾人事业发展，在对广东进行个案研究方面具有比较独到的优势。近十年来，本著作课题组骨干成员主持或参与并得到中国残疾人联合会，广东省委、省政府相关领导及相关专家学者不同形式肯定的地方性研究成果，就有《广东省残疾人事业发展状况考察与发展战略研究》《广东省残疾儿童研究》《广东残疾人社会保障制度研究》《广东省老年残疾人研究》《广东省残疾人事业"十二五"发展规划（2011～2015）》《广东残疾人保障和服务研究》《残疾人与社会建设》等。这些成果的共同特点是：注重借鉴吸纳中外残疾人事业理论研究、制度建设的最新成果，注重总结中外残疾人事业发展的经验教训，并以此推动广东残疾人事业的改革创新。由此可见，本项研究加上副题"基于融会中西的广东视角"，确实具有一定的必然性。

第二节　研究价值

残疾人服务业研究之所以成为中国残疾人联合会2012～2013年度残疾人事业理论与实践研究课题，是因为它具有极其重要的研究价值。有鉴于此，本节再对本著作选题的学术价值、历史价值和现实价值作简要探讨。

一　学术价值

2003年，时任中共中央总书记的胡锦涛在为《自强之歌》所写的序言中曾强调指出："满腔热情地关心残疾人，切实尊重残疾人的公民权利和人格尊严，给他们以平等地位和均等的机会，让他们共享社会物质文化发展的成果，是我国社会主义制度的本质要求。"这就意味着，研究残疾人服务业的发展，对坚持与发展中国特色社会主义理论体系具有重大意义。学者对残疾人服务业较少进行专题性研究及多学科的综合研究，而中国特色社会主义理论体系又包括诸多学科，因此，研究残疾人服务业发展，对多个学科都具有创新性的学术价值。

（一）发展社会学理论

在中国，早在1993年，华夏出版社就出版了奚从清、林清和、沈赓方主编的学术专著《残疾人社会学》，使残疾人社会学得以成为社会学的重要分支学科。这部著作把社会学原理具体地应用到残疾人工作之中，探讨了残疾人社会工作、社区服务等与残疾人服务关系密切的问题，但没有专题研究残疾人服务业发展问题。20世纪90年代至今，从社会学视角研究残疾人的学术成果非常丰富。2010年3月国务院办公厅转发中国残疾人联合会、教育部、民政部等部门发布的《关于加快推进残疾人社会保障体系和服务体系建设的指导意见》以来，从社会学视角研究残疾人社会服务的研究报告、论文乃至著作更是不断涌现。这些成果，都是对发展社会学理论的重要贡献。

与本著作选题最为相近的成果，是唐钧、李敬主编，2010年由研究出版社出版的《广东省残疾人社会服务体系研究》。该著作是由广东省残疾人联合会、中国社会科学院社会政策研究中心、中国残疾人联合会康复研究中心共同承担的中国残疾人联合会2008～2009年度残疾人事业理论与实践研究课题"广东省残疾人社会服务发展状况研究"的成果。全书由一个总报告和四个分报告组成，总报告先提出研究的背景与基本概念框架，揭示广东省残疾人的基本生活状况和需求、广东省残疾人服务机构的现状，然后对广东省残疾人社会服务体系进行理论分析，提出发展前瞻；分报告分别对广东省残疾人及其家庭的生活现状与社会服务需求、广东省残疾人社会服务组织的现状、广东省社区康复服务的现状与发展趋势、广东省农村残疾人的社会服务需求与现状进行研究。该著作从社会学理论特别是社会政策理论的视角研究广东省残疾人服务业的现状与前景，对发展社会学理论具有重大创新性贡献。

（二）发展经济学理论

凡是具有营利性的服务都是产业服务，这类服务大都可以交由市场各类经济组织承接。在传统模式下，残疾人服务基本上是具有非营利性的事业服务。但事实上，对残疾人的非基本公共服务，大都可以通过产业服务的形式提供。如对一些家庭经济状况好的残疾人提供非基本公共服务之外的高端服务，就可以采取产业服务的形式。课题组在实地调研中发现，在现实生活中确实存在收取较高报酬的优质儿童康复服务，而且接受服务的残疾儿童大都来自经济状况较好的家庭。广州市黄埔区民营的关爱精神康复医院，一方面挂康复医院的牌子以门诊收费的方式对外提供具有营利性的精神病人康复服务，另一方面与黄埔区残疾人托养中心合作，为残疾人提供非营利性的托养服务，而营利性服务的收益，在一定程度上被用于支撑公益性服务。这表明，残疾人服务应该包括对残疾人的产业服务。为残疾人提供产业服务的服务产业，也是残疾人服务业的重要组成部分。遗憾的是，现在学术界对残疾人产业服务的研究还相当匮乏。加强这方面的研究，对发展经济学理论具有重要的学术价值。

残疾人服务业研究的经济学意义并非仅仅存在于残疾人产业服务研究。单从就业服务的角度说，无论是生产领域还是服务领域，各类经济活动都存在残疾人就业安置的空间。从生产的角度看，无论是物质产品还是精神产品的生产，除了彻底丧失生产能力的残疾人之外，其他残疾人都可以因人而异，不同程度地参与其中，这就与残疾人的就业服务存在内在联系。从服务的角度看，在金融服务、信息服务、物流服务、商务服务以及教育培训等生产性服务业中，残疾程度不同的残疾人也存在不同程度的就业的可能性[①]；在购物、餐饮、休闲、游乐等消费性服务业中，盲人按摩就典型地昭示了残疾人就业的可能性。这些方面的研究，对发展经济学理论同样具有重要的学术价值。

（三）丰富其他的学科

根据残疾人口学、社会保障学、福利经济学等相关学科理论，由社会保障水平、生活福利待遇等因素构成的残疾人的生存发展状况，在很大程度上是衡量一个国家或地区特定时期经济社会发展水平的重要标尺。而残疾人的生存发展状况，在很大程度上又取决于残疾人服务业的发展水平。这表明，残疾人服务业研究，对丰富和发展残疾人口学、社会保障学、福利经济学等社会学、经济学学科门类下的相关子学科也有重要意义。

作为社会文明进步的重要标志，作为人权保障和人文关怀的深刻体现，

---

① 徐芳、张文亦：《生产性服务业的发展与残疾人就业促进》，《教学与研究》2008 年第 3 期，第 54～58 页。

残疾人服务业研究的成果，对政治学、法学、哲学、伦理学、文化传播学的丰富和发展具有重要的意义；残疾人特殊教育服务涉及教育学、心理学，残疾人康复服务涉及康复医学、康复治疗学，残疾人服务业研究对教育学、心理学、康复医学、康复治疗学等学科的发展，也具有重要的意义。

二 历史价值

从人道主义出发，只要有残疾人，就应该有残疾人服务业。1997 年 10 月 30 日，时任中共中央总书记的江泽民在美中协会等六团体的午餐会上的演讲中曾强调指出："中国是一个有十二亿人口的发展中国家，这个国情决定了在中国生存权、发展权是最基本最重要的人权。"① 从历史发展的纵向比较中可以发现，残疾人服务业跨越式发展，对维护残疾人的生存权、参与权、发展权，具有深远的历史意义。

（一）保障残疾人的生存权

在原始社会，人类在与大自然的斗争中优胜劣汰，绝大多数生存能力相对低下的残疾人士，在残酷的生存斗争中只能被无情地淘汰。到奴隶社会，《周礼·地官·大司徒》中曾有"以保息六养万民，一曰慈幼，二曰养老，三曰振穷，四曰恤贫，五曰宽疾，六曰安福"的制度安排，但这种安排在奴隶社会并没有贯彻始终，残疾人整体上也处于难求生存的境地。而致人残疾的多种酷刑正是当时常见的惩罚方式，周朝的钟鼎文中就有关于将战俘刺眼致盲的文字记载。

西方奴隶社会更为残酷，奴隶主阶级把盲、聋、呆、傻者看作被魔鬼缠身者，不少残疾人从肉体上被人为地消灭。古希腊哲学家柏拉图（Plato，约前 427～前 347）设计的所谓理想国中，残疾人生下后就被当成废品处理；他的学生亚里士多德（Aristotle，前 384～前 322）在其著作《政治学》中也主张让不准养活任何一个残废儿童的法律生效。当时，一些法律规定了从肉体上消灭各种有缺陷儿童的条例，根据古希腊作家的记载，一些衰弱的、畸形的儿童曾被抛向深渊。

相对残疾人难求生存的原始社会、奴隶社会而言，现在谋求中国残疾人服务业的跨越式发展，对于全面保障残疾人的生存权，无疑具有重要的

---

① 江泽民：《在美中协会等六团体举行的午餐会上的演讲》，中共中央文献研究室编《十五大以来重要文献选编》（上册），北京：人民出版社，2000，第 64 页。

历史意义。

（二）扩大残疾人的参与权

在封建社会，成书于西汉的《礼记·礼运》中有"鳏寡孤独废疾者皆有所养"之说，记载了儒家先贤的社会理想；但同在西汉时期，史学家司马迁（约前145或前135～前86）就被处以宫刑，被人为地打入与世隔绝的队列。北魏政权建立为残疾人提供救济的机构远远早于西方，而且这类机构在宋、元、清等朝代以不同形式得以延续；但那时对残疾人的救济非常有限并因时代条件而异。唐代诗人杜甫（712～770）在《自京赴奉先咏怀五百字》中感叹"朱门酒肉臭，路有冻死骨"的时候，普通平民尚不能自保，更遑论残疾人士。残疾人的生存状况，总体上处于与世隔绝的状态。

西方黑暗而又漫长的中世纪，等级分明，残疾仍被看成是恶毒精神的表现，生理上的残疾被宣布为上帝的惩罚，法律仍然禁止盲、聋、哑等残疾人参加社会生活。当然，到中世纪后期即将步入工业社会前夕时情况要好一些。1601年，英王室就通过了《济贫法》，把残疾人的服务作为教会慈善救济、地方贫困救济等纳入政府的行政管理、社会服务范围。但总的来看，残疾人在西方的中世纪同样处于与世隔绝的生存状态。

可见，相对残疾人与世隔绝的封建社会而言，现在谋求中国残疾人服务业的跨越式发展，对于不断扩大残疾人的参与权，无疑具有重要的历史意义。

（三）维护残疾人的发展权

在近代中国，自19世纪中期开始，有西方传教士东来创办为残疾人服务的医疗机构。1859年，太平天国后期重要领导人洪仁玕（1822～1864）在其著作《资政新篇》中提出了兴办跛盲聋哑院的主张。20世纪上半叶，伴随着中华民国的建立，特别是伴随着五四运动等新民主主义革命运动的开展，一批实业家开始关注中国的残疾人事业，同时出现了中国盲民福利会、中华聋哑协会等组织①，残疾人的公民权利及国家应尽的社会责任，也逐步得到社会确认②。这一时期，尽管残疾人的人权逐步得到确认，但发展

---

① 但不久后便夭折了。参见王思斌《社会工作概论》，北京：高等教育出版社，2004，第250～251页。

② 陆德阳：《近代中国残疾人事业发展的三个阶段》，《探索与争鸣》2012年第8期，第76～80页。

残疾人服务业，并未被人们所关注。

在近代西方，伴随着自由、平等、博爱等思想的广泛传播和解剖学、医学等科学技术的发展，人权主义思想得以冲出神权主义的牢笼。从18世纪末至19世纪初，人们以言论自由、迁徙自由为标志开始争取民权；19世纪末至20世纪初，以投票权和政治参与为标志争取政治权；步入20世纪，发展到争取社会权，最终使包括残疾人在内的公民的基本权利得到了社会确认。1918年，美国以《职业重建法》为基础，开始协助残疾人获得自主自立的生活；1935年，美国实施《社会保障法》，规定联邦政府要对州政府为残疾人重新就业而进行的培训给予财政援助。1944年，英国《残疾人就业法》规定，凡雇用20人以上的企业，有义务雇用占企业职员人数3%的残疾人。[①] 尽管如此，发展残疾人服务业即便在近代西方，也仍然未被人们所关注。

相对残疾人始得人权的近代社会而言，现在谋求中国残疾人服务业的跨越式发展，对于切实维护残疾人的发展权，无疑也具有重要的历史意义。

三　现实价值

残疾人服务业是残疾人事业的基础和主体，是事关当代中国能否振兴、融入世界、造福人民的重大事情。可以说，残疾人服务业研究，最为显性的价值，就在于可以影响和变革现实。

（一）促进中国发展

1949年中华人民共和国成立至今，中国经济社会面貌发生了翻天覆地的可喜变化。但中国仍然是经济文化相对落后的发展中国家，仍然未能完全填平从明朝中叶开始到新中国成立前夕所留下的中国与西方发达国家之间的巨大鸿沟。尽管国人已经非常尽力，但想一想早在先秦时期中国便已成为人类文明的重要发祥地之一，想一想秦汉魏晋南北朝时期中华帝国便曾与罗马帝国等一道傲立东西，想一想隋唐五代时期中国便曾是全世界向往的文明中心，想一想宋元时期中国的强盛便得以震撼世界，想一想清朝的康乾时期中国的国民生产总值便曾雄踞世界首位，国人就会清醒地认识到，作为炎黄子孙，自己还没有向先人交出最满意的答卷。

---

① 李莉、邓猛：《近现代西方残疾人社会福利保障的价值理念及实践启示》，《中国特殊教育》2007年第6期，第3~11页。

中国共产党已经深刻地认识到，发展是执政兴国的第一要务。在中国共产党成立一百年时全面建成小康社会，在新中国成立一百年时建成富强民主文明和谐的社会主义现代化国家，实现中华民族伟大复兴的中国梦，已经成为当下中国最现实、最核心的追求。发展不是指纯粹的经济发展，而是指经济社会全面协调持续发展；残疾人服务业既是经济发展的重要杠杆，也是社会发展的重要标志，对经济社会全面协调持续发展显然意义重大。全面小康离不开残疾人的小康，现代化离不开残疾人服务业的现代化，中国梦是全体中国人民的梦，当然也是中国全体残疾人的梦。不实现残疾人服务业的跨越式发展，实现全面小康、现代化、中国梦，都必然留下极大的遗憾。

可见，在当代中国，谋求残疾人服务业跨越式发展，无疑是促进发展、振兴中华的必由之路。

（二）回应时代召唤

20世纪40年代后期，对残疾人的服务在国际社会开始得到重视。1948年，联合国公布《世界人权宣言》，规定残疾人有接受社会保障的权利。20世纪70年代，联合国先后出台《弱智人权利宣言》《残疾人权利宣言》等重要文件。在此期间，英美等国陆续出台了相应的法律法规。如1948年，英国出台了《就业及职业训练法》；1968年，美国政府正式通过《建筑无障碍条例》；1973年，美国国会通过《残疾人康复法》。

20世纪80年代以来，伴随着社会的进步，国际社会逐步把对残疾人的服务摆上了重要议事日程，通过了一系列与残疾人服务相关的文件。如1983年的《残疾人职业康复和就业公约》，1989年的《儿童权利公约》，1991年的《保护精神病患者和改善精神卫生保健的原则》，1993年的《残疾人机会均等标准规则》，1994年的《经济、社会和文化权利国际公约》，1994年的联合国国际劳工组织、教科文组织和世界卫生组织《关于社区康复的联合意见书》。在此期间，不少国家的立法内容均涉及残疾人服务。如1990年，美国通过的《残疾人法》，明确规定禁止公共服务中对残疾人的歧视。1999年，美国又以总统法令强化残疾人就业服务，规定对失去工作能力的残疾人要提供再就业培训和求职辅导。

可见，在当今世界，发展残疾人服务业是大势所趋。现在谋求中国残疾人服务业的跨越式发展，无疑是中国回应时代呼唤融入世界的理性抉择。

（三）　顺应人民期待

当下，残疾人服务业发展不仅直接惠及中国8502万残疾人士，而且将惠及2.6亿以上的残疾人家庭人口及残疾人的亲友。从这个角度来看，发展残疾人服务业至少是数以亿计的残疾人和其家人、亲友的殷切期待。2008年，联合国驻华系统协调员马和励在庆祝北京第13届残疾人奥林匹克运动会成功举办时指出："残疾人精神是人类最伟大的精神之一。世界上没有能力残缺的人，只有能力不同的人。残疾人的权利必须被重视、尊重和履行。"① 这一论述表明，从人性、人权、人道的角度，拓展残疾人服务工作，让广大残疾人能够共享发展的成果，同时也应该是全体人民的期待。

然而据相关学者调研，在中国大陆残疾人服务需求的四大内容中，排第一位的是医疗服务需求，高达72.78%，但实际满足仅占35.61%；排第二位的是救助扶持需求，有67.68%，但实际满足仅占12.53%；排第三位的是康复训练需求，有27.69%，但实际满足仅占8.45%；排第四位的是辅助器具需求，有38.56%，但实际满足仅占7.31%。②

可见，现在中国大陆残疾人服务与残疾人需求之间仍然存在很大的差距。现在谋求中国残疾人服务业的跨越式发展，对中国顺应人民期待造福人民，不仅具有极端的重要性，而且具有现实的紧迫性。

第三节　研究范式

范式概念由美国科学哲学家库恩（Thomas Sammual Kuhn，1922 – 1996）提出，指一个共同体成员所共享的信仰、价值、技术等的集合，是从事某一科学的研究群体所共同遵从的世界观和行为方式。本节主要对本著作之课题组同人的研究范式作简要探讨。

一　研究思路

残疾人服务业跨越式发展不能凭一时一地心血来潮，必须严格遵循客观规律。本著作的研究，大致遵循了以下思路。

---

① 韦冬泽、陈晨曦、裴广江：《"北京残奥会留下一笔宝贵财富"——联合国驻华系统和中国残联共庆北京残奥会成功举办》，《人民日报》2008年9月16日（07）。

② 马良：《中国残疾人社会工作历史、现状与发展趋势分析》，《残疾人研究》2013年第1期，第41~45页。

（一）严谨规范

所谓严谨，就是力求内容正确、逻辑清晰。这是研究和写作最基本的要求，但当下学术风气在一定程度上存在浮躁现象，不得不提。例如，有人从根本上偏离了人民立场，却依然将自己的理论冠以种种美名，在那里振振有词、强词夺理，并依然热衷于"抓辫子""戴帽子""打棍子"；也有人盛名之下，其实难副，经常颠三倒四、语无伦次、张冠李戴地粗制滥造，其"作品"甚至在逻辑上出现"大热天穿棉袄""上身舒广袖，下身穿裤头"等现象，在多人合著的成果中，常见有作者"耕了别人的田，荒了自家的地"。因此，本课题的研究，就内容而言，始终强调坚持以中国特色社会主义理论为指导，坚持与党和国家的路线方针政策保持高度一致，力求正确理解和运用既有的经典理论和相关学术前沿成果；就逻辑而言，全体课题组成员力求忠于写作提纲，恪尽职守，在遣词造句时认真打磨，力求至少不给读者找难受。

所谓规范，就是力求遵从学术界普遍公认的学术规则。这也是研究和写作最基本的要求。当下浮躁的学术风气，更多表现在学术规范上。如网络上转来转去的许多新闻报道，甚至有价值的论文，经常找不到作者的姓名。某些喜欢引用大家论述的学者，从不愿意告诉读者此大家来自哪个国度，哪个年代，甚至连是哪个方面的大家也不屑于言说，更不愿意告诉读者这一论述规范、翔实的出处。还有的学者喜欢用缩写语、外来词、网络流行语，却从来不对这些词语加以诠释，经常让人"丈二金刚摸不着头脑"。如此治学，其学问又如何能够走出国门，又如何能够引导民众，又如何能够传承于后世？鉴于上述情况，本著作尽量避免出现上述种种学术上不规范的情形。即使被人讥讽为"没有学问"，也绝不苟且为文。

（二）求实创新

求实，就是要实事求是，一切从实际出发。"'实事'就是客观存在着的一切事物，'是'就是客观事物的内部联系，即规律性，'求'就是我们去研究。"[①] 本课题组研究残疾人服务业跨越式发展，始终坚持从中国的国情出发，以广东省为重点，在珠江三角洲以及粤东、粤西、粤北具有典型性的地区，开展大量的实证调研工作，对外来的东西慎重甄别，绝不照搬

---

① 毛泽东：《改造我们的学习》，中共中央文献编辑委员会《毛泽东选集》第三卷，北京：人民出版社，1991，第801页。

照抄。始终坚持从残疾人的实际出发,大量地走访残疾人,走访残疾人家属与亲友,走访残疾人事业工作者,走访各类残疾人服务组织,走访政府残疾人工作委员会成员单位,以深刻的人文关怀把握残疾人服务的内在需求,并使之与国家和民族的整体利益相衔接。

创新,就是要有自己独特的理论品格,形成新观点,提出新对策。必须实事求是地指出,已有的关于残疾人服务业研究的成果,或者局限于传统的理论或单一的理论,或者局限于传统的规范或某方面的规范,或者局限于传统的经验或某区域的经验,在一定程度缺乏理论、制度、道路相统一的系统性,缺乏融合中外以及连接历史、现实与未来的创新性,缺乏由个别到一般的理性升华和对全局工作的指导性。因此,课题组在前人成果的基础上以广东省为例研究中国大陆残疾人服务业的跨越式发展,始终坚持尊重他人成果,不哗众取宠刻意标新立异甚至提出错误的主张,同时也强调有理有据地开展学术争鸣,力求形成正确和独到的见解,真正为决策提供可靠的咨询,真正推动残疾人服务业的跨越式发展。本课题的研究创新大致有:一是从理论和实践的结合上,全面分析和深刻揭示残疾人服务供不应求、水平低下、发展不平衡的多重制约因素;二是从时代背景和社会发展大势上,明确残疾人服务业跨越式发展人性化、社会化、规范化、常态化的新思路;三是从科学发展和社会稳定的大局出发,全面完善扶持残疾人服务产业和服务事业跨越式发展的政策法规,提升残疾人服务业的档次和水平;四是以残疾人基本公共服务为重点,明确党委政府的主导地位和终极承担,发展壮大残疾人社会组织和服务机构,构建党委领导、政府购买、残疾人联合会监管、社会供给,家庭、社区、机构三位一体的残疾人基本公共服务发展新格局。

(三)兼容开放

兼容是同时容纳多个方面的意思。这里强调兼容,主要想表达两方面的意思。一方面,本著作将锻造自己独特的理论品格,但绝不等于要排斥已有的规范和实践经验。因为理论是灰色的,而实践之树常青,离开了规范与实践的研究,理论就会成为无源之水,无本之木。因此,本课题研究残疾人服务业跨越式发展,不仅不排斥,而且已充分吸纳一切与之相关的有益的制度成果和实践经验。另一方面,本著作坚持实事求是,但绝不等于要排斥西方的理论、排斥历史上的理论、排斥非残疾人事业研究的理论成果。因为所有理论都是实践的产物,正确的理论必须用于指导实践,古今中外既有的理论在不同程度上仍对当下实践的发展具有启迪作用。因此，本课题研究残疾人服务业跨越式发展，坚持在古今中外各类相关成果的收集、整理和科学扬弃上做文章。具体什么成果在什么场合有用，坚持具体情况具体分析；在运用相关成果时，既尽力避免食古不化或"言必称希腊"的现象，也尽力避免简单地以新旧论短长或闭关自守、故步自封、夜郎自大的现象。

开放的内在含义是解除封锁、禁令、限制。这里强调开放，也想表达两方面的意思。一方面，课题组强调努力取人之长，补己之短。无产阶级革命导师、德国思想家马克思（Karl Heinrich Marx，1818 – 1883）指出："那最好是把真理比作燧石，它受到的敲打越厉害，迸发出的火花就越灿烂。"① 只有在开放的实证研究与学术交流中，只有虚心接受来自社会各界的正确批评，本课题组才有望实现创新性的突破；躲在象牙塔里闭门造车，孤芳自赏，故步自封，都很难收获适应时代发展要求与残疾人实际需要的研究成果。因此，本课题组始终坚持向党委政府相关工作部门求教，尽最大的努力向包括残疾人在内的广大人民群众学习，向残疾人事业工作者学习，向残疾人社会工作者学习；本课题组还始终坚持通过文献收集、专家咨询、专家头脑风暴等多种方式向相关学者学习。另一方面，课题组强调与时俱进。一切划时代体系的真正内容，都是由产生这些体系的那个时期的需要形成的。任何真正具有创新性的研究成果，随时随地都应该以当时的历史条件为转移，都需要在继承前人、学习他人的基础上进行适应时代、适应国情的创造性转换。通过比较、借鉴、反思形成新的判断是一个相当艰巨和错综复杂的过程，课题组已经尽了自己最大的努力。

二　研究框架

本著作是基于融会中西的广东视角研究中国残疾人服务业如何实现跨越式发展的应用性研究专著。就本著作而言，写作框架大致可分为三个板块。

（一）既往理论、制度与道路研究

这一块的内容包括第一章至第五章。如果把本研究的完成比喻为一棵

① 马克思：《第六届莱茵省议会的辩论（第一篇论文）》，马克思、恩格斯：《马克思恩格斯全集》（第一卷），中共中央编译局编译，北京：人民出版社，1995，第174页。

大树的培育，那么这一块便是大树的根基。

第一章为选题论说，主要探讨切入选题需要明确的一些基本问题。包括残疾人服务业跨越式发展的内涵诠释、外延界定与个案选择等研究对象方面的问题；残疾人服务业跨越式发展的学术价值、历史价值、现实价值等研究价值方面的问题；残疾人服务业跨越式发展的研究思路、研究框架、研究方法等研究范式方面的问题。这一章是全书的研究导论。

第二章为理论基础，主要梳理与残疾人服务业跨越式发展相关的各种理论并进行研究性的比较分析。包括中国传统的残疾人事业理论、服务业发展理论及中国台港澳地区的相关理论；国际社会的残疾人事业理论、服务业发展理论及其与中国的比较与扬弃；马克思主义的残疾人事业理论、服务业发展理论及其当下的继承与发展。严格地说，马克思主义理论既属于国际社会也属于中国（即包括了中国化的马克思主义理论），这里将其独立出来，大体上是遵从中国学界"中、西、马"三分法的学术惯例。也正因为如此，讨论中国传统理论时，大陆仅写至新中国成立，而台港澳的理论则贯穿至今；讨论国际社会理论时，以西方发达国家为主，兼顾发展中国家；讨论马克思主义理论时，包括了马克思列宁主义、毛泽东思想和中国特色社会主义理论。这一章是全书的理论基础。

第三章为制度支撑，主要梳理与残疾人服务业跨越式发展相关的各种制度并进行研究性的比较分析。包括美洲、亚洲、欧洲、大洋洲发达国家的有代表性的制度及其中国比较与扬弃；新型工业化国家和其他后发国家的有代表性的制度及其中国比较与扬弃；当代中国大陆地区、台港澳地区的有代表性的制度及其国内比较与扬弃。这一章是全书的制度基础。

第四章为道路回眸，主要梳理与残疾人服务业跨越式发展相关的各种实践并进行研究性的反思。包括美洲、亚洲、欧洲、大洋洲发达国家的实践历程、主要特色及其历史经验与教训；新型工业化国家和其他后发国家的实践历程、主要特色及其历史经验与教训；中国大陆地区、台港澳地区的实践历程、主要特色及其历史经验与教训。这一章是全书的实践基础。

第五章为个案分析，主要总结分析广东残疾人服务业跨越式发展的历史与现状并进行研究性的前景预测。包括从历程回顾、主要成效、主要问题等方面对广东残疾人服务业的发展进行总结；从广东残疾人的基本构成、残疾人服务的基本状况、残疾人服务的供需评估等方面对广东残疾人服务业的发展进行现状透视；从有利条件、瓶颈制约、发展趋势等方面对广东残疾人服务业的发展进行前景预测。这一章是全书的综合视窗。

（二）未来理念、制度与道路设计

这一块的内容包括第六章至第十章。如果把本研究的完成比喻为一棵大树的培育，那么这一块便是大树的躯干与枝叶。

第六章为总体构想，主要基于中西融会的广东视角面向全国论述残疾人服务业实现跨越式发展的总体要求、战略定位和战略路径。其中总体要求包括指导思想、指导原则与领导方略；战略定位包括奋斗目标、重点任务与基本标准；战略路径包括统筹布局、拓展资源与锐意创新。这一章是为未来残疾人服务业实现跨越式发展而设计的总的行动纲领。

第七章为理念创新，主要基于中西融会的广东视角面向全国论述残疾人服务业实现跨越式发展所需要推进的理念创新。一是要以人为本，包括警惕社会残疾、维护公民权益、展示主人风采等；二是要服务至上，包括回应服务需求、弥补服务短板、管理服务联结等；三是要奋力跨越，包括实现"弯道超车"、营造创新环境、凝聚集体智慧等。这一章是为未来残疾人服务业实现跨越式发展而打造的理论利器。

第八章为制度创新，主要基于中西融会的广东视角面向全国论述残疾人服务业实现跨越式发展所需要推进的制度创新。包括从养护服务、维权服务、技术服务方面创新政策规定；从思路原则、宏观规范、地方规范方面创新法律规范；从事业服务、产业服务、综合服务方面创新伦理规则。这一章是为未来残疾人服务业实现跨越式发展而建构的制度平台。

第九章为体制创新，主要基于中西融会的广东视角面向全国论述残疾人服务业实现跨越式发展所需要推进的体制创新。包括从机构设置、功能界定、服务创新等方面推进公办机构服务、民办机构服务、社区机构服务的体制创新。这一章是为未来残疾人服务业实现跨越式发展而提供的体制依托。

第十章为机制创新，主要基于中西融会的广东视角面向全国论述残疾人服务业实现跨越式发展所需要推进的机制创新。一是要坚持政府主导、市场推动、社会支持，创新投资融资机制；二是要坚持党委政府主导、社会公众协同、残障人士参与，创新队伍建设机制；三是要从测评依据、测评指标、测评方法研究入手，创新综合测评机制。这一章是为未来残疾人服务业实现跨越式发展而注入的机制活力。

（三） 访谈录与实证问卷调研报告

这一块的内容包括附录一、附录二、附录三。如果把本研究的完成比喻为一棵大树的培育，那么这一块便是孕育这棵大树的沃土。

附录一为残疾人服务业研究广东访谈录。访谈录是课题组对广东省惠州市、清远市、茂名市、广州市辖下的黄埔区和增城市5个有代表性的地区的残疾人服务机构代表、残疾人家长亲属代表、优秀创业残疾代表分别进行深度访谈的13份记录。这些记录是课题组获取到的宝贵的第一手资料，这些已公开的记录以及一些不便公开的记录，为本著作的完成提供了细化的个案佐证。

附录二为残疾人服务业研究广东实地调研报告。实地调研报告是课题组在广东省惠州市、清远市、茂名市、广州市辖下的黄埔区和增城市进行会议座谈和考察走访的基础上研究思考后形成的，由成效与经验、问题与建议、讨论与商榷三个部分构成。实地调研报告中既有第一手资料，也有课题组自己的见解。既可为广东残疾人服务业发展提供决策咨询，也对中国大陆的残疾人服务业发展具有参考价值。

附录三为残疾人服务业研究广东问卷调研报告。问卷调研报告是课题组通过广东省残疾人联合会向广州、珠海、惠州、汕头、茂名、清远6个地级市发放调查问卷，在这6个地级市各选取了一个县（区）开展问卷调研形成的。调研报告主要由样本概况、存在问题、问题成因、对策建议四个部分构成。问卷调研报告是对广东省6个具有不同代表性地区的残疾人和残疾人事业工作者分别进行抽样问卷调查的研究成果，是定量分析与定性分析有机结合的产物，既可为广东残疾人服务业发展提供决策咨询，也对中国大陆的残疾人服务业发展具有参考价值。

三 研究方法

在课题研究中，研究方法大致是指收集资料、了解情况、探求现象的本质和规律的最一般的方式和手段。这里对残疾人服务业跨越式发展研究的基本方法作简要描述。

（一） 文献研究法与问卷调查法

文献研究法是根据一定的目的和题目，通过查找文献获取资料来进行研究的方法。本课题研究自2012年4月立项后至2012年12月实地调研前完成文献收集整理工作。课题组首先全面收集与选题相关的政府部门、企业和社会团体等的档案资料、报表与文件，电视、电台、报刊、书籍、网络中的资料，其中重点收集相关权威部门新近颁布的政策法规和统计数据、中外学术期刊的最新研究论文、中外新近出版的研究著作。然后，根据研究需要对收集到的文献资料进行审核、分类、汇总和图表化处理，形成中外理论研究文献综述、中外政策法规综述、中外实践历程回顾与综述。最后，将文献研究阶段收集的全部资料包括形成的文献综述资料在实地调研阶段开始前传送给全体课题组成员共享，为实地调研工作奠定了坚实的理论基础。

问卷调查法是指按照一定的理论假说将一系列变量、指标设计成问卷交给被调查者填写，从而获取调查资料用于分析问题的方法。按照地域分布、发展水平和样本数量要求，样本框选取了广东省珠江三角洲地区的广州市、珠海市、惠州市，粤东的汕头市，粤西地区的茂名市，粤北地区的清远市6个市，对供需双方即残疾人服务管理部门、服务机构的工作人员与残疾人本身进行随机抽样问卷调查，共发放问卷808份。课题组在文献研究阶段即2012年4月至2012年12月，同时完成了问卷设计和问卷发放工作。在实地调研阶段，进行了问卷回收和问卷整理工作。问卷整理阶段，运用SPSS软件，使用回归分析、因子分析等社会学、人口学、统计学和经济学相关研究方法，对问卷调查所得数据和资料进行分析，形成了问卷调研报告。问卷调研报告在著作完成阶段开始前发送给全体课题组成员共享，为著作的写作与完善工作提供了可靠的数据支持。问卷调研报告已经以"附录三"的形式附于本著作之后。

（二）访谈调查法与实地考察法

访谈调查法是调查者通过与调查对象面对面谈话来了解情况、搜集资料的调查方法。在实证研究阶段，课题组采用了两种基本的访谈调查法。一是个别访谈法。本课题的研究以残疾人服务机构代表、残疾人家属亲友代表和优秀创业残疾人代表为主要访谈对象，在实地调研所到的有代表性的地区惠州市、清远市、茂名市、广州市辖下的黄埔区和增城市5个调研点，每个点选取3名代表，由课题组成员围绕预先设定的访谈提纲与之进行深度访谈。实地调研阶段结束及著作完成阶段开始前，负责访谈工作的课题组成员整理形成访谈记录，并发送给全体课题组成员共享，为著作的写作提供了可靠的材料支持。其中可公开的9份残疾人服务机构代表访谈录、2份残疾人家属亲友代表访谈录和2份优秀创业残疾人代表访谈录，已经以"附录一"的形式附于本著作之后。二是集体座谈法。在实地调研阶段，本课题组按照预定的座谈提纲，在上述 5 个调研点，均在所在地政府残疾人工作委员会或残疾人联合会负责人主持下分别召开了一至两场专题座谈会。出席座谈会的调研对象，包括党政班子分管残疾人事业的副职领导、副秘书长，残疾人工作委员会相关成员单位的负责人，残疾人联合会及相关部门的负责人，公办、民办残疾人服务机构代表，街镇及城乡社区代表，残疾人组织代表，残疾人代表以及残疾人家属代表。实地调研阶段结束及著作完成阶段开始前，负责座谈纪要整理的课题组成员汇总相关会议纪要，发送给全体课题组成员共享，为著作的写作与完善工作提供了可靠的材料支持。

实地考察法是调查者根据一定的调查目的、调查提纲或观察表，用感官和辅助工具去考察被调查对象，从而获得调研资料的一种方法。课题组在惠州市、清远市、茂名市、广州市辖下的黄埔区和增城市 5 个调研点进行深度访谈、召开座谈会调研的同时，还实地考察了各地的相关残疾人服务企业、机构、组织，考察了残疾人托养看护、康复训练、医疗卫生、教育培训、劳动就业、社会保障、文化体育、信息通达、无障碍出行、法律维权等各方面的情况，考察了城乡社区与残疾人家庭。实地考察法采用结构性观察与非结构性观察相结合的方式进行，以不设定任何前提的非结构性观察为主，以求获取意想不到的收获，碰撞出灵感的火花。实证研究阶段结束及著作完成阶段开始前，课题组骨干成员综合座谈纪要与实地考察的调研成果，形成了综合性的实地调研报告，并发送给全体课题组成员共享，为著作的写作与完善工作提供了可靠的材料支持。实地调研报告已经以"附录二"的形式，附于本著作之后。

（三）独立思维法与头脑风暴法

独立思维法是通过个人独立思考完成研究的研究方法，以逻辑思维为基本的思维方式。本课题研究在经过文献研究、深度访谈、实地调研和问卷访谈后于 2013 年 5 月至 9 月进入著作完成阶段。2013 年 5 月至 7 月著作完成阶段前期工作的任务，主要是各位课题组成员以独立思维的方式按照既定的写作提纲形成著作初稿和修改初稿，主编以独立思维的方式提出修改意见反馈给课题组成员并进行初步统稿。本课题著作完成阶段无论是形成初稿还是改稿、统稿，都坚持遵循形式逻辑的同一律、矛盾律、排中律和充足理由律等基本规律，坚持遵循辩证逻辑实践的观点、全面的观点、联系的观点、发展的观点等基本观点。

　　头脑风暴法由美国创造学家奥斯本（Alex Faickney Osborn，1888 - 1966）在其著作《发挥创造力》中首次提出，是专家学者在一起互相交流、碰撞、质疑、辩论，以此产生思想火花的方法。本课题在著作完成的后期2013年8月至9月采用了两次头脑风暴法。一是，在主编完成初步统稿后，课题组成员以集体头脑风暴的方式形成书稿征求意见稿，在征求意见稿获得反馈意见后，以课题组成员集体进行头脑风暴的方式最后确定对意见的取舍。二是，在书稿征求意见稿形成后，在提交相关方面书面征求意见的同时，在广东省社会科学院召开了广东省属专家学者和实际工作者专题研讨会。与会的专家学者，来自广东相关高等院校、科研机构、党校、民间研究机构和相关学术团体；与会的实际工作者，来自广东省人民政府残疾人工作委员会相关成员单位、广东省残疾人联合会、相关残疾人服务企业、残疾人服务机构、社会组织及不同类别的残疾人协会。与会者针对征求意见稿刮起头脑风暴，课题组得到了完善书稿的宝贵意见和建议。书面征求到的修改意见和头脑风暴征求到的意见，经课题组集体商讨后形成取舍原则，课题组成员进行再修改之后，最后由主编统稿、审稿、定稿，并呈请中国残疾人联合会进行课题结项。

第二章　理论基础

　　理论一经掌握群众，也会变成物质力量。理论只要说服人［ad hominem］，就能掌握群众；而理论只要彻底，就能说服人［ad hominem］。所谓彻底，就是抓住事物的根本。但是，人的根本就是人本身。

　　　　　　　　　　　——无产阶级革命导师、德国思想家：马克思①

　　理论来源于实践，并指导实践。残疾人服务业是现代服务业的重要组成部分，是现代化建设的全新课题，因此，更需要正确的理论作为指引，推动残疾人服务业跨越式发展。本章从中国的相关理论、国际社会的理论及马克思主义理论三个角度，探讨对当下中国残疾人服务业跨越式发展有指导意义的残疾人事业理论及服务业发展理论。

第一节　中国的相关理论

　　中华文明延绵几千年，有着丰富绚烂的思想文化；当下中国台港澳地区善于融会中西，也形成了一些颇具中国特色的现代理论。因此，实现中国大陆残疾人服务业跨越式发展的研究，离不开对中国本土相关理论的梳理。本节从中国传统的残疾人事业理论、服务业发展理论及当下中国台港澳地区的相关理论三个角度，探讨中国的相关理论。其中，中国传统的残疾人事业理论和服务业发展理论时间点写至新中国成立，新中国成立后的中国大陆相关理论作为当代中国的马克思主义理论，归入马克思主义理论中讨论。

---

① 马克思：《黑格尔法哲学批判》导言，载马克思、恩格斯《马克思恩格斯选集》（第一卷），中共中央编译局编译，北京：人民出版社，1995，第207页。

一　传统的残疾人事业理论

中国是历史悠久的文明古国，自古以来就有扶弱济残的优良传统，这成为残疾人事业的理论渊源。这里重点对中国传统的人道主义理论、人权事业理论和社会保障理论进行探讨。

（一）人道主义理论

中国古代儒家、道家、墨家等诸子百家的学说中，结晶了大量的人道主义思想。在儒家学说中，据《论语·颜渊》记载："樊迟问仁。子曰：'爱人'。"又据《论语·宪问》记载，"子曰：'修己以敬。'曰：'如斯而已乎？'曰：'修己以安人。'"《论语·为政》强调："道之以德，齐之以礼，有耻且格。"《孟子·滕文公上》中说："孟子道性善，言必称尧舜。"《孟子·告子上》中也提出，"恻隐之心，人皆有之"。《中庸·第二十章》认为，"仁者人也，亲亲为大"。这些都是人道主义思想的充分体现。在道家学说中，《道德经》中就明确指出："是以圣人常善救人，故无弃人；常善救物，故无弃物，是谓袭明。""故以身观身，以家观家，以乡观乡，以邦观邦，以天下观天下。"在墨家学说中，《墨子·兼爱》中主张"使天下兼相爱，爱人若爱其身""为彼，犹为己也"。主张爱人不应该有厚薄亲疏的差别，应该"强不执弱，众不劫寡，富不辱贫，贵不傲贱，诈不欺愚"。这些理念，同样尽显人道主义的思想。

中国近代社会的人道主义思想继承了古代重视人道的传统，又吸纳了西方近代人道主义新的理念。康有为（1858～1927）是近代社会著名的思想家和政治家。他认为近代西方的一些进步思想中有中国儒家先贤的影子，儒家的一些论述"岂非所谓博爱、平等、自由，而不侵犯人之自由乎！"① 他明确主张"凡有害于人者则为非，无害于人者则为是"，"人道者，依人以为道。依人之道，苦乐而已"。② 以人为主、"依人以为道"，意思是要满足和顺应人的欲望，这是人的自然本性，是人道主义的出发点。孙中山（1866～1925）是近代民主主义革命的先驱。他认为，"能博爱，即可谓之仁"③

---

① 康有为：《以孔教为国教配天议》，载田晓青《民国思潮读本》（第1卷），北京：作家出版社，2013，第262～264页。

② 康有为：《大同书》，上海：上海古籍出版社，1956，第282、5页。

③ 孙中山：《军人精神教育》，载《孙中山全集》（第6卷），北京：中华书局，1985，第22页。

"国家者，载民之舟也。舟行大海中，猝遇风涛，当同心互助，以谋共济"①。在他看来，"孔子说：'大道之行也，天下为公。'便是主张民权的大同世界。"②"替众人来服务的新道德，就是世界上道德的新潮流"③。他的博爱观、互助论、"天下为公"的社会理想及"替众人服务"的人生观，都蕴含了丰富的人道主义思想。

（二）人权事业理论

人权是人依其自然属性和社会属性所享有的和应当享有的权利，具有普适性和道义性。残疾人作为特殊的人群，人权实现率相较更低，强化残疾人人权是实现社会公平正义的要求，是残疾人事业发展的必然要求。中国传统的人权事业理论集中在近代兴起，主要包括以下内容。

第一，天赋人权理论。近代启蒙思想家郑观应（1842～1922）强调，"民受生于天，天赋之能力，使之博硕广大，以遂厥生，于是有民权矣。"④康有为强调，"人人直隶于天，无人能间制之"，因为"人类之生，皆本于天，同为兄弟，实为平等，岂可妄分流品而有所轻重，有所摈斥哉！"因为"同为天之子"，所以要"大明天赋人权之义"。⑤近代启蒙思想家梁启超（1873～1929）则提出，人权是"天生物而赋之以自捍自保之良能"，人一旦放弃这种"天下之公理，人生之要具"⑥，就会丧失作为人的基本权利。

第二，自由平等理论。中国近代思想家们对自由平等的理解主要受西方资产阶级的影响。近代思想家们在自由、平等具体内容的解释上都有自己的想法，但是他们都偏重于政治平等，主要关注精神方面的自由。⑦康有为主张"以平等之意，用人立之法"⑧，即保证人民拥有平等的权利。近代

① 孙中山：《在桂林广东同乡会欢迎会的演说》，载《孙中山全集》（第6卷），北京：中华书局，1985，第56页。
② 孙中山：《三民主义》，载《孙中山全集》（第9卷），北京：中华书局，1986，第262页。
③ 孙中山：《在岭南大学黄花岗纪念会的演说》，载《孙中山全集》（第10卷），北京：中华书局，1986，第156页。
④ 郑观应：《盛世危言·原君》，载《郑观应集》（上册），上海：上海人民出版社，1982，第334页。
⑤ 康有为：《大同书》，上海：上海古籍出版社，1956，第44、110、130、252页。
⑥ 梁启超：《新民说》，沈阳：辽宁人民出版社，1994，第43、62页。
⑦ 丁兆增：《试析中国近代人权理论及人权运动》，《牡丹江师范学院学报》2008年第4期。
⑧ 康有为：《实理公法全书》，载《康有为全集》（第一集），上海：上海古籍出版社，1987，第288～289页。

中国翻译家、教育家严复（1854~1921）认为"中国最重三纲，而西人首明平等"①，将中国和西方国家的相异之处总结为资产阶级自由平等观念与中国封建纲常教条的对立。

第三，关于民族权、女权主义等方面的理论。救国救民是近代中国人权运动的核心内容之一。近代思想家们从"群"的观念出发，寻求以国民共同体为核心的民族主义，探索构建民族国家的途径。康有为在《大同书》中倡导无国家，人民普遍自由、平等、幸福的理想世界，蕴含谴责帝国主义侵略中国、践踏人权的理念。女权主义同样是近代中国人权思想的关键内容，近代思想家们从批判封建伦理专制主义方面来要求女权，认为男女平等是天赋人权的必要内容之一，需要打破"三纲"等级以解放女性。

近代中国人权事业理论吸收了西方的人权理论，根据中国的实际情况强调个性解放以及打破宗法伦理价值等新的内容，这些内容是中国人权事业理论发展进程的里程碑，但是这些理论并没有提出人权的现实理想。同时，当时中国处在国际、国内双重复杂的环境下，人权事业缺乏法律的保障，民主制度无法真正确立。

（三）社会保障理论

残疾人事业是社会保障事业的重要组成部分。中国人民在悠长的历史实践中，形成了丰富且分散的社会保障思想，这里主要介绍养恤、赈济、宗法、互助等思想主张，形成政府、家庭和社会三方面的社会保障思想。

养恤是指在政府的主导下，对残疾人、流民、灾民等在内的社会弱势群体给予食品或者医药等帮助，并且加以安置。《管子·五辅》中曾提出"兴德六策"："匡其急""振其穷""厚其生""输之以财""遗之以利"及"宽其政"；《管子·入国》中曾提出"九惠之教"："一曰老老，二曰慈幼，三曰恤孤，四曰养疾，五曰合独，六曰问疾，七曰通穷，八曰振困，九曰接绝。"《管子·入国》中还主张国家设置"掌疾"职位，将生活不能自理的残疾人安排进"疾馆"。这些思想主张，都在不同程度上体现了对残疾人的关爱。清朝的养恤思想突破传统，思想家开始意识到对残疾人的接济应变为主动帮助残疾人自食其力，不但要对其进行救济和收养，给予物质与

---

① 在封建社会，"三纲"指君为臣纲、父为子纲、夫为妻纲。严复：《论世变之亟》，载王栻编《严复集》（第1册），北京：中华书局，1986，第2~3页。

人力的帮助，还要教其生产劳动，帮助自食其力。①

赈济指用实物和货币救济遭受灾害和无以生存的百姓，是保障最低限度生活需要的一种救济方式。这种救济方式开始只用于偶尔的受灾年，后来发展为每年青黄不接时的开仓赈济，再后来逐渐加入以工代赈，形成赈物、赈款和工赈这三大内容，在中国社会保障发展史上占有重要地位。

宗法思想在整个封建社会，一直处于最基本、最坚固的社会思想层面，是中国古代社会保障一直以家庭为基础单位的主要原因。②《礼记·礼运》中规范"父慈、子孝、兄良、弟弟、夫义、妇听、长惠、幼顺、君仁、臣忠，十者谓之人义"，这是宗法思想的基本伦理元素，体现了以血缘为纽带，以等级制为表现的宗法关系③。它在政府的救助、保障不能覆盖之处发挥重大作用，强调家庭成员应当照料残疾人的生活。

互助思想是中国古代重要的社会保障思想之一。《孟子·滕文公上》中主张"出入相友，守望相助，疾病相扶持"；《墨子·尚贤下》中主张"有力者疾以助人，有财者勉以分人，有道者劝以教人"；北宋哲学家张载（1020～1077）也曾提出"救灾恤患，敦本抑末"的主张④。这些思想都明确体现了互济互助的思想，符合社会和人类的发展需要，使得救助跳出了血缘的束缚，推动了残疾人事业的进步。

二　传统的服务业发展理论

服务业发展是一个动态过程，中国传统服务业包括：旅店业、租赁业、饮食业等，拥有悠长的发展历史。残疾人服务业作为服务业重要的分支始于现代，就中国古代而言，关于"残疾人服务"的内容散落在众多古籍史料之中，并未形成体系。这里按照中国传统服务业的发展阶段简单概述当时残疾人服务思想的发展与演变。

（一）起步阶段

这里的起步阶段是指唐宋之前。早在尧舜时期就有残疾人接受教育的

---

① 陆士桢、杨小强：《中国古代社会保障典制考评》，《中国青年政治学院学报》1997 年第 3 期，第 88～92 页。

② 刘柱彬：《中国古代宗法制度的形成及其精神实质》，《法学评论》1997 年第 1 期，第 73～78 页。

③ 桂琰：《中国古代残疾人保障思想探析》，《残疾人研究》2012 年第 1 期，第 46 页。

④ 语出吕大临：《横渠先生行状》。转引自中国科学院哲学研究所中国哲学史组《中国大同思想资料》，北京：中华书局，1959，第 34 页。

记载。西周时期主张因材施教，《礼制·王制》中写道"五疾，喑聋跛躄断者侏儒，各当其材使之，谓若矇瞽修声，聋聩司火之属"，《周礼》中有残疾人接受正规教育和音乐等职业技能培训的记载。根据史料文献记载，中国传统残疾人教育的发展在西周处于辉煌阶段，自此之后直至清朝都受不到应有的重视。《晏子春秋》中记载齐国已有养恤思想："老弱有养，鳏寡有室。"《汉书》等史料均记载汉代的地方和军队设有相当固定的机构对残疾人实施收养，提供医疗让他们康复。南朝时，《梁书·武帝纪下》曾有"于京师置孤独园，孤幼有归，华发不匮"的记载，"孤独园"功能等同于现在的福利院，赡给衣食。可见，南朝已设置正式机构收养残疾人，它的设立具有重大的意义。北朝时有对残疾人实行救护的别坊，《北史·魏本纪·高祖孝文皇帝》中有对"年七十以上无子孙，六十以上无期亲，贫不能自存者……不满六十而有废痼之疾"的残疾人等给予衣食、医疗救助的记载。

在先秦就有照顾残疾人之说：《周礼·地官·大司徒》中有"宽疾"的记载，意思是照顾残疾人；《管子》提出"九惠之教"中的"养疾""问疾"都涉及对残疾人的救助。汉代更加注重仁政，对弱势群体给予特别重视：《西汉会要》中记载，汉武帝元狩元年，"遣谒者存问致赐，鳏寡孤独帛人二匹，絮三斤"；《汉书·武帝纪》中记载，元狩六年"遣博士六人分循天下，存问鳏寡废疾，无以自振业者贷与之"。除了官方的居养机构外，宗族思想下发展的宗族互助民间救助事业也苗壮发展，为残疾人事业的民间途径提供了强有力的思想导向。

（二）兴盛阶段

唐宋是中国商业发展的繁荣时期，传统服务业已在中国服务业发展史上竖起一块里程碑。残疾人事业在这一时期达到前所未有的高度，这与当时的经济社会高度发展有直接的关系。唐朝继承和发展了北朝的别坊，以亲属收养、乡里抚恤、寺院及官府设置病坊等多种形式收容残疾人。宋代在残疾人的居养方式、居养机构这两方面更是大有发展。居养方式方面，从近亲收养、乡里安恤、村坊安养，再到专门机构的收养。居养机构方面，宋朝不仅设有安济坊、居养院，而且在继承前代别坊、病坊的基础上又成立新的居养机构，如福田院、慈幼局。宋代居养机构的职能除了供给粮食、衣服、医药等必需品外，还有金银钱币的补助。

唐宋以来对残疾人的理论首先体现在以"仁"为中心的社会救助思想

上，《唐六典·卷三·尚书户部》中规定"凡给田之制有差：丁男、中男以一顷，老男、笃疾、废疾以四十亩"，其中的"笃疾、废疾"都是指残疾人，说明这些人都可以获得土地。北宋文学家范仲淹（989~1052）非常推崇族内救助的思想，《范文正公集》中写道，"吴中宗族甚众，于吾固有亲疏，然吾以祖宗视之，则均子孙，固无亲疏也"，他认为族内救助可以壮大宗族。北宋张载在《西铭》中指出："凡天下疲癃残疾茕孤鳏寡，皆吾兄弟之颠沛而无告者也。'于时保之'，子之翼也；'乐且不忧'，纯乎孝者也。"他强调人们应该互相帮助，特别是要照顾年老残疾鳏寡孤独者，表达了普爱众生的主张，这为封建社会的社会救济提供了理论依据。同时，在这一时期宗族思想发展得更加完善。

（三）嬗变阶段

明清时期服务业发展到一个新的高度。明代最主要的收养机构是建于1374年的养济院，另外建于1210年的惠民药局、建于1417年的安乐营、建于1529年的民办育婴所，都是残疾人等弱势群体的收养机构。为了确保上述收养机构有效实施，《大明律·户律》明确规定对不按照规定实施者予以处罚。清代的收养机构沿袭前代的做法，另设普济堂，专门收养无人侍奉的老年残疾人。清代政府非常重视对收养机构的管理及修缮，以《大清律例》为保障，严格执行。鸦片战争后，西方文化传入中国，晚清在残疾人的政策规范、医疗、教育等方面更加完善，可操作性更强。明清时期残疾人的理论继续以救助为中心，从明代《续文献通考》记载明初"其鳏寡孤独不能自给者，悉蠲其徭役"，到清代《公车上书》提出恤鳏寡孤独，要求各州县筹集款项，设立善堂，对社会上的鳏寡孤独、盲聋残疾等生活困难和生理有缺陷的弱势群体实施救助，都能体现对残疾人实施救助的理念。清代光绪甲午年刻《救荒举要》云："夫宗族者譬若树之本根也，乡党者，譬树之枝叶也，安有本根不知庇而能庇及枝叶乎？"这就表明，宗族救助思想在清代已经得到进一步发展，族内救助已被视为实现社会稳定的根本。

三 当下台港澳的相关理论

中国台港澳地区与华夏文化一脉相承，梳理台湾、香港、澳门的残疾人服务业相关理论，得出台港澳地区的经验和启示，有助于发现大陆残疾人服务业发展的问题，由此推动中国大陆残疾人服务业的跨越式发展。

（一）台湾地区

台湾的政局由国民党和民进党交替把持，而两党在社会福利理念上存在些许不同，在此将从台湾的两大政党着手简析台湾的社会福利理论。

国民党的社会福利理念既有中国传统文化的继承，也有西学东渐的特征。国民党施政期间，融合了西方社会福利理念中公民福利权利、社会公平与公正等现代社会福利理念，确立了在国家干预下的半集体主义式的社会福利理念。在实践中，由于国民党深受儒家思想中"仁政"的影响，形成了仁慈型福利保障模式。在经济发展相对滞后的时期，国民党也曾主张强化个人福利责任，存在重经济、轻福利的发展倾向。但在 2000 年后，国民党逐步转变为社会福利与经济同步发展及认同公民福利保障权利观，具有相对进步的社会福利理念。

民进党相较于国民党来说是一个年轻的新型政党，它奉行西方平等、自由、博爱的思想，倾向于认同社会民主主义下的集体主义福利意识，强调普遍性、全民性、齐一性的社会福利理念，后来，民进党在实践中转型为自由主义的半集体主义福利观。

台湾的福利发展过程是台湾社会经济发展历程的缩影，其渐进式的变革路子稳步提升了社会保障水平。但修补漏洞式的福利发展进程使福利层次略显累赘，造成资源的浪费和成本的增加。

（二）香港地区

香港具有中西文化合璧的优势，它吸收了西方先进的理论，继承了中国文化传统的精粹，适时结合自身特点，在对待残疾人方面主要形成了多元主义、选择主义两大理念。

多元主义理念，即政府、社会、家庭和个人责任相结合。多元主义理念将政府调控和市场机制、政府主导和民间参与、政府责任和家庭、个人责任相互渗透融合，主张政府有限介入及创建高效灵活、富有生机的社会保障系统，力倡包括残疾人在内的弱势群体自主改善生活状况。多元主义理念既减轻了政府和残疾人服务机构的压力，又使得"民间组织在政府提供资源支持以及法律法规的指导和管理下，尽其所能为残障人士提供各种服务"。①

---

① 毛小平：《内地与香港：残疾人社会支持比较》，《中南大学学报（社会科学版）》2010 年第 2 期，第 45 页。

香港受新自由主义经济思想的影响，形成了选择主义理念，它遵循社会福利低供给的原则，强调保障中的贫困救助作用，主张向不能自主者提供经济援助，建立避免弱势群体陷入贫困的社会保障系统，以满足其基本人类需要的目的。① 选择主义理念顺应了市场经济发展规律，充分发挥了法律保障的作用，同时低福利保证对伤残程度较低的残疾人形成"激励"，鼓励他们通过就业培训自食其力，实现自身价值。

（三）澳门地区

在葡萄牙统治期间，澳门地区政府对社会福利体系的建立不予重视，只进行财政介入，直至 20 世纪 60 年代后期，社会福利体系才真正受到政府重视。进入 20 世纪 80 年代后，伴随着经济的快速发展、社会团体的积极活动、公民自我意识的兴起等因素，澳门逐渐建立了以政府部门为主、民间社团为辅的普惠型社会福利体系。该体系健全、服务面广，不仅包括因残疾、失业、年老等原因陷入贫困的弱势群体，而且普通群体也可以享受政府提供的各项援助和服务；澳门的民间社会服务组织也很完善，政府给予大力支持，形成了政社互动、官民合力的有序发展格局。

同时，澳门人民自身对政府的福利要求比较低，他们一般以家庭和个人的能力去解决问题，残疾人等弱势群体获得的大部分物质和精神支持来自家庭，这与中国传统价值观中强调自力更生有密切的关系。澳门回归后，澳门社会保障的理念存有新保守主义的影子，把经济建设放在第一位，认为良好的经济是社会保障的基础。总体来看，政府与民间社团机构共同承担、家庭支持为主等特征交织在一起，成为澳门独特的社会服务网络，极大地促进与发展了澳门特色的社会福利事业。

第二节　国际社会的理论

思潮是时代的脉搏，国际上涉及残疾人的理论层出不穷，有丰富的理论作为残疾人服务业发展的理论依据。本节主要对国际社会的残疾人事业理论、服务业发展理论进行梳理，并比照当下中国残疾人服务业发展理论，寻求可借鉴的理论启迪。

---

① 任春雷、朱琳琳：《略论香港社会保障理念的选择及其启示》，《经济论坛》2004 年第 14 期，第 29 页。

一　残疾人事业理论

国际社会残疾人事业理论主要有人道主义理论、人权事业理论及社会排斥理论。在这里，人道主义理论、人权事业理论主要阐述西方人道主义理论、人权事业理论的发展历程，社会排斥理论主要阐述社会排斥的概念以及西方对残疾人社会排斥的理论研究。

（一）人道主义理论

在西方，人道主义起源于欧洲文艺复兴时期。其发展历程，大致可分为自然主义的人道主义、理性主义的人道主义和空想社会主义的人道主义以及人本主义的人道主义四个时期。

文艺复兴时期的人道主义以自然主义理论为工具反对宗教神学，因此被称为自然主义的人道主义。自然主义的人道主义强调人的自然性，重视人的幸福和自然欲望的满足，倡导合理的物质欲求与对世俗生活的享受，其局限性在于缺乏具体的分析和理论的论证。

18世纪法国启蒙运动时期的理性主义的人道主义，批判地继承了文艺复兴时期自然主义的人道主义，认为理性是人的基本特性，是区分人和动物的根本；他们以理性为武器反对封建专制和宗教神学，强调人的理性就是自由、平等、正义和爱的诠释，具有强烈的资本主义色彩。理性主义的人道主义有利于人们深入理解客观外部世界，发挥主观能动性，从而推动社会生产力的发展。其局限性在于，它过分高扬理性的旗帜，忽视了现实的物质世界以及用科学佐证理性。

19世纪法国空想社会主义的人道主义，继承了理性主义的人道主义思想，但是空想社会主义的人道主义是站在无产阶级的立场否定资产阶级的剥削行为的。它从理性角度评判社会，强调对现世的改良并构建理想社会蓝图；同时倡导人与人应该平等、互助与合作的集体发展模式。以上理念均促使了人道主义向社会主义方向发展，其局限性在于，它没有对现实社会进行科学分析，因而无法找到实现理想社会主义的科学途径。

德国人本主义的人道主义的代表人物是德国哲学家费尔巴哈（Ludwig Andreas Feuerbach，1804－1872），其基本观点是人的本质论、人的存在异化论和人的复归论。他继承了理性主义的人道主义中理解人的方式，但是他认为人就是"人本身"，主张从现实中理解人。费尔巴哈的人本主义的人道主义对确立人的地位起到了重要作用。其局限性在于，除了理想化了的爱与友情，他不知道"人与人之间"还有什么其他的"人的关系"。①

（二）人权事业理论

人权事业理论在西方国家有悠长的发展历史，这里主要按照人权事业的发展阶段进行简单概述。

从古希腊罗马时期的自然法和自然权利思想中能找寻到西方人权思想的踪迹，该思想认为自然法赋予每个人相同的理性，且大家都受理性的支配，要遵循公正的法则生活，拥有平等的公民权。

近代西方人权思想萌芽于欧洲文艺复兴时期，该时期的人权思想着重强调"人"的地位，主张用"人"对抗"神"，认为人是自然的产物，人生来就是自由、平等的。这一时期的人权思想没有形成系统理论体系，但是推动了人的自由解放，促进了资产阶级人权理论的发展。

天赋人权说是古典自然法人权理论的核心理论，起源于欧洲启蒙思想运动时期。荷兰法学家格劳秀斯（Hugo Grotius，1583 – 1645）在人本主义的基础上，根据自然法亦即人的自然权利推论出天赋人权的概念，认为人的生命、人身自由和占有财产是人生而具有的、不可侵犯的权利。被誉为近代"自由思想的始祖"② 的英国哲学家洛克（John Locke，1632 – 1704），第一次从理论上论证了天赋人权的原则，把每个人生而具有的不可侵犯的权利称为人权；他高度重视人的自由这一自然权利，认为"自由是其余一切的基础"③。根据天赋人权理论，人权是与生俱来的，政府和法律都是为保护人的天赋权利而建立和存在的，其中自由权是天赋权利的核心。法国启蒙思想家卢梭（Jean-Jacques Rousseau，1712 – 1778）就指出："人民之所以要有首领，乃是为了保卫自己的自由，而不是为了使自己受奴役，这是无可争辩的事实，同时也是全部政治法的基本准则。"④ 天赋人权说在当时反神、反封建中发挥了积极的作用，引领人们建立了基本人权宪法保障制度。但是它反映的是资产阶级的人权要求，具有时代局限性。

新古典自然法人权理论分为神学和非神学两派，分别以法国哲学家马

① 韩庆祥：《从人道主义到马克思人学》，《学习与探索》2005 年第 6 期，第 138 页。
② 马克思、恩格斯：《"新莱茵报·政治经济评论"第 2 期上发表的书评》，载《马克思恩格斯全集》（第七卷），中共中央编译局编译，北京：人民出版社，1959，第 249 页。
③ 洛克著《政府论》（下篇），叶启芳、瞿菊农译，北京：商务印书馆，1964，第 13 页。
④ 卢梭：《论人类不平等的起源和基础》，李常山译，北京：商务印书馆，1962，第 132 页。

里旦（Jacques Maritain，1882－1973）和美国哲学家罗尔斯（John Bordley Rawls，1921－2002）为代表人物。马里旦主要的贡献在于，他认为"人权的哲学基础是自然法"①，此处的自然法是一种理性的秩序，它规定了人们的基本权利和义务，强调人权是社会领域里的事情。罗尔斯提出了著名的"正义论"，他认为正义原则是根本的道德原则，人权问题从本质上看是"分配正义"的问题，并且认为"只要它们不正义，就必须加以改造或废除"。②

以上所概述的西方人权事业的主要理论，总体而言具有唯心性、抽象性、超阶级性、虚伪性等特点。③ 但是，这些理论从不同角度研究人权，丰富了世界人权事业理论的内容，为残疾人的人权发展奠定了理论依据，推动了社会文明的进步。

（三）社会排斥理论

"社会排斥"的概念，1974 年由法国社会政策分析专家勒内·勒努瓦（Ren Lenior）首次明确提出。他认为受排斥者是被排斥在社会保险制度之外的，主要包括精神和身体残疾者、自杀者、老年患者、受虐儿童、社会不适应者等。英国政府社会排斥办公室认为，社会排斥指的是某些人或地区受到的诸如事业、技能缺乏、收入低下、住房困难、罪案高发的环境、丧失健康以及家庭破裂等交织在一起的综合性问题时所发生的现象。④ 德国政治学教授布尔查特（Tania Burchardt）认为，社会排斥是指个人长期稳定地居住在某个社会，却没有参与到这个社会公民所应进行的正常活动中，例如某人未参与或未充分参与所在社会的消费、生产、政治等活动即为社会排斥行为。⑤ 西方还有学者总结学术界对于"社会排斥"的研究成果，认为社会排斥理论大致有三种具有代表性的范式：团结、专业化、垄断。⑥ 这里主要就残疾人社会排斥理论的现状研究进行阐述。

---

① 马里旦：《人和国家》，沈宗灵译，北京：中国法制出版社，2011，第 90 页。
② 约翰·罗尔斯：《正义论》，何怀宏译，北京：中国社会科学出版社，1988，第 3 页。
③ 徐德刚：《西方人权理论评析》，《湖南科技大学学报（社会科学版）》2004 年第 5 期，第 109 页。
④ 李保平：《关注社会和谐的多维视角——西方社会排斥概念的演变及其现实意义》，《长白学刊》2006 年第 2 期，第 66～69 页。
⑤ T. Burchardt, J. Le Grand, & D. Piachard. Social Exclusion in Britain 1991－1995. *Social Policy & Administration*, 1999（3）：227－244.
⑥ 景晓芬：《"社会排斥"理论研究综述》，《甘肃理论学刊》2004 年第 2 期，第 21 页。

就残疾人就业受排斥问题，西方有学者指出，"大规模工业生产的日益增多，已经把残疾人排除在生产工作之外，孤立于职业集体中的社会之外"。残疾人之所以存在就业障碍，究其原因，除了身体上的缺陷之外，更主要是由于在现代化的资本主义工业社会大环境下，工厂生产速度、时间、管理纪律等生产组织方式将他们排斥在外。①

就残疾人社交受排斥问题，西方有学者认为，周围的人和环境对他们提出要求时，他们缺乏应对的经验。产生这些人际疏离现象，是因为社会排斥所导致的残疾人人际交往范围狭小造成的。研究发现，正常人漠视聋哑人的语言交流，社会对使用不同寻常语言方式的人缺乏尊重和宽容，这种循环使得残疾人的人际疏离更加严重。最可悲的是，这一切的后果要由残疾人自己来承担，来想办法解决，而不是社会把它当成应该承担的挑战。②

二 服务业发展理论

服务业的发展状况是衡量一个国家或地区经济水平的关键指标。残疾人服务业是现代服务业的重要内容，属于社会服务的范畴，其发展水平不仅能反映一个国际或地区经济水平的高低，更反映一个国家或地区的文明程度。这里按照国际残疾人事业发展阶段，简要介绍西方国家的社会服务理论。

（一）启蒙阶段

20世纪70年代以前为西方残疾人事业的启蒙阶段。20世纪20年代以前，自由主义在西方国家一直占据着主导地位，形成了所谓的"保护型政府职能模式"③。但在1929至1933年的世界经济大危机背景下，国家干预主义成为西方各国执行福利政策的主要理念。1933年，中年时身患麻痹后遗症，下肢瘫痪的罗斯福（Franklin Delano Roosevelt, 1882 - 1945）当选美国总统，推行以救济（relief）、复兴（recovery）和改革（reform）为核心的3r新政。1936年，英国经济学家凯恩斯（John Maynard Keynes, 1883 - 1946）在其著作《就业、利息、货币通论》中，建立起了比较完整的有效

---

① 迈克尔·奥利佛、鲍勃·萨佩：《残疾人社会工作》，高巍、尹明译，北京：中国人民大学出版社，2009，第15～20、64页。

② Jennifer Harris. *Deafness and the Hearing.* BinTiingham：Venture Press, 1997：60.

③ 张康之、郑家昊：《论政府职能模式》，《阅江学刊》2010年第3期，第6页。

需求不足理论。当代国家干预主义的理论来源于凯恩斯主义的"有效需求论"，主张国家对社会经济活动进行干预，扩大政府机能，限制私人经济，反对自由放任。

两次世界大战导致残疾人数量剧增，各国采取了一系列措施；美国20世纪60年代民权运动的兴起；1963年挪威奥斯陆会议上，瑞典智力迟钝者协会强调残疾人的权利正常化，主张"尽最大的可能保障他们正常生活的条件"，这一思想在当时的国际残疾人行动计划中被明确提出，即"以健全人为中心的社会是不健全的"[①]。在这样的背景下，这一阶段形成了早期残疾人平等参与社会生活的思想。

（二）发展阶段

20世纪70年代以后为残疾人事业的发展阶段，残疾人事业更加受到重视。联合国于1969年颁布了《禁止一切无视残疾人的社会条件的决议》；1971年发布《智力迟钝者权利宣言》；1974年召开残疾人生活环境专家会议，倡导在城市营造健全人、病人、儿童、残疾人、老年人等都能够自如生活的环境；1975年公布《残疾人权利宣言》；为了发动全社会关爱残疾人，将1981年定为"国际残疾人年"。英国、美国、瑞典等西方工业国家，这一阶段还出现了残疾人社区。这些法案的出台和残疾人社区的建立有力地推动了残疾人事业的发展，使得残疾人在社会生活中更加公平、公正。

这一阶段的西方发达国家推行政府改革，新的公共管理模式开始出现。新公共管理理论强调政府应该以市场和顾客作为导向，提高服务效率和质量，强调将私营企业的管理方法应用到公共部门的管理中。美国就有学者指出，政府不应该成为一个无效率的庞大机构，应该通过职能变革、挖掘潜力和组织重塑来实现真正的重大改革。[②] 在新公共管理理论的影响下，西方政府的社会服务政策开始转向在社会服务中引入竞争机制，重视顾客的需求和满意度，把服务方式从直接服务转向授权服务。新公共管理理论开创了西方社会服务市场化改革的先河，但是在追求服务效率的过程中却忽视了社会公平。

（三）普及阶段

20世纪90年代至今为西方国家残疾人事业发展的普及阶段。从与残疾

---

① 刘连新、蒋宁山主编《无障碍设计概论》，北京：中国建材工业出版社，2004，第129页。

② 戴维·奥斯本、特德·盖布勒：《改革政府：企业家精神如何改革着公共部门》，周敦仁译，上海：上海译文出版社，2006，第45页。

人相关的法律法规、服务机构和服务组织、医疗康复、教育就业、社会保障、无障碍建设，到社会对残疾人的态度以及残疾人自身的观念，都有巨大进步。

这一时期社会服务理论主要有第三条道路理论和新公共服务理论。第三条道路理论是英国社会学家吉登斯（Anthony Giddens）提出的，他自己把第三条道路界定为一条中间道路，主张政治超越"左"与"右"的对立，倡导建立新型的民主国家，贯彻"没有责任就没有权利""没有民主就没有权威"的原则，实行"民主制度的民主化"；强调在公共事务上实现更大程度的透明化；倡导福利国家把积极福利作为重点目标，促使社会服务从事后服务转变为事前服务，倡导国家、市场、公民社会三位一体的社会福利模式。① 但是第三条道路理论稍显抽象，缺乏可操作的现实性，因此新公共服务理论开始出现。美国公共行政学家登哈特夫妇（Janet V. Denhardt，Robert B. Denhardt）提出了"服务而不是掌舵"的新理念，他们认为公民是新公共服务理论的中心，服务是公共管理的本质②，要求公共行政官员在其管理公共组织和执行政策时应该着重强调公平地服务于民与授权于民的职责③，认为政府服务的对象是公民而不是顾客，这与新公共管理理论中将政府服务的接受者当作顾客的政府服务理念有所区别。

三　中国比较与扬弃

本节的前两部分论述了西方残疾人服务业的相关理论。西方的残疾人服务业发展，都经历过从不完善到逐步完善的过程，其经验教训值得当下中国借鉴。因此，下面通过比较和分析西方残疾人服务业理论，为发展完善中国残疾人服务业理论提供启迪。

（一）相似之处

关于中西方残疾人服务业理论的相似之处，归纳起来主要有以下三点。第一，以人道主义理念作为对残疾人关怀的出发点。中国从先秦时期

---

① 马格努斯·莱纳:《"第三条道路"的讣告：金融危机和欧洲社会民主主义》，杨望平译，《国外理论动态》2011 年第 5 期，第 44～48 页。

② 珍妮特·V. 登哈特、罗伯特·B. 登哈特:《新公共服务：服务，而不是掌舵》，丁煌译，北京：中国人民大学出版社，2010，第 30 页。

③ 石杰琳:《反思与超越：从新公共管理到新公共服务》，《郑州大学学报（哲学社会科学版）》2011 年第 5 期，第 9～12 页。

开始直到现在，在不同时期都对人道主义赋予不同的时代意义；西方国家从文艺复兴开始萌芽的人道主义发展到后来的人本主义，同样是不同时代对人道主义的不同解读。但是人道主义重视人的生命和价值的主旋律在古今中外从未改变，具有一定的历史共性。

第二，伴随着残疾人服务业的发展，越来越重视残疾人人权。现在，不论是残疾人服务业发达的西方国家，还是正在逐步完善残疾人服务业的中国，都非常强调残疾人的人权保障工作，注重对于残疾人人权的理论研究。

第三，残疾人福利供给理念不断更新，现在已普遍摒弃单一的责任主体，重视责任主体多元化的福利供给模式。随着西方国家经济危机和政府"失灵"等问题的出现，社会各界对福利多元主义的呼声高涨，政府不再是唯一的残疾人福利提供者；中国随着改革进程的不断推进，原来单靠国家供给残疾人社会福利的福利供给方式已不再适应中国社会经济发展的要求，多元化的福利主体供给已是大势所趋。

（二）相异之处

当今中外残疾人服务业相关理论的最大差别在于，西方某些残疾人服务业理论中所强调的人是抽象的人，是超历史、超阶级的人，理论中宣称代表"一切人"，通常却只关心一个阶级的利益，"在它大写的'人'字后面，隐藏的是渺小的资产者"[1]；而中国的残疾人服务业理论是在马克思主义指导下形成的毛泽东思想、中国特色社会主义理论中所蕴含的社会主义残疾人服务业理论。人道主义、人权主义及社会保障、社会服务等理论思想，其宗旨都是切实"为人民服务"，其中的"人"是具有社会性和自然性、现实性和历史性、人民性与阶级性等多重属性特征的整体。因此，这是相较于西方的一些残疾人服务业理论的最根本的区别。

（三）经验启迪

结合中国国情比较中外残疾人服务业发展理论，国际社会对当下中国的理论启迪主要有以下三点。

第一，应该继续宣扬社会发展及公平正义的理念。从西方国家残疾人事业发展的实践经验看来，他们始终秉承经济社会协调发展及社会公正的

---

① 陈先达：《陈先达文集》，北京：当代中国出版社，1995，第88页。

理念。因此，中国应该继续坚持以经济建设为中心，深化市场经济体制改革，为中国残疾人事业提供坚实的物质基础；同时，中国残疾人服务业应该将公平正义作为价值理念，缩小城乡、区域、阶层之间的差距，帮助残疾人自力更生，提升他们的社会参与能力，为他们创造更多融入社会的机会。

第二，应该牢固树立现代文明新型残疾观。西方发达国家经历了从"医疗模式"到"社会模式"，再到"权利模式"的残疾人事业发展模式转变。中国残疾人服务业的发展需要致力于消除对残疾人的社会排斥，创造良好的物质环境和社会环境，让残疾人能够共享社会发展成果，这是中国政府及全社会亟待解决的问题。

第三，应该形成并完善以政府为主导，国家、社会及市场三者协同的残疾人社会保障模式。从西方国家的社会福利发展历程来看，中国在残疾人服务业发展中需要采取综合的"社会取向"福利观，整合福利服务，增强福利供给效率的及时性和稳定性。当下中国应依靠多形式、多渠道的社会力量发展残疾人社会福利事业，实现社会资源的最优供给。

第三节　马克思主义理论

马克思主义理论是人类文明的结晶，是无产阶级运动的成果。对马克思主义理论体系中涉及残疾人服务业的相关理论进行探讨，是加快残疾人服务业跨越式发展的必由之路。本节先对马克思主义的残疾人事业理论、服务业发展理论进行梳理，然后浅析当下中国对马克思主义残疾人服务业理论的继承和发展。

一　残疾人事业理论

马克思主义残疾人事业理论主要从人道主义、人权事业、社会保障这三大理论进行研究。这里所说的马克思主义并不是狭义上的只包括马克思与马克思主义另一创始人、德国思想家恩格斯（Friedrich Von Engels，1820－1895）的思想，同时还包括具有马克思主义思想的人物所形成的马克思主义思想体系。

（一）人道主义理论

马克思的人道主义理论是马克思主义理论的重要内容，在马克思看来，共产主义社会就是"以每个人的全面而自由的发展为基本原则的社会形式"。① 马克思的人道主义思想批判地继承了以往的人道主义理论，形成了具有革命现实性的新型人道主义理论，是历史上人道主义思想和学说在质上达到的新境界。从马克思撰写的《1844年经济学哲学手稿》《德意志意识形态》等著作中可以看出，在马克思主义体系的人道主义中，其对人的概念诠释是具体的、历史的、现实的，具有实践性，这是相较于以往人道主义理论的本质区别。俄国无产阶级革命家列宁（Vladimir Ilich Lenin，1870－1924）继承发展了马克思的人道主义思想，他要求把人性作为一定社会条件的产物进行分析，驳斥资产阶级人道主义的伪善性，揭露其打着"自由、平等、博爱"的口号欺骗人民；认为在一定历史条件下无产阶级用暴力革命反对剥削阶级是合乎人道的必要手段。俄国1917年十月革命后，他强调苏维埃国家是人民群众当家做主的国家，"无产阶级政党的义不容辞的责任就是和群众在一起"②。列宁在改善人民劳动生活状况等切身利益方面做出了重大贡献，这些都是社会主义人道主义的体现。

中华人民共和国的主要缔造者毛泽东（1893~1976），是中国马克思主义继承者。1941年，他在延安为中国医科大学第十四期毕业生题词："救死扶伤，实行革命的人道主义"。③ 他倡导马克思主义的人道主义精神，号召中国共产党人"全心全意地为中国人民服务"④，并指出"世间一切事物中，人是第一个可宝贵的"⑤，肯定人至高无上的价值。中国改革开放的总设计师邓小平（1904~1997）继承发扬了马克思主义人道主义，强调"人道主义有各式各样，我们应当进行马克思主义的分析，宣传和实行社会主义的人道主义"⑥。将人道主义限定为伦理概念和伦理范畴，是邓小平根据

① 马克思：《资本论》（第一卷）（节选），载中共中央编译局编《马克思恩格斯选集》第二卷，北京：人民出版社，1995，第239页。
② 列宁：《论立宪幻想》，载《列宁全集》（第三十二卷），中共中央编译局编译，北京：人民出版社，1985，第28页。
③ 赵丽清、郭秀芝：《毛泽东题词"救死扶伤，实行革命人道主义"的由来》，《兰台世界》（下旬）2011年第10期，第80页。
④ 毛泽东：《两个中国之命运》，载《毛泽东选集》（第三卷），北京：人民出版社，1991，第1027页。
⑤ 毛泽东：《唯心历史观的破产》，载《毛泽东选集》（第四卷），北京：人民出版社，1991，第1512页。
⑥ 邓小平：《党在组织战线和思想战线上的迫切任务》，载《邓小平文选》（第三卷），北京：人民出版社，1993，第41页。

新的历史条件对马克思人道主义理论的重大发展①。他认为以私有制为基础的资本主义社会不是真正的人道主义，而社会主义人道主义应从具体的、现实的、历史的角度出发，倡导人道主义是社会主义精神文明建设不可或缺的内容。江泽民对社会主义人道主义思想做出了重要的理论贡献，其人道主义思想主要体现在中国共产党要始终代表中国先进生产力的发展要求、始终代表中国先进文化的前进方向、始终代表中国最广大人民的根本利益以及坚持依法治国和以德治国等方面。在中共十七大报告中，胡锦涛鲜明地提出了"发扬人道主义精神"及科学发展观理论，其中的"以人为本"是社会主义人道主义的核心，是中国在新的发展阶段对马克思主义人道主义新的解读，富有伟大的实践意义②。

（二）人权事业理论

在《德意志意识形态》中，马克思、恩格斯指出，人权是权利的最一般形式。他们强调，人权之作为人权是和公民权是不同的。③ 人权是全民的人权，只有消灭了剥削阶级才能获得真正的平等人权；人权是社会不断发展的必然产物，是生产关系与所有制关系的产物。可见，他们所倡导的人权是具体的、历史的。列宁结合俄国现实国情，继承发展了马克思主义的人权主义思想。在他看来，在社会主义建设和发展过程中，人民群众以及各民族都应该享有高度的、真实的权利。人民群众的权利大体上包括罢免权、受教育权、民族自决权以及人民监督权。布尔什维主义的实质，苏维埃政权的实质，就在于它揭露了资产阶级民主制的欺骗和虚伪，废除了土地和工厂的私有制，把全部国家政权集中在被剥削劳动群众的手里。正因为如此，民众可以享受关于政治、经济、文化、教育和宗教等多方面的平等权利。列宁的人权事业理论具有现实性、广泛性及普遍性等特征。他将人权以法律的形式确定下来，是对马克思主义人权事业理论的实际运用。列宁的人权事业理论推进了人权事业的发展，对人权事业的实践有重大的指导意义。

在中国，毛泽东的人权事业理论坚持发展马克思列宁主义人权事业理

---

① 赵琪伟：《浅谈邓小平的人道主义观》，《社科纵横》2004 年第 4 期，第 19 页。

② 胡锦涛：《高举中国特色社会主义伟大旗帜，为夺取全面建设小康社会新胜利而奋斗——在中国共产党第十七次全国代表大会上的报告》，《人民日报》2007 年 10 月 25 日（1）。

③ 纪荣荣：《试析马克思恩格斯人权思想的几个基本问题》，《安徽行政学院学报》2011 年第 4 期，第 10 页。

论，强调："共产党人的一切言论行动，必须以合乎最广大人民群众的最大利益，为最广大人民群众所拥护为最高标准。"① 改革开放以来，中国特色社会主义的人权事业理论逐步形成，主要有以下观点：关于独立权、生存权、发展权是首要人权的观点；关于人权的普遍性必须与特殊性相结合的观点；关于经济、社会、文化权利与公民、政治权利相互依存、相互促进的观点；关于个人人权与集体人权不可分割、同等重要的观点；关于没有无权利的义务、没有无义务的权利的观点；关于促进普遍人权必须考虑各国不同的社会制度，发展水平和不同历史、宗教、文化背景的观点；关于考察一个国家的人权状况不能割裂历史、脱离该国国情的观点；关于在国际人权领域坚持对话、反对对抗和反对利用人权干涉别国内政的观点等。这些观点，得到了世界各国，特别是广大发展中国家和人民的越来越多的认同和支持。生存权、发展权的提出和强调，是中国特色社会主义人权事业理论对当代世界人权事业理论的重大贡献。②

（三）社会保障理论

马克思主义社会保障理论是一个长期发展、实践的过程。马克思的社会保障思想从其著作中可以充分体现。《哥达纲领批判》中便提出，在生产资料公有制条件下，社会总产品分配应遵循一定的顺序和相应的分配原则，即社会总产品在社会成员中进行分配时，必须根据社会再生产和社会公共消费的需要，依次进行一系列扣除，这就是著名的社会扣除理论，这一理论，是马克思社会保障思想的理论来源。马克思认为，遭受自然灾害、不幸事故及丧失劳动能力的社会弱势群体要通过整个社会筹集基金来保障这一群体，以实现社会公平；社会保障是社会化再生产的必要条件，是实现国民收入与再分配的重要手段。列宁继承发展了马克思主义社会保障理论，认为国家应是一切保障的主要负责者，保险费用由国家与企业共同支付③。列宁的这一思想主张主要在工人阶级的社会保障中体现。另外，他还提出"最

① 毛泽东：《论联合政府》，载《毛泽东选集》（第三卷），北京：人民出版社，1991，第1096页。
② 郭德勤、范英、刘小敏：《新时期人道主义思想和残疾人事业的理论与实践》，北京：华夏出版社，2008，第102页。
③ 荣现磊：《论马克思资本补偿和人全面发展理论中的社会保障思想》，新乡：河南师范大学硕士论文，2012，第9~10页。

好的工人保险形式是工人的国家保险"①，并且对这一思想做出了明文规定。

毛泽东思想、中国特色社会主义理论是中国化的马克思主义理论。从中国共产党局部执政的延安时期开始，到中华人民共和国成立以后，把马克思主义的社会保障理论与中国的国情紧密结合，形成了毛泽东思想、中国特色社会主义理论中具有中国特色的社会保障理论。1978 年 12 月实行改革开放以前，中国确立了以社会救济、社会保险、社会福利和社会优抚为主要内容的社会保障体系，国家在社会保障中几乎承担了全部责任；1978 年 12 月实行改革开放以后，伴随着社会主义市场经济体制的建立，伴随着生产力的迅速发展和人民群众公共服务需求的急剧增长，中国对社会保障体系进行了顺应时代发展要求和人民群众需要的改革探索，在政府的主导下，积极发挥市场、社会、家庭、个人的作用，现在已初步形成以社会保险、社会救助、社会福利为基础，以基本养老、基本医疗、最低生活保障制度为重点，以慈善事业、商业保险为补充的覆盖城乡居民的社会保障体系。

二 服务业发展理论

马克思的服务业发展理论批判地继承了古典政治经济学相关理论。这里对马克思相关的服务思想进行梳理与概述，分为服务内涵、分工理论以及发展趋势三部分，并在分工理论、发展趋势这两部分简单阐述这二者与残疾人事业的关系。

（一）服务内涵

马克思没有直接提出服务的定义，只是在针对生产劳动和非生产劳动问题的研究过程中涉及了服务问题，并且对服务的内涵进行解析。由于残疾人服务业是服务业的组成部分，为了更好地理解残疾人服务业的内涵，这里有必要对马克思所理解的服务进行阐述。

马克思说："服务这个名词，一般地说，不过是指这种劳动所提供的特殊使用价值，就象其他一切商品也提供自己的特殊使用价值一样；但是，这种劳动的特殊使用价值在这里取得了'服务'这个特殊名称，是因为劳动不是作为物，而是作为活动提供服务的，可是，这一点并不使它例如同某种机器

---

① 列宁：《俄国社会民主工党第六次（布拉格）全国代表会议文献》，载《列宁全集》（第二十一卷），中共中央编译局编译，北京：人民出版社，1990，第 155 页。

（如钟表）有什么区别"；"任何时候，在消费品中，除了以商品形式存在的消费品以外，还包括一定量的以服务形式存在的消费品"；"某些服务，或者说，作为某些活动或劳动的结果的使用价值，体现为商品，相反，其他一些服务却不留下任何可以捉摸的、同提供这些服务的人分开存在的结果，或者说，其他一些服务的结果不是可以出卖的商品"①。他认为服务活动是商品形式的一种，并且也有无形与有形之分。服务活动与其他产品不同的是，服务活动的生产和消费过程是同时发生的，并且不能够贮存。

（二）分工理论

服务劳动属于社会总劳动的范畴，是社会分工所产生的新的劳动类型。伴随着商品经济的发展，服务劳动发展成为独立的生产经营部门，即服务业。马克思的社会分工理论最大的特点，是他认为服务业是分工体系中的一部分，在原始公社内部，服务业就是分工体系的组成部分。公社内，一部分人从事农业，另一部分人从事税务、记账、保卫、教育、修理等工作。马克思提出："社会内部的分工和工场内部的分工，尽管有许多相似点和联系，但二者不仅有程度上的差别，而且有本质的区别。"② 同时，他提出："只有生产资本的雇佣劳动才是生产劳动"③，"而一个缝补工，他来到资本家家里，给资本家缝补裤子，只为资本家创造使用价值，他就是非生产劳动者"④，他认为服务劳动有为生产和非生产之分。尽管这一理论是马克思在当时的资本主义背景下提出的，但是同样适用于社会主义社会。

正是日益严重的社会分工打破了传统的农业社会主从之间的依附关系，以主从和家庭为主的保障形式愈加不适应生产和生活的社会化发展需要。新的发展方式要求国家必须通过社会保障来降低新问题和新风险，保障的社会化逐步发展起来，相应地促进了残疾人事业的社会化发展。

（三）发展趋势

马克思根据资本主义经济发展规律，总结了服务业的发展趋势，他指

---

① 引自《马克思恩格斯全集》第二十六卷第一册，北京：人民出版社，1972，第435、160、436页。
② 引自《马克思恩格斯文集》第五卷，北京：人民出版社，2009年，第410页。
③ 马克思：《剩余价值理论》（第一册），载中共中央编译局编译《马克思恩格斯全集》第二十六卷第一册，北京：人民出版社，1972，第142页。
④ 马克思：《剩余价值理论》（第一册），载中共中央编译局编译《马克思恩格斯全集》第二十六卷第一册，北京：人民出版社，1972，第148页。

出："社会为生产小麦、牲畜等等所需要的时间越少，它所赢得的从事其他生产，物质的或者精神的生产的时间就越多"①。他认为随着劳动生产率的提高，剩余价值率相应提高，大量劳动力从工厂游离出来。与此同时，农业生产率的提高使得大量农业劳动力成为农业剩余劳动力，两者共同构成资本主义经济中的后备军。首先，廉价的劳动力为服务业发展提供了大量的人力资本。另外，又迫使各类资本流入包括服务业在内的各类新兴产业，以得到平均利润和超额利润。② 这就直接促进了残疾人服务业的发展。同时，这些劳动力的收入虽有增加，一定程度上刺激了社会中服务业务部门的扩张，但是这些劳动力的贫困生活状况等社会问题没有完全解决，因此，这一部分剩余劳动力同样需要社会保障。马克思的社会扣除理论认为，自然灾害、不幸事故、丧失劳动能力的弱势群体等，要通过全社会来筹集基金，这是现代社会保障思想的核心。马克思的这一思想为社会保障资金筹集和支出提供了重要的理论依据。

三 当下继承与发展

马克思主义与中国具体国情相结合，得以实现马克思主义中国化。这是由马克思主义自身的属性所决定的，马克思、恩格斯在阐述共产主义原理时就曾指出，"这些原理的实际运用，正如《宣言》中所说的，随时随地都要以当时的历史条件为转移"③。这里从与残疾人服务业发展相关的理论出发，论述 2012 年中共十八大以后的中国对马克思主义理论的继承和发展。

（一）坚持群众路线的理论

中共十八大刚结束，习近平总书记就指出："检验我们一切工作的成效，最终都要看人民是否真正得到了实惠，人民生活是否真正得到了改善。"④ 怎样让人民得到实惠，让人民生活得到改善？习近平就任总书记以

---

① 马克思：《经济学手稿（1857～1858 年）》，载《马克思恩格斯全集》（第四十六卷，上），中共中央编译局编译，北京：人民出版社，1979，第 120 页。
② 黄维斌：《现代服务经济理论与中国服务业发展》，成都：西南财经大学出版社，2003，第 9 页。
③ 马克思、恩格斯：《共产党宣言》，载《马克思恩格斯选集》（第一卷），中共中央编译局编译，北京：人民出版社，1995，第 248 页。
④ 习近平：《全面贯彻落实党的十八大精神要突出抓好六个方面工作》，《求是》2013 年第 1 期，第 6 页。

来一直强调党员领导干部要以身作则。他说，"打铁还需自身硬"，"党风廉政建设，要从领导干部做起，领导干部首先要从中央领导做起。正所谓己不正，焉能正人。最重要的就是要防微杜渐，不要温水煮青蛙"；"'善禁者，先禁其身而后人。'各级领导干部要以身作则、率先垂范，说到的就要做到，承诺的就要兑现，中央政治局同志从我本人做起"。① 2013 年，中国共产党在党内启动了声势浩大的党的群众路线教育实践活动。

大力发展残疾人服务业，从目的上说，要有一切为了群众、全心全意为人民服务的高尚追求；从手段上看，要有一切依靠群众、从群众中来、到群众中去的方式方法；从能力上说，要有把党的正确主张变为群众的自觉行动的群众工作本领。当下中国，正在深入开展党的群众路线教育实践活动。这一活动中党的新一届中央领导集体提出了诸多思想主张，是对马克思主义的坚持和发展，是对中国特色社会主义理论的丰富和发展，对促进残疾人服务业跨越式发展具有重要的理论指导意义。

（二）坚持公平正义的理论

2013 年 2 月，习近平总书记在主持中共中央政治局全面推进依法治国集体学习会时强调，要努力让人民群众在每一个司法案件中都感受到公平正义。他还指出，要全面推进科学立法、严格执法、公正司法、全民守法，坚持依法治国、依法执政、依法行政共同推进，坚持法治国家、法治政府、法治社会一体建设。② 2013 年 3 月，习近平总书记在十二届全国人大一次会议闭幕会上还强调，要"保证人民平等参与、平等发展权利，维护社会公平正义，在学有所教、劳有所得、病有所医、老有所养、住有所居上持续取得新进展，不断实现好、维护好、发展好最广大人民根本利益，使发展成果更多更公平惠及全体人民"，因为"中国梦归根到底是人民的梦，必须紧紧依靠人民来实现，必须不断为人民造福"。③

2013 年 9 月，在中国残疾人联合会第六次全国代表大会上，中共中央政治局常委张高丽代表党中央、国务院发表题为《在实现中国梦的伟大实

---

① 中共中央文献研究室：《论群众路线——重要论述摘编》，北京：中央文献出版社、党建读物出版社，2013，第 119、2、1 ~ 124、133 页。

② 新华社记者：《习近平在中共中央政治局第四次集体学习时强调：依法治国依法执政依法行政共同推进法治国家法治政府法治社会一体建设》，《人民日报》2013 年 2 月 25 日（1）。

③ 习近平：《在第十二届全国人民代表大会第一次会议上的讲话》，《人民日报》2013 年 3 月 18 日（1）。

践中创造残疾人更加幸福美好的新生活》的祝词。他强调指出：习近平总书记明确提出了实现中华民族伟大复兴的中国梦。中国梦，昭示着国家富强、民族振兴、人民幸福的美好前景，是包括 8500 万残疾人在内的每一个中国人的梦。① 残疾人作为社会的弱势群体，毫无疑问对减少社会排斥，增加人文关怀梦寐以求，这就必须大力发展残疾人服务业。而大力发展残疾人服务业，自然离不开坚强有力的法治保障和平等共享的道德环境。因此，无论是强调实现中国梦或强调坚持公平正义，还是强调依法治国或强调以德治国，都对残疾人服务业的跨越式发展具有重要的理论指导意义。

（三）改进公共服务的理论

2013 年 7 月以来，李克强总理多次主持国务院常务会议，均以改进政府公共服务提供方式为主题。7 月 24 日，会议指出，从 2013 年 8 月 1 日起，对小微企业中月销售额不超过 2 万元的增值税小规模纳税人和营业税纳税人，暂免征收增值税和营业税，并抓紧研究相关长效机制。② 7 月 31 日，会议指出，要将适合市场化方式提供的公共服务事项，交由具备条件、信誉良好的社会组织、机构和企业等承担。③ 8 月 16 日，会议强调，充分发挥政府作用，打开政策大门，激发各类主体活力，推动社会力量成为发展养老服务业的主角，完善税费优惠和补贴支持政策，为社会资本减税清费。④ 9 月 6 日，会议强调，坚决打破各种对民间投资制造隐形障碍的"玻璃门""弹簧门"，彻底拆除"表面迎进去、实际推出来"的"旋转门"。⑤

上述会议的精神，充分体现了新一届政府在改进公共服务供给方式、扶持小微企业成长、鼓励市场和社会投身公共服务、打破民间投资进入公共服务领域的障碍等方面的理论创新。这些理论创新虽然并非直接针对残疾人服务业，但无疑是当下中国实现残疾人服务业跨越式发展的福音。

---

① 霍小光、杨维汉：《残联六大开幕，习近平等到会祝贺》，《新华每日电讯》2013 年 9 月 18 日（1）。

② 新华社记者：《暂免征收部分小微企业增值税和营业税》，《新华每日电讯》2013 年 7 月 25 日（1）。

③ 新华社记者：《国务院：推进政府向社会力量购买公共服务》，《新华每日电讯》2013 年 8 月 1 日（1）。

④ 新华社记者：《国务院确定五项措施发展养老服务业》，《新华每日电讯》2013 年 8 月 17 日（1）。

⑤ 新华社记者：《尽快在金融等领域向民资推出项目》，《新华每日电讯》2013 年 9 月 7 日（1）。

第三章　制度支撑

　　在法律的效力和护法者的权威消失了的地方，任何人都得不到安全和自由。

——法国启蒙思想家：卢梭①

　　残疾人服务业跨越式发展是文明社会历史进程的要求，需要法律制度加以规范和引导，而国情社情的差异又必然使得这方面的法律制度在不同的国家各具特色，呈现既互相区别又互相联系的特征。制度的探讨，从纵向的角度，主要从历史的发展轨迹阐述，旨在分析制度设计的发展方向；从横向的角度，主要对国与国之间或者地区与地区之间进行对比探讨，旨在比较制度的异同。本章选取一些发达国家、后发国家和相对不发达国家具有代表性的残疾人服务业制度进行探讨，并与中国的残疾人服务制度进行比较研究，以期对中国残疾人社会服务制度建设提供借鉴与启示。

第一节　发达国家相关制度

　　发达国家针对残疾人的相关立法大致始于 20 世纪初，二战后得到较快发展，到 20 世纪 70 年代，各发达国家已基本形成一套较为完备的残疾人服务业法律体系，为科学有序、健康快速地推进各国残疾人服务业发展，保障残疾人合法权益，提高残疾人服务水平，提供了基本的制度保障

---

① 卢梭：《论人类不平等的起源和基础》，李常山译，北京：商务印书馆，1962，第 56 页。

与依据。下面从各大洲选取具有代表性的发达国家的残疾人服务相关制度进行评述。

一　美洲与亚洲国家

对于美洲地区和亚洲地区的残疾人服务业的发展，这里分别选取目前世界上最大的经济体、综合国力世界第一的美国，北美最发达国家之一的加拿大和现为世界第三大经济体的亚洲国家日本作为代表进行评述。

（一）美国残疾人教育与转换服务立法

美国残疾人教育保障方面的规范颇具特色。在美国的特殊学校、特殊班级、资源教室和全纳学校等实施机构，采取个别化的教育方式和有针对性的课程体系。1990 年的《残疾人教育法》就纳入了转换计划，要求学校和家长必须为每个残疾学生制订个别化的教育计划，在计划中增加一项关于继续接受高等教育或者就业的转换目标。1997 年的《残疾人教育法》修正案要求为 14 岁以上的残疾学生制订个别化教育计划，要对他们的转换服务需求进行陈述并且必须每年更新，以强化转换计划的重要性。[①] 可见，转换服务为残疾学生中学后的培养做好了充分准备，为残疾人接受高等教育和拓展就业空间打下了坚实基础。美国 2004 年《残疾人教育促进法》不仅将受教育的权益从残疾儿童扩大到所有残疾人，实现了残疾人的普及教育，而且规定联邦政府需加大对残疾学生的资助，这加强了对残疾学生的程序性保护，同时在教育对象、教育管理、经费保障、教师队伍等方面作了详细规定。美国残疾人教育主要包括六个基本原则：一是坚持零拒绝原则；二是非歧视评估原则；三是免费而合适的公立原则；四是最少限制的环境原则；五是家长参与决策原则；六是正当程序保护原则。[②]

美国残疾人教育的立法，突出教育与转换服务的功能。这些法案虽然只针对美国残疾学生的义务教育阶段，但对美国残疾人高等教育的意义和贡献巨大。[③] 同时，美国残疾人教育立法，在其发展过程中始终注重探索如

---

① 崔凤鸣：《美国〈残疾人教育法〉与残疾人高等教育》，《比较教育研究》2006 年第 10 期，第 71 页。

② 余向东：《美、德、日三国残疾人社会保障法律制度概览》，《当代世界》2011 年第 2 期，第 63 页。

③ 杨柳：《美国残疾人教育法探析》，《比较教育研究》2008 年第 6 期，第 74 页。

何加强学校、家庭和社会的合作关系，构建残疾人教育的强大支持系统。[1]
美国注重树立教育转化服务的理念，培养残疾人中学后教育以及就业、独
立生活的能力，以使残疾学生在中学后具有最大的独立性和创造性，从而
充分有效地挖掘残疾人的人力资源和创造潜力。

（二） 加拿大残疾人辅助技术服务立法

加拿大是世界上残疾人社会福利最好的国家之一，同时也是高度重视
为残疾人提供各项服务的国家之一。加拿大政府认为，对大多数残疾人来
说，辅助技术是残疾人独立生活、接受教育、参加工作和融入主流社会的
重要支持，如果能给残疾人提供他们所需的技术服务和环境支持，残疾人
的障碍就不再存在。因此，辅助技术开发是加拿大残疾人服务中非常重要
的工作，而无歧视法规的制定为残疾人利用辅助技术奠定了基础。由于无
歧视立法和各省辅助技术的政策保障，联邦政府对辅助技术开发利用积极
引导参与，加拿大残疾人的辅助技术在社会意识、经费、辅助器具的利用
品种、品质、辅助技术适配、所需要的社会环境和公共服务等方面得到全
方位的、高品质的保障。

在政府公布的《2009 年加拿大辅助器具与技术产业名录》中，加拿大
有辅助器具和辅助技术方面的生产商三百多个，代理商三百多个，经销商
二百多个，出口商五十多个。[2] 政府对法律的执行通常以各种政策的形式表
现出来，对于残疾人走向社会起重要作用的辅助技术，加拿大政府在政策
方面也给予高度的重视。先后出台多项政策促进辅助技术的发展和利用，
使辅助技术利用所需的资金得到落实。加拿大联邦政府部门与各省政府积
极参加、引导辅助技术服务的发展和无障碍建设。除了直接参与，政府还
以投放项目、购买服务等方式调集非营利组织与企业参与辅助技术的服务
工作。此外，残疾人事务办公室、加拿大人权委员会和遍布于加拿大全国
各省市地区和机构的无障碍委员会的监控、协调和促进工作，也有效保障
了有关法规政策的执行、落实。

（三） 日本残疾人就业及扶助服务规范

日本高度重视并大力促进残疾人就业。日本残疾人就业保障方面的

---

[1] 杨柳：《从隔离到全纳——美国残疾人教育研究》，重庆：西南大学博士论文，2009，第 6 页。
[2] 郑俭：《加拿大残疾人辅助技术保障中的法规政策与政府的作用》，《中国康复理论与实践》2011 年第 6 期，第 589 页。

主要规范是《残疾人雇佣促进法》，该法全面详细，内容涉及职业康复的推进、残疾人职业中心的职能、残疾人雇佣支援中心的职能、残疾人就业、生活支援中心的职能、雇用肢体残疾人及智力残疾人的义务、残疾人雇佣补助金的支付及残疾人雇佣缴纳金的征收及其相关惩罚规范等方面。其目的在于通过雇用肢体残疾人及智力残疾人义务性法规，促进对残疾人的雇佣措施，各种职业培训的措施，以及其他相关措施的实施以寻求残疾人职业的稳定。日本残疾人就业主要有两个渠道，一是集中就业，二是按比例就业。政府对残疾人个体经营和自主就业给予扶持，包括提供贷款担保和资金援助，出台了许多政策扩大残疾人的就业机会。[①] 为减轻企业雇用残疾人带来的经济负担，日本实行"残疾人雇佣调整金"制度。这一制度规定，企业和单位每年必须向公共就业保障办公室递交报告，对超过比例安排的企业和单位实行奖励，超过公营企业机构（1.8%）、一般民间企业机构（1.5%）、政府及国营的非营利机构（1.9%）的残疾人法定雇佣率，每多招收一名残疾人，每月奖励"雇佣调整金"2.7万日元，用于改善残疾人劳动条件和加强残疾人技能培训。对没有达到比例的企业或单位，该办公室发出警告并要求做出解释、限时限额完成，同时收取"雇佣纳付金"，每少雇用一名残疾人，需每月交纳5万日元。日本还制定有"企业补助金"制度，鼓励企业雇用残疾人，按规定雇用残疾人的企业可以享受各种税收优惠政策。日本政府的目标是力争到2013年帮助64万残疾人就业。[②] 日本制定的关于残疾人政策的新五年计划，确定援助残疾人的基本方针是实现"从福利到雇佣"。2013年4月，日本厚劳省更是推出强制性新规，要求员工人数超过50人的公司，雇用残疾人的比例必须占总员工比例的2%以上。[③] 日本还通过"征收与赠予制度"等政策措施，落实企业雇用残疾人的比例，引导企业接受并保障残疾人就业。

---

① 中国残疾人联合会教育就业部：《国外残疾人就业立法情况概述》，《中国残疾人》2007年第4期，第11页。

② 钱铮：《综述：日本多项措施助残疾人自立》，http://news.xinhuanet.com/world/2008-09/03/content_9762938.htm，2008-9-3，本脚注最后标注的日期为文献产生日期。本著作所有网络文献脚注最后标注的日期，除特别标注"百度快照日期"者外，其余均为文献产生日期，以下不再说明。

③ 李喆：《日本法律法规为何无法阻止职场虐残》，http://www.jnocnews.jp/news/show.aspx?id=66157，2013-7-10。

　　日本是国际上对残疾人实行扶助最为突出的国家之一。日本残疾人的康复疗养费用，政府补贴90%，家庭困难的全部由政府承担。政府对残疾人康复、就业、教育、培训、文体等所需用品用具进行研制和供应；对视力、听力和肢体残疾人的辅助器具，重度残疾人的住宅改造以及日常护理服务费用都给予补助，家庭困难的同样全由政府承担；对残疾人的各种庇护工厂、职业学校、康复中心等给予经济和政策支持。日本设有"残疾者手册"，残疾人凭此可获公共交通费、电信使用费、航空费折扣或免费，同时还有残疾人免交所得税和居民税的优惠规定，在多种公共费用上享受减额照顾。此外，日本不仅普设残疾人生活指导机构，而且有派遣家庭服务员帮忙料理家务的制度。① 另外，还有所谓"介助人体系"，以"代替身心障碍者之手脚，协助其完成生活必须行为"为服务宗旨，帮助残疾人完成家庭生活起居、各种家务、协助外出等。残疾人只要有需求，即可向负责管理介助人体系的机构提出申请，经过确认后可享受到介助人提供的服务。残疾人只需承担10%的费用，政府承担90%；如果残疾人家庭非常困难，则全部由政府承担。② 管理介助人体系的机构是"残疾人自立生活中心"，接受政府的委托管理介助人，其服务质量的高低由接受服务的残疾人来评价。

　　作为一个后起的发达国家，日本在残疾人服务制度建设中取得了显著成果。残疾群体的服务被逐步纳入由国家、市场、社会和家庭共同担当的服务网，其中许多卓有成效的经验非常值得具有类似文化的中国学习。作为东亚模式的典范，日本结合本国固有文化，构建了有效的统分服务模式，在与经济社会发展水平相宜的基础上，合理而有效地利用有限的社会资源，为特殊的社会成员建立了有力的服务支持网络。

二　欧洲与大洋洲国家

　　西欧和北欧地区是现代社会福利产生最早的地区。从欧洲文艺复兴时期开始，残疾人群体作为社会弱势群体的重要组成部分，在欧洲部分国家中得到一定程度的重视，残疾人服务制度也得到逐步发展。因此，这些地区残疾人服务业的发展也具有悠久的历史。以澳大利亚为代表的大洋洲地

---

① 郭士征：《社会福利及其国际比较》，《社会学研究》1995年第2期，第76页。
② 彭冰泉：《日本残疾人工作印象拾零》，《中国残疾人》2007年第7期，第48页。

区有着同样的渊源和历史，下面以德国、瑞典、澳大利亚为代表，简要介绍和评述欧洲国家、澳洲国家的残疾人社会服务规范。

（一）德国残疾人社会综合服务立法

德国残疾人社会服务的根本目的是残疾人平等自主地参与社会生活，任何残疾不管致残原因为何，都有权利并且能够获得各种及时、周到的社会服务。德国 2001 年颁布的《社会法案》中，第九章就专题论述了残疾人的康复与参与，规定了残疾人医疗、职业和福利津贴等方面的内容，形成了专门性的残疾人社会服务规范。该法案不仅关注为残疾人或面临残疾风险的人提供照料，而且注重保障他们自主地参与社会生活，平等地获取机会，赋予他们独立负责地处理自己事情的权利，为德国残疾人社会综合服务提供了法律依据。德国政府制定实施保障残疾人社会救助、就业、康复、医疗等权利的法律法规，极大地保障了残疾人的正常生活水平和平等参与社会活动的权利。到目前为止，德国关于残疾人的法律规范主要有《残疾人权利平等法》《残疾人康复与社会参与法》《联邦社会救济法》等，涵盖了残疾人养老、医疗、工伤、保险、就业、教育等社会服务项目。此外，德国在许多法律中也都把残疾人作为特殊的法律事实加以规定，例如在《帝国保险法》《联邦社会救济法》《劳动资助法》《刑法》《民法》等法律中都有关于残疾人的规定。社会保障法被认为在残疾人法中占有主导地位，它由大量的法律和从属于法律的法规组成。这些法律，体现了残疾人社会服务立法的日益完善。在明确残疾人工作的主体方面，德国法律规定，负责残疾人工作的部门机构，分别为医疗保险经办机构、联邦劳动局、工伤保险经办机构、法定养老保险经办机构、残废军人福利机构、青年保护部门和社会救济部门等。[①] 德国的联邦和州政府都设有专门的残疾人事务专员，与残疾人和社会各界保持密切联系。为加强各机构间的紧密合作和提高效率，德国各城市都成立了联络服务中心，以帮助残疾人完成待遇申请。除了这些政府机构外，政府还依法鼓励非政府组织、社会公益组织、慈善机构从事残疾人服务业，参与维护残疾人的利益。德国残疾人协会组织十分宽泛，都代表着特定的残疾群体，其中影响最广泛的是"联邦残疾人扶助协会"，这是一个包含了 94 个类别残疾人的全国性残疾人自助组

[①]　乔庆梅：《德国残疾人社会保障：内容、经验与启示》，《人文杂志》2008 年第 6 期，第 165 页。

织，并在各州设有分会。该协会负责收集广大残疾人的意见，与政府和立法机构以及社会各界进行沟通，维护残疾人的权利。[1] 在明确残疾人服务内容方面，以医疗康复服务为例，德国法律规定，医疗康复服务包括治疗、药物、包扎用品、疾病体操、运动疗法、语言疗法等医疗手段，提供身体配件和其他辅助器械、强度测试和工作疗法等方面的帮助。患者或残疾人在门诊治疗和康复诊所中还可以享受医疗康复援助，食宿费用亦由相关社会保障基金或待遇承担。德国的"在宅护理制度"也为残疾人提供了极大方便。早期预防是公认的最为经济、最为有效的措施，德国赋予一定人群免费预防检查的权利，费用由疾病保险或者社会救济承担。德国的就业援助和职业介绍服务，主要内容包括：工作建议、工作介绍、就业培训和工作变动援助、课程补习、职业训练、再培训以及课程认证。他们根据不同的残疾状况和不同的需要采取一切必要措施，以实现残疾人的就业和职业提升，并将个人兴趣爱好、择业倾向和先前的工作经验、当前的技能状况以及劳动力市场的整体状况等各种因素都考虑在内。有些职业服务机构还可以承担残疾人食宿，费用由失业保险等社会保障承担。[2] 服务内容丰富且细致入微。

德国成功的经验在于把国家干预与社会服务相结合，生活保障服务与就业促进服务相结合。德国在提供各种年金、保险、扶助等生活保障的基础上，积极促进残疾人提升能力、融入社会。对残疾人就业，以国家干预为主；对残疾人服务，注重调动社会组织的力量。以此体现社会公正，促进社会和谐。

（二）瑞典残疾人保健康复服务立法

瑞典以福利水平高、覆盖面广、福利体系完整而著称，其残疾人保健康复服务的法规政策也颇具特色。瑞典政府通过颁布实施一系列法律法规，充分保障残疾人的保健康复服务。瑞典残疾人保健康复服务建立了一套法律框架规范，这些法律框架的法规主要有：社会服务法案、健康和药物服务法案、支持和服务特定功能性障碍公民法案。这些法律明确了保健康复服务提供的框架和目的，为县议会和地方当局提供足够的自由，地方当局

---

① 张延辉：《我国残疾人社会保障制度绩效评价研究》，吉林大学博士学位论文，2008，第92页。

② 乔庆梅：《德国残疾人社会保障：内容、经验与启示》，《人文杂志》2008年第6期，第166页。

可根据他们自己具体的指导方针解释法律，实施服务。[①]　瑞典医疗保健康复服务内容有个人保健、家庭护理、交通服务、儿童和老年人的日常护理、完全的机构保健、技术辅助和家庭改装等。相关机构提供医生出诊、开处方药、家庭和医院的医疗保健。瑞典的保健康复服务的任务包括，对残疾和功能障碍的预防、诊断评估、治疗和处理，目的是使伤病员和残疾人尽量恢复生理、心理、职业和社会生活等方面的功能或能力，促进他们融入社会，改善生活质量。

瑞典残疾人保健康复服务有三个管理阶层：国家阶层、地方阶层和自治区阶层。这三个阶层分别对应的是：州、县议会和地方当局。健康福利委员会是国家的中心咨询监督机构，对健康保健和社会服务负责。另一个参与评估工作的机构是瑞典健康保健技术评估议会，它通过从医疗、社会和伦理角度对新建和已建的服务机构进行评估，有效利用并分配健康服务的各种资源。县议会对医院和健康保健中心健康服务的提供负主要责任，地方当局对教育、住房、儿童日托管、社会服务和家庭照顾等服务负主要责任。20 世纪 80 年代，瑞典的疾病保险和残疾养老金计划的开支不断增加。政府在 1988 年组建了康复调查委员会，为早期疾病等级介绍康复措施，这成为减少长期疾病社会开支的重要方式。1991 年初，瑞典康复政策开始进行持续改革并在职业康复活动中有显著发展。该措施明确了相关政党在提议、合作和提供资金方面的法律责任，并造成职业康复的开支和受益人的增加。职业康复活动是综合社会保险体系，包括健康、劳动力市场和社会工作的一部分。瑞典推行的残疾人康复服务制度，将残疾人的基本生活保障放在首位，力求通过康复医疗恢复其正常的生活、工作和学习的能力，使其像普通人一样参与社会生活。瑞典将残疾人康复视为政府的责任，并通过立法付诸实施。其高效率的运作方式，全覆盖、人性化的服务模式以及对残疾人的人文关怀，值得借鉴。[②]

（三）澳大利亚残疾人管理服务规范

澳大利亚政府的首要职责是制定残疾人相关法律、规划、政策和专项资金拨款、准入管理等事务。联邦政府层面主要分管六个部门：一是联邦

---

①　M. Lilja, I. Mansson, L. Jahlenous, et al. Disability Policy in Sweden: Policies Concerning Assistive Technology and Home Modification Services. *J Disabil Policy Studies*, 2003, 14 (3): 130 – 135.

②　谭晶：《瑞典残疾人康复服务系统介绍》，《北京劳动保障职业学院学报》2011 年第 1 期。

家庭、教育、社区服务和原住民事务部，负责残疾人管理与服务，主要提供残疾人权益代言、就业促进、福利企业、残疾人服务投资、盲人邮政业务、残疾人简易读物、有声读物、信息和字幕、年轻残疾人社区照顾、护理补贴、残疾儿童额外补贴、孤独症儿童康复、精神残疾人康复和就业、特殊困难残疾人信托基金、公共场所残疾人固定停车位等服务项目；二是联邦国民服务部，负责残疾人社会保障事务；三是联邦健康和老年部，负责残疾人卫生和医疗保健事务；四是联邦教育、就业和劳资关系部，负责残疾人教育、职业康复和就业服务事务；五是联邦司法部，负责残疾人歧视的有关司法事务；六是联邦投资和证券委员会，负责残疾人社会服务中介组织的准入标准和设立批准事务。联邦、州政府每隔几年就共同制定一个《国家残疾人事务协定》，明确划分两级政府在残疾人领域的目标、任务、职责和资金投入。

澳大利亚的社会组织基本上是非营利组织，依法设立，独立运作，多数能够获得政府部分财政支持，也可以接受社会捐助、资助和一些自营性服务收入。与残疾人服务有关的社会组织大体可分为四种：一是全国性或州域性的残疾人联合会，包括澳大利亚联邦残疾人联合会以及盲人、脑伤损、聋人、听力障碍者、智障、肢残、女性残疾人、少数族裔及外来残疾人和残疾人服务九个专业分会。二是残疾人代言（或维权）组织。如澳大利亚人权委员会，主要工作是接受与残疾人侵权有关的免费咨询、投诉，提供争议调解、法律援助以及代理出庭事务等。三是专业性的就业促进服务组织。如澳大利亚脊髓损伤协会，提供免费的就业信息，说服雇主雇用残疾人和工作场所改造服务、岗位补贴等。四是专业性的信息服务机构。如新南威尔士州辅助器具信息服务中心，提供免费的残疾人辅助器具信息服务，通过互联网、印刷品等发布各种辅助器具的介绍信息，供个人参考。澳大利亚还有一个全国性的庞大的社会保障待遇发放和社会服务提供网络，负责发放养老金、疾病补贴、残疾金、失业金、行动不便补贴等社会保障待遇支付，同时还提供就业促进服务、家庭护理服务等。①

经过一百多年的不断发展，澳大利亚的残疾人服务体系日益完善，名目众多的服务项目为残疾人的日常生活以及参与社会活动提供了巨大的便

---

① 刘文海、郭春宁、谢琼：《澳大利亚残疾人社会保障和服务考察》，《残疾人研究》2011年第2期，第65页。

利。澳大利亚与残疾人有关的社会服务主要由政府引导、非营利性社会组织承担，全社会公共建筑、公共交通和公共传媒都采取了比较完善的无障碍设施，政府和社会共同创造条件，让残疾人更多地融入社会，为残疾人提供周到便捷的服务。澳大利亚大力发展专业化社会组织，其依法设立、自我管理、接受政府监管的模式值得借鉴。

三 中国比较与扬弃

残疾人服务体系的发展同一个国家的经济、政治、文化和法律制度有着密切关系，不同的制度具有不同的发展特点。发达国家都根据自身社会结构与文化特性建立了特有的残疾人服务体系，各国均以特殊保护原则贯彻落实残疾人服务的理念，集中体现政府的责任和作为，在相关政策法规的制定以及制度实践中凸显政府的作用。当下中国应汲取这一有益经验，在广泛发动市场、社会力量投身于残疾人服务的同时，注重政府引导，为残疾人群体建构一个合理而高效的服务支持网络，积极挖掘整合社区、家庭和个人的资源，建构一个可持续发展的服务制度框架。

（一）在更新理念中推进法制建设

发达国家残疾人服务的发展历程表明，理念的转变是先决条件，对残疾人服务的广泛认同直接关联着制度的整体设计。这不仅仅意味着决策者、制度设计者要始终以科学和平等的发展理念为先导，更意味着全社会对残疾人社会权利观的接纳和认同。借鉴发达国家理念先行的经验启示，现代残疾人服务体系的建构需要在制度建设过程中，体现出"尊残、关残、护残"的社会情境。[①] 自 1990 年颁布《残疾人保障法》以来，中国的残疾人事业得到了迅速发展，但服务体系建设还没有跟上残疾人日益增长的需求。同时，社会对残疾人还存在很大的认识误区，认为他们是"残废"人，这就大大制约了残疾人服务制度的长远发展。追根溯源，这归因于理念的滞后。因此，"助残"理念的转变是完善中国残疾人社会服务制度的重要前提。

（二）制度建设与经济发展相适应

发达国家的残疾人社会服务体系已经实现了从"特殊服务"到"全方

---

① 韩央迪：《制度的实践逻辑：发达国家残疾人社会保障制度的比较研究及启示》，《中国地质大学学报（社会科学版）》2008 年第 6 期，第 93 页。

位服务"的转变。而对于中国来说,关于残疾人服务体系的建设才刚刚起步。借鉴发达国家的发展经验,社会服务制度扎根于本国的法律制度之中,具有不可复制的特点。自改革开放以来,中国在经济上取得了前所未有的发展,但残疾人社会服务制度的发展还存在较大的滞后性,"制度堕距"使全社会的协调发展遇到了一些问题。因此在建构残疾人服务制度时既要统筹全局、注重顶层设计,又要认清中国正处于改革攻坚阶段的现实,以一脉相承的思路循序渐进,切实践行与中国经济发展相适应的可持续发展之路。现代意义上的残疾人法律制度的健全必然与具体的国情相联系,必然会受到经济发展水平制约,但社会发展也具有重大意义,努力实现残疾人"平等、参与、共享"的目标,体现的正是社会主义制度的本质要求。

(三) 执行机制与制度建设相配套

发达国家残疾人服务工作的特点是,不仅有相对完善的立法体系,更有大量配套的督查实施专门机构,制度执行的监督力度大。中国残疾人服务业虽然起步较迟,但起点较高。1990 年颁布了《残疾人保障法》,2010年发布了《关于加快推进残疾人社会保障体系和服务体系建设的实施意见》,各地相继出台了实施办法或实施方案。《关于加快推进残疾人社会保障体系和服务体系建设的实施意见》涵盖了残疾人社会保障体系和残疾人服务体系的各个方面,强调从国情出发,重点保障残疾人的基本生活,实现他们的基本权利。然而,中国残疾人事业发展不平衡,在实施中还存在不少障碍。现在虽然有各级人大的执法检查,但没有专门监督的机构。残疾人联合会组织虽然有"代表、服务、管理"的职能,却不是执法主体,在某种程度上制约了各项法律的实施效果。[1] 当下中国有些残疾人立法,其内容的规定往往停留在宏观的层面上,没能真正对具体问题做出详尽的规定,且条款过于原则,宣示性的内容较多,缺乏强制性以及具体法律责任和惩罚性措施,实际的操作性不强,这严重损害了法律的权威。[2] 因此,宏观来讲,不仅要尽力完善残疾人立法体系,更要提高立法的层次;微观分析,还要增强立法的可操作性,制定切实有效的监管措施,健全受害者维权和投诉的渠道等。

---

[1]　连金法:《赴澳洲残疾人工作情况交流与断想》,http://www.zjcl.com.cn/publish/content.php/998,2003 - 11 - 10。

[2]　陈久奎、阮李金:《特殊教育立法问题研究——人文关怀的视角》,《中国特殊教育》2006年第6期,第48页。

　　发达国家残疾人服务制度的实践逻辑建构于世界经济的发展进程中，更重构于各个国家的社会发展中。整体上它秉承了一般社会服务制度的发展特点，同时也呈现出各国特有的路径依赖。对当下中国而言，究竟建立怎样的残疾人服务制度才比较合理？中国的经济社会发展水平是回答这一问题最根本的立足点，但发达国家残疾人服务制度的实践逻辑，无疑也是重要的参照系。

第二节　后发国家相关制度

　　发达国家的现代化成果给发展中国家树立了榜样，许多发展中国家由于强烈的发展落差和危机意识的刺激，会从技术进而制度的层面展开对先发国家的效仿，从而走向较发达国家的行列，如新兴工业化国家韩国、新加坡等。有些发展中国家起步晚、转型慢，仍然处在摸索阶段。但发达国家法律制度本身都经历了一个长期演化的过程，后发国家同样存在本土法律秩序与现代法律制度相融合的问题。中国属于发展中国家，制度创新是各项事业发展的基本动力和途径，因此，研究后发国家发展的经验与教训，对中国残疾人服务业的发展更具有现实意义。下面从各大洲选取具有代表性的后发国家的残疾人服务相关制度进行评述。

一　新兴工业化国家

　　新兴工业化国家，其经济发展程度不如发达国家，但在所有后发国家中属于经济发展程度较高的国家，又称半发达国家、半工业化国家。1979年，国际经济合作与发展组织报告首度指出，亚洲的韩国、中国台湾、中国香港、新加坡，美洲的墨西哥、巴西，欧洲的希腊、葡萄牙、西班牙、南斯拉夫10个国家和地区属于新兴工业国家和地区。这里分别以韩国、新加坡和巴西为例，选取其代表性的残疾人服务制度进行述评。

（一）韩国的信息化服务制度

　　韩国残疾人事业在1987年后进入腾飞阶段。1987年民主化斗争后，韩国实现了地方自治选举，地方的自治权力促进了市民团体的迅速发展。政府为完善市民团体的管理，相继制定或修订了1996年《关于公共机关信息公开的法律》、1999年《捐款募集限制法》、2000年《非营利民间团体支援法》等，这些法规直接影响了韩国残疾人事业的发展方向。韩国具有特色的残疾人制度主要是残疾人信息获取服务制度。

韩国政府从 1996 年起开始实行信息化促进计划，到 2000 年底就建成了高速信息通信网络，覆盖全国 144 个地区。2001 年，韩国出台了消除信息差距的法律，并由 14 个国家机构联手实行消除地区间信息化发展水平不均衡的计划，此法律为因经济、地域、身体或社会条件无法正常获取或利用生活所需的信息通信服务的低收入者、农渔村居民、残疾人、老年人、女性等弱势群体生活质量的提高提供保障。例如，由国立中央图书馆推进的事业有声书籍分享中心的运营、残疾人专用图书馆资料统合管理系统的普及、通信费用补贴制度的导入等，均使残疾人受益。残疾人通过电话等通信工具使用残疾人图书馆阅读服务时，可减免 50% 的通信费用。这一补贴制度的目标是改变视力障碍者因经济负担无法正常使用残疾人图书馆阅读服务的现状。韩国实施《残疾人便利增进法》以后，逐步设立了各种便于残疾人实施出行权的各种设施。韩国残疾人信息化通过有效使用信息通信技术与服务，实现了残疾人与非残疾人社会的进一步融合。残疾人信息化政策不但可以使残疾人适应日常生活，还可以提供职业、教育、社会、文化参与的工具，在使残疾人作为社会成员共享社会信息方面具有非常重要的意义。根据 2005 年韩国残疾人实际调查结果，残疾人的计算机持有率和利用率低于一般国民，以残疾人网络利用率为例，由 2003 年的 27.6% 逐步增加到了 2006 年的 46.6%。[1] 虽然与国民平均水平相比还是差距甚大，但在残疾人信息化服务方面已取得了可喜的进步。

（二）　新加坡无障碍建设制度

新加坡的无障碍建设也是从无到有，逐步发展起来的。无障碍建设的基本参考依据是 1990 年颁布实施的《无障碍建筑物法案》，该法案规定，自 1990 年起新建和翻新建筑都必须配备无障碍便利设施。1995 年颁布《无障碍通行准则》，2002 年作了进一步修订和完善。该准则延伸到更多强制性的标准，一些建筑设计的指导性意见也被作为附件写入该准则。根据老年事务委员会的报告，无障碍建设从家庭、社区开始，延伸到社区之间连接点的无障碍，接下来是全岛的交通设施枢纽，最终实现所有建筑物的无障碍化。

为推进各项法律的实施，新加坡制定了一系列政策和措施：一是公交

---

① 　金炳彻：《韩国残疾人社会保障制度考察》，《残疾人研究》2012 年第 3 期，第 20 页。

无障碍实施计划。2006年，新加坡政府宣布拨款8100万新元发展无障碍公共交通系统，计划在2010年前，将40%的公共汽车改造成"轮椅道公共汽车"，到2020年，让所有公共汽车都成为"轮椅道公共汽车"，到2023年，将实现所有公交无障碍化。截至2011年10月，新加坡完成了89个地铁站的无障碍通道增建工程，有80%的地铁站设有两条无障碍通行走道。截至2012年，有80条线路共2015辆公交车可供坐轮椅的人士使用。二是推进私人住宅区翻新计划。新加坡多个政府部门共同打造了无障碍环境联合行动计划。2001年，新加坡建设局推出私人住宅区翻新计划，主要是通过改善设施，打造更具活力的住宅区，其中也包括电梯翻新计划，全面改造旧的组屋的电梯。新加坡政府还计划到2017年，对所有居民区进行无障碍环境改造，并在新建和改建公园时修建必要的无障碍设施。三是设立"无障碍建设基金"。为鼓励私人业主增建无障碍设施，改进"有障碍"建筑，2007年新加坡建设局设立4000万新元"无障碍建设基金"，计划供五年使用。增建无障碍设施计划初见成效，新加坡建设局宣布将基金延长至2016年，鼓励更多私人业主在旧建筑上添加无障碍设施。① 四是设立"无障碍服务奖"，为奖励开发无障碍设施的私人开发商，新加坡政府设立了"无障碍服务奖"，奖励那些有创意的无障碍设计或通用设计作品。

（三）巴西的残疾人社会福利制度

随着20世纪初工业化的发展，巴西开始出台一系列社会保障法律，是南美最早引入社会保障制度的国家之一。② 40年代巴西开始建立社会福利机构并出台社会福利方面的有关政策。经过几十年的发展，巴西逐步将社保覆盖面扩展到各行业，目前已经形成了一套项目比较齐全、法制比较完善、管理比较规范、覆盖城乡90%以上人口的社会保障体系。巴西社会保障制度主要包括养老、医疗、生育、工伤保险以及社会救助等内容。1966年，巴西政府就建立了普通社会福利系统，覆盖全体私营部门的劳动者。1988年，巴西的新宪法确立了社会福利制度，规定巴西所有居民均享有社会保障权利，保障全体劳动者的工伤、医疗、死亡、生育、失业和养老福利。巴西宪法第194条将社会保障范围确定为民众的健康、退休制度和社

---

① 张永兴：《综述：新加坡重视残疾人教育与社会服务》，http：//news. xinhuanet. com/newscenter/2008 - 03/08/content_ 7742621. htm，2008 - 3 - 8。

② 房连泉：《20世纪90年代以来巴西社会保障制度改革探析》，《拉丁美洲研究》2009年第4期，第31页。

会救助三个方面；巴西宪法第 201 条规定了社会保障的具体内容，包括职工的病、残、老、死，低收入家庭子女的抚养、补贴、失业补贴等。巴西宪法中明文规定必须尊重残疾人，相关法律法规对残疾人教育、就业、医疗等进行了比较详细的规定，以保证残疾人与身心健全者一样享有受教育的机会，同工同酬，老有所养。巴西法律规定，所有企业必须雇用一定比例的残疾人职工，其中在 200 人以下的企业中，残疾人职工必须占总职工人数的 2%；200 人至 500 人规模的企业，残疾人职工应占总职工人数的 3%；1000 人以上的企业，这一比例为 5%。政府设有专门的巡视机构，如果发现某企业未达到法律规定的标准，将进行罚款等处罚。

巴西社会福利制度建立之初，在保障全体国民基本生活权益方面发挥了重要的积极作用，但由于巴西的社会保障制度曾存在私营、国营、公务员三大社会保障制度相对独立的格局，三者之间的保障标准差异很大，引发了公民的强烈不满。[①] 因此，1992 年开始，巴西政府把改革社会福利制度作为一项主要任务，颁布了一系列行政法令，简化办事程序，加强资金管理，对管理系统进行了信息化改造。巴西并未采取像其他拉美国家那样的激进私有化改革方式，而是对传统现收现付制度进行渐进式的改革调整。2003 年，巴西政府再次进行了一些改革，对公务员退休金的最高标准做出限制，同企业的退休金标准相衔接，不得超过社会最低工资标准的 10 倍，这在一定程度上有利于缓解社会矛盾。这项改革有利于政府坚持公正、公平原则。

巴西是拥有领土面积南美最大、世界第五大国家，也是全球十大经济体之一。在拉美地区，巴西是福利水平较高的国家，社会保障制度覆盖到了全国居民，并实行公私混合的社会保障模式。由于其国土面积、经济和社会发展水平与中国相近，因此，巴西在社会保障方面的改革取向对中国有一定的借鉴价值。

二　其他的后发国家

在国际社会中，通常按经济发展水平把世界各国分成发达国家、发展中国家、欠发达国家三大类，其中的发展中国家和欠发达国家，又统称为后发国家。这里所说的"其他的后发国家"，是指除新兴工业化国家以外的

① 国家发展与改革委员会就业和收入分配司：《巴西、阿根廷社会保障制度及启示》，《中国经贸导刊》2007 年第 19 期，第 28 页。

其他发展中国家或经济发展水平落后的欠发达国家。其他的后发国家受社会经济发展水平的限制，残疾人服务业一般难以全方位展开。这些国家的社会福利主要是社会救助，表现为政府救济性质，除政府向贫民发放有限的救济款物外，主要采取积极鼓励、赞助宗教慈善团体和其他志愿机构的办法。世界卫生组织的数据表明，世界 80% 的残疾人生活在发展中国家。本文选取亚洲发展中国家印度和非洲发展中国家南非①、欠发达国家埃塞俄比亚为代表，简单评述其残疾人制度的特点。尽管这些国家的残疾人制度远不如发达国家完善，但某些制度和规范还是值得研究与借鉴。

（一）印度社会医疗服务制度

自 1947 年印度独立后，印度政府开始建立免费的公共医疗卫生体系。1949 年通过的《宪法》中明确规定，所有国民都享受免费医疗。国民健康花费的绝大部分都是来自政府支出。提供免费医疗服务的主体主要是社区卫生服务中心、初级卫生中心和保健站以及大城市的政府医院等。据统计，印度全国共有 2.2 万个初级卫生中心，1.1 万个医院，2.7 万个诊疗所和 2000 多个社区卫生服务中心所，这些遍布全国的政府医疗机构满足了大多数国民的基本医疗需求。② 免费医疗服务的对象包括城市居民、农村人口，其中也包括残疾人。20 世纪 80 年代初期，印度政府就制定了在全国农村逐步建立三级医疗保健网络的目标，这一网络包括保健站、初级保健中心和社区保健中心三部分，免费向广大穷人提供医疗服务。免费项目包括挂号费、检查费、住院费、治疗费、急诊抢救的一切费用，甚至还有住院病人的伙食费，但不包括药费。印度政府对公众的医疗卫生投资的来源主要是各级政府税收、非税收入及社会保险费等。1996 年，印度颁布名为《机会均等、保护权利和全面参与》的法律。从 2005 年开始，印度着手进行了一项更大规模的"全国农村健康计划"，以加强印度农村地区，尤其是那些落后地区的医疗体系。印度医保模式独具特色，主要的特点体现在公平性、

---

① 印度虽然 2011 年人均 GDP 才 3703 美元，但经济总量较大，2011 年 GDP 总量已达 44697.63 亿美元；南非虽然经济总量不大，2011 年 GDP 仅 5553.4 亿美元，但人均 GDP 较高，2011 年已达 10977 美元。因此，近年也有学者将印度、南非列入新兴工业化国家，有的甚至把南非列入发达国家。但本章还是以 1979 年世界经济合作与发展组织认定的新兴工业化国家为权威性标准，仍将印度、南非列入其他的后发国家。参见维基百科：新兴工业化国家，http：//zh.wikipedia.org/wiki/%E6%96%B0%E8%88%88%E5%B7%A5%E6%A5%AD%E5%8C%96%E5%9C%8B%E5%AE%B6，2013－6－3（百度快照日期）。

② 周弘：《社会保障制度国际比较》，北京：中国劳动社会保障出版社，2010，第 85 页。

公益性和创新性。公平性是印度医疗模式的最大特点。2000 年世界卫生组织曾经对其成员国卫生状况进行评估，印度卫生筹资与卫生资源分配的公平性居全球第 43 位，远远高于中国的 188 位，① 居发展中国家前列。

　　印度在经济发展水平、人口结构、社会状况等许多方面和中国有相似之处，都是发展中国家，属中低收入国家。但印度的医疗保障体系世界闻名，走出一条近乎全民免费医疗的成功之路，这极大地促进了印度社会的整体发展。印度的医保模式既保证了全民的基本医疗服务，又兼顾了弱势群体和富裕阶层的医疗需要；既保证了医疗的公平性、公益性，又具有创新性，可谓独具特色，成为发展中国家乃至世界的典范。对于国情与印度有很多相似之处的中国来说，印度模式颇有借鉴意义。

（二）南非的职业教育服务制度

　　南非在世界上是种族差距、贫富分化较大的发展中国家，过去长期奉行种族隔离教育政策。② 1994 年，新政府建立以后，开始实行新的教育管理制度。从残疾学生学习到就业制定了相关法律制度和规范。1994 年颁布的新宪法，首次规定了南非残疾人享有和正常人一样的公民权利，保障了残疾人的受教育权。南非规定残疾人就业培训必须由政府提供财政预算、落实经费。1998 年，政府颁布了《公平就业法》，保障残疾人公平就业。该法规定，在所有行业，残疾人都享有公平的就业机会。在其他条件相同的情况下，应该优先雇用残疾人。到 2007 年，在南非的公营事业领域，残障工作人员的数量已经占到全体工作人员总数的 3%，同时在劳动力市场接受培训的残疾人占总人数的 4%。③ 这些政策法规为开展残疾学生职业教育创造了前提和条件，也为残疾学生接受职业教育后，在劳动力市场参与公平竞争提供了法律依据。

　　南非的残疾人职业教育服务相对完善，职业教育服务④对培养残疾学生的就业能力，帮助他们从劳动力市场获得并保持工作、实现自身价值、取

---

① 李华、李佳：《我国城乡医疗保险制度创新的路径选择》，《学术交流》2008 年第 4 期，第 120~124 页。
② 王谨、郑兴：《南非散记——消除贫富差距任重道远》，《人民日报》2010 年 5 月 1 日（08）。
③ 李锋：《南非：为残疾人提供生活便利，社会关怀无处不在》，《人民日报》2008 年 9 月 5 日（06）。
④ "职业技术教育"是西方学者于 20 世纪提出，德国首先推行，并获得各国广泛效仿推行的教育服务，旨在通过基础教育阶段的特别技能学习增强学生的就业能力，并帮助学生做好未来工作的准备。

得一定的经济地位以及平等参与社会生活都有着极其重要的作用和意义。自 20 世纪 90 年代的民主体制建立以来，南非政府制定了教育相关法律法规，规定教育服务提供者应为有特殊需要的残疾学生提供相关的职业服务，让他们能够进入劳动力市场，参与公开竞争就业，从而实现最优的独立生活。为实现这一目标，新修订的国家课程首先开始实施以"结果为导向"的教育服务，教育部门明确规定有特殊需要的学生应当融入主流学校接受教育，学校在现有的课程体系上增加功能课程，主要是训练学生就业所必需的各种职业技能，这一模式的作用在于补充学校的原有课程，增强学生的就业能力，提升他们的就业可能性。

　　南非的职业教育模式分三个阶段：第一阶段，前职业准备阶段。该阶段主要是训练学生功能性技能，针对劳动力市场提供的职业进行培训服务，培养目标主要是依据有特殊需要学生现有的职业技能水平状况因材施教，教育服务人员制订出个别化的干预计划确保学习者最终能达到要求，并建立相应的职业教育档案，学生就业后雇主也会提供持续的反馈，这些档案可以作为学习者接受必要再培训的依据。第二阶段，职业准备阶段。该阶段基于"所有人都能够作为劳动者参与工作"的理念，在实际岗位上接受在职培训，并定期轮岗，依据学生的不同能力，为他们在社区内寻求匹配的在岗培训机会，职业教师在该阶段扮演就业服务人员的角色，帮助学习者知晓特定的工作职责，提供实地的职业干预技术来促进学生的职业技能。并有 3 ~ 6 个月的特定岗位实习，增加学生在公开劳动力市场的就业经历，为他们寻求工作提升择业竞争力。第三阶段，安置与跟踪服务阶段。该阶段为残疾学生谋求工作机会，帮助学生与雇主商讨就业合同，协定公平的劳动协议，必要时提供相应的跟踪服务和指导，以保持和提升他们的工作能力和独立生活能力。这些跟踪服务包括：帮助他们寻找新工作、遇到困难时提供帮助和建议、一般性的支持和咨询、如何与同事和雇主交往、如何参与社区活动等等。[①]

　　南非的残疾学生职业教育充分考虑残疾学生的个体差异，对他们的现有能力、就业意愿、兴趣爱好等进行客观评定，并作为开展职业教育服务的基础，以此制订"个别化"的教育计划，采取不同的干预措施。实施以"结果为导向"的培训模式，充分考虑劳动市场的需要，选择有利于残疾学

---

① 徐添喜、雷江华：《"学校到工作"：南非残疾学生转衔服务模式》，《现代特殊教育》2011
　年第 2 期，第 42 ~ 43 页。

生长期发展的培训内容，定期轮岗，培养学生多种能力，并提供持续的跟踪服务。这三个阶段重点不同，是一个相对比较完整的模式，可以为中国残疾人职业教育服务带来一定启迪。

（三）埃塞俄比亚公共服务制度

埃塞俄比亚法律规定，从小学到大学残疾人教育实行免费，教材都由政府免费提供。2007 年，埃塞俄比亚适龄儿童的入学率已经达到 91.4%，并计划在 2015 年之前达到 100%。在埃塞俄比亚，学生读大学，食宿都由政府"垫资"。学生大学毕业，工作一年半后开始在十年内还清政府"垫资"（四年费用折合接近 8000 元人民币），如果毕业后找不到工作，国家不向学生索要这笔费用。此外，埃塞俄比亚还对穷人实行免费医疗，穷人拿着"贫民证"就可以在村镇诊所享受免费医疗。① 在埃塞俄比亚，水费全免，天然气费很多地方都全免；每个埃塞俄比亚人，只要成年而且有正式工作，都由政府分配一套房子，可以终身享用，死后由政府收回。

埃塞俄比亚的可贵之处不在于他们的教育、医疗、住房等基本公共服务制度在世界上有多先进，其可贵之处主要在于埃塞俄比亚是世界上最穷的十个国家之一，却能够把保障和改善民生摆在最为重要的位置。中国虽然与埃塞俄比亚一样属于发展中国家，但经过三十多年的改革开放，无论是从整体经济实力还是从人均 GDP 来衡量，都已远远超过埃塞俄比亚。由此看来，埃塞俄比亚的做法确有值得中国借鉴之处。

三 中国比较与扬弃

中国是世界上残疾人口最多的发展中国家。中国的残疾人服务业的发展对整个世界残疾人事业的发展有着重要意义。随着中国改革开放以来残疾人事业的发展和进步，现在中国残疾人在教育、就业、康复等方面的服务状况有了明显改善。发展中国家残疾人服务立法尽管远没有发达国家的全面和先进，但任何一种制度的设置都不可能是千篇一律的，应该客观认识发展中国家立法道路上的艰辛和成就，科学分析发展中国家制度模式，从中寻求借鉴并获得有益启示。

（一）趋同性是发展中国家制度的共同点

通过比较研究不难发现，发展中国家不同模式的社会服务法律制度虽然

---

① 刘植荣：《看看外国的社会福利》，《羊城晚报》2010 年 12 月 13 日（B05）。

存在很大的差异，但也有其共性。这突出体现在立法原则、立法功能和立法内容上。从立法原则看，发展中国家在进行社会保障立法的过程中均不同程度地遵循了某些共同原则，如权利原则、社会公平原则、普遍性原则等等；从立法功能看，发展中国家社会服务制度大都以法律的形式弥补市场缺陷；从立法内容看，发展中国家的社会服务均涵盖了教育服务、就业服务、康复服务等内容。探求发展中国家残疾人社会服务法律制度的共性，为中国法律的制定和修改开辟了可资借鉴的途径。中国向市场经济转轨的时间不长，市场体系的培育还不够成熟，在这样的土壤内"生出"完善的社会服务法律制度，困难是很多的。而上述发展中国家，与中国有很多共同的地方，其社会服务法律体系的构建，在某些方面有其特点和优势，具有参考和研究价值。

（二）法治化是社会服务制度的必由之路

法治国家的目标，需要通过各种具体法律制度的运作来实现。现代意义的法治，就是指在一个政治国家中，把国家的事务制度化、法律化，严格依法办事的一种原则。纵观各国社会服务的实践，增强残疾人政策法规的制度安排，强调残疾人的平等权利，对残疾人给予特别扶助和特殊服务，以立法的形式加以规范，而且随着社会的发展不断进行修正和完善，是非常重要而且必需的。相较于比较发达的国家，中国目前的相关制度还处于低层次的发展水平，制度的规范与实践还有相当大的缺漏与提升空间。目前，中国的残疾人服务立法虽然已取得一定的成绩，但基本上还未形成体系，已有的法律也存在着笼统且缺乏相应的细化单行法规的问题。总体立法滞后，是实现残疾人服务业跨越式发展的最大制约，所以必须尽最大努力推动残疾人服务工作法治化。只有通过法治化，才能使服务主体的权利、义务和职责明确，才能使服务的各项制度更为公平合理，才能使服务制度有效地运作。

（三）时代性是实践法律制度的发展逻辑

早在 20 世纪 30 年代，一些发展中国家就通过对已有立法的修订来完善社会服务制度，20 世纪 70 年代以来，几乎所有的国家均在不同程度地修订社会服务法律制度，修订并不完全表现为项目的增加或水平的提高，而是同时存在着对社会服务内容与水平的调整和改革。① 可见，社会服务法律制度的发展进程是一个不断完善的过程，这个过程现在没有终止，将来也

---

① 贾宝和、陈涛：《发展中国家社会保障立法及对我国的启示》，《价格月刊》2007 年第 9 期，第 73 页。

不会终止。当下中国正处于残疾人事业大发展的关键时期,构建新型的社会服务法律制度不仅需要审慎,还需要根据变化了的形势和实践效果加以调整,使其与整个残疾人事业的发展相适应。

第三节 当代中国相关制度

残疾人服务业法制建设的发展,不仅能有力地维护残疾人的合法权益,能促进和规范残疾人服务业的发展,而且对社会扶残助残、和谐友爱良好风尚的形成,对维护社会公正,推动物质文明、精神文明和政治文明建设,都具有十分重要的意义。下面分别从中国大陆地区和台港澳地区探讨中国残疾人服务制度,并对二者进行比较,以促进中国大陆残疾人服务制度的发展与完善。

一 中国大陆地区

中国大陆地区残疾人事业经过多年的建设与发展,取得了丰硕的成果。目前,已初步形成了以《宪法》为指导、以《残疾人保障法》为核心、以相关法律法规为基础、以地方规范性文件为补充的包括残疾人服务业发展在内的残疾人事业法律体系。

(一) 国家法律规范层面

我国现行《宪法》规定:"中华人民共和国公民在年老、疾病或者丧失劳动能力的情况下,有从国家和社会获得物质帮助的权利。国家发展为公民享受这些权利所需要的社会保险、社会救济和医疗卫生事业。国家和社会保障残废军人的生活,抚恤烈士家属,优待军人家属。国家和社会帮助安排盲、聋、哑和其他有残疾的公民的劳动、生活和教育。"这一规定,成为残疾人服务业发展的具有最高效力的宪法渊源。与残疾人服务业关系最为密切的国家层面的法律是《残疾人保障法》。该法制定于1990年,对残疾人的定义、类别和标准做出了原则性规定,明确了政府在保障残疾人权益、发展残疾人事业方面的职责,对发展残疾康复、教育、就业、文化事业,为残疾人提供社会福利及为残疾人平等参与、融入社会创造良好的社会环境等做出了规定。2008年修订后的《残疾人保障法》,以"平等、参与、共享"为宗旨,以发展残疾人事业和保障残疾人权益为根本任务,为适应经济社会发展大局,进一步明确了政府在残疾人事业发展中的主导地位，对残疾人的康复、教育、劳动就业、文化生活、社会保障、无障碍环境以及法律责任等方面做出了新的详细规定，标志着中国在保障残疾人权益方面进入了一个新时代。中国现行的《民法通则》《刑法》《民事诉讼法》和《刑事诉讼法》等国家基本法均涉及残疾人服务的相关内容，《教育法》《义务教育法》《劳动法》《就业促进法》《婚姻法》《收养法》《继承法》《母婴保健法》《未成年人保护法》《公益事业捐赠法》《治安管理处罚法》《道路交通安全法》等也都是与残疾人教育、就业和医疗卫生、文化生活密切相关的法律。

　　此外，中国还积极开展残疾人领域的国际交流与合作，签署、批准和加入了一些有关残疾人权利保护的国际公约，积极参与国际残疾人事务，大力推动和支持两个"亚太残疾人十年"行动。特别是中国作为联合国《残疾人权利公约》的倡导国和起草工作组的成员国，提出了中国案文；在北京承办了 21 个亚太国家和地区参加的有关公约的政府间会议，通过了《北京宣言》。2008 年 6 月 26 日中国正式批准了《残疾人权利公约》，2008 年 8 月 1 日向联合国提交了批准书，2008 年 8 月 31 日《残疾人权利公约》在中国（包括香港特别行政特区和澳门特别行政区）正式生效。

（二）国家行政法规层面

　　自 1991 年至 2011 年，国务院已连续批转了 5 个中国残疾人事业五年规划纲要。中国残疾人事业五年规划纲要，无疑是中国残疾人服务业发展的纲领性文件。为保证残疾人接受教育权利和就业权利，国务院还专门制定了《残疾人教育条例》和《残疾人就业条例》。1994 年 8 月 23 日《残疾人教育条例》的颁布是残疾人教育史上具有重要意义的事件，该条例是中国第一部保护残疾人教育权利的专门行政法规，曾明确指出残疾人教育是国家教育事业的组成部分。2007 年 2 月 14 日，国务院通过《残疾人就业条例》，确立了政府在促进残疾人就业工作中居于主导地位，并对机关、团体、企业、事业单位和民办非企业单位吸纳残疾人就业的责任和义务做出了严格规定，并较为系统地明确了相应的保障措施。其他涉及残疾人社会保障的行政法规中比较重要的还有：1999 年《城市居民最低生活保障条例》、2003 年《法律援助条例》《公共文化体育设施条例》《工伤保险条例》、2006 年《农村五保供养工作条例》、2012 年《无障碍环境建设条例》等。

国家民政、教育、劳动、财政、税务、建设、司法、残疾人联合会等部门依据各自的职责，也单独或联合制定发布了一系列与残疾人服务业相关的部门规章或规范性文件。如 1995 年，财政部颁布《残疾人就业保障金管理暂行规定》；1997 年，国务院批准《残疾人专用品免征进口税收暂行规定》；1998 年，《教育部特殊教育学校暂行规程》颁布；1989 年，建设部、民政部和中国残疾人福利基金会发布《方便残疾人使用的城市道路和建筑物设计规范》，并于 2001 年正式颁布《城市道路和建筑物无障碍设计规范》；2001 年，中国残疾人联合会先后出台《省残联康复中心工作标准（试行）》《残疾人用品用具供应服务中心站建设标准》，并与教育部、民政部联合提出《进一步推进特殊教育改革和发展的意见》；2007 年，中国残疾人联合会、教育部发布《残疾人中等职业学校设置标准（试行）》，中国聋儿康复研究中心制定并下发了《省级听力语言康复机构建设标准》，教育部、国家发改委联合发布《"十一五"期间中西部地区特殊教育学校建设规划（2008 - 2010）》，2009 年，教育部、民政部、中国残疾人联合会等部门联合发出《关于进一步加快特殊教育事业发展的意见》等等。其他代表性的文件包括：1999 年《关于做好下岗残疾职工基本生活保障和再就业工作的通知》、1999 年《关于积极扶持残疾人个人或自愿组织起来从事个体经营的通知》、2000 年《残疾人就业信息网建设发展规划》、2004 年《关于进一步加强扶助贫困残疾人工作的意见》《关于为残疾人提供无障碍法律服务和法律援助的通知》、2005 年《关于城镇贫困残疾人个体户参加基本养老保险给予适当补贴有关问题的通知》、2007 年《关于促进残疾人就业税收优惠政策的通知》、2012 年《阳光家园计划——智力、精神和重度残疾人托养服务项目（2012 - 2015 年）实施方案》《关于加强特殊教育教师队伍建设的意见》、2013 年《关于共同推动残疾人康复机构与医疗机构加强合作的通知》等等。

（三）地方法规规章层面

以广东省为例，地方法规主要有：《中共广东省委广东省人民政府关于加快残疾人事业发展的决定》《广东省人民政府办公厅转发省残联关于加快推进残疾人社会保障体系和服务体系建设实施意见的通知》《深圳市残疾人参加社会保险试行办法》等等。中国大陆的地方性法规、规章和规范性文件主要包括：各省、自治区、直辖市人大制定的残疾人保障法实施办法；各省、自治区、直辖市人民政府就残疾人就业问题制定的按比例安排残疾人就业规定；县级以上地方人民政府根据中央政府制定的残疾人事业五年规划纲要，制定的本行政区域的规划纲要及其配套实施方案；还有许多省针对残疾人提供特别扶助问题，专门制定的残疾人扶助办法；全国绝大多数市、县和乡镇制定的扶助残疾人的优惠规定。近些年来，随着社会保障扩面提标，各级政府也陆续出台了进一步完善包括城乡最低生活保障、农村合作医疗、养老保险等在内的各项政策措施，对残疾人实行普惠加优惠的制度安排。

从现有的相关法律法规可以看出，大部分关于残疾人权益的法律规定都分散于各种针对全体公民的法律中，并没有单独为残疾人建立专门的法律体系，并且大多以条例、办法等形式出现，其内容偏重教育和就业两大方面。中国涉残法律存在的问题与发达国家和地区明显不同，主要集中在缺乏量化指标和硬性措施，法律少且操作性差，应在这些方面实现重点突破。目前，中国残疾人服务体系建设还处在起步阶段，与残疾人的需求相比，与经济社会发展水平相比，还有很大差距。当前突出的矛盾是：残疾人服务体系还不完备，覆盖面还比较窄，残疾人服务投入还明显不足，服务设施和专业人才队伍还比较匮乏，难以有效解决残疾人最关心、最直接、最现实的基本需求和特殊困难。残疾人需要的不仅仅是生存权和发展权，还应当有政治方面、文化方面、社会方面的权利，应以此为出发点和支撑点，来合力建设完善的残疾人服务法律规范和长效机制。

二 台港澳地区

台湾、香港、澳门是中华人民共和国不可分割的重要组成部分。但是，由于历史的原因，台湾地区经历了荷兰殖民统治、日本侵略，香港地区遭受过英国殖民统治，澳门地区遭受过葡萄牙殖民统治。因此，台港澳地区深受西方影响，在法律制度方面具有中西结合的特点，甚至在世界范围内都是特色鲜明、独树一帜的。台港澳地区的残疾人制度既有共性，也有各自特点，尽管体制不同，但长期积累的实践经验和成功做法，具有重要的借鉴意义和参考价值。

（一）台湾残疾人服务制度

台湾1980年通过法令"身心障碍者福利法"，同年，还通过了"残疾福利法""老人福利法"和"社会救助法"。1984年，台湾制定第一部有关特殊教育的法律——"特殊教育法"，以保证各类身心障碍和资质优异儿童接受适时教育的权利。1991 年重新制定颁布"身心障碍者福利法"，1997 年台湾又将此法修正为"身心障碍者保护法"，除明确规定相关事业主管机关权责外，还具体规定医疗、康复、教育、就业、福利等法定权益，加大了对残疾人事业的财政支持和执行力度。2006 年，台湾通过"身心障碍者保护法"修正草案，将残疾人视为独立自主的个体，并对个别残疾人的特殊需求给予支持性服务。2007 年，台湾又一次修正了全文，并将此法更名为"身心障碍者权益保障法"，① 这是台湾残疾人相关法律中覆盖最广、最具原则性、最重要的"法律"，该法对残疾人的医疗复健、教育权益、促进就业、福利服务、福利机构、罚则等方面做了原则性的规定，强化了直辖市及县（市）主管部门的职能，明确了卫生、教育、劳工、建设、交通、财政等主管机关职能，各主管机关依法履行职责。1984 年出台的"特殊教育法"标志着特殊教育发展进入一个新的里程。到目前为止经过 1997 年、2001 年、2004 年三次修订的"特殊教育法"，使特殊教育朝着"三度"空间发展。长度是特殊教育向下延伸至 3 岁，向上可以进入大学学习；宽度是特殊学生的入学率逐渐提高，特殊教育的类别和程度有所增加；高度是特殊教育的质量有所提升，为特殊学生提供合适的个别教学计划和教学服务。该法把教育对象分为学前教育阶段、国民教育阶段、国民教育阶段完成后的部分，并规定特殊教育应朝社区化方向发展。规定各级学校不得因残疾类别、程度或尚未设置特教班而拒绝残疾人入学，各级教育主管机关应主动协助其就学。② 到目前为止，台湾残疾人相关"法律"主要有"身心障碍者保护法""特殊教育法"以及二十多个专门或直接涉残的法令，已经形成了比较完备的残疾人社会保障体系。

（二）香港残疾人服务制度

香港制定的法例除了适用于包括残疾人士在内的所有香港居民和在港的其他人士，也专门制定了适用于残疾人的特定法例或条文。主要有《香港特别行政区基本法》，规定所有香港居民及在港人士的权利和自由都获得保障，这些基本权利包括政治、法律、经济、文化、社会和家庭的权利和

① 王鹏：《台湾地区残疾人福利保障制度及其启示》，《台湾研究》2009 年第 1 期，第 36 页。
② "身心障碍者保护法""特殊教育法"规范全稿可参见郭德勤、范英、刘小敏《新时期人道主义思想和残疾人事业的理论与实践》，北京：华夏出版社，2008，第 274～294 页。

自由以及个人的人身自由。《残疾歧视条例》，具体规定歧视或者骚扰残疾人士或与其有联系的人士即属违法。《税务条例》规定，纳税人如果要供养残疾家属，可以根据该条例申请伤残受养人免税额，这一税项确认了家庭的照顾对残疾人士的重要性。《精神健康条例》，为精神紊乱人士、弱智人士以及他们的照顾者提供所需的法律保障，主要条文涵盖了管理财产及事物；收容、羁留和治疗精神紊乱人士；监护权；同意接受医疗或者牙科治疗。《建筑物管理条例》规定了建筑物、公共设施等无障碍设计标准。《道路交通条例》，规定了残疾人士在使用机动车辆上的各种税费减免。还有大量的涉及残疾人的其他条例或特别条款，如适用于精神无能力的人的条例主要有《刑事罪行条例》《刑事诉讼程序条例》《持久授权书条例》《立法会条例》《高等法院规则》等。适用于肢体伤残人士的条例主要有《建筑物管理条例》《海底隧道（使用税）条例》《应课税品条例》《汽车（首次登记税）条例》等。此外，其他有关条例还有《教育条例》《雇佣条例》《雇佣补偿条例》《未成年人监护条例》《法律援助条例》《职业安全及健康条例》《保护儿童及少年条例》等。虽然没有专门规定关于残疾人士的条款，但这些条例明确规定适用于所有人，残疾人当然包括在内，由此共同构成香港残疾人保障法律体系。这些法律所涉及的各项服务都普遍涵盖残疾人，这些服务主要包括：社会保障服务、幼儿及家庭服务、儿童及青少年服务、安老服务、康复服务、医务社会工作服务、预防及戒毒服务、为罪犯及释囚提供的服务、社区服务等各个方面。[①]

（三）澳门残疾人服务制度

澳门关于残疾人社会保障的法规条例，和香港一样体现于各个领域的法规内容中，最主要的专门法律是 1999 年 7 月 19 日澳门立法会颁布第 33/99/M 号法令，制定出台了《预防残疾及使残疾人康复及融入社会之制度》，确保残疾人在机会均等之情况下，真正享有及承担其他市民同获承认及同受约束之权利与义务。1999 年 10 月 31 日第九届全国人民代表大会常务委员会第十二次会议通过的《关于处理澳门原有法律的决定》规定，澳门原有的法律、法令、行政法规和其他规范性文件，除同《澳门特别行政区基本法》抵触者外，采用澳门特别行政区法例。根据这一规定，该专门法继

---

① 胡凌、杨海清：《关于赴香港考察社会管理服务工作的报告》，http://www.gdzf.org.cn/gdsgzdt/gz/201103/t20110319_ 147417. htm，2011 - 3 - 19。

续生效，该法规定康复包括各个主要层面（医疗、教育、职业、心理）的残疾预防及残疾人康复帮扶工作，还涉及治疗残疾的先进科技以及与国际组织的提议，尤其是与联合国（亚太地区经济社会委员会）的提议相配合的措施，该法规规定了一系列与残疾人、行政当局及专门从事防治残疾的非政府组织有关之目标、指导性原则、权利、义务、责任、辅助及鼓励措施。澳门残疾人社会服务，主要包括社会保障服务、幼儿及家庭服务、儿童及青少年服务、安老服务、康复服务、医务社会工作服务、预防及戒毒服务、为罪犯及释囚提供的服务、社区服务等方面。[①] 澳门居民享受的主要福利均由政府提供，包括：养老金、残疾金、社会救济金、失业津贴、疾病津贴、丧葬津贴，以及医疗保险、社会房屋、经济房屋及免费教育等。政府负责上述社会福利的工作机构主要包括社会工作司、房屋司、教育司、卫生司及社会保障基金。除社会保障基金外，社会福利开支全由政府财政负责。

三　国内比较与扬弃

台港澳地区引进了当今国际社会的现代理念和先进制度，致力于建立健全的残疾人社会保障法律制度，全面、合理地设置保障项目，人本、周到地为残疾人开展服务。港台地区继承了中华传统优秀文化和道德伦理规范，注重残疾人家庭照顾和福利保障，动员民间团体和爱心人士踊跃参与、倾情奉献。同时结合区情、立足实际，探索出了政府主导与购买服务相结合，保证质量与提高效率相一致的方式和途径。受历史的局限和制度的约束，台港澳地区残疾人社会服务也存在某些缺陷和不足，但其亦为中国残疾人社会服务的组成部分和特色之一，值得中国大陆深入研究，科学借鉴。

（一）制度规定详细具体

中国大陆和台湾、香港、澳门都具有同根同源的中国传统文化，台港澳地区残疾人制度安排中，不但在条款上对服务内容和机构作了明确的规定，还列举了大量的例子作为参考。以香港为例，其残疾人的服务内容可被划分为七类：一是残疾人家庭支持。对残疾家庭进行合理的引导，包括康复技巧、训练技巧方面的培训等。二是残疾人机构康复与职业训练指导。针对康复与训练活动进行规范与督导，保障家居训练、庇护工厂、辅助就

---

①　甄炳亮：《澳门社会服务发展及其启示》，《中国民政》2012 年第 6 期，第 28 页。

业、培训计划的合理开展。三是残疾人社区服务支援。主要针对社区资源进行规范与引导，涉及社交培训、家务指导服务、暂时雇佣服务、交通服务、咨询服务等多方面。四是残疾人住宿规范。主要用于规范香港残疾人的住宿事务，保证儿童之家、辅助宿舍、护理院、长期护理院的正常运转。五是残疾人经济援助。这部分主要规范提供给残疾人的经济资助、服务资金的运作与分配，包括综合社会保障资金管理政策、公共社会福利金计划、慈善信托基金计划三方面。六是残疾人特殊教育。香港对残疾儿童的教育非常关注，并对残疾人员享受公平的特殊教育权利进行了专门的规定。七是残疾人无障碍设施。从香港的法律可以看出，香港残疾人的社会服务业，已经上升到对残疾人无微不至的关怀。香港是一个发达地区，运作资金较为充沛，残疾人公共设施比较完善，残疾人的生活保障由政府和非政府组织合力完善。① 因此，法律的规定，非常注重残疾人的全方位服务。中国大陆地区在残疾人就业权利法律保障方面也做了很多工作，但是，目前的这些法律和条例对残疾人服务仅仅是原则性的规定，没有实施细则，使得条款流于形式，变成"口号"和"宣示性"条款，这也是现实中残疾人服务不能落实到位的根本原因。

（二）法律规定操作性强

台港澳的残疾人制度有一个共同点，主要导向是利用各种资源为残疾人提供全方位的服务，所有涉及残疾人事务的法律都规定得极其具体，细致到现实中任何不当行为均可以在法律文本中找到处罚依据，一目了然，便于操作，这与中国大陆某些笼统的法律规定形成鲜明对照，并且法律的出台往往都明确执行机构，并发布与之密切相关的守则、指引或手册，明确指出何种行为可为、何种行为不可为。如香港有关残疾人服务的制度，主要有《康复服务手册》《康复社区资源手册》《残疾人士社区支援计划》《残疾人士地区支援计划》《专业家居训练与支援服务》《残疾人成人住宿暂顾服务手册》《残疾人儿童住宿暂顾服务手册》《预防与处理弱智人士走失指引》《伤残人士通道设计手册》等等。再如香港在1984年制定了针对残疾人的无障碍设施管理办法《伤残人士通道设计手册》，对建筑物、公共设施、公共交通领域的无障碍设施和无障碍环境的建设提出了制度性规范，

---

① 彭华民、万国威：《残疾人社会福利制度：内地与香港的三维比较》，《南开学报》2013年第1期，第36~37页。

保障了香港无障碍设施的建成。

（三）制度规定实效显著

在台港澳地区，没有像大陆地区的各级残疾人联合会这样专门代表、服务、管理残疾人的组织，但是却较好地解决了残疾人服务问题。其主要原因：一是残疾人事务被完全纳入政府工作职责。残疾人作为公民的一般需求，由政府有关部门统筹解决；作为残疾人的特殊需求，由政府专门机构负责。二是健全的法律制度确保了对残疾人服务目标的实现。健全的行政法制，确保了政府行政权力的有限性和公共利益最大化。当政府执行不力时，残疾人可以依法提起行政诉讼。法院一旦判决政府部门败诉，政府部门就要支付巨额的惩罚性赔偿。因此，健全的行政法制的制约监督是高效行政的保证。三是发达的社会中介机构和非营利组织有效保证了对残疾人的服务落到实处。

第四章　道路回眸

> 一个国家的文明水平，往往可以从她对残疾人的态度上显示出来。
>
> ——美国历史上唯一蝉联四届的总统：罗斯福①

残疾人服务业的发展与完善，是人类不断向文明社会迈进的重要组成部分。随着现代社会的不断进步，各国残疾人服务业逐渐朝着满足残疾人生存与发展全方位需求的人性化方向演变。本章比较了世界不同国家和地区在残疾人服务方面的发展历程与特色经验，重点从残疾人福利供给、残疾人教育就业、残疾人社会服务等方面对国外经验进行阐述，进而总结出对中国大陆残疾人服务业发展的一些启示。

第一节　发达国家发展道路

发达国家的残疾人服务业起步较早，发展较快，实践经验比较丰富，总体上处于国际领先水平。本节分别探讨美洲、亚洲、欧洲、澳洲发达国家残疾人服务业的发展道路并总结其历史的经验教训。

一　美洲与亚洲国家

在美洲、亚洲的发达国家中，美国、加拿大、日本残疾人服务业的发展颇具典型性。下面重点探讨这三个国家残疾人服务业的发展道路及其特色成果。

---

① 转引自林华《美国残疾人现状面面观》，《中国残疾人》1995 年第 7 期，第 42 页。

（一）美国残疾人的福利供给

虽然美国早在 1840 年就建成了第一个盲人庇护工场，但直到 1900 年代，大约五十万被雇用的美国残疾人，仍然工作环境差，工作时间长，其工资往往比其他雇工低，基本没有什么权利保障。从那时开始，美国的残疾人便在社会贤达的支持下，开始了改善福利待遇的抗争。1919 年，在美国俄亥俄州的小镇艾伦（Edgar allen），诞生了为残疾人提供服务的先驱组织——美国复活节邮章社，该组织在全美拥有数以千计的专业工作者和 80 万志愿服务者。1920 年，美国出台了世界上最早的专门针对残疾人就业的职业康复社会政策。1935 年，由 6 个残障人成立于纽约的身体残障联盟迅速发展到几百人的规模。1937 年，歧视和不平等引发了匹兹堡庇护工场的残疾工人大罢工。此后，残疾人的福利供给开始逐步改善。1961 年，美国确定公共建筑通道及使用国家标准，开创了现代社会开展残疾人社会康复和接纳残疾人的先河。1964 年，美国颁布了人权法案，其中包括了残疾人职业康复和社会保障的内容。1968 年，美国完善建筑无障碍的立法工作。1990 年，美国出台残疾人专项法案。① 2012 年，美国总统奥巴马（Barack Obama）曾自豪地宣称：美国是"世界上第一个全面宣告残疾人公民享有平等权利的国家"②。可见，在残障权利运动的推促下，美国残疾人福利供给发展迅速。

美国残疾人的福利供给颇具特色。除残疾人基本社会保障外，美国有独特的残疾人保险业。当前，美国联邦政府向残疾人提供的主要经济援助项目有社会保障残疾保险和生活补助金③。其中，生活补助金是利用政府一般性财政支出为残疾人提供基本生活服务，而社会保障残疾保险则主要根据参保残疾人的残疾时间与工作时限来确定其获得额外的残疾保险金数额。生活补助金主要为帮助低收入残疾人维持最基本水平的生活保障，其数额根据申请人经济状况及残疾程度而不同。同时该补助金建立了较为完善的监督和退出机制，当个人残疾或经济状况有所改进时，个人需主动向

---

① 杨晴川：《美国残疾人事业带起"无障碍经济"》，《新华每日电讯》2006 年 5 月 22 日（4）。

② 奥巴马：《在〈美国残疾人法〉周年日演讲》，http://exam. tigtag. com/toefl/reading/102528. shtml，2012 - 8 - 6。

③ 朱逸杉：《美国残疾人社会保障政策概况》，《残疾人研究》2012 年第 2 期，第 71 ~ 79 页。

相关部门申请调整。作为具有保险性质的社会保障残疾保险，要求作为保险金享有者的残疾人必须首先参与投保，才能享有保险金，即社会保障残疾保险通过残疾人福利保障资金一定程度上的市场化运作，减轻了政府公共财政的负担。为确保社会保障残疾保险的高效性和公正性，参保人必须是提前退休的伤残职工①，并对投保年限和参保周期做了较严格的规定——要求投保满十年或每年投保一个季度。在就业保障方面，美国残疾人在应聘工作时，也享受着和正常人同样的权益，甚至还会获得一些"殊遇"。企业招工时，雇主不能以身体为由把残疾人拒之门外；进入单位后，雇主必须修建残疾员工抵达办公室的无障碍通道，尽一切可能为他们提供便利。②

（二）　加拿大残疾人的生活保障

加拿大残疾人服务业的发展道路也历经曲折，在 20 世纪下半叶步入正轨。1982 年，加拿大宪法明确规定，每个人在法律面前和法律之下一律平等，不受基于种族、来源国、肤色、宗教信仰、性别和身心缺陷的歧视。1985 年，加拿大出台人权法案，要求禁止在服务、住房、就业和宣传出版方面因种族、来源国、肤色、宗教信仰、性别、婚姻、家庭以及残疾等原因歧视他人。1986 年，加拿大出台平等就业法案，力求达到工作场合的平等，以至于没有人会因为和能力无关的原因而被拒绝就业机会和福利。1996 年，修订后的平等就业法案对政府的责任规定得更为具体，要求联邦政府和每个相关单位必须确保残疾人、妇女、土著人和少数族裔四个弱势族群在公务员队伍中的代表性，审查和鉴别就业系统、就业政策和就业程序中对四类人就业的阻碍，取消规章制度或录取标准中的不适当规定。加拿大各省都有与残疾人有关的法律，内容通常更为明确具体，各方责任要求更加明确，因而具有很强的约束力。

加拿大残疾人生活保障颇具特色。在教育方面，加拿大在小学到高中的 12 年免费义务教育阶段，一般残疾学生都同其他学生一起上课。有残疾的学生上大学或接受职业培训，无论是全日制还是非全日制，不仅和其他学生一样享受无息贷款，还可以申请政府专门为残疾学生设立的赠款。若

---

① 刘婧娇：《残疾人社会保障国际比较及启示》，《劳动保障世界》2012 年第 10 期，第 16 ~ 21 页。

② 霍燕：《美国残疾人很幸福》，《生命时报》2007 年 7 月 3 日（04）。

学生因为残疾而导致经济极其困难，还可以申请免除偿还学生贷款。在就业方面，加拿大政府设有"残疾人机会基金"等项目，资助残疾人接受就业培训、找工作或自己创业，残疾人若想自主创业，政府有专门的部门提供建议、培训，并给予灵活优惠的贷款等支持。在经济收入方面，加拿大政府设立了很多对残疾人进行直接补贴的项目。因残疾而无法工作者，只要有养老保险，就可申请养老保险残疾人补贴，按月领取。若暂时因病、伤或隔离治疗而无法工作，有医疗证明就可申请就业保险补助。家庭成员因看护残疾亲属而无法工作的，也可申请就业保险陪护补贴。伤残军人养老金项目专为伤残军人而设，伤残军人去世后，其遗孀和未成年子女可继续申请相关补贴。对残疾人实行税收优惠政策，也是间接增加其收入的一个重要手段。残疾人可申请"残疾人抵税额"，以减少其收入税。若本人不用或用不完，还可转让给配偶等其他负责抚养他的亲属。中低收入家庭未成年残疾子女，除和其他家庭孩子一样享受"牛奶金"外，还可申请儿童残疾补贴。在医疗方面，因残疾发生的相关医疗费，包括购买助听器、请护工、租用导盲犬等的费用也可减税。如收入低于医疗开支，可申请医疗补贴。很多残疾人用商品都是免税的，如轮椅、专用设备、特别设计的衣服以及一些娱乐项目等，残疾人在加油站加油，也享受部分免税。此外，加拿大政府还向房产业主提供补贴，鼓励他们对楼房进行改造，以便于居住在那里的残疾人生活。①

（三）日本残疾人公共安全危机后的服务

　　日本作为经济发达国家，其残疾人服务业的发展水平在一定程度上代表了当今世界的先进水平。在传统社会中，日本受儒家家庭文化的影响，对残疾人的服务主要是依靠家庭。到现代社会，日本对残疾人的服务经历了从"直接措施福利"到"支援性常态管理"过渡的转型阶段。在早期，日本政府主要采取由行政机关直接提供全部残疾人社会服务的方式。其后，日本政府逐渐接受"回归常态化"②的现代残疾人服务理念，确立以残疾人"自我决定权"和"促进社会参与"为目标的政策导向，并逐步建立了由残疾人自行选择服务，并与提供服务的相关组织确立订单式的契约模式。

① 杨士龙：《加拿大全方位保障残疾人公民生活》，http://news.xinhuanet.com/newscenter/2008-03/09/content_ 7748558.htm，2008-3-9。
② 出和晓子：《日本社会保障制度中残疾人概念简析》，《残疾人研究》2012年第3期，第67~72页。

从 1945 年第二次世界大战结束到 20 世纪 70 年代，日本已系统地建立了涉及就业、教育、康复、福利、救助等方面的残疾人服务法律制度。日本于 1971 年开始拨发残疾人就业准备金，1972 年筹建残疾人福利中心和福利工厂，1979 年建立国立残疾人康复中心。当下日本，已成为"东亚福利模式"的典范和样板之一。

日本在公共安全危机后的残疾人服务颇具特色。日本是地震灾害多发地区，对灾害致残人士给予特别的生活、教育、就业服务支持，是日本残疾人服务体系中最有特色的部分。1995 年日本发生阪神大地震，这是战后伤亡人数最多的一次地震灾害。但这次灾害促使日本建立了较为完善的公共安全危机中的残疾服务体系——"生活复兴支援综合项目"，这一体系在后来的海啸等特大自然灾害中发挥了巨大的作用。"生活复兴支援综合项目"除进行灾后人们重返工作的扶持外，重点围绕因灾致残人士的特殊心理医疗康复等工作展开，帮助因灾致残人士在灾后尽快回归社会。日本的震灾综合咨询中心是灾后快速为致残人士提供咨询的主要组织，并承担着灾后伤残人士的心理抚慰工作。主要通过派遣医护人员和心理咨询人员入户访问，为残疾人提供保健指导、心理抚慰以及安装紧急求助装备等助残服务，1998 年阪神地震救灾期间，该中心的咨询活动达到 19573 次[①]。

多部门协同管理、社区生活复兴计划以及社会力量的动员，是日本在灾后短时间内实现助残救灾的重要支撑。灾后多部门协同管理机制，主要通过设立省、市、镇三级生活支援委员会构建灾后生活支援管理体系，该体系以召开非营利组织与政府间的生活复兴研讨会的形式，探讨各项残疾人辅助建议的可实施方案，从政府与灾民的中立角度有针对性地解决受灾残障人士的特殊困难。旨在提高社区居民之间的互助合作能力的社区生活复兴计划，主要在社区开展义务搬家、免费讲座、社区公共场所信息交换平台建设等活动并在各社区设立省级专职驻点代表，协助社区公民自治会解决各类灾害复兴问题。由于震后工作时间紧急、任务繁杂，在把握残障者人数的准确数据、残障者当前状况、困难需求等方面，社会力量的参与显得尤为重要。日本志愿工作者中心，是日本救灾过程中重要的民间组织，其行动包括收集伤残信息以及对特殊情况的专门护理和医院护送等。

---

① 周葵、赵小妹：《地震致残人士生活与就业的支撑途径——基于日本经验的分析》，《人口与发展》2010 年第 16 期，第 99~105 页。

二　欧洲与大洋洲国家

在欧洲、澳洲的发达国家中，英国、瑞典、澳大利亚残疾人服务业的发展道路颇具典型性。下面重点探讨这三个国家残疾人服务业的发展道路及其特色成果。

（一）英国残疾人的教育就业服务

作为老牌资本主义国家，英国的残疾人服务历史悠久。早在 18 世纪，英国便针对精神病、智力落后者创办了约克休闲中心，它采用一套非医学治疗而纯精神、心理治疗精神病、弱智者的新方法开展治疗。在残疾人教育服务方面，1978 年，《沃纳克报告》第一次全面地讨论特殊教育的相关议题。此后，相继出台了一系列与特殊教育相关的社会政策。在残疾人就业服务方面，20 世纪 30 年代，英国议员曾率先提出残疾人分散就业的理论；1944年，英国出台了首个残疾人就业法案，规定达到或超过 20 名雇员的雇主必须至少雇用 3% 残疾人，成为世界上第一个提出按比例安排残疾人就业政策的国家。此后，英国相继出台就业及职业训练法案、慢性病和残疾人法案，并于 1995 年出台、2005 年修订反残疾歧视法案。英国还于 1946 至 1948 年依据英国经济学家贝弗里奇（William Beveridge，1879 - 1963）的社会保障思想建立社会政策体系，在世界上最早宣布建成福利国家。

目前，在英国，残疾人有权利得到适合其需要的教育，残疾人同健全人一样享有平等接受教育的权利。英国的特殊教育主要采取随班就读和特教班、特教学校两种模式，其指导思想是能够随班就读的学生尽量采取随班就读的模式与健全学生融合进行教育，以期使残疾学生在正常化教学环境下获得最大可能的发展，难以随班就读的学生采取特教班或特教学校的方式进行教学。英国的特教学校不但有从事文化教育、职业教育的师资，而且有帮助残疾学生康复的作业治疗师、理疗师、语言治疗师，以保证残疾学生在接受教育的过程中同时得到康复训练，为残疾学生毕业后融入主流社会打下了基础。为了促进残疾人的高等教育，英国还每年公布录取残疾人最多的前十所大学名单，例如 2007 年德蒙特福德大学以在校学生人数 1725 名残疾学生位列榜首，牛津福鲁克大学以 1135 名残疾学生名列第十。[①] 在就业方面，英国为促进

---

① 李晓雪、曹锦忠、章莹：《英国残疾人事业给我们的启示》，http：//www. cdpf. org. cn/jiuy/content/2011 - 05/24/content_ 30337237. htm，2011 - 5 - 24。

残疾人就业实施了许多具体的行动计划。如工作阶梯计划是向因残疾而在求职和继续工作中遇到困难的残疾人提供帮助和支持的计划，该计划向残疾求职者提供在不同机构从事不同种类工作的机会，并帮助残疾雇员获得与从事同一工作的非残疾雇员同等待遇；获得工作计划旨在帮助即将开始带薪工作（包括自雇）或者已经在工作的残疾人，如果他们感觉自己从事的工作受到健康状况影响且这种影响可能持续一年，可以联系当地特别就业中心的残疾人就业顾问，要求提供帮助；残疾符号计划则是特别就业中心向积极雇用残疾人并对残疾人雇用、留用、规划职业生涯等做出积极承诺的雇主颁发残疾符号，以促进残疾人就业的激励计划。[①]

（二）瑞典残疾人的特别社会保障

自 1901 年建立工伤保险制度以来，瑞典的残疾人服务业经历了上百年的发展和完善。瑞典是北欧著名的高福利国家，其残疾人除了同其他公民一样享受医疗保险、疾病保险、失业保险、父母子女保险、住房维修和改造等社会保障外，还可获得特别的社会保障。[②] 自 1991 年初开始，在偏重职业康复活动的持续改革中，瑞典的残疾人康复政策有显著发展。由于疾病保险和残疾养老金计划的开支不断增加，残疾人职业康复成为瑞典政府减少长期疾病社会开支的重要方式。[③] 瑞典还在 1999 年推出了无障碍通行十年计划，2000 年以来，通过全方位的无障碍通行，瑞典残疾人得以更好地融入社会。据本课题组 2013 年 9 月在瑞典的调研，近年来，瑞典加强了对保健康复等服务需求的真实性以及相应机构所提供服务质量评估，以确保政府的资金投入用在刀刃上。

瑞典以残疾人补贴为核心的残疾人特别社会保障颇具特色。瑞典的残疾人补贴现在有四种形式。一是残疾补贴。因残疾而需要支出额外补贴的，自 1934 年起盲人便可获得盲人补贴，自 1975 年所有残疾人均可获得残疾

① 许洁明、刘苏荣：《英国的残疾人就业政策及对我国的残疾人事业的启示》，《思想战线》2012 年第 1 期。

② 刘丽：《社会保障让欧洲成为残疾人的天堂》，《中国保险报》2008 年 9 月 12 日（05）。

③ Frölich Markus，Almas Heshmati，and Michael Lechner. "A Microeconometric Evaluation of Rehabilitation of Long-term Sickness in Sweden". *Journal of Applied Econometrics* (John Wiley & Sons, Ltd.), 2004 (3): 375–396.

补贴，自 2003 年起残疾补贴已被纳入疾病保险系统，并改为适用于 19～29
岁的行动补贴和适用于 30～64 岁的疾病补贴。二是车辆补贴。残疾人和其
父母，自 1988 年起可以获得车辆补贴，用于购买或者改装汽车或其他交通
工具。三是护理补贴。0～19 岁的重度残疾人的父母因护理子女需要付出额
外的劳动，承担额外的责任，需要支出更多的费用，并且可能会减少甚至
没有就业收入，因此可以获得护理补贴给予补偿。四是帮助补贴。对生活
不能自理，需提供照料帮助的重度残疾人，可以聘用一个私人助理，在日
常生活中提供"一对一"的帮助，由政府买单。①

（三）澳大利亚残疾人的多元化服务

澳大利亚领土面积居全球第六位，是南半球经济最发达的国家。澳大
利亚除了在人权、财产诉讼等社会政策中规定了残疾人的相关权利外，联
邦和州还制定了专门的残疾人社会政策。在联邦一级，1908 年颁布残疾人
抚恤金和养老金条例；1986 年颁布残疾人服务法案；1991 年签署联邦与州
关于残疾人的协议；1992 年制定残障歧视法案。除此之外，联邦国会还分
别于 2002 年、2004 年制定了公共交通无障碍标准和教育标准。这些社会政
策，明确了联邦政府和州政府的责任和分工，规范了针对残疾人的社会服
务内容、社会服务项目、社会服务环境。各州的法律则更为具体，而且各
不相同。20 世纪 80 年代至今，在石油危机以及欧美债务危机等的影响下，
澳大利亚逐步引入多元主体及社会组织，推进残疾人福利政策及其福利供
给体制机制的创新，已走上以国家为主导，引入政府、企业、第三部门、
家庭、社区、个体共同参与残疾人福利事业的"福利多元化"道路。

澳大利亚残疾人的多元化服务颇具特色。澳大利亚关于残疾人的服务
项目很多，最重要的是根据联邦、州关于残疾人的协议提出的服务项目，
另外还有残疾人就业及康复训练等其他服务。主要服务项目包括：一是残
疾人福利院的项目，残疾人福利院是为残疾人提供专业服务的机构。二是
社区支持，即为居住在社区的残疾人所提供的帮助和服务。三是社区学习。
即为残疾人提供生存技能的培训，培训主要对象是无法入学或无法参加全
职工作的人。四是暂时性托管。有了暂时性托管，就可以为家庭护理成员
或其他志愿护理人员提供短期的休假。五是就业服务。即帮助残疾人获得
或转换工作岗位。六是代理人服务。主要指帮助残疾人维权。

---

① 彭玉磊：《北欧：给残疾人配私人助理》，《广州日报》2010 年 12 月 17 日（w1）。

　　澳大利亚在残疾人收入、护理以及无障碍出行等方面的服务措施具有一定的典型性。除残疾人基本社会保障外，澳大利亚残疾人服务还包含残疾人收入补贴、残疾人护理补贴等考虑残疾人切身需求的服务项目。在收入补贴方面，残疾人可领取的项目包括：16 岁以前可以领取儿童福利金、家庭补助金等并享受家庭收入的税收减免；16 ~ 65 岁，可以领取残疾保障（抚恤）金，标准是独身残疾人每两周约 570 澳元、夫妇均为残疾人每两周总计 990 澳元；65 岁以上的残疾人，可领取国家养老金，有的州可以选择领取残疾金或养老金，二者水平大体相同。与其他国家严格的收入调查不同，考虑到残疾人的行动困难，对于法律确认的部分身体残疾人可以不需要经过申请收入调查，直接领取残疾金，尽可能地解决残疾人的实际困难。残疾人护理补贴主要是为需要护理的残疾人提供护理人补贴，补贴资金来自联邦和州两级政府，相关护理服务多由非营利性的民间社会组织提供。根据护理程度的不同，享受护理补贴的主要类型有护理院的集中供养、一般居家护理以及残疾人自我管理。结合澳大利亚"多元福利"政策，政府鼓励民间组织、社区、家庭在护理残疾人方面承担更多责任。较之于其他补贴项目，澳大利亚的护理补贴对于解决残疾人实际生活医疗需要发挥了积极有效的作用。集中护理经费由联邦政府和老年部拨款，居家生活残疾人的个人支持服务，由专业化社会护理组织提供上门的居家护理和非全日制照看以及浴室等家居环境改造等服务内容，每人每月享受的服务有时间限制，费用由政府与社会组织直接结算。对于残疾人申请自我护理的，政府将核准的个人护理补贴直接划入个人账户，个人可以根据需要选择向社会组织购买服务。①

三　历史经验与教训

　　发达国家的残疾人服务业，从服务理念、制度、项目的创新到服务体制、机制、手段的创新，均为中国发展残疾人服务业提供了历史的经验与教训。概括起来，主要有以下三个方面的经验教训。

（一）确保残疾人与健全人平等，强化无障碍辅助服务

　　强调残疾人与健全人平等，是现代残疾人服务业的根本原则。但在具

---

① 刘文海、郭春宁、谢琼：《澳大利亚残疾人社会保障和服务考察》，《残疾人研究》2011 年第 2 期，第 65 页。

体实践中，大多数发达国家都并非尽善尽美。例如，美国残疾人就业率仅为35%，残疾人贫困家庭是正常人贫困家庭的3倍；瑞典残疾人面试工作的成功率仅为15%，其残疾人朋友还曾愤怒地给该国议会监察专员办公室写信，投诉瑞典电视台没有转播北京残疾人奥林匹克运动会开幕式及比赛。① 回顾发达国家残疾人服务业的发展道路，现在发达国家已普遍由单纯强调残疾人身体机能的功能恢复到兼顾身体功能恢复与残疾人的社会融合。发达国家的残疾人服务，已经越来越重视发挥残疾人在社会发展中的应有作用，这促进了残疾人服务供给与时俱进的发展，对消除残疾人歧视、动员全社会广泛参与残疾人服务、接纳残疾人等思想观念的转变，发挥了巨大的推动作用。

无障碍辅助技术是残疾人克服自身功能障碍、重返社会的必要条件，几乎所有发达国家对残疾人在就业、教育、环境无障碍等方面的辅助技术都高度重视，都在尽力为残疾人创造与健全人一样的工作、学习、生活环境。通过无障碍环境的改造以及对残疾人辅助技术的宣传与推广，在改善残疾人融入社会的无障碍环境的同时，也实现了全社会无障碍意识的广泛宣传与培育。从中国目前的情况来看，国际性赛事的举办以及国际化都市的跨越式发展，推动了中国大陆一线城市的基础无障碍设施的逐步完善，但对于无障碍软环境以及落后地区的无障碍出行等方面的完善，仍然有很长的路要走。

（二）提高残疾人服务项目操作性，强化个性化服务

不少发达国家在残疾人服务特别是就业领域的服务项目，覆盖面广、内容详细，规定了从反歧视到企业奖惩的具体措施，具有很强的操作性。他们根据残疾人的身体状况、兴趣爱好、择业倾向和先前的工作经验、当前的技能状况以及劳动力市场的整体状况等各种因素，努力为残疾人提供内容丰富的各种就业服务。而当下中国的一些残疾人社会政策，仍停留在指导性原则方面，在明确企业雇用残疾人的基本用工条件、规定残疾人的工资标准、防止用人单位随意解雇残疾人等方面均有待提高。当前，中国大陆针对残疾人的就业服务还比较单一，就业服务机构主体的多元性还相对匮乏。

---

① 《环球时报》驻外记者：《发达国家残疾人抱怨不平等》，http：//www. cdpf. org. cn/jiuy/content/2011 - 05/24/content_ 30337138. htm，2011 - 5 - 24。

　　不少发达国家注重通过个性化的服务使得当地的残疾人服务业更具有针对性。他们根据残疾人的残疾程度、不同需求设计与之对应的专项服务和训练计划，并根据不同残疾类型的实际需求，利用先进的现代辅助技术与信息技术，改装残疾人居家生活、工作、出行所需的相关仪器设备与标志。发达国家日益精细化、多元化的残疾人个性服务，不仅提升了残疾人服务业的档次和水平，也促进了残疾人服务产业的发展。但受到起步晚、发展基础薄弱的限制，中国大陆的残疾人服务供给仍处于较为单一的"一刀切"式的机械管理模式阶段。仅仅停留在救助型、底线保障型的残疾人服务阶段是远远不够的，当下中国应该步入残疾人服务产业和服务事业同步发展的新时代，才有可能带动整个残疾人服务业的跨越式发展。

　　（三）实现残疾人服务社会化，加强服务人才的培养

　　发达国家的残疾人福利水平普遍较高，经济的高度发达推动了残疾人服务体系的完善，涉及残疾人的大部分服务均为政府或由政府资助的民间机构买单。但高福利的资金补助也给政府的公共财政带来巨大压力。因此，近年来大部分发达国家都在寻求更广泛的资金来源，通过政府部门、慈善机构、基金会、公司、企业和个人募集等多元渠道筹集资金，广纳社会力量参与到残疾人服务业当中，建立了社会化的残疾人服务网络。当下中国仍然是发展中国家，政府财政资金远不及发达国家，这就更需要抓紧建构社会化的残疾人服务网络。

　　残疾人服务业的蓬勃发展，离不开人才队伍的支持。发达国家残疾人服务的人才培养，已经形成了从功能性医护到心理抚慰，从学历教育到在职继续教育，从培养专业人员到广泛培养社会各界人士及残疾人家庭成员的服务人才培养指导体系。当下中国社会保障体系的"碎片化"，导致了残疾人服务体系的"碎片化"，这就决定了当下中国在残疾人服务型专业化人才的培养方面仍有较大空白。

第二节　后发国家发展道路

　　后发国家的残疾人服务业起步较晚，但与中国国情相对接近。一些后发国家在残疾人服务业方面追赶发达国家或保留本国特色的一些做法，对中国一样具有借鉴意义。本节分别探讨新型工业化国家以及其他后发的国家残疾人服务业的发展道路，并总结其历史的经验教训。

一　新型工业化国家

1979 年，国际经济合作与发展组织就把韩国、新加坡等列入新兴工业化国家，到后来，又有学者把印度、中国等列为新兴工业化国家。同属于亚洲的韩国、新加坡与印度，其残疾人服务业的发展对同属于亚洲的中国最具参考和借鉴意义。下面重点探讨韩国、新加坡与印度三个国家残疾人服务业的发展道路及其特色成果。

（一）韩国的福利法人模式

韩国残疾人服务业是在 20 世纪下半叶开始逐步发展起来的。其发展历程大致可分为四个阶段。20 世纪 70 年代之前为初创时期，1977 年韩国颁布了特殊教育振兴法案；1981～1987 年为转换时期，1981 年韩国颁布了身心残疾人社会保障法案；1988～1997 年为发展时期，这一时期内以 1988 年汉城奥林匹克运动会和残疾人奥林匹克运动会为契机，无障碍设施场馆建设得以强化，社会对残疾人的关注度得以增强；1998 年至今为跃进时期，1998 年韩国开始实施残疾人社会保障五年计划，1999 年修订了残疾人社会保障法案和特殊教育振兴法案，2000 年修订完成了促进残疾人就业及职业康复法案。①

韩国在残疾人服务业中推行福利法人模式，使民间组织成为残疾人获取社会福利资源的主要媒介，社会福利法人是以从事社会福利事业为目的而设立的法人。社会福利法人根据所从事的业务可分为设施法人和支援法人。设施法人属于专职社会福利机构，按其使用形态，可分为生活设施和利用设施。生活设施是具备居住环境和条件，有专人提供日常生活起居的机构，如老年福利院、孤儿院、残疾人福利院等；利用设施是社区居民可以利用的各种福利设施，如社区综合福利馆、老年人日托护理中心、残疾人综合福利馆、课后教室等。支援法人是利用出资和收益资金支援社会福利事业的法人，主要通过招标项目、开发项目以及运营项目等方式开展社会福利事业。在韩国，支援法人多由知名企业的衍生组织或子公司担任，更多是一种企业履行社会责任的形式，通过大型公益活动和援助项目开展专项的残疾人救助活动。

福利法人组织是韩国承担残疾人福利资源供给的主体，采取政府提供

---

① 金炳彻：《韩国残疾人社会保障制度考察》，《残疾人研究》2012 年第 3 期，第 20 页。

福利资源，民间组织提供具体服务，双方共同承担国民福利的发展模式。福利法人组织内部由理事会、监事会和社会福利法人运营委员会等基本构架组成。理事会作为法人主体，是确定运营方向，议事决策的权力中枢，同时也是法人和政府、社会的联系纽带；监事会主要对法人财产使用和业务执行状况进行调查监督；社会福利运营委员会（义务事项）用于讨论组织运营计划、福利项目开发与评价、机构与社区合作等具体事项。个人投入、政府支援、民间捐赠、项目收益是福利法人组织的主要资金来源。法人设立者自身必须有从事福利事业和收益事业所必要的财产出资行为。同时，社会福利法人是受政府委托开展福利事业的，政府资金也就成为社会福利法人运营资金的主要来源。政府资金可用于职员的工资、管理费及修建房屋、购置设备等。社会福利法人的运营对政府的高依赖度性，成为社会福利法人与其他非营利法人组织的主要不同。

（二）新加坡的特殊教育

新加坡是 1965 年独立的城市国家，到 2012 年，拥有 500 多万人口。但这个华裔人口比例接近 3/4 的年轻小国，在不到半个世纪的时间内迅速崛起。根据 2012 年全球金融中心指数的排名，它已是全球第四大国际金融中心。新加坡建国以来一直试图创造一个更具包容性的社会，残疾人服务业发展较快，其无障碍通行设施在新兴工业化国家中处于领先水平。2007 年，新加坡社会及家庭发展部发布"加强残疾服务总蓝图"（Enabling Master plan）的计划，旨在确保残疾人得到全社会的支持与照顾，同时享有公平权益。该蓝图提出以"3P"为主（people、private、public，即市民、企业和政府）互动合作计划，力求实现新加坡现有残疾人社会政策与残疾人权益保护实践的全面耦合。2013 年，新加坡正式成为《残疾人权利公约》缔约国。[①]

1988 年，特殊教育被正式纳入新加坡的教育体系。目前，新加坡共有 21 所特殊教育学校，其中包括听障学校、视障学校、智障学校、多重残疾儿童学校等，这些学校接受新加坡教育部和福利理事会的共同监管。新加坡政府在特殊教育方面采取的一些政策颇有特色。例如，在小学阶段为残疾学生提供回归主流教育的学习与生活技能，初中及以上阶段重点是在主流学校中为有能力完成主流学校课程的特殊儿童提供教育机会。对于部分

---

① 新华社记者：《新加坡正式成为〈残疾人权利公约〉缔约国》，http://sg. xinhuanet. com/2013 -07/20/c_ 125038017. htm，2013 - 7 - 20。

轻度残疾学生，政府则要求其在主流学校学习，以便他们能像普通学生一样学习与生活。①

　　1988 年以前，新加坡特殊教育经费主要来源于新加坡福利理事会；1988 年，新加坡教育部从行政上接管特殊学校以后，从 1990 年开始，则改为由新加坡教育部和福利理事会各自承担 50% 经费。随着特殊教育事业的发展，教育部对特殊教育的投资及经费开支的比例也在不断提高。1997 年，教育部对特殊教育日常行政经费的投入提高到学校经费的 62.5%，其投入标准是生均不超过普通学生投入标准的 4 倍。基本建设津贴（由新加坡教育部和志愿福利团体共同负责）则从 1989 年的 50%，增加到 1991 年的 80%，1996 年则增加到 90%。

　　目前新加坡对残疾儿童的早期教育主要由各志愿福利团体提供，如新加坡自闭症协会提供的早期干预计划。教育部近年来则希望能够在幼儿园阶段早期发现有阅读困难障碍的儿童，以便对其提供适合的咨询和训练。目前新加坡教育部对适龄残疾儿童不要求强制性教育（普通儿童为六年的强制性教育，不送儿童接受教育的家长可能面临罚款和监禁）。视障专门学校提供小学阶段教育，其他学校则主要为 6~16 岁的适龄残疾儿童提供服务，部分学校可以提供到 18 岁的教育，部分轻度智力障碍的学生在主流学校登记入学。

　　残疾儿童在接受小学阶段教育后，通过参加教育部统一组织的小六离校考试，成绩合格者可以进入附设的资源教室和主流的初中学校就读。在接受初中阶段教育后，学生参加新加坡教育部的考试，按照考试的成绩进入高中阶段学习；高中后再参加教育部的考试，根据考试的成绩进入新加坡国立大学、南洋理工大学和新加坡管理大学等学校学习。未能够在小学阶段毕业且年满 18 岁的学生，不能继续初中及以上阶段学习的学生，则由各福利团体进行进一步的教育。由于新加坡至今并没有对特殊教育及相关的服务进行立法，因此，特殊教育并没有完全被纳入到普通教育中，新加坡教育部门对此的普遍认识也是对能够在主流学校就读的学生提供支持。因此，特殊儿童能够接受什么样的教育还主要以普通教育的标准来进行衡量和分类，即是否能够通过各个层次的考试。因此在普通学校中的特殊儿童多为极轻度障碍的学生，而中、重度障碍的学生多依旧在特殊教育专门学校就读。②

---

① 张永兴：《综述：新加坡着力改善残疾人生活环境》，http：//news. xinhuanet. com/world/2008 - 09/08/content_ 9846337. htm，2008 - 9 - 8。

② 张琳：《新加坡特殊教育概况》，http：//mrxx. bjedu. gov. cn/article. asp？ id = 867，2007 - 11 - 12。

（三）印度的无障碍环境

印度与中国一样都是世界上人口众多的发展中国家，发展残疾人服务业直接体现社会的进步。1996 年，印度正式颁布残疾人机会均等、权利保护和全面参与法案，保护残疾人利益，促进残疾人在社会生活中的融入与发展。2008 年，印度政府签署并批准了联合国《残疾人权利公约》，公约要求签署国实施相关措施，保障残疾人就业权利。印度将盲人、视力低下者、已经治愈的麻风病人、聋人、肢体残疾者、智力缺陷者和精神病人列入残疾人范畴，一些社会研究机构还将抑郁症、血友病、侏儒症以及早老性痴呆症患者也纳入了残疾人范畴。据印度官方媒体报道，印度全国共有约 9000 万残疾人。目前，印度残疾人服务业不断进步，各项助残措施逐渐完善。

印度残疾人的无障碍环境颇具特色。印度社会各界对于残疾人服务业的发展远比过去重视。为便利残疾人的无障碍出行与生活，印度政府制定的有关残疾人用品用具的国家标准超过 120 项。目前，在主要城市方便残疾人出行的无障碍通行设施改造正在逐步推进，主要电视节目已增添了字母或专门的哑语节目。无障碍环境的形成，极大地激励了残疾人的自立自强。按摩师、快递员、美发师、咖啡店员……一批残疾人在印度服务行业找到了让他们摆脱依赖、立足社会的职业发展机遇。例如，位于印度孟买北部街边的"梅塔水疗吧"，所有穿着白色护衫、绿色长裤和绿色围裙的年轻足部按摩师，全是失明或半盲者；而此地以准时专业的服务在业内赢得信誉的"奇迹快递"公司，目前雇有 55 名聋人员工，许多大企业都成为它的客户；国际连锁咖啡店"咖世家"，在印度德里和古尔冈两地的分店都雇有聋哑员工，在古尔冈的一家分店，全部 8 名员工均为聋哑人。[①]与此同时，国家对残疾人服务业的大力扶持，也有效改善了印度社会对待残疾人的态度。人们不再用歧视的目光看待残疾人，而是把他们当作自己需要特殊关照的同伴。根据规定，政府机关、事业单位和公共机构必须按 3% 的比例为残疾人提供岗位。当然，也有必要指出，现在印度仍然存在影响残疾人服务业发展的社会排斥现象，特别是教育领域，仍有很大的提升空间。[②]

---

① 沈敏：《印度残疾人打造就业"奇迹"》，《新民晚报》2010 年 8 月 27 日（A29）。

② 胡维敏：《印度残疾人福利事业的发展》，《工人日报》2008 年 9 月 6 日（5）。

二　其他的后发国家

其他后发国家普遍经济困难，财政紧张成为满足残疾人服务需求的最大障碍，不少国家甚至无力满足残疾人的基本需求。但也有南非[①]等少数国家经济状况相对较好，能够重视残疾人服务业，或者即便在经济状况不大好的情况下也坚持善待残疾人的政策，古巴、越南就是这样的典型。下面主要探讨南非、古巴、越南残疾人服务业的发展道路与特色成果。

（一）　南非残疾人的社会地位

"彩虹之国"南非是中国在非洲最大的贸易伙伴，通常被国际社会视为发展中国家。1961 年南非共和国成立后，白人当局长期在国内以立法和行政手段推行种族歧视和种族隔离政策，残疾人的社会地位甚至低于黑人。1994 年曼德拉（Nelson Rolihlahla Mandela，1918 - 2013）出任南非首任黑人总统后，伴随着种族歧视和种族隔离政策的终结，南非残疾人的社会地位逐步提高。1994 年的新宪法，首次规定南非残疾人享有和正常人一样的公民权利。1997 年，南非政府发布《社会保障白皮书》，提出把扶贫和对老、残、幼的扶助列为社会福利的重点。1998 年，南非出台公平就业法案。2001 开始，由政府补助给各残疾人培训中心的活动经费，平均每个中心每年达到 10 万兰特，2004 年拨款 150 万兰特。政府每年还资助 1 万～2 万名残疾人和 3300 名儿童。[②] 与经济增长相伴随，在今日南非，残疾人服务业也相应得到了较快的发展。

值得重点探讨的是，现在，"让每个人活得有尊严"是南非社会各阶层对残疾人服务业的广泛共识。相对其他后发国家而言，今日南非的残疾人已经拥有较高的社会地位。从 1996 年起，南非国家残疾人保障委员会制定文件，残疾人工作主要由人权和发展工作委员会分管，为残疾人的生存和发展提供平等的机会。南非同时在该委员会下设立中央层面的社会福利部，主要负责制定残疾人法律法规，编制残疾人生存发展纲要，对涉及残疾人

[①] 如前一章注释中所述，也有人将南非列入新兴工业化国家甚至发达国家，而且自有其道理。本章把南非放在其他后发国家中论述，仅仅是因为三个亚洲新兴工业化国家已经挤占了上一目所规定的写作空间，并不意味着要否定南非的新兴工业化国家地位。新兴工业化国家也属于后发国家，本节的划分具有相对性。

[②] 浙江省残联赴南非考察团：《南非残疾人事业考察报告》，http://www.zjcl.com.cn/publish/content.php/2804，2004 - 10 - 13。

的教育康复、就业培训、生活保障提供政府财政预算、落实经费、实施保障的政策咨询与监管。而动员社会力量促进残疾人事业发展、为残疾人提供有效服务等具体工作，则由各省社会发展厅承接。在非政府组织层面，南非有1986年成立、由残疾人组成的残疾人协会，这个组织至今拥有10个残疾人独立人权的联合体，其主要目标是支持和鼓励建立南非残疾人组织及加强和已存在的残疾人组织间的合作，推动本地区内残疾人组织中的行政人员和领导人的培训，开展残疾人的自助项目。

在政府与社会的共同努力下，残疾人的社会地位得以显著提高。从普惠层面看，南非所有18岁以上经医学诊断为残疾人的公民，每人每月可领取700兰特的补助；18岁以下的残疾人且需人照料子女的家庭，每月可获620兰特的补助；女性残疾人18~59岁，男性残疾人18~64岁均可领取社会福利金。从特惠层面看，残疾人无工作或月收入在800兰特以下的家庭都被列入救助范围，每人每月有740兰特（无工作能力）补助。从医疗康复看，公立医院均设有专门为残疾人服务的明显标志，都有义务无偿地为残疾人提供免费的诊治，费用由卫生部统一结算；残疾人的康复费用个人只付少量的便可，其他均由政府提供。[1] 从无障碍环境看，在车位极其紧张的约翰内斯堡、开普敦、德班等城市，司机会自觉把车停在很远的地方也绝不占用那些宽大的残疾人停车位，在机场，工作人员会主动护送残疾人乘客登上飞机。在鼓励残疾人参与文体活动方面，南非进行了很多人性化的尝试，2010年南非世界杯组委会专门拿出相当一部分的票额，以非常优惠的价格面向残疾人观众销售。为方便和吸引残疾人参加体育锻炼，南非各个健身场馆均设有残疾人专用健身设施和专门的教练，并对残疾人予以特别收费优惠。南非所有电影院和体育场馆都在黄金位置设有残疾人专座，而且收费低廉。[2] 在2006年举行的南非八国足球邀请赛上，当绝大多数观众在看台的限定区域摇旗呐喊的时候，乘坐轮椅的残疾人观众能够不受任何阻碍地进入到场地当中，然后选择自己喜欢的位置近距离观看比赛。在南非大型的群众集会或者文艺演出现场，主办方一定会在正对舞台的方向搭建一个高出普通观众座席的台子，那个台子通常是观看文艺表演的最佳位置，而那个位置只有坐着轮

---

[1]　浙江省残联赴南非考察团：《南非残疾人事业考察报告》，http：//www.zjcl.com.cn/publish/content.php/2804，2004-10-13。

[2]　李建民、梁尚刚：《综述：南非社会关爱残疾人蔚然成风》，http：//news.xinhuanet.com/world/2008-09/10/content_9895431.htm，2008-9-10。

椅的残疾人有权享用。有时候残疾人看台上会有很多空位，但是无论现场气氛多么热烈，也没有人会挤上去占据残疾人的位置。① 从经费保障看，南非残疾人的工作经费完全由政府提供和落实，政府残疾人事业财政预算的11%直接用于残疾人社会福利与保险；对于33%的家庭供养式残疾人，政府提供部分额外的资金资助；对因仍在等待永久性补助、因伤病半年内不能工作，或遭遇自然灾害等原因而基本生活需要不能满足的个人或家庭，政府还提供一定金额的临时性补助。②

（二）古巴的无差别服务

古巴是美洲唯一的社会主义国家。1959 年古巴革命家卡斯特罗（Fidel Alejandro Castro Ruz）率起义军建立革命政府以来，古巴长期实行计划经济体制，1993 年起才开始以市场为导向的改革，1997 年古巴共产党第五次代表大会才首次提出把经济工作放在优先地位，直到近年，经济状况才出现较大程度的改善。尽管古巴长期经济状况不佳，但据世界自然基金会的研究报告，古巴是全球唯一已实现社会、环境、经济多方永续发展的国家，政府保障民众享有较平等的收入、教育和医疗的权利。③ 古巴老百姓的生活拥有保障：一个孩子，从上幼稚园到大学毕业，完全不用交学费；全民免费医疗让老百姓没有后顾之忧；现在古巴 90% 的城市居民都拥有自己的住房，而很低的房租让无房者也居有定所；政府还对一些基本消费品（食品和日用品）予以高额补贴；公共事业（水、电、煤气、通信、公交等）收费也很低，老百姓的生活成本并不高。④ 为了体现社会主义制度的优越性，古巴在残疾人服务方面也下了很大的功夫。

力求对残疾人实行与健全人一样的无差别服务，是古巴残疾人服务业的重要特色。近年来，古巴通过社会工作者对残疾人群进行康复、生活保障、教育、就业、文体等需求普查，努力让其享受与健全人之间无差别的服务。如在康复方面，对有特殊需求的残疾人采取个性化康复服务，享受

---

① 李锋：《南非：为残疾人提供生活便利，社会关怀无处不在》，《人民日报》2008 年 9 月 5 日（06）。

② 浙江省残联赴南非考察团：《南非残疾人事业考察报告》，http://www.zjcl.com.cn/publish/content.php/2804，2004 - 10 - 13。

③ 百度百科，古巴，http://baike.baidu.com/link? url = 3ci3FA9x1MtmAX DuiuyCuwunqKEcz5n Vc_ VU61NhwwPDyhz - 4iUAm1cELJRCPV6h，2013 - 9 - 30。

④ 刘文忠：《古巴：社会主义岛国七大怪》，http://www.21ccom.net/articles/qqsw/qqgc/article_ 2010081515773.html，2010 - 8 - 15。

人工耳蜗的免费装配，为残疾儿童安装假肢、配备轮椅和助听器等方面提供补助。在生活保障方面，政府每年支出一定费用，雇用人员或补助家庭成员照料生活不能自理的残疾人。在教育方面，设有491所残疾人学校，为残疾人提供正规教育或职业技术教育。对于那些严重残疾而不能自行上学的儿童，政府专门指定一名老师上门授课，老师还可以去医院为残疾儿童授课。另外，还通过视频等教学方法提供便利条件。在就业方面，为有就业意愿的残疾人免费提供就业培训，并在福利工厂提供工作岗位。在平等参与方面，盲人协会和聋哑人协会等机构正在设计一个全面的社会服务计划，帮助残疾人更多地参与社会活动。

古巴政府还重视对残疾人的社会救助，并把就业作为残疾人最大的社会保障来看待。国家残疾人救助行动计划整合了多个政府机构、残疾人协会以及其他社会组织的各类计划，对于有劳动能力的残疾人，政府承诺愿意工作的都可以就业，并努力帮助他们实现就业。首先是对无劳动技能的残疾人，政府免费给予培训，待其掌握技能后再安排工作，并在他们工作初期配备技术人员专门辅导；其次是对需要特殊设备的残疾人，劳动保障部门会同卫生等部门，协助企业解决残疾人特殊需要的设施，以保证其健康和卫生；第三是做好宣传工作，让企业理解所有的人都有权享受到社会发展成果。在古巴，残疾人与健全人享受"同工同酬"待遇。[①] 古巴政府还重视残疾人的文化体育事业。例如，古巴全国盲人协会就为一批古巴电影配置了便于盲人了解电影内容的语音解释系统，"触摸光线"盲人电影俱乐部活动已扩展到古巴所有电影院，全国所有盲人都能有机会欣赏电影。[②] 又如，在2008年的北京残疾人奥林匹克运动会上，古巴派出的32名运动员就获得了5块金牌、3块银牌、6块铜牌的好成绩。

（三）越南残疾人的劳动保障

越南自1986年开始实行革新开放，伴随着经济社会的较快发展，残疾人服务业也得到了较快发展。越南1998年颁布、1999年实施残疾人法案，有效推动了残疾人辅助用品用具供应和教育康复以及残疾人就业等工作的

---

① 浙江省残疾人联合会：《关于美国、墨西哥、古巴残疾人体育赛事筹备工作考察报告》，http://www.zjcl.com.cn/www/zwxx/2011/02/25/13691.htm，2011 - 2 - 25。

② 本刊编辑部古巴：《将在全国各地影院为盲人放电影》，《中国残疾人》2012年第6期，第21页。

开展；2001 年，越南成立了国家残疾人协调委员会，颁发了无障碍建筑设计的技术标准。近年来，在社会救助方面，不少重度残疾人得到了定期的生活补助；参加人道、慈善计划的国家医疗机构，长期为重度残疾人或贫困家庭的残疾儿童提供了免费检查和矫形治疗。在康复服务方面，通过全面的社区康复计划，大多数残疾人家庭获得相应的康复指导和培训，接近半数的残疾人能融入社区生活。在特殊教育方面，多数残疾儿童已进入主流学校，不少残疾儿童已在特殊学校里学习。① 但是，正如 2013 年 4 月越南国家主席张晋创（Truong Tan Sang）在第四届越南全国典型残疾人和孤儿及其保护者表彰大会上所说，由于多年战争留下炸弹、地雷和橙毒剂，加上洪水、台风等自然灾害频繁发生，现在越南残疾人服务的需求仍然较大，仍面临许多困难。②

越南残疾人的劳动保障工作颇具特色。越南劳动法案 1994 年发布，1995 年开始施行。实施以后，已历经多次修订。越南第十三届国会 2012 年 6 月 18 日最新修订通过、已于 2013 年 5 月 1 日起实施的新劳动法，其中第十一章第四节的标题就是"残疾劳动者"。该节法律文本的第 176 条至 178 条，便是对越南残疾劳动者的劳动保障的规定。第 176 条为政府对残疾劳动者的政策规定，政府保护和辅助残疾劳动者行使就业权，按照越南残疾人法规定，制定鼓励雇主雇用残疾劳动者并为之创造就业机会的就业政策；政府规定国家就业发展基金对雇用残疾劳动者的雇主提供优惠融资政策。第 177 条为雇用残疾劳动者的规定，雇主应确保符合残疾劳动者需要的劳动工具、劳动场所安全、劳动场所卫生以及劳动条件，并经常照顾残疾劳动者的健康；当雇主决定与残疾劳动者权益与福利有关的问题时，应经相关渠道征询残疾劳动者的意见。第 178 条规定雇用残疾劳动者时被禁止的行为，禁止使用劳动能力衰退 51% 以上的残疾劳动者加班加点或上夜班；劳动使用者不得让残疾劳动者从事繁重的、有危害性劳动或与属于劳动、荣军、社会部和卫生部公布有关项目的有毒物品接触。③

---

① 王德玉：《越南残疾事业的现状和发展》，http：//www. gzdpf. org. cn/Article/sglm/o3/200906/2154. html，2009 - 6 - 21。

② 佚名：《越南国家主席出席第四届全国典型残疾人表彰大会》，http：//www. qdnd. vn/webcn/zh - cn/120/361/369/237692. html，2013 - 4 - 14。

③ 参见越南《劳动法》（越南第十三届国会 2012 年 6 月 18 日修订通过）。

三　历史经验与教训

后发国家的残疾人服务业，从自身经济社会发展水平相对较低的实际情况出发，一方面努力确保底线公平，强化对残疾人的基本公共服务，另一方面向发达国家学习，致力于追赶甚至在某些方面超越发达国家，在发展的过程中积累了许多有益的经验教训，值得同为后发国家的中国借鉴。概括起来，后发国家残疾人服务业的发展，主要有以下三个方面的经验教训。

（一）特别注重底线公平，不断强化专项保障

相对于发达国家，后发国家更加重视因贫困致残或因残致贫的困难残疾民众的最低社会保障。考虑到贫困残疾人的实际经济困难，除各类针对贫困残疾人的专项社会保障金外，部分后发国家还为贫困残疾人设计了专门的就业、教育、医疗等方面的特殊福利待遇。如，2006 年南非政府对贫困残疾人口的人均社会救助资助已达到 6000 元/年；南非的贫困残疾人可直接到公立医院接受免费诊疗服务，无须申请、审批、预约等复杂申报手续。古巴和越南都属于经济文化相对落后的发展中国家，同时也都属于社会主义国家，他们坚守公平正义的社会主义价值原则，尽力为残疾人提供与健全人无差别的服务，或尽力为残疾劳动者提供强有力的劳动保障，对社会的和谐稳定与社会主义事业的发展都具有极其重要的意义。

近年来，中国大陆城镇居民最低生活保障工作和农村居民保吃、保穿、保烧（燃料）、保教（儿童和少年）、保葬"五保"供养工作成绩显著，当前正着力建立健全的城乡一体化社会救助体系。但是，专门针对残疾人的社会救助仍处于起步阶段，不仅普遍存在残疾人专门性保障水平低，覆盖面不足的现象，而且受到以家庭为单位，并且未将残疾人单列的最低生活保障制度的限制，不少一户内有多个残疾人的家庭，残疾人的生活维持仍然十分困难。此外，残疾人康复所产生的医疗费用花费巨大、个人负担过重等问题也未得到有效解决。因此，应加快研究和建立健全贫困残疾人专项救助制度，加大对贫困残疾人康复医疗救助的投入力度。

（二）特别注重社会融入，不断改进康复教育

国际社会普遍重视残疾人的社会融入问题，一些新兴工业化国家也在仿效发达国家把残疾人的社会融入摆在极其重要的地位。无论是韩国的福利法人模式，还是新加坡特殊教育，或者是印度的无障碍环境，都在实现全社会范围的残疾人社会融入上做了大量尝试。通过各种形式的努力，韩国、新加坡和印度等新兴工业化都形成了较为完善的社会融入式康复、教育体系和无障碍环境。达到残疾人与健全人共享发展成果的境界，是对残疾人与健全人平等原则的理性升华，对残疾人服务业的跨越式发展具有极其重要的意义。

就中国大陆而言，尽管已在社会融入方面做过不少努力，但现状还不如人意，残疾人与健全人彼此隔绝的局面尚未从根本上改变。尤为突出的是，当下中国大陆的融入式残疾人康复服务、特殊教育服务和无障碍设施、环境服务，与发达国家和一些新兴工业化国家比较，还有很大的差距，还存在很多薄弱环节，残疾人与健全人一样共享改革发展的成果，仍面临很多障碍。这就要把社会融入作为重要的发展目标鲜明地提出来，并在康复医疗，特殊教育，无障碍设备、设施、环境建设等方面狠下功夫，促使当下中国的残疾人服务产业和残疾人服务事业在整体上提升到一个新的境界。

（三）特别注重社会动员，不断强化合作交流

所有后发国家面临的最大的共性问题是国家资源有限，政府财力不足。这一问题，也是后发国家残疾人服务业发展最大的瓶颈。正因为如此，不少后发国家一方面在国内进行广泛的社会动员，努力形成政府主导下的政府、市场、社会良性互动的残疾人服务业发展格局；另一方面，不断扩大国际合作与交流，力争较多的国际支持，并形成与国际社会良性互动的残疾人服务业发展格局。韩国实施福利法人模式，印度激励残疾人自立自强，古巴积极走向市场，均已在不同程度上关注国内的社会动员；而新加坡是"残疾人国际"成立之地，南非善于与国际组织合作，越南在开放中更是注重争取国际支持，均对国际合作交流十分重视。

近年来，中国一直强调建立健全党委领导、政府负责、社会协同、公众参与、法治保障的社会管理格局，一直强调在残疾人服务体系建设中实现政府、市场与社会的良性互动，也一直积极参与国际社会残疾人服务业的相关合作与交流。但是，当前中国大陆以公办机构为主支撑残疾人服务业的总体格局并未从根本上改变，残疾人服务业中市场化、社会化的民办机构总体上仍然相当匮乏，甚至理论研究也基本停留在研究残疾人服务事业上，而很少触及残疾人服务产业的层面，相关社会政策还存在不少盲点和空白。国际合作与交流的层次还比较肤浅，尚处于浮光掠影、走马观花的阶段。所以，中国大陆亟待学习国际经验，切实加大社会动员的力度，努力凝聚社会资源，同时把国际合作与交流引向深入，使残疾人服务业整体上迈上一个新的台阶。

第三节　当代中国发展道路

当代中国的残疾人服务业，包括中国大陆与中国台湾、香港、澳门地区的残疾人服务业，本节首先回顾中国大陆与中国台湾、香港、澳门地区残疾人服务业的发展道路。因本著作的主旨是推促中国大陆实现残疾人服务业的跨越式发展，本节最后一目将从中国大陆与中国台湾、香港、澳门地区现实比较的角度，总结中国大陆残疾人服务业发展的历史经验教训。

一　中国大陆地区

中国大陆地区的残疾人服务业经历了曲折的探索历程，刚刚步入发展阶段。近年来，在党委、政府和社会各界的共同努力下，特别是通过残疾人联合会等职能部门的勤奋工作，中国大陆地区的残疾人服务业取得了显著的成效。但是，受种种因素影响，当前存在的问题仍然不少。

（一）历程回顾

1949 年 10 月至 1978 年 12 月，堪称中国大陆残疾人服务业的萌芽阶段。1949 年 10 月中华人民共和国成立后，对残疾人的服务便开始得到关注，但由于长期由政府包办，未形成行业规模。从 1950 年到 1978 年，残疾人服务工作至少有两方面的建树。一方面，相关法律法规与社会政策陆续出台并付诸实施。1954 年，《宪法》明确规定：国家和社会帮助安排盲、聋、哑和其他有残疾的公民劳动、生活和教育。1956～1977 年，国家对农村包括残疾人在内的鳏寡孤独人员实行了保吃、保穿、保烧（燃料）、保教（儿童和少年）、保葬的"五保"政策。另一方面，自 20 世纪 50 年代后期开始，残疾人福利工厂、伤残人福利院、荣军疗养院、精神病院、盲校、聋哑学校等残疾人服务机构陆续建立并得以长期运作。1971 年，时任国务院总理的周恩来（1898～1976）就曾亲临北京第三聋哑学校视察。

1978 年 12 月至 2008 年 3 月，堪称中国大陆残疾人服务业的启动阶段。1978 年实行改革开放以来，对残疾人的服务得到较快发展。1987 年，国家相关部门出台《方便残疾人使用的城市道路和建筑物设计规范》。1988 年至今，国务院批准实施的发展残疾人的五个五年工作计划，对残疾人康复、教育、就业、扶贫、社会保障、维权、文化体育、无障碍环境建设、残疾预防等残疾人服务工作提出了明确的要求。1990 年颁布的《残疾人保障法》规定：从事残疾人工作的国家工作人员和其他人员，应当履行光荣职责，努力为残疾人服务。1994 年，国务院颁布《残疾人教育条例》。2007 年，国务院颁布《残疾人就业条例》。2008 年 3 月，《中共中央国务院关于促进残疾人事业发展的意见》明确提出健全残疾人服务体系。

　　2008 年 3 月以后，堪称中国大陆残疾人服务业的发展阶段。2010 年，国务院办公厅提出《关于加快推进残疾人社会保障体系和社会服务体系建设的指导意见》。2012 年 9 月，国务院常务会议专题研究加快发展服务业。2012 年 11 月，中共十八大报告强调，要"加快传统产业转型升级，推动服务业特别是现代服务业发展壮大""建设职能科学、结构优化、廉洁高效、人民满意的服务型政府""推动政府职能向创造良好发展环境、提供优质公共服务、维护社会公平正义转变""加快形成政府主导、覆盖城乡、可持续的基本公共服务体系""完善就业服务体系""健全残疾人社会保障和服务体系，确实保障残疾人权益"①。2013 年 5 月，国务院总理李克强在第二届京交会暨全球服务论坛北京峰会上强调，"大力发展服务业，既是当前稳增长、保就业的重要举措，也是调整优化结构、打造中国经济升级版的战略选择"。② 现在，中国大陆各省、自治区、直辖市正在陆续出台与残疾人服务业相关的各种社会政策。在具体的实践中，从服务理念上说，正在努力实现从"居养"到"参与"、从"人道主义"到"平等权利"、从"社会隔离"到"社会回归"、从"个人不幸"到"社区照顾"的战略转变；从服务特征上说，政府主导下的市场化、专业化以及社区化，将成为中国大陆残疾服务业转型的主要方向；从服务模式上说，政府机构、市场机构与社会机构之间，专业机构、中介机构与社区机构之间，在职能边界日益清晰的同时，其有机衔接与协同融合也将更为密切。

（二）成效总结

　　1949 年 10 月新中国成立以来，特别是 1978 年实行改革开放以来，中国大陆残疾人服务业由萌芽阶段经过启动阶段进入发展阶段，取得了初步

---

① 胡锦涛：《坚定不移沿着中国特色社会主义道路前进，为全面建成小康社会而奋斗——在中国共产党第十八次全国代表大会上的报告》，《人民日报》2012 年 11 月 18 日（1）。

② 新华社记者：《李克强强调探索建立自贸试验区，最大限度为服务业松绑》，《解放日报》2013 年 5 月 30 日（01）。

成效。限于篇幅，这里仅就几个重要方面的最新进展作择要概说。

在康复服务方面，自 2006 年第二次全国残疾人抽样调查以来，残疾人接受过康复服务的比例呈上升趋势。2012 年度，残疾人接受过康复服务的比例为 55.2%。接受过康复服务的残疾人比例，按城乡分，城镇为 63.0%，农村为 52.6%；按残疾类别分，视力残疾为 54.5%，听力残疾为 49.2%，言语残疾为 47.1%，肢体残疾为 57.2%，智力残疾为 51.4%，精神残疾为 72.4%，多重残疾为 55.0%。

在教育服务方面，2007 年以来，残疾儿童接受义务教育的比例不断上升并基本保持稳定。2012 年度，6～14 岁残疾儿童接受义务教育比例的全国平均水平为 71.9%，该比例按城乡分，城镇为 74.2%，农村为 71.4%。2012 年度，6～17 岁残疾儿童就读学校类型构成比例为，普通小学占 64.2%，普通中学占 22.4%，特殊教育学校占 8.1%，普通高中占 3.0%，中等职业学校占 2.0%，普通教育学校特教班占 0.3%。

在就业服务方面，近年残疾人就业比例呈上升趋势。2012 年度，劳动年龄段生活能够自理的城镇残疾人就业比例为 37.2%，农村为 50.0%。2012 年度城镇残疾人登记失业率为 9.2%。在 2012 年度生活能自理的 18～59 岁的男性和 18～54 岁的女性残疾人中，占比最高的未就业原因，在城市和农村都是丧失劳动能力；而 2012 年度有劳动能力未就业残疾人，占比最高的生活来源，在城市和农村都是家庭其他成员供养。

在社会保障服务方面，近年残疾人的社会保障状况有较明显改善。2012 年度城镇残疾人参加社会保险的构成是：至少参加了一种社会保险的占 94.7%，参加基本养老保险的占 72.3%，参加基本医疗保险的占 93.3%，参加失业保险的占 5.8%，参加工伤保险的占 4.8%，参加生育保险的占 3.4%。2012 年度农村残疾人参加新型农村合作医疗的比例为 97.0%，在参加者中有 92.2% 在 1 年内看过病。2012 年度农村残疾人参加新型农村养老保险的比例为 82.3%。2012 年度残疾人领取最低生活保障金的比例，城镇为 22.6%，农村为 29.9%；得到救济的比例，城镇为 27.0%，农村为 32.8%。

在社区服务方面，2012 年度残疾人接受社区服务的比例已达 43.6%，其中城镇达 52.3%，农村达 40.7%。2012 年度残疾人对社区服务持非常满意或满意态度的为 92.47%，其中城市为 94.6%，农村为 91.5%。2012 年度接受过政府、社会团体到家的走访慰问的残疾人，城镇占 54.9%，农村占55.3%；有95.7%接受过走访慰问的残疾人感到满意，城镇满意度为95.1%，农村为95.9%。

在社会参与环境方面，2007～2012年度城镇残疾人对无障碍设施和服务表示非常满意或满意的比例持续上升，2012年度满意度达到81.5%。[①]

（三）问题分析

受经济社会发展水平较低、城乡区域阶层发展不平衡等客观原因和理念、制度、体制、机制、范式相对滞后于社会转型等主观原因的影响，当前中国大陆残疾人服务业发展存在的问题仍然不少。

在康复服务方面，残疾人康复服务覆盖率仍然较低，从康复知识普及、治疗与康复训练、居家服务及日间照料与托养、辅助器具配置、心理辅导等单项康复服务内容来衡量，没有任何一项接受康复服务的比例超过25%。而且为残疾人提供康复服务的总体质量和水平，还需要大力提高。

在教育服务方面，现在还有28.1%的学龄残疾儿童没有接受义务教育，与全国适龄儿童的义务教育相比，仍属较低水平。2012年度，18岁及以上残疾人，从未上过学占36.9%，小学占37.6%，初中占18.2%，高中占4.5%，中专教育占1.3%，大学专科占1%，大学本科及以上占0.5%，整个残疾人群体的受教育程度普遍较低。

在就业服务方面，2012年度，城镇残疾人登记失业率高达9.2%，是全国城镇登记失业率4.1%的2倍之多。更重要的是，实际失业率远不止如此。在得以就业的残疾人中，找到工作的主要途径还是靠熟人介绍，其中，城镇为61.6%，农村为66.7%。这就表明熟人网络仍是当下残疾人就业的主渠道，社会理性尚未全方位形成。

在社会保障服务方面，2012年度城镇45.2%、农村68.6%的残疾人有生活救助需求，城镇52.7%、农村62.3%的残疾人有医疗救助需求。这应该是残疾人服务业发展的重中之重。另外，2012年度仍有5.3%的城镇残疾人没有参加任何一种社会保险，这也是一个不可小觑的危险信号。

在社区服务方面，残疾人参与社区活动比例依然较低。2012年度，不参加社区活动的残疾人比例高达55.7%，其中城镇为52.1%，农村为

[①]　中国残疾人联合会：《2012 年度残疾人状况及小康进程监测报告》，http：//www.cdpf.org.cn/2007special/zkjc/content/ 2013 － 07/09/content_ 30449447.htm，2013－7－9。

56.9%。超过半数的残疾人走不出家庭，社会融合从何谈起。这说明，现在的社会排斥状况仍然在较大程度上存在，同时也有不少残疾人冲不出自我封闭的思想牢笼。

在社会参与环境方面，2012 年度仅有 14.2% 的残疾人接受过法律服务，残疾人法律服务覆盖率仍然较低。另外，每百户残疾人家庭拥有（固定和移动）电话仅是全国居民家庭平均水平的 39.5%，每百户残疾人家庭拥有彩色电视机仅是全国居民家庭平均水平的 67.2%，每百户残疾人家庭拥有电脑仅是全国居民家庭平均水平的 22.2%，这些表明保障残疾人的社会参与权任重道远。[①]

二　台港澳地区

台湾、香港、澳门是中华人民共和国不可分割的重要组成部分。但由于实行不同的社会制度，台湾、香港、澳门地区的残疾人服务业同大陆地区有一定共性，也有着一定程度的差异。基于此，本文分别对台湾、香港、澳门地区的残疾人服务业作简要探讨。

（一）台湾地区

1949 年国民党由大陆败退台湾以来，台湾一直实行资本主义制度，其残疾人服务业既承继中国传统，也深受西方影响。20 世纪 50 年代，台湾主要注重经济的发展，强调工业化与商业化发展。为配合经济发展的需要，确保有足够健康劳工的输出，台湾开始考虑劳工等群体的社会保险、就业、社会救助和福利服务问题。60 年代，台湾提出"民生主义现阶段社会政策"，开始强调包括残疾人在内的社会救助等社会安全措施的重要性。70 年代，与身心障碍有关的残疾人社会福利、就业辅导、职业训练等相关社会政策得以正式确立。[②] 80 年代，台湾出现了健康保险全民化、残疾人安全受重视、社会促进与社会扶助大发展的新格局。90 年代，台湾进一步加大了残障津贴的标准与覆盖范围，统一制定了最低生活费标准，同时对特殊项目救助及服务的办理等均进行了独立的规定，使得精神障碍者等特殊

---

① 中国残疾人联合会：《2012 年度残疾人状况及小康进程监测报告》，http://www.cdpf.org.cn/2007special/zkjc/content/2013 - 07/09/content_ 30449447.htm，2013 - 7 - 9。

② 孙敏：《台湾的社会福利制度及其经验与启示》，《当代世界与社会主义》2011 年第 4 期，第 153 页。

社会弱势群体，也能申请到生活扶助、急难救助与医疗补助，确立了台湾普惠式、政策化的残疾人服务业大发展方向。

步入 21 世纪以来，台湾残疾人服务业出现了一系列新的发展。台湾新世纪的残疾人服务业发展，主要有两方面的特点。一方面，社会化色彩浓厚。如有"台塑大王"之称的台湾著名实业家王永庆，在台湾各地捐资兴办了数家福利服务机构。他所建的长庚康复医院，拥有世界一流的医疗康复设备，专业的医护人员。该医院的三楼，免费提供了一个脊髓损伤残疾人康复训练、技能学习的大型场所，在这里训练他们最基础的独立生活技能并学习电脑、图文设计等知识，该院的学习和训练项目与现代科技紧密结合。王永庆开办的长庚养生文化村，是台湾星级养老院，占地面积300多万平方米，村内外都有完善的无障碍设施，内设有各种供老年人、残疾人使用的健身房、活动室、超市、餐厅和居室。而花莲县的慈济基金会属下的健康医院，则是由台湾著名佛教人士释证严法师创办的，他们以扶贫济困、广结善缘为目的，为许多贫困病人提供救助，目前，该院已发展成为集医疗、康复、科研、骨髓库等为一体的一流医院。慈济基金会也多次把骨髓捐赠给大陆，使数名白血病患者重获新生。台湾还兴建了一大批集残疾人就业、培训、康复为一体并带有经营性和保护性的庇护工场，其房屋租金、加工设备、训练指导人员的工资甚至某些产品的销路等通常由地方当局负责，或者得到社会慈善人士的资金支持。在台北市，盲人重建院及惠光导盲犬训练中心是专门为盲人培训设立的，包括电脑、校对、印刷、按摩等教学和实习场所，配有专门的设备和辅导员；在高雄市，"喜憨儿"轻工坊是专门培训智力残疾人从事餐饮服务及园艺工作的经营性场所，有专业的指导教员进行指导，一名专业指导员负责五名残疾员工的培养。① 另一方面，现代化色彩浓厚。如，在盲人电脑软件开发与应用的培训中，点阵机和电脑软件的合理运用使盲人克服了视力残疾带来的困难，在一个全新的平台上操作电脑，并且基本达到健全人对电脑的认知程度。他们采用的是集体培训与单个培训相结合，盲人通过培训后，在实际操作中遇到困难，可以通过电话联系培训机构，培训机构马上派"志工"或工作人员上门服

① 北京市残疾人联合会：《赴台湾考察残疾人工作报告》，http://www.bfdp.org.cn/web/wenzi/ywgz/yhjw/13568.htm，2010 - 7 - 24（百度快照日期）。

务。他们的无障碍设施及其管理工作也很到位。从台北、台中、台南到高雄、台东和花莲，从城市到阿里山乡村，盲道、坡道、专用厕所、停车场（房）等无障碍设施处处可见，非常普及，饭店都有残疾人专用的轮椅和拐杖等，为残疾人提供方便。无障碍设施的管理非常到位，在停车场，没有健全人挤占残疾人车位的现象。[①]

（二）香港地区

1841 年，香港沦为英属殖民地。1997 年，中国对香港恢复行使主权。由于历史的原因，香港的残疾人服务业既承继中国传统，也深受西方影响。香港的残疾人服务业经历了较长时期的历史发展，最初由基督教徒开创，后由政府倡导、主导并提供资金支持，大量民间社会组织已成为服务主体。现在，香港已形成普惠于全体残疾人的相对完整的残疾人服务业体系。其服务内容主要有：残疾人家庭支持，重点是对残疾家庭进行合理的引导，包括康复技巧、训练技巧方面的培训等；残疾人机构康复与职业训练，主要针对康复与训练活动进行规范与督导，保障家居训练、庇护工场、辅助就业、培训计划的合理开展；残疾人社区支援，主要针对社区资源进行规范与引导，涉及社交培训、家务指导服务、日常暂雇服务、交通服务、咨询服务等多方面的政策；残疾人住宿，主要规范香港残疾人的住宿事务，保证儿童之家、辅助宿舍、护理院、长期护理院的正常运转；残疾人经济援助，主要运作与分配为残疾人提供的经济资助、服务资金，包括实施综合社会保障资金管理政策、公共社会福利金计划、慈善信托基金计划等内容；残疾人特殊教育，香港对残疾儿童的教育非常关注，并对残疾人员享受公平的特殊教育权利进行了专门的规定；残疾人无障碍设施建设，香港的建筑物、公共设施、公共交通领域的无障碍设施和无障碍环境的建设，都有规范的标准和管理办法。[②]

香港残疾人服务体制主要有三大特色。第一，政府是资源供给者和宏观管理者。政府在残疾人服务业发展中的作用主要有：核定提供服务的非政府组织和接受服务对象的资质，大力推行政府购买服务，对提供服务者

---

① 方吉平：《赴台湾残疾人工作交流考察报告》，http：//blog. sina. com. cn/s/blog_4b85eaf20100061r. html，2006 – 3 – 18。

② 彭华民、万国威：《残疾人社会福利制度：内地与香港的三维比较》，http：//www. cctb. net/llyj/xswtyj/society/201308/t20130805_41265. htm，2013 – 8 – 5。

提供资金上的支持；派专人参加受资助非政府组织顾问局，按年度对其审计账目和检查评估，对其加强服务和监管；对残疾人提供直接和间接的经济援助，并适应熟悉业务有效监管等需要，直接营办少量的服务机构或直接通过某些政府部门为残疾人提供服务；定期组织其他部门对直接管理残疾人事务的部门——香港政府卫生局社会福利署的工作进行检查、考核，并提出合理化的针对性意见。第二，非政府组织及其属下的社工（social worker）与义工（volunteer）是主力军。香港非政府福利机构超过 210 个，其中接受政府资助的有 174 个，承担了绝大多数残疾人服务工作。香港各类福利服务单位超过 3200 个，其中政府直接管理的超过 360 个，非政府福利机构管理的超过 2900 个，还有少数私人开办的福利服务机构。这些非政府组织根据不同残疾类型和残疾程度的残疾人的特殊需求，为他们提供各种各样的服务。社工提供的服务包括心理辅导、训练和恢复计划的制订、组织相关活动等；义工则经常到服务机构中策划和筹办康乐活动，陪同服务使用者参与户内或户外活动以及陪同他们去医院就诊，并且在服务使用者获安排就业期间也会伴随在他们身边，帮助他们解决所遇到的问题。第三，社区居民与残疾人家庭成员是服务的重要支撑。社区居民需要实施香港社会福利署推行的一系列人性化色彩较浓的社区支持计划，考虑不同残疾人的不同需求、不同时间的残疾人服务、不同残疾人的个性发展，并通过精神健康联网为精神病康复者及其家人提供额外照顾和支持。残疾人家庭成员对残疾人的服务不仅包括经济支援、训练帮助、日常照顾等，还包括情感、交流等非正式的社会支持。①

（三）澳门地区

1553 年，葡萄牙人取得澳门居住权；1999 年，中国恢复对澳门行使主权。由于历史的原因，澳门的残疾人服务业既承继中国传统，也深受西方影响。澳门的残疾人服务业经历了长时期的历史发展，但有些方面也起步较晚。1930 年，澳门确立了社会救助体系框架；1983 年，才提出建筑障碍消除的社会政策；1990 年，确立社会保险体系框架；1999 年，提出预防残疾及使残疾人康复和融入社会的政策与精神卫生政策。中国恢复对澳门行使主权以来，澳门与残疾人服务相关的社会政策体系有较大的发

---

① 毛小平：《内地与香港：残疾人社会支持比较》，《中南大学学报（社会科学版）》2010 年第 2 期，第 41～47 页。

展。2007 年，对社会救助体系框架进行修改，向处于经济贫乏状况的个人及家庭发放援助金；2011 年，确立了残疾分类分级的评估登记及发证制度，出台了残疾津贴及免费卫生护理服务的社会政策；2013 年 9 月，发布行政长官批示调高残疾津贴的金额，其中普通残疾津贴由每年 6000 澳门元调高到每年 6600 澳门元；特别残疾津贴由每年 12000 澳门元调高到每年 13200 澳门元。① 总的来看，当下澳门已基本形成与香港比较接近的残疾人服务体系。

澳门残疾人工作由澳门特别行政区政府社会工作局所辖的社会互助厅负责管理。由社会互助厅为向残疾人士提供服务的民间社团和社会设施提供技术支援和资源辅助，开展合作计划并协调有关工作，使需要长期保护与融入社会的服务对象增强适应能力，发展自我潜能，善用社会资源，与家庭和社会建立相互共融的积极关系。其辖下的康复处是专门透过与民间机构和公共部门开展合作，为残疾人士及其家庭提供支援与辅助的服务部门。工作目的在于协助残疾人士克服困难障碍、增强独立自信、发挥天赋潜能，以及提升生活素质。澳门地区民间福利机构较多，其中历史悠久或规模庞大的民间慈善机构就有镜湖医院慈善会、同善堂、澳门日报读者公益基金会、仁慈堂、红十字会等。这些机构有的主要向贫困居民提供直接的物质与资金援助，如同善堂、仁慈堂、澳门日报读者公益基金会等。有的则以提供多元化社区服务、组织各类文体康乐活动、提供各类辅导和协助为主，如工联、街坊会等。民间福利机构的活动经费主要来自社会筹募和热心人士的捐助，政府也在某些服务方面给予民间机构一定的资助。②

三 历史经验与教训

在残疾人服务业领域，台湾、香港、澳门地区有很多成功的经验值得大陆地区借鉴。从中国大陆与中国台湾、香港、澳门地区现实比较的角度，中国大陆残疾人服务业发展，大致有以下三个方面的历史经验教训。

---

① 《残疾津贴金额调升》，http://www.gcs.gov.mo/showNews.php?DataUcn=72447&Page Lang=C，2013-9-18。
② 郭德勤、范英、刘小敏：《新时期人道主义思想和残疾人事业的理论与实践》，北京：华夏出版社，2008，第 303~305 页。

（一）　要更好地发挥政府对残疾人服务业的主导作用

20 世纪 20 年代初，印度国父甘地（Mohandas Karamchand Gandhi, 1869 – 1948）有一句名言："我希望世界各地的文化之风都能尽情地吹到我的家园，但是我不能让它把我连根带走。"① 回顾台湾、香港、澳门地区的残疾人服务业发展道路，这三个地区尽管都实行资本主义制度，但都没有丢掉中国以民为本、以人为本的传统价值，都没有忘记政府在主持公平正义方面所应承担的基本责任，都一无例外地坚持了由政府主导残疾人服务业发展这一大前提，特别是在残疾人社会救助、服务业财政支撑和服务业规范管理上尽了政府部门的最大努力，而且出台的社会政策都具有很强的可操作性。只注意台湾、香港、澳门对西方的学习借鉴，看不到台湾、香港、澳门对中国传统价值的坚守，显然不是实事求是的态度。

中国大陆的残疾人服务业之所以能够取得比较显著的初步成效，一个非常重要的原因，就是长期以来一直坚持党委领导、政府负责的基本原则。中国是个世界人口大国，如果政府不承担应有的责任，其不良后果远比诸多小国严重。所以，中国大陆要继续把特惠政策与普惠政策紧密结合起来，既切实解决好特困残疾人的底线公平问题，也对所有残疾人实行必要的普惠政策。当然，比照中国台湾、香港、澳门地区，中国大陆在发挥政府的主导作用方面也还有进一步改进的空间。例如，发挥主导作用，是否就一定要包揽一切事务？能否把重点聚焦于残疾人社会救助、服务业财政支撑和服务业质量监管？能否进一步增强具体的社会政策的可操作性？这些问题，都值得进一步深入探讨。

（二）　要抓紧拓展残疾人服务业的社会化、多元化供给

无论是台湾，还是香港或澳门，其残疾人服务业发展的一个共同特点，就是在政府主导的前提下，社会力量都发挥了主力军的作用。他们也有少量的公办机构直接从事服务工作，但那仅仅是针对救助、资金给付或基于监管需要为熟悉业务等开展的部分服务，而并非全部的服务均由公办机构直接承接；由于残疾人服务的主体是包括民办经济组织、社会组织、社区组织、家庭等在内的多元化的社会力量，他们对残疾人所提供的服务，也就呈现能够满足不同经济状况、不同年龄段、不同形态的残疾人的多样化需求的异彩纷呈的格局。

---

① 转引自金鑫《中国问题报告》，北京：中国社会科学出版社，2000，第 368 页。

大陆地区一直在建立健全党委领导、政府负责、社会协同、公众参与的社会服务体系，近年来在残疾人服务业的社会化、多元化供给方面也做了不少努力，社会组织有比较快的发展。但总的来看，社会力量离成为残疾人服务业发展的主力军还有很大的差距，多元化供给的局面也远未形成。现在，仍有某些人对社会力量的发展壮大心存疑虑，对将来能否驾驭好社会组织缺乏自信；也有某些人习惯于对社会组织"管、卡、要"，只谈"监管"不谈引领与扶持。社会组织不能大发展，多元化服务也就难以保证。所以，中国大陆一定要大力培育从事残疾人服务业的社会力量。要创新登记管理机制，简化登记程序，降低准入门槛；要建立社会组织培育发展专项资金和社会组织公益创业投资资金，加快建设各级社会组织孵化基地；要打造枢纽型社会组织体系，充分发挥工青妇等群团组织以及其他有广泛影响力的社会组织的枢纽作用，孵化、凝聚、带动同类型、同地域的经济组织、社会组织参与残疾人服务业。

（三）要不断提高残疾人服务业的专业化、现代化水平

从专业性的医疗、康复、特殊教育、就业服务、心理咨询、法律服务等机构与专业性的社会工作组织发展来看，或从无障碍设备、设施、环境的先进程度与残疾人融入社会的程度来看，台湾、香港、澳门在残疾人服务业发展方面都有较高的专业化水平和现代化水平。正因为如此，台湾、香港、澳门地区的残疾人服务业，普遍具备了与国际接轨的较强的前沿性，在追赶发达国家方面为中国赢得了赞誉。

中国大陆近年来也一直在就提高残疾人服务业的专业化、现代化水平上做艰苦努力，有的机构、有的地方甚至得到了残疾人的普遍赞誉。但总的来看，受经济发展水平较低制约，受城乡、区域、阶层发展不平衡影响，受经济社会发展不协调影响，不少机构的专业化水平仍然较低，不少地区残疾人社会融入的无障碍环境的建设仍然与现代化要求有很大的距离。相对办机构而言，现在民办机构的专业化水平差距更大；相对东南沿海地区而言，现在中西部地区的现代化水平差距更大。要让中国大陆的残疾人服务业实现整体上的跨越式发展，不仅需要走在前面的机构和地区走得更快一些，发挥引领作用，也需要走在前面的机构和地区积极扶助走在后面的机构和地区，发挥帮扶作用。当然，艰难困苦，玉汝于成。民办机构、相对落后的地区，更需要发扬奋力拼搏、开拓进取的精神。

第五章　个案分析

关心残疾人，支持残疾人事业，是社会文明进步的标志，是我们党立党为公、执政为民的本质要求。希望全省各级党委、政府更加重视残疾人工作，进一步完善工作机制和经费投入保障机制；各有关部门要将残疾人工作纳入职责范围和目标管理，不断提高残疾人社会保障和服务供给的能力水平。

——中共中央政治局委员、广东省委书记　胡春华[①]

1998 年 8 月，时任中华人民共和国主席的江泽民在"康复国际第 11 届亚太区大会"上曾经指出："残疾人这个社会最困难群体的解放，是人类文明发展和社会进步的一个重要标志。"[②] 1949 年中华人民共和国成立以来，鉴于残疾人服务业是解放残疾人这个社会最困难群体的伟业，在中国大陆，有不少地区在发展残疾人服务业方面做了艰苦的探索。作为中国大陆改革开放的排头兵——广东，就是其中的代表性地区之一。为了探求当下中国大陆实现残疾人服务业跨越式发展的前进道路，本章对广东省残疾人服务业的发展历史、发展现状、发展前景作一简要的个案分析。

第一节　历史总结

新中国成立以来，广东省的残疾人服务业经历了艰难曲折的发展历程，

---

① 胡春华：《不断提高残疾人社会保障水平和服务能力》，《广东残疾人》2013 年第 3 期，第 11 页。

② 江泽民：《致康复国际第 11 届亚太区大会——江泽民主席的贺辞》，《人民日报》1998 年 8 月 24 日（1）。

但也取得了较为显著的成效，积累了很多有益的经验，为提高广东的文明进步水平做出了重大的贡献。但存在的问题和困难也不少，积累的教训同样弥足珍贵。

一　历程回顾

与中国大陆兄弟省、自治区、直辖市相似，1949 年 10 月中华人民共和国成立至今，广东省的残疾人服务业发展，大致可以划分为萌芽、启动、发展三个阶段。

（一）萌芽阶段

从 1949 年 10 月中华人民共和国成立至 1978 年 12 月，残疾人服务工作长期属于民政部门的职责范围。总的来看，这一阶段广东残疾人服务范围比较狭窄，服务主体和形式比较单一，相关的政策法规非常缺乏，多数残疾人处于贫困线下，甚至基本生活救助服务也不够充分。受计划经济体制的影响，这一阶段广东的残疾人服务业主要以社会福利和社会救助为主。在经济发展水平较低的历史条件下，当时的残疾人服务模式与计划经济体制相适应，与国有企业和集体企业的社会保障特点相适应。在具体的残疾人服务模式上，主要采取集中就业和社会救济相结合的方式。

集中就业主要体现在政府有计划地兴办福利企业。社会福利企业，是以集中安排残疾人就业为主要任务，带有社会福利性质的经济实体。福利企业分为全民所有制和集体所有制社会福利企业，这些企业对残疾职工的医疗保障、养老保障等方面负全部责任，保障支出计入福利企业经营成本，由国家通过生产计划、资金投入、物资提供和税收减免等优惠政策给予扶持。福利企业体现了单纯的国家福利的保障性质，对解决残疾人的就业问题起到了不小的作用。

除了集中就业保障形式外，这一阶段广东残疾人社会保障还有民政部门的救济或救助形式。在城市，政府对家庭生活保障、无经济来源的残疾人进行定期定量救济，对无固定收入或收入不足以维持当地最低生活水平的残疾人会适当给予临时救济。在农村，对无劳动能力、无生活来源、无依无靠的残疾人则采取集体供养，辅之以国家必要的救济办法。[①]

---

① 刘小敏：《广东残疾人社会保障制度研究》，广州：中国出版集团广东世界图书出版公司，2009，第 72 页。

（二）启动阶段

1978年12月实行改革开放以后，至2008年3月，广东省的残疾人服务业得到较快发展，总体上位居全国前列。全局性的标志性事件有：1988年，广东省残疾人联合会成立；1994年，广东省出台《残疾人保障法》实施办法；2005年，广东省出台残疾人优惠扶助规定，优惠覆盖残疾人康复、教育、就业、创业等各方面。从残疾人服务的各个领域来说，也都有很好的开局。

在康复服务方面，自1997年起，广东按照中央的部署连续多期开展"视觉第一中国行动"合作项目；2002年起，广东全面贯彻落实中央关于进一步加强残疾人康复工作的意见；2003年，广东贯彻省领导批示规范残疾人康复经费管理，同时出台残疾人康复专业人员继续教育考核登记制度；2004年，广东成立中国大陆首个省级残疾人康复协会，组成残疾人康复技术指导组，指导康复机构和从业人员开展残疾人康复工作；2005年，广东省残疾人联合会与广东省卫生厅将残疾人社区康复纳入城乡基层卫生服务体系。

在教育服务方面，1995年，广东发文强调做好特殊教育有关工作；2000年，广东发文解决特困残疾学员学费问题；2002年起，广东各市陆续开展残疾人教育培训；2005年，广东出台残疾儿童少年随班就学办法；2008年，广东出台特殊教育学校教职员编制标准暂行办法。2002~2008年上半年，广东各类残疾人培训机构对5162名残疾人进行了有效培训，这些残疾人涉及视力、听力、语言、肢体、智力等残疾障碍类型。①

在就业扶贫服务方面，20世纪80年代，广东残疾人集中就业的福利企业数量曾急剧增加；② 2000年，广东出台分散按比例安排残疾人就业办法，采取了残疾人就业保障金缴纳的强制性措施；2001年起，广东还在粤东西北落后地区建立了多个扶贫培训基地，带动贫困残疾人脱贫致富；2003年，广东力促农村税费改革中落实残疾人优惠政策；2007年，广东又进一步加强了残疾人联合会系统各地市之间的对口支援工作，以减轻农村残疾人的

---

① 广东省残疾人职业培训中心培训科：《关于对全省残疾人培训机构及职业培训情况的调查报告》，http://www.docin.com/p-188094049.html。

② 遗憾的是，后来随着市场化程度的加深，不少福利企业因竞争力不够及其他种种原因而萎缩，广东不得不探索残疾人分散按比例就业的办法。

税收负担。至此，广东基本形成了以分散按比例安排为主，集中安置和个体从业为辅的多格局残疾人就业局面。

在社会保障方面，2002年起，广东发起了"百万青年志愿助残行动"，此后广东不断加大对无业残疾人、重度残疾人、有特殊需求的贫困残疾人以及"一户多残"家庭的特别扶助力度；2007年，广东省出台扶助残疾人办法，把特惠政策与普惠政策紧密结合起来，进一步强化和拓展了过去关于社会保障的相关政策。至2008年3月，广东已基本形成融社会救助、社会保险、社会福利、社会安抚、社会慈善于一体的比较全面的残疾人社会保障体系。

在社会融入服务方面，1998年，广东省司法厅、省残疾人联合会发文明确要求认真做好残疾人法律援助工作；2005年，广东出台无障碍设施建设管理规定，成为中国大陆第一个在全省行政区域内施行无障碍设施建设管理规定的省级行政区划单位。

（三）发展阶段

和中国大陆各兄弟省、自治区、直辖市一样，自2008年3月中央明确提出建立健全残疾人服务体系以来，广东残疾人服务业进入发展阶段。为贯彻落实中央精神，2009年，中共广东省委、广东省人民政府做出《关于加快残疾人事业发展的决定》，明确提出加快建设残疾人服务体系，拓展为残疾人提供的公共服务，对残疾人康复、教育、就业、社会保障以及残疾人服务机构、服务设施、服务人才队伍建设等提出了具体的要求，并制订了打造特殊教育精品、建设"五个一"工程①、实施"助残春风行动"② 等重点项目的建设计划。为加强残疾人发展相关研究，2009年12月成立广东省残疾人事业发展研究会。2010年，广东出台《广东省实施〈中华人民共和国残疾人保障法〉办法》，对与残疾人服务业相关的康复、教育、劳动就业、文化生活、社会保障、无障碍环境、相关法律责任作了明确的规定。同年，广东省残疾人服务业协会宣告成立。③ 2011年，广东省出台《广东省人民政府

---

① 力争在五年内各县（市、区）分别建设一所残疾人综合服务机构、一所重度残疾儿童教养学校、一所残疾人托养机构、一个"康园工疗"网络和一个残疾人扶贫培训基地。

② 在广州、揭阳、茂名、韶关建立4个省级残疾人集中就业的工业生产就业培训基地，承接农村残疾人转移就业。依托各级技工学校及社会各类培训机构，在全省建立10个农村残疾人劳动力转移培训基地。

③ 广东省残疾人联合会组织联络部：《广东省残疾人服务业协会成立大会在广州召开》，http://www.gddpf.org.cn/html/showmenuId231itemid22319.html，2010-12-1。

关于加快推进残疾人社会保障体系和服务体系建设的实施意见》，在中国残疾人联合会举办的"残联组织与服务管理研讨会"上，广东介绍了创新社会管理、推进残疾人服务业发展的构想。[1] 同年，广东发布《关于加快推进信息无障碍建设的指导意见》。2012 年，广东出台残疾人康复服务机构建设指导意见、残疾人托养服务机构建设指导意见。同年，广东省信息无障碍促进会正式成立。

2012 年 12 月 9 日上午，习近平在广东工业设计城考察幸福生活体验馆时，陪同人员向他介绍了他们设计的居家养老的一些无障碍设备，并指出对老人来说，无障碍设施非常重要，有时候他们也需要隐私，并不希望什么都有人照顾。在听了陪同人员的介绍后，习近平便回忆起当年他在福建时，邓朴方（时任中国残疾人联合会主席团主席）到访时就提出，能不能无障碍上厕所的问题。据陪同人员介绍，"总书记在看到一款为老人设计的浴缸时，更是对其赞不绝口，称这款开门式浴缸很实用，老人使用时不会滑倒。"[2] 习近平总书记的赞赏，是对广东残疾人服务业从业人员的鼓励与鞭策。当前，广东的残疾人服务业正逐渐由过去以福利救济为主的单一社会福利工作，发展成为包括残疾人康复、教育、劳动就业、扶贫、社会保障、文化体育、维权、无障碍环境建设、残疾预防等多个领域的综合性的服务伟业，已经成为广东实现全面小康和现代化目标、发挥改革开放和科学发展排头兵作用的重要组成部分。

二　主要成效

1949 年 10 月新中国成立以来，特别是 1978 年实行改革开放以来，从早期的福利救济式服务到托养、康复、社会保障、教育、就业、扶贫、无障碍、文化体育、法律援助诸多方面服务的全面发展，广东的残疾人服务业可谓突飞猛进。限于篇幅，这里仅就 2012 年的情况作择要概说。

（一）托养、康复与社会保障

就托养服务而言，2012 年度，广东全省共有寄宿制托养机构 111 个，托养残疾人 0.6 万人；日间照料托养机构 442 个，托养残疾人 1.2 万人；

---

[1]　王新宪：《在残联组织与服务管理研讨会上的讲话》，http：//www. zgmx. org. cn/before/NewsDefault - 45466. html，2011 - 4 - 22。

[2]　本报记者：《习近平称赞浴缸设计，残疾人老年人需要无障碍设施》，《齐鲁晚报》2012 年 12 月 14 日（A05）。

本年度享受居家托养服务残疾人 2.4 万人。

就康复服务而言，2012 年度，广东视力康复方面，完成白内障复明手术 8.9 万例，为 1442 名低视力患者配用助视器，培训低视力儿童家长 122 人，盲人定向行走训练 4664 人；听力言语康复方面，开展语训机构（部、班）75 个，聋儿听力语言康复训练 2237 人，培训聋儿家长 4128 人，培养各类专业人员 2029 人；肢体康复方面，训练服务机构 204 个，康复训练肢体残疾人 31250 人，免费为 81 名贫困肢体残疾儿童实施矫治手术、装配矫形器等辅助器具以及术后康复训练；智力康复方面，开展训练服务机构 203 个，康复训练智力残疾儿童 8070 人；精神康复方面，医疗救助 3.7 万名贫困精神病患者，对 40.7 万名重性精神病患者进行综合防治康复，孤独症儿童训练机构 102 家，在训孤独症儿童 2118 人，其中救助贫困孤独症儿童 1385 人；辅助器具供应方面，累计建立辅助器具供应服务机构 76 个，为残疾人减免费用装配普及型假肢 1702 例，供应辅助器具 5.1 万件，装配矫形器 2526 例；社区康复方面，累计建立社区康复站 7817 个，配备 18409 名社区康复协调员。

就社会保障服务而言，2012 年度，广东城镇残疾居民参加社会保险人数达到 40.2 万人，农村残疾人参加社会保险人数达到 149 万人。纳入最低生活保障范围的共 38.3 万名残疾人，其中城镇已纳入最低生活保障的 9.4 万人，农村已纳入最低生活保障的 28.9 万人。城镇集中供养和其他救助救济残疾人 3.4 万人，农村五保供养和其他救助救济残疾人 6.4 万人。

（二）教育、就业与扶贫服务

就教育服务而言，2012 年度，广东学前康复教育阶段接受彩票公益金助学项目资助的学前残疾儿童 550 人，彩票公益金资助新入园残疾儿童 143 人，残疾儿童其他学前教育助学资助 318 人；义务教育阶段全年登记未入学适龄残疾儿童少年总数仅 4631 人；高中阶段教育共开办特殊教育普通高中 7 所，在校生 134 人；残疾人中等职业教育机构有 6 个，在校生 515 人，毕业生 185 人，其中获得职业资格证书的 71 人；高等教育阶段开办高等特殊教育学院 2 所，全年有 280 名残疾人被普通高等院校录取，57 名残疾人进入特殊教育学院学习；全省共有职业培训基地 111 个，其中残疾人联合会兴办 47 个，社会机构兴办 64 个，城镇职业培训 1.4 万人，培训盲人保健按摩 506 人，医疗按摩 195 人。

就就业服务而言，2012 年度，广东城镇实际在业人数 19.8 万人，农村残疾人在业 64.7 万人，其中从事农业生产劳动的 53.3 万人。2012 年城镇新安排 1.7 万残疾人就业，其中，集中就业残疾人 3411 人、按比例安排残疾人就业 7688 人、公益性岗位就业 822 人、个体及其他形式就业 4502 人、辅助性就业 1025 人。

就扶贫服务而言，2012 年度，广东扶持贫困残疾人 3.1 万户，共扶持 6.2 万人，脱贫 3.7 万人，投入培训经费 944.4 万元，2 万多人次残疾人接受实用技术培训。截至 2012 年年底共建立残疾人扶持基地 87 个，安置残疾人就业 0.4 万人，扶持带动残疾人 0.6 万户。全年完成 2630 户农村贫困残疾人危房改造，受益残疾人 2992 人。

（三）无障碍与文体法律服务

就无障碍服务而言，截至 2012 年底，广东系统开展无障碍建设示范市 6 个，贫困残疾人家庭无障碍改造 0.47 万户，发放残疾人机动轮椅车燃油补贴 3.14 万人；全省各级残疾人综合服务设施中已竣工并投入使用的设施 73 个，总占地面积 36.27 万平方米，总建设规模 36.31 万平方米，总投资 9.7 亿元；各级康复设施中已竣工并投入使用的设施 33 个，总占地面积 6.16 万平方米，总建设规模 6.30 万平方米，总投资 1.60 亿元；各级托养设施中已竣工并投入使用的设施 6 个，总占地面积 0.74 万平方米，总建设规模 2.00 万平方米，总投资 1.23 亿元。

就文化体育服务而言，2012 年度，广东省级和地市级公共图书馆设立盲文及盲人有声读物阅览室已达到 21 个，举办残疾人文化周活动 93 次，举办残疾人文化艺术类比赛及展览 26 次，已成立 10 个残疾人艺术团队；残疾人群众性的体育活动广泛开展，全年举办省级群众体育活动 10 次，参加人数 1200 人，举办地级市群众体育活动 103 次，参加人数 10206 人。

就法律援助服务而言，2012 年度，广东组织残疾人普法宣传教育活动 227 次，参加人数 1.80 万人；组织残疾人工作者法律培训班 39 个，参加人数 2057 人；21 个地级市均成立了残疾人法律援助服务中心，全年办理案件 157 件；101 个区县级残疾人联合会成立了残疾人法律援助服务中心，全年办理案件 360 件。全年各级残疾人联合会信访部门共处理残疾人来信 2939 件，其中省级 144 件，地市级 466 件，区县级 2329 件；来访 1.43 万人次，其中个人访 1.37 万人次，集体访 60 批次，566 人次。①

---

① 广东省残疾人联合会：《2012 年广东省残疾人事业发展统计公报》，http：//www.gddpf.org.cn/scl/show.aspx？menuId＝115&itemid＝43025，2013－4－22。

三 主要问题

广东残疾人服务业在取得成绩的同时，在康复服务、残疾人教育与就业等基础服务方面依然存在很多不足。由于文化宣传工作不到位以及社会组织机制的不完善，广东残疾人服务事业的广泛社会效能尚未得到充分发挥。未来应从体制机制创新入手，提升残疾人基础服务水平，加大社会宣传力度，动员更广泛的社会力量为残疾人提供援助之手，使残疾人能够共享社会主义政治文明、物质文明和精神文明成果。

（一）康复教育存在不足

目前，广东残疾人康复、教育等基本服务取得了很多成绩，但由于全省残疾人康复、教育服务体系的不完善以及服务能力和水平的不足，地区之间、城乡之间发展不平衡的问题日益凸现。同时，由于残疾人康复、教育服务内容和标准仍有待规范、专业人才队伍匮乏，以及贫困残疾人基数较大，广东残疾人基本服务的需求与供给之间依然存在很大差距。

在残疾人康复服务方面，广东残疾人康复工作的全面开展还存在一定困难，特别是有关特殊残疾疾病康复以及抢救性治疗的资助项目有待增加，如对智残儿童和孤独症儿童开展的全日制或时段制抢救性康复教育训练仍然处于起步阶段，对低视力、视听以及肢体残疾儿童装配适配辅助器具的工作尚未全面开展；残疾人的康复服务水平特别是电子信息等高技术的应用手段还有待提高。康复专业技术人才匮乏主要体现在两个方面：一是特教老师、康复技师、职业指导员等专业人才和社区康复协调员等辅助性人才大量短缺；二是人才的区域不平衡现象严重，欠发达地区尤其在专业人才方面存在缺失现象。这种匮乏甚至对专业人才培训产生严重影响。随着以社区、家庭为依托的康复治疗服务网络的构建，对残疾人家庭的培训力度也有待加大。

在残疾人教育方面，广东残疾人教育事业发展总体水平仍比较低，特别是与残疾人接受教育的强烈愿望相比仍存在差距。由于不同类别残疾人受教育程度不均衡，当前广东适龄残疾儿童少年入学率与健全儿童少年相比还有相当大的差距。广东残疾人教育的整体教育理念、内容和方法均有待改进。残疾人教育师资队伍的整体素质和待遇需求，均有待进一步提高。

（二）民间潜能尚未发挥

广东在残疾人社会组织体系建设、规范管理以及人才支持方面还存在一些不足，导致广东残疾人民间组织和更广泛的社会资本的潜能尚未得到充分发挥。

残疾人民间组织以及专门协会的组织建设和规范化建设方面还存在不足，社会组织"代表、服务、维权"的社会职能并未得到完全的发挥。在引进民办残疾人服务机构方面，广东还有待建立更为完善的奖励和管理体系。引入的民间组织的残疾人服务机构虽然有一定的服务能力，但由于民办服务机构之间缺少激励机制，服务水平仍然有待提高。

在残疾人工作者队伍的教育培训方面，高素质的残疾人服务专职队伍、专业队伍和志愿者队伍建设，仍然有待加强。特别是对基层残疾人服务工作人员，如乡镇与街道的社区康复协调员、社区就业指导员、志愿助残联络员等的选聘、培训、考核等工作还有待进一步制度化。一些残疾人服务工作人员的工作经费和工资待遇或岗位补贴，还存在一定的财政空白，直接影响了残疾人服务队伍的稳定性。

（三）社会宣传不够广泛

在对残疾人服务业的社会宣传方面，近年来取得了一定的效果，但由于部分宣传工作难以深入基层，残疾人自身对残疾人服务的相关政策、项目、行动的了解还不够深入。同时，由于社会公益宣传的内容与形式过于单一，调动更广泛的社会志愿救助行为和增强活动的吸引力，仍然有待增强。

虽然广东为残疾人服务制定了很多优惠政策，但由于对社会民众的宣传不到位，社会对残疾人服务业的认知较低。由于对残疾人服务政策的宣传不到位，位于农村以及一些偏远落后地区的残疾人，往往由于对优惠政策不知情而没有享受到残疾人的各类服务；一些基层工作者对残疾人服务政策的宣传缺乏针对性，也导致很多残疾人仍然游离于整个残疾人服务业之外。

在志愿服务方面，残疾人服务的专项志愿助残工作尚未纳入统一的广东志愿者服务总体规划中，导致"关爱残疾人志愿服务活动""志愿助残阳光行动"等残疾人服务志愿者专项活动的推广工作，仍未达成广泛的社会共识。目前广东全省注册助残志愿者的数量与规模还有待进一步提高，同时志愿活动实际获助的残疾人，也仍然需要不断扩大规模。

第二节 现状透视

广东省残疾人服务业的发展必须紧密联系全省残疾人的基本构成、生存状况与现实需要。本课题组为研究广东省残疾人服务的现状与对策，曾在广东省四个有代表性的地市进行实地调研、深度访谈，曾在六个地市进行问卷调查。本节主要运用广东全局性、权威性的调查数据，从广东残疾人的基本构成、残疾人服务的基本状况、残疾人服务的供需评估三个方面，对广东残疾人服务业的现状进行透视。

一 残疾人的基本构成

残疾人的基本构成，从不同角度有多种分类方法。下面主要从类别构成、自然构成、社会构成三个方面进行探讨。

（一）类别构成

经国务院批准，中国于 2006 年进行了第二次全国残疾人抽样调查。广东省第二次全国残疾人抽样调查结果显示，至 2006 年 4 月 1 日零时，广东各类残疾人的总数为 539.9 万人，占全省人口总数的 5.86%。各类残疾人的人数及占残疾人总人数的比重分别是：视力残疾 75.3 万人，占 13.95%；听力残疾 136.1 万人，占 25.21%；言语残疾 11.5 万人，占 2.13%；肢体残疾 121.6 万人，占 22.52%；智力残疾 27.2 万人，占 5.04%；精神残疾 52.5 万人，占 9.72%；多重残疾 115.7 万人，占 21.43%。[①]

与 1987 年广东省第一次全国残疾人抽样调查数据比较，广东残疾人口总量增加了一倍多，占总人口的比例上升近两个百分点。从类别结构看，肢体、多重残疾比重有较大幅度上升，精神残疾比重也有所上升，视力、听力、言语残疾比重略有下降，智力残疾比重显著下降。导致上述变化的主要原因有两次调查间人口增长与结构变动、社会与环境变化、残疾标准

---

① 广东省第二次全国残疾人抽样调查领导小组、广东省统计局：《广东省第二次全国残疾人抽样调查主要数据公报（第一号）》，http://www.gddpf.org.cn/html/showmenuId114itemid16208.html。

修订等因素。

（二）自然构成

广东省第二次全国残疾人抽样调查结果显示，至 2006 年 4 月 1 日零时，广东的 539.9 万残疾人，分布在 470.65 万个家庭中，占全省家庭户总户数的 20.03%。上述 539.9 万残疾人中，男性 272.19 万人，占 50.4%；女性 267.71 万人，占 49.6%。性别比（以女性为 100，男性对女性的比例）为 101.67。上述 539.9 万残疾人中，0～14 岁 40.17 万人，占 7.44%；15～64 岁 220.66 万人，占 40.87%；65 岁及以上 279.07 万人，占 51.69%。①

（三）社会构成

广东省第二次全国残疾人抽样调查结果还显示，至 2006 年 4 月 1 日零时，上述 539.9 万残疾人中，城镇残疾人口为 171.47 万人，占 31.76%；农村残疾人口为 368.43 万人，占 68.24%。上述 539.9 万残疾人中，一至二级重度残疾人 145.64 万人，占 26.98%；三至四级的中度和轻度残疾人 394.26 万人，占 73.02%。②

二　残疾人服务的基本状况

残疾人服务的基本状况，从不同角度也有多种分类方法。但因掌握的数据所限，下面主要从服务对象的经济状况、文化状况、社会地位三个方面进行探讨。

（一）经济状况

2005 年，广东省残疾人家庭户人均年收入 3473 元，城镇为 5262 元，农村为 2669 元。8.23% 的农村残疾人家庭户人均年收入低于 683 元，6.84% 的农村残疾人家庭户人均年收入在 684～944 元之间。71.38% 的残疾人居住社区距离最近的法律服务所（司法所）在 5 公里以内，31.58% 的社区距离最近的特殊教育学校（班）在 5 公里以内，距离文化活动站（室）在 5 公里以内的社区占 78.29%，距离卫生室（所、站）在 5 公里以内的社区占 89.47%。③

---

①②③　广东省第二次全国残疾人抽样调查领导小组、广东省统计局：《广东省第二次全国残疾人抽样调查主要数据公报（第二号）》，http：//www. gddpf. org. cn/scl/show. aspx? menuId = 235&itemid = 23170。

按照中国残疾人联合会的统一部署，2010 年广东省残疾人联合会进行了全省残疾人生存状况及小康实现程度的监测工作。监测数据显示：2010年，城镇残疾人家庭人均可支配收入 11258 元，人均生活支出 8583 元；农村残疾人家庭人均可支配收入 5167 元，人均生活支出为 4526 元。残疾人的家庭恩格尔系数为 48.51%，其中城镇为 45.39%，农村为 49.35%。城镇残疾人人均医疗保健支出 1616 元，占生活支出的 18.9%；农村残疾人人均医疗保健支出 583 元，占生活支出的 12.9%。残疾人家庭人均住房面积24.01 平方米，其中城镇人均住房面积 25.68 平方米，农村人均住房面积23.56 平方米。残疾人家庭人均生活用电量 237 度，其中城镇人均生活用电量 531 度，农村人均生活用电量 158 度。[①] 残疾人家庭人均收入与支出水平显著提高，但医疗保健支出比例仍然在残疾人家庭支出比例中占有较大份额。

（二）文化状况

广东省第二次全国残疾人抽样调查结果显示，至 2006 年 4 月 1 日零时，广东全省残疾人口中，具有大专及以上文化程度者 5.58 万人，占1.06%；高中或中专文化程度者 26.72 万人，占 5.09%；初中文化程度者 68.93 万人，占 13.15%；小学文化程度者 199.15 万人，占 38.0%；未曾上学者 6.75 万人，占 1.29%；不识字者 216.91 万人，占 41.39%。15 岁及以上残疾人中，不识字或识字很少的文盲人口 207.44 万人，文盲率为 41.51%。6 ~ 14 岁学龄残疾儿童 24.3 万人，占全部残疾人口的4.5%，其中不识字残疾儿童 9.47 万人，占 39.0%；未曾上学者 0.22万人，占 0.9%，小学 13.21 万人，占 54.4%，初中 1.39 万人，占5.7%。[②]

广东省统计局监测数据显示，2010 年度，学龄残疾儿童接受义务教育的比例为 78.87%；每百户城镇残疾人家庭电话拥有量 216 部、电视拥有量 118 台、电脑拥有量 31 台，每百户农村残疾人家庭电话拥有量 119

---

① 广东省残疾人联合会：《2010 年度广东省残疾人状况及小康实现程度监测主要数据公报》，http：//www.gddpf.org.cn/scl/show.aspx? menuId = 114&itemid = 34804，2011 –4 – 27。

② 广东省第二次全国残疾人抽样调查领导小组、广东省统计局：《广东省第二次全国残疾人抽样调查主要数据公报（第二号）》，http：//www.gddpf.org.cn/scl/show.aspx? menuId = 235&itemid = 23170。

部、电视拥有量 75 台、电脑拥有量 5.64 台。[①]

（三）社会地位

广东省第二次全国残疾人抽样调查结果显示，至 2006 年 4 月 1 日零时，广东全省 15 岁及以上残疾人口中，未婚 67.83 万人，占 13.57%；已婚有配偶 276 万人，占 55.23%；离婚及丧偶 155.91 万人，占 31.20%。在全省残疾人口中，在业 79.72 万人，不在业 93.73 万人，其中城镇在业 21.14 万人，不在业 36.78 万人。城镇残疾人口中，有 12.55 万人享受到当地居民最低生活保障，占城镇残疾人口总数的 7.32%，有 8.18% 的城镇残疾人领取过定期或不定期的救济；农村残疾人口中，有 22.83 万人享受到当地居民最低生活保障，占农村残疾人口总数的 6.2%，有 8.03% 的农村残疾人领取过定期或不定期的救济。[②]

广东省统计局监测数据显示，2010 年度，学龄残疾儿童接受义务教育的比例为 78.87%；适龄残疾人在婚率 56.4%，其中男性 63.1%，女性 50.1%；城镇劳动年龄段内（男 18～59 岁、女 18～54 岁）具有劳动能力的残疾人就业比例为 35.56%；农村残疾人参加新型农村合作医疗保险的参保率为 92.95%，16 岁以上城镇残疾职工参加基本社会保险的参保率为 98.75%，16 岁以上城镇残疾居民参加城镇基本社会保险的参保率为 74.32%。[③]

三　残疾人服务的供需评估

上面已经探讨过广东残疾人的基本构成与残疾人服务的基本状况。总的来看，在中共广东省委、省人民政府的高度重视下，在全社会的共同努力下，广东残疾人服务业发展成效显著，正呈现蓬勃的生机与活力。但是，与国际以及国内其他省份残疾人服务业发展的先进水平比，与广东经济社会发展水平比，与广东广大残疾人日益增长的需求比，广东的残疾人服务体系建设存在着明显的不足。[④] 下面，主要从供需差距、供方评说、需方评说三个方面对广东残疾人服务的现状进行供需评估。

---

①③　广东省残疾人联合会：《2010 年度广东省残疾人状况及小康实现程度监测主要数据公报》，http：//www. gddpf. org. cn/scl/show. aspx? menuId = 114&itemid = 34804，2011 - 4 - 27。

②　广东省第二次全国残疾人抽样调查领导小组、广东省统计局：《广东省第二次全国残疾人抽样调查主要数据公报（第二号）》，http：//www. gddpf. org. cn/scl/show. aspx? menuId = 235&itemid = 23170。

④　参见徐少华《广东是残疾人事业发展的热土》，《广东残疾人》2013 年第 3 期，第 12 页。

（一）供需差距

广东省第二次全国残疾人抽样调查结果显示，至 2006 年 4 月 1 日零时，残疾人曾接受的扶助、服务的前四项及比例分别为：曾接受过医疗服务与救助的有 28.84%；曾接受过救助或扶持的有 10.63%；曾接受过康复训练与服务的有 9.52%；曾接受过辅助器具的配备与服务的有 7.06%。残疾人需求的前四项及比例分别为：有医疗服务与救助需求的有 74.07%；有救助或扶持需求的有 57.34%；有辅助器具需求的有 36.68%；有康复训练与服务需求的有 31.54%。[1]

广东省统计局监测数据显示，2010 年度，曾接受康复服务的残疾人比例为 31.3%，其中有 13.0% 的残疾人接受过治疗与康复训练，有 8.5% 的残疾人接受过康复知识普及，有 4.7% 的残疾人接受过日间照料与托养服务，有 4.25% 的残疾人接受过心理疏导服务，有 3.0% 的残疾人接受过辅助器具配置的服务；残疾人最迫切的需求为医疗救助与生活救助，其中 54.5% 的城镇残疾人，66.5% 的农村残疾人有医疗救助需求，49.9% 的城镇残疾人，68.6% 的农村残疾人有生活救助需求；其次是康复救助需求，城镇有 39.3% 的残疾人有康复救助需求，农村有 42.7% 的残疾人有康复救助需求；最后是教育救助，城镇有 13.9% 的残疾人有教育救助需求，农村有 21.3% 的残疾人有教育救助需求。[2]

上述两组数据表明，纵向比较，广东残疾人服务的供需差距总体上已经有一定程度的缩小。广东省统计局监测数据也显示，2010 年度，广东省残疾人小康实现程度为 59.36%，高于全国残疾人平均水平 1.96 个百分点，其中残疾人生存状况小康实现程度为 62.27%，残疾人发展状况小康实现程度为 54.59%，残疾人环境状况小康实现程度为 61.14%。[3]但尽管如此，与广大残疾人的持续增长的需求相比，提供的服务仍然非常有限。上述两组数据在指标设定及统计口径上并不完全一致，即使在同一组指标中，供给与需求指标的对应关系也不鲜明。但这些指标确实从总体上给出了比较明确的三个信息：一是

① 广东省第二次全国残疾人抽样调查领导小组、广东省统计局：《广东省第二次全国残疾人抽样调查主要数据公报（第二号）》，http：//www.gddpf.org.cn/scl/show.aspx? menuId=235&itemid=23170，2007-07-31。

②③ 广东省残疾人联合会：《2010 年度广东省残疾人状况及小康实现程度监测主要数据公报》，http：//www.gddpf.org.cn/scl/show.aspx? menuId=114&itemid=34804，2011-4-27。

残疾人服务供给正在不断增长；二是残疾人服务需求也一直在不断增长，有的需求增长速度大大高于服务供给增长速度；三是残疾人服务供给与服务需求之间还有很大的距离，现在服务的供给还远远不能满足服务的需求。

（二）供方评说

总的来说，广东省残疾人服务业发展迅速，已形成了集残疾人托养、康复、社会保障、教育、就业、扶贫、无障碍、文化体育、法律援助诸多服务于一体的党委领导、政府负责、社会协同、公众参与的残疾人服务体制。广东的残疾人服务业发展较快，在很大程度上得力于党委政府对残疾人服务业的高度重视，如对残疾人服务业的财政支出比例逐年增长，扶持残疾人服务业的社会政策领先全国；同时也得力于残疾人联合会等工作部门的勤奋工作，得力于社会各界和包括残疾人在内的广大人民群众的鼎力支持与密切配合。截至 2012 年底，广东省、市、县、乡四级都建立了残疾人联合会组织，建设率达到 100%；全省 25095 个城乡社区中已建残疾人协会 23800 个，建设率为 94.80%；全省已建立各类残疾人专门协会 718 个，全省登记注册的助残志愿者已达 13.7 万名。①

尽管广东已在残疾人服务方面做了大量工作，但仍然有很大的提升空间。广东省统计局监测数据显示，2010 年度，残疾人社区服务覆盖率为 17.54%，其中，城镇覆盖率 21.7%，农村覆盖率 16.4%。② 仅就这一指标而论，就离理想的境界差之甚远。同时也说明前述两组数据所体现的供需差距应该是真实的。残疾人服务的主要平台在城乡社区，社区的残疾人服务得不到大幅度的改善和提升，残疾人服务的巨大供需矛盾就不可能得到较大程度的解决，实现整个残疾人服务业的跨越式发展也必然会流于空谈。要让所有社区的残疾人服务业开展得如火如荼。一方面，需要党委政府包括各类公办机构真正把服务工作的重心转移到城乡社区。现在，社区的基本状况是，"上面千条线，下面一根针"，发号施令的部门多，考核评估的规矩多，但真正协助社区把残疾人服务落到实处的部门并不多，社区工作者往往是责任大、权力小、收入少，工作疲于应付，而且经常费力不讨好。把服务工作落实到社区，绝不是指把责任下放到社区，而权力和资源仍然留在上层，最为重要的是要把各种资源

---

① 广东省残疾人联合会：《2012 年广东省残疾人事业发展统计公报》，http://www.gddpf.org.cn/scl/show.aspx? menuId=115&itemid=43025，2013-4-22。

② 广东省残疾人联合会：《2010 年度广东省残疾人状况及小康实现程度监测主要数据公报》，http://www.gddpf.org.cn/scl/show.aspx? menuId=114&itemid=34804，2011-4-27。

和支持送进社区，这才是真正的重心下移，扁平化社区治理。另一方面，更需要强化社会动员，壮大社会力量，把专业化、职业化、个性化、多元化的残疾人服务队伍建立健全，并以多种方式激发其创造活力。这一观点前面的章节已多次论及，后面的第十章还要专题讨论，这里不再赘述。

（三）需方评说

从广东残疾人的基本构成来看，与第二次全国残疾人抽样调查全国平均数据比较，广东残疾人口占总人口的比例要低近半个百分点（全国平均水平为6.34%）。换言之，广东的残疾人占总人口之比要略低于全国平均水平。与第二次全国残疾人抽样调查全国平均数据比较，广东残疾人口性别比低于全国平均水平（全国平均水平为106.42），农村残疾人所占比例同样低于全国平均水平（全国平均水平为75.04%）。[①] 从同期全国性的小康进程监测数据来看，体现广东残疾人服务基本状况的多项指标都优于全国平均水平。这固然表明广东残疾人服务业的供给者做了大量的工作，但也在一定程度上表明广东不少残疾人能够密切配合服务的供给，甚至能够自强不息直接投身于残疾人服务的伟业，深圳的残友集团就是这样的典型。

但是，作为服务的需求方，也仍然存在不如人意之处。广东省统计局监测数据显示，2010年度，广东只有3.3%的残疾人经常参加社区活动，有32.1%的残疾人偶尔参加，而64.6%的残疾人从未参加过社区文化、体育活动。[②] 时至今日，在中国大陆改革开放的前沿阵地广东，竟然还有六成以上的残疾人朋友不能勇敢地走出自己的家庭，这的确在一定程度上令人不可思议。在西方发达国家，甚至在不少新兴工业化国家和地区，包括中国台湾、香港、澳门地区，现在还有多少残疾人朋友仍然把自己的生活空间划定在家庭？他们在克服社会融入障碍时所遇到的各种唾手可得的支持，他们在公众场所的那种坦然自若，确实令人羡慕。这种情形，对广东的残疾人来说，不再应该只是梦想。所有走不出家庭的残疾人朋友，都是因为受到了很多客观条件的制约，有的确实有着身体状况的难言之隐，有的是难以忍受那些饱含社会歧视的冷眼与窃窃私语的流言。其实，即便在

[①] 第二次全国残疾人抽样调查领导小组、中华人民共和国国家统计局：《2006年第二次全国残疾人抽样调查主要数据公报（第一号）》，http：//www. gddpf. org. cn/html/showmenuId114itemid16208. html，2006－12－1。

[②] 广东省残疾人联合会：《2010年度广东省残疾人状况及小康实现程度监测主要数据公报》，http：//www. gddpf. org. cn/scl/show. aspx？ menuId＝114&itemid＝34804，2011－4－27。

西方发达国家，也一样会有流言蜚语。2012年，奥巴马就说过，在美国，"对于许多残疾人来说，独立和不遭受歧视仍然遥不可及"。① 由此看来，恐怕任何人最难战胜的对手都不是别人，而是残疾人自己内心的标签与心魔。世界上所有残疾人服务业的进步，都与残疾人争取自身合法权益的努力奋斗有密切的关系。

第三节　前景预测

回顾历史，透视现状，广东省的残疾人服务业在取得一定成绩的同时，仍然与广东率先实现社会主义小康社会、率先实现社会主义现代化的宏伟目标存在一定差距；展望未来，只要有科学合理的顶层设计，只要在坚持从广东实际出发的同时大胆吸纳和借鉴国际国内先进经验，努力在理念创新、制度创新、体制创新、机制创新等方面狠下功夫，广东就一定能够发挥自身的独到优势，打破各种瓶颈性制约，迎来残疾人服务业跨越式发展的美好前景，为当下中国全面小康、全面实现现代化，为中华民族复兴的中国梦的实现，做出自己应有的贡献。

一　有利条件

广东是中国大陆改革开放的先行地和社会主义现代化建设的示范区，具有独到的历史人文优势和毗邻港澳的地缘优势，不仅民间资源丰富，而且近年在社会管理创新方面也有着良好的发展势头。这些因素，都是广东在未来实现残疾人服务业跨越式发展的有利条件。

（一）经济政治优势

目前，广东是中国经济总量最大的省级行政区。2012年，广东GDP总量为57067.92亿元。根据2012年人民币对美元的平均汇率，折合美元9079.29亿，已超过美国佛罗里达州的7860亿美元，成为世界各国中GDP总额排名第6位的一级行政区。在中国大陆，广东的地区生产总值、社会消费品零售总额、居民储蓄存款、专利申请量、税收、进出口总额、旅游总收入、移动电话拥有量、互联网用户、货物运输周转总量等许多经济指

---

① 奥巴马：《在〈美国残疾人法〉周年日演讲》，http://exam.tigtag.com/toefl/reading/102528.shtml，2012 - 8 - 6。

标，都名列各省、区、直辖市首位。其中 GDP 占中国大陆 GDP 总量的 10.99%，已连续 24 年居中国大陆首位；进出口总额占中国大陆的 1/4，已连续 28 年居中国大陆首位。广东的经济总量，也超过了亚洲新兴工业化国家和地区——新加坡、中国台湾和香港。[①] 广东雄厚的经济实力，显然为残疾人服务业的跨越式发展奠定了坚实的基础。

广东经济社会发展成就斐然，一个极为重要的因素是，自 1978 年 12 月中国大陆实行改革开放以来，广东一直充当着中国改革开放的先行者，拥有中央鼎力支持的强大政治优势。在经历快速发展与成长阶段后，现在广东的经济社会发展已经进入转型发展阶段。在转型发展的新阶段，广东又肩负了新的重大历史使命。2012 年 12 月，习近平总书记在视察广东的重要讲话中提出：广东要"努力成为发展中国特色社会主义的排头兵、深化改革开放的先行地、探索科学发展的试验区，为率先全面建成小康社会、率先基本实现社会主体现代化而奋斗"[②]。这"三个定位、两个率先"，是广东今后工作的总目标。2013 年 6 月 17 日，在广东省残疾人联合会第六次代表大会上，中共中央政治局委员、广东省委书记胡春华也指出：关心残疾人，支持残疾人事业，是社会文明进步的标志，是我们党立党为公、执政为民的本质要求。希望全省各级党委、政府更加重视残疾人工作，进一步完善工作机制和经费投入保障机制；各有关部门要将残疾人工作纳入职责范围和目标管理，不断提高残疾人社会保障和服务供给的能力水平。毫无疑问，广东只有实现残疾人服务业的跨越式发展，才能无愧于中国特色社会主义的排头兵、深化改革开放的先行地、探索科学发展的试验区的历史定位；同时，广东残疾人服务业实现跨越式发展，形成发达与完善的残疾人现代服务体系，既是广东率先全面建成小康社会的重要组成部分，也是广东是否真正率先实现社会主义现代化的重要标志。

（二）人文地缘优势

今日的广东，已成为拥有人口最多、文化最开放的省级行政区。至 2010 年 11 月 1 日，广东省常住人口为 10430 万人，是中国常住人口最多的

---

① 百度百科，http://baike.baidu.com/link? url = ahoQLtEAUMb4 mkErpXA – QhoKJ _ pP3Wm3aiOs6jnhf6nfqY0DCXpgmdDZRLM9BrNO，2013 – 9 – 26。

② 胡键、岳宗：《改革不停顿　开放不止步——习近平总书记考察广东纪实》，《南方日报》2012 年 12 月 13 日（A01）。

省级行政区。由于常住人口最多，拥有的流动人口也最多。据不完全统计，2010 年广东流动人口总量为 3128 万人，占常住人口的 30%。广东拥有祖籍广东的华侨华人接近 2200 万人，接近中国大陆拥有华侨华人总量的 2/3；拥有祖籍广东的台湾同胞接近 400 万人，港澳同胞接近 600 万人，拥有祖籍广东的华侨华人和台港澳同胞总量接近 3200 万人。拥有的外籍人士也已达百万人之多。历史地看，广东还是中国岭南文化的大本营，古代中国"海上丝绸之路"的首发地，近代中国民主革命的策源地，当代中国改革开放的前沿阵地。广东人具有求真务实、敢为人先、开放兼容的文化品格。粤语是中国香港、澳门的官方语言之一，是除普通话外在外国大学唯一有独立研究之中国汉语。广东省还是中国大陆唯一允许境外电视合法落地的省份。① 广东的这些历史人文优势，都可以为实现残疾人服务业跨越式发展提供强大的精神动力和智力支持。

广东地处南岭以南，南海之滨，属于东亚季风区，是中国光、热和水资源最丰富的地区之一，可供开采的人均水资源占有量达 4735 立方米，大大高于全国平均水平；海洋资源丰富，是全国著名的海洋水产大省。广东还具有毗邻香港、澳门的地缘优势，这一优势，长期以来，为广东外向型经济的腾飞创造了先决条件。随着当前世界经济格局的深刻变化以及广东自身经济发展的不断提升，粤港澳合作已经形成了新的互利共赢的区域合作关系。在新的粤港澳合作框架协议下，广东借助港澳推动现代残疾人服务业的发展，将产生新的互补优势与合作机遇。在具体合作方面，香港、澳门的服务业整体水平与技术一直处于亚洲前列。积极探索粤港澳合作的平台，学习借鉴港澳在残疾人服务业方面的成功经验，在技术推广、民间组织引进、管理模式、相关标准规范等方面形成合作与对话，通过示范创新和试点活动，引入港澳先进的民间残疾人服务组织和先进的管理模式，学习香港、澳门残疾人相关服务技术与辅助方法，进一步提升粤港澳信息网络基础设施以及残疾人就业、医疗、康复等服务数据的共享与共建等等，必将为推促广东服务业实现跨越式发展带来意想不到的收获。

（三）社会资源优势

由于广东在历史上长期发挥中西文化交流的桥梁与纽带作用，1978 年

---

① 百度百科，http：//baike. baidu. com/link？url = ahoQLtEAUMb4 mkErpXA － QhoKJ_ pP3Wm 3aiOs6jnhf6nfqY0DCXpgmdDZRLM9BrNO，2013 － 9 － 26。

12 月以来又一直走在中国大陆改革开放的前列，广东一直拥有十分丰富的社会资源。例如，广东民办学校数量及在校生规模均已居中国大陆各省、自治区、直辖市首位。截至 2012 年底，广东省各级各类民办学校（含幼儿园，不含教育培训机构）已达 11711 所，占全省学校总数的 37.64%；拥有在校生 516 万人，占全省在校生总数的 22.7%，规模约占中国大陆各省、自治区、直辖市的 1/7。① 2012 年，广东民政部门直接接收社会捐赠款数额高达 33371.8 万元。② 而福布斯中文网发布的 2012 年中国慈善榜显示，100 位上榜企业家（企业）现金捐赠总额为 47.9 亿元，其中广东富豪捐款额达到 16.4 亿元，超过捐赠总额的 1/3，捐款人数也达到 21 名，捐款额度与捐款人数都高居榜首。③

从储蓄与投资的反差看，广东社会资本参与基本公共品供给仍有很大的增长空间。经过多年的经济发展和收入增长，广东社会各界积累了丰厚的财富资本。至 2012 年末，全省银行业金融机构本外币各项存款余额 105099.55 亿元，其中城乡居民储蓄存款 46265.58 亿元④，且增长势头强劲，2012 年比 2007 年翻了一番，可见民间资本的巨大能量和潜力。从存款与贷款的反差看，广东社会资本参与基本公共品供给也有很大的增长空间。广东民间资本积累丰富，但是投资不足，大量本地资金没有在本地得到充分的利用，导致资金沉淀或外流。

值得注意的是，广东对有效开发利用社会资源已经引起了重视。如 2012 年召开省政府常务会议，就审议并原则通过了《广东省企业投资管理体制改革方案》，明确提出最大限度减少政府对微观事务的干预，进一步落实企业投资自主权，进一步拓宽民间投资领域，鼓励民营资本进入垄断行业。⑤ 在各种因素激励下，广东社会资本投资形势比较乐观。到 2012 年，

① 许顺兴等：《粤民办教育在校生规模约占全国 1/7》，《南方日报》2013 年 7 月 18 日（A07）。
② 中华人民共和国民政部：《2012 年四季度各省社会服务统计》，http://files2.mca.gov.cn/cws/201301/20130128175731636.htm，2013 - 1 - 28。
③ 美国福布斯集团：《2012 年中国慈善榜地图——上榜人数及其金额分布》，http://www.forbeschina.com/review/201204/0016073_2.shtml，2012 - 4 - 5。
④ 这还不包括居民手持的现金和各种有价证券。而 2012 年广东地方公共财政预算收入仅 6228 亿元，民间资本的总量已经大大超过政府资本。数据来源：广东省统计局、国家统计局广东调查总队：《2012 年广东国民经济和社会发展统计公报》，《南方日报》2013 年 2 月 27 日（A08）。
⑤ 符信：《鼓励民营资本进入垄断行业》，《南方日报》2012 年 12 月 5 日（A01）。

广东省政府陆续出台《政府向社会组织购买服务暂行办法》《政府向社会组织转移职能目录》《政府向社会组织购买服务目录》《具备资质条件承接政府转移职能和购买服务的社会组织》等文件，政府向社会组织购买服务的制度框架基本确立。截至 2012 年底，全省各级民政部门登记注册的社会组织 34735 个。2012 年，省财政和省民政厅共安排资金 1.2亿，资助社会组织开展公益慈善、社会民生、枢纽服务等项目，第一批510 个社会组织获得资助共计约 1.05 亿元，另有 8 个社会组织参与社会服务项目获得中央财政资助。① 由此观之，力促省政府在上述政策的基础上出台扶持广东残疾人服务业在社会融资等方面的专项政策，甚至制定广东残疾人服务业发展的专项规划、出台相应的行动计划，都不是没有可能性。

二　瓶颈制约

广东残疾人服务业的发展成绩显著，在组织网络、经费支持等方面取得了很多成功的经验，但从广东未来残疾人服务业的跨越发展来看，仍存在一些问题。广东残疾人服务业发展依然存在体制机制、管理组织、制度设计方面的瓶颈制约。

（一）管理运行机制有障碍

残疾人服务业的健康发展离不开顺畅合理的管理运行机制。经过多年的发展，广东残疾人服务业建立了较为完善的多级管理架构，形成了以各级残疾人联合会为主导的管理与服务网络。但是，残疾人服务业涉及残疾人生活、医疗、教育、工作、出行、休闲的方方面面，从社会管理的分工来看，残疾人相关服务活动涉及不同的政府职能部门和权力机关，因此，在残疾人服务业相关管理运行机制方面，不可避免地存在一些管理职能的交叉与重叠。

目前，广东残疾人服务机构的多头管理问题，已经成为影响广东残疾人服务业优化发展的突出制约因素。广东的残疾人事务不仅由残疾人联合会直接管理，还涉及民政、教育、卫生等具体职能部门。如创办一家民办

---

① 广东省发展和改革委员会：《广东省国民经济和社会发展报告（2013）》，http://gdpc.gd.gov.cn/xxgk/rdzt/fzbg/gdsgmjjhshfzbg2013/201308/t20130807_214397.htm，2013-8-7。

的残疾人服务机构，除了向残疾人联合会提出申请外，往往还需要到工商、税务、民政、卫生乃至教育等多个部门办理手续，经常会出现久拖不决的情况。再如，残疾人特殊教育学校接受教育部门的领导，残疾人联合会对存在的一些问题也不便过问或是过多干预。可见，残疾人服务机构的建立和完善，必须建立在多部门更加便捷灵活的协调机制的基础上，残疾人事务管理条块不清楚，将影响残疾人服务业的良性发展。

（二）社会组织发展受限制

先进、发达、覆盖面广泛、技术服务专业化强的残疾人社会组织是残疾人现代服务业的重要载体与运转工具。但从目前的发展状况来看，广东残疾人社会组织在发展规模、专业化程度以及服务能力与范围方面依然存在很多不足。而广东残疾人社会组织存在的自身局限性，是造成服务供给不足的关键原因。

在半开放的市场化环境中，广东残疾人社会组织的社会效应尚未充分发挥。当前评估体系、监管方式设计不充分，广东残疾人服务机构发展存在一定的无序性，市场环境下的企业功能尚未得到更好发挥，也因此制约了残疾人服务水平的提升。尽管广东残疾人社会服务机构已经摆脱了过去企业办社会、依赖政府拨款的建设思路，逐步重视民间机构在残疾人服务传输中的作用，但是目前广东不少机构缺乏资金和设备，服务功能有限。残疾人服务机构服务效率不高、专业化程度偏低、经费支持不足，对残疾人服务业的发展造成了阻滞。

（三）制度实操性能待提高

随着残疾人事业的不断完善与发展，广东已初步建立了较为完善的残疾人服务制度体系，该制度体系的确立推进了广东各项残疾人服务业的健康有序发展，依法保障了残疾人的基本权益，实现了对残疾人的助残救助，帮助残疾人实现人生价值，融入社会生活当中。但从制度的实施层面来看，广东残疾人服务业的部分办法与措施操作性不强，由于缺乏具体的指向性，为实际操作带来了一定的困难。

残疾人作为特殊困难群体，由于自身残疾，其生活、工作存在不同程度的困难，部分制度的设计从本质上是为了解决残疾人生活、工作的困难，但在具体操作和实施中，由于缺乏对残疾人实际情况的考虑，往往对残疾人的申请或实施造成困难。部分残疾人资助款项或项目，就往往由于申请或实施存在较大难度，导致符合条件的残疾人不能或不愿去申请。

三   发展趋势

未来广东残疾人服务业的发展潜力巨大，广东残疾人在托养、康复、教育、就业等方面依然存在较大缺口和急需深化的环节。从发展趋势来看，广东残疾人服务业的发展应该整合更广泛的社会资源与民间力量，进一步突破残疾人服务业保障机制中的不足，发挥残疾人自身潜能，广泛运用先进的信息化技术和数据工程，实现广东残疾人服务业的腾飞。

（一）残疾人保障水平将持续提高

保障残疾人合法权益，是发展残疾人服务业的先决条件。目前，残疾人的特殊权利需要进一步凸现，以保障残疾人在康复、教育、就业、社保、文化生活和无障碍环境等方面的特殊需求。只有进一步明确对残疾人的特殊照顾、特别扶助和特别保护，才能实现残疾人从生活保障到权利保障的根本转变，才能推动残疾人服务业相关工作的有序开展。

对残疾人保障权利的进一步强化，应重点体现在以下方面：一是政府责任的进一步明确，特别是对残疾人具体康复教育工作的财政、监管等工作机制的细化和优化；二是要进一步加大残疾人康复力度，包括如何建立完善残疾人康复保障机制、如何搭建残疾人康复服务平台、如何加强残疾人康复机构和专业队伍建设等，将成为未来进一步完善的重点；三是残疾人就业保护以及残疾人特殊教育的水平需要进一步提高；四是保护残疾人合法权益的法律责任需要进一步强化，要努力避免由于残疾人法律规范中内容过于原则、任意性规范较多，强制性、义务性条款较少，导致实际操作中某些侵害残疾人合法权益的行为发生。

（二）残疾人自身潜能将更好发挥

帮助残疾人实现自身价值与社会价值，促进残疾人的自由全面发展，是残疾人服务业的最终目标。从未来发展趋势来看，为残疾人提供有效的服务，将不仅仅停留在为残疾人提供资金支持或实物支持上，最好的残疾人服务是帮助残疾人充分发挥自身潜能，使其成为社会财富的创造者，从而实现残疾人自己的人生价值。

因此，广东未来的残疾人服务供给，应考虑为残疾人"量体裁衣"，重点提供能够为残疾人带来可持续发展的服务供给。要积极为残疾人搭建平台，鼓励他们勇于创新，依靠自己的智慧和能力为社会做出贡献。必须将各级政府的政策措施、相关部门和社会各界为残疾人提供的各项服务，同发挥残疾人自身潜能以及每个残疾人的实际情况和个体需求进行有效对接。要通过多种活动，为残疾人打造充分发挥自身聪明才智的个性化平台，让残疾人亲身参与广东省加快转型升级、建设现代产业体系、实现科学发展的伟大实践，向全社会展示残疾人为建设幸福广东所做出的努力和贡献。

（三）残疾人共享信息化前景广阔

随着大数据时代的到来，信息化建设为残疾人服务业的科学决策与服务产品的有效供给提供了更为充分、合理的数据支撑。残疾人共享信息化后，为残疾人提供方便、快捷的服务的可能性将大大提升。因此，加快残疾人服务业信息化建设步伐，将成为广东未来残疾人服务业发展的重要趋势。

推动残疾人工作信息化建设，是缩小残疾人与健全人差距，帮助残疾人融入社会，实现自身价值的有效途径，意义重大。推动残疾人信息化建设，一方面要充分利用各种信息技术手段，弥补残疾人在生理上的缺陷。要通过电脑、语音系统、视屏字幕帮助残疾人了解世界、改造世界。在为残疾人提供服务产品的过程中，要广泛利用最新的现代信息技术手段和网络设备，加大对残疾人信息产品的使用与技术的研发比例。另一方面，应结合大数据时代的信息发展新趋势，利用现代世界更广泛的数据资料，分析预测以及模拟测试残疾人服务业发展中的各种产品功能与类型。要运用先进的大数据分析能力，及时调整与优化残疾人服务供给种类，使现代数据生活与残疾人的生产、生活与学习密切相关。

第六章　总体构想

一定要把围绕中心、服务大局作为基本职责，胸怀大局、把握大势、着眼大事，找准工作切入点和着力点，做到因势而谋、应势而动、顺势而为。

——中共中央总书记：习近平①

中国清代学者陈澹然（1859～1930）《寤言》卷二《迁都建藩议》中有一句名言："自古不谋万世者不足谋一时，不谋全局者不足谋一域。"谋定而后动。本著作从第二章到第五章，探讨了残疾人服务业跨越式发展的相关理论、制度、道路及其个案。残疾人服务业跨越式发展既有的理论、制度、道路及其个案，所表明的是中国残疾人服务业跨越式发展的战略依据，探讨的是中国残疾人服务业为什么要实现跨越式发展或依托什么实现跨越式发展的问题。从本章至第十章，主要探讨中国残疾人服务业跨越式发展是指什么的问题和中国残疾人服务业怎么样实现跨越式发展的问题。本章首先从总体要求、战略定位、战略路径三个方面谋划中国残疾人服务业跨越式发展的总体构想。

第一节　总体要求

根据 2008 年以来中央与残疾人服务业发展相关的文件以及 2012 年 11 月中共十八大以来新一届中央领导集体一系列新的重大战略思想，融入课

---

① 倪光辉：《习近平在全国宣传思想工作会议上强调胸怀大局、把握大势、着眼大事，因势而谋、应势而动、顺势而为》，《人民日报》（海外版）2013 年 8 月 21 日（01）。

题组的思考，本节先从指导思想、指导原则、领导方略三个方面探讨中国残疾人服务业跨越式发展的总体要求。

一　指导思想

指导思想，通常是指做某件事或某些事所必须遵循的理论依据，及所期望达到的终极目的。在当下中国实现残疾人服务业跨越式发展，大致应遵循三个方面的指导思想。

（一）高举旗帜，发展中国特色社会主义事业

一方面，要高举中国特色社会主义伟大旗帜，坚持以马克思列宁主义、毛泽东思想、中国特色社会主义理论为指导，深入贯彻落实党的十八大以来新一届中央领导集体一系列新的重大战略思想，不断增强建设中国特色社会主义的道路自信、理论自信和制度自信。

另一方面，要切实加强残疾人服务业发展相关科学理论的学习、研究、宣传和运用，在实现残疾人服务业跨越式发展的进程中，坚持和发展中国特色社会主义事业，为最终实现中华民族天下大同的崇高理想以及马克思主义者以社会主义战胜资本主义进而实现共产主义的崇高理想开辟道路。

（二）胸怀全局，坚持社会主义制度首要价值

胸怀全局，就是要时刻胸怀当下中国经济发展与社会和谐的大局，努力为全面建设小康社会做贡献，为实现社会主义现代化以及中华民族伟大复兴的"中国梦"做贡献。2012年11月，习近平在参观《复兴之路》展览时曾强调：我坚信，到中国共产党成立100年时全面建成小康社会的目标一定能实现，到新中国成立100年时建成富强民主文明和谐的社会主义现代化国家的目标一定能实现，中华民族伟大复兴的梦想一定能实现。①

始终坚持公平正义，高度重视和大力推进残疾人服务业的跨越式发展，是胸怀大局的重要体现。2008年3月，时任国务院总理的温家宝就曾强调："如果说真理是思想体系的首要价值，那么公平正义就是社会主义国家制度的首要价值。公平正义就是要尊重每一个人，维护每一个人的

---

① 新华社记者：《习近平在参观〈复兴之路〉展览时强调：承前启后，继往开来，继续朝着中华民族伟大复兴目标奋勇前进》，《新华每日电讯》2012年11月30日（1）。

合法权益，在自由平等的条件下，为每一个人创造全面发展的机会。如果说发展经济、改善民生是政府的天职，那么推动社会公平正义就是政府的良心。"①

（三）心系人民，坚持残疾人健全人平等原则

党和政府领导人民实现残疾人服务业跨越式发展，无疑要始终心系人民。因为马克思主义认为，"无产阶级的运动是绝大多数人的、为绝大多数人谋利益的独立的运动"，共产党人"没有任何同整个无产阶级的利益不同的利益"；所有的公职人员都应该是"社会的负责的公仆"。中华人民共和国一切权力属于人民，中国共产党的根本宗旨是全心全意为人民服务，中国政府是人民的政府。领导就是服务，管理就是服务，党和政府的一切工作，都要坚持以为人民服务为根本出发点和最终归宿。

实现残疾人服务业跨越式发展，心系人民主要应表现为心系残疾人，能够坚持残疾人健全人平等原则，确实保障残疾人权益。1982 年 12 月 3 日联合国大会第三十七届会议第 37/52 号决议通过的《关于残疾人的世界行动纲领》也曾指出："残疾人与健全人权利平等的原则是指每个人的需求都同等重要，社会规划必须以这些需求为基础，所有资源必须以确保每个人有平等的参与机会的方式加以使用。有关残疾人问题的政策应确保残疾人可享用所有的社会服务。"②

二 指导原则

指导原则，通常是指从全局、宏观的角度必须遵循的一些重大的行为准则。在当下中国实现残疾人服务业跨越式发展，大致应遵循三个方面的指导原则。

（一）扶弱助残，优先发展

实现残疾人服务业跨越式发展，坚持以人为本集中表现在要坚持以残疾人为本，扶弱助残。要营造残疾人平等参与的社会环境，为残疾人平等参与社会生活创造更好的条件，激励残疾人自尊、自信、自强、自立，努力使残疾人同健全人一道共建小康社会和现代化国家，创造社会财富、

---

① 转引自普沙岭《公平正义应是全社会的良心》，《河南商报》2008 年 3 月 19 日（A06）。

② 郭德勤、范英、刘小敏：《新时期人道主义思想和残疾人事业的理论与实践》，北京：华夏出版社，2008，第 329 页。

实现人生价值；同时要着眼于解决残疾人群众最关心、最直接、最现实的利益问题，缩小残疾人生活状况与社会平均水平的差距，促进残疾人生存状况不断改善，全面发展，努力使残疾人同健全人一道共享改革发展的成果。

在国民经济和社会发展大局中，要将残疾人服务业发展纳入国家公共服务体系，立足国情，讲求实效，加大投入，优先发展。自1978年12月实行改革开放以来，中国残疾人服务状况得到明显改善，近年来不少指标大幅度提升。但残疾人总体生活水平与全社会平均水平仍存在较大差距，这就必须把扶弱助残摆在当下中国经济社会发展的重要位置。

（二）凝心聚力，加快发展

发展残疾人服务业，政府要善于凝心聚力。马克思、恩格斯说过，"历史活动是群众的活动，随着历史活动的深入，必将是群众队伍的扩大"，决定历史的是"行动着的群众"。[①] 由于"千百万创造者的智慧却会创造出一种比最伟大的天才预见还要高明得多的东西"[②]，因此群众路线是党和政府根本的工作路线。胡锦涛曾经强调指出："和谐社会要靠全社会共同建设。"[③] 纯粹靠政府独力支撑，如果不动员各方面力量，特别是不紧紧依靠和密切联系广大人民群众，绝难实现残疾人服务业的跨越式发展。

在残疾人事业中，要坚持以加快发展为主题，以残疾人服务业跨越式发展为主线，尽快缩小残疾人生活状况与社会平均水平的差距。必须指出，本著作的残疾人服务业包括残疾人社会保障服务业。这一提法，与把残疾人社会保障体系和残疾人社会服务体系建设"两个体系"建设视为残疾人事业发展的主线并不矛盾。

（三）循序渐进，协调发展

在残疾人服务业中，有的地区、有的领域应该而且可以跨越式发展，该快的一定要快一些，隔几年上一个台阶；但有的地区、有的领域则要循序渐进，操之过急难免欲速则不达。具体哪些该快哪些该慢，哪些该强调

① 引自《马克思恩格斯文集》（第一卷），中共中央编译局编译，北京：人民出版社，2009，第287页。
② 列宁：《全俄工农兵代表苏维埃第三次代表大会文献》，载《列宁全集》（第三十三卷），中共中央编译局编译，北京：人民出版社，1985，第281页。
③ 胡锦涛：《高举中国特色社会主义伟大旗帜，为夺取全面建设小康社会新胜利而奋斗——在中国共产党第十七次全国代表大会上的报告》，《人民日报》2007年10月25日（1）。

积极哪些该强调稳妥，应坚持具体情况具体分析的原则，坚持质量、速度与效益相对统一的原则，绝不可简单地"一刀切"。

所谓协调发展，这里一方面是指要坚持经济建设、政治建设、文化建设、社会建设与生态建设协调发展，坚持残疾人服务业跨越式发展与经济社会发展水平相适应。在发展残疾人服务业时，不仅要关注残疾人的物质生活需求，而且要关注残疾人的政治生活、文化生活、社会生活需求以及对良好居住环境的渴望。另一方面是指要坚持残疾人服务产业与服务事业协调发展，特别要加大残疾人服务产业的扶持力度。当下学术界很少有人把残疾人服务业发展纳入产业发展的视角作深入探讨。应该在坚持保基本、广覆盖、多层次、可持续的前提下，让残疾人服务产业有一个较大幅度的提升，为残疾人服务业跨越式发展开辟道路。

三　领导方略

方略，通常指方针和策略。古往今来，安邦治国也好，领导具体工作也好，一般有德治、法治、无为而治（或善治）三种基本方略。党和政府领导中国人民实现残疾人服务业跨越式发展，大致也应遵循这三个方面的领导方略。

（一）强化责任意识，厉行德治

推进残疾人服务业跨越式发展，是深入学习实践科学发展观、维护社会公平正义、保障和改善民生、促进经济社会协调发展的必然要求，是帮助残疾人改善基本生活条件、促进残疾人全面发展、实现残疾人共享改革发展成果的根本举措。各地区、各有关部门要充分认识残疾人服务业跨越式发展的重要意义，切实增强责任感和紧迫感，把残疾人服务业跨越式发展作为全面建成小康社会和实现社会主义现代化以及中华民族伟大复兴的一项重要而紧迫的任务，纳入经济和社会发展全局，加大投入，加快推进，务求实效。

在领导人民实现残疾人服务业跨越式发展的过程中厉行德治，对自己，要遵纪守法，清正廉洁，率先垂范；对上级，要尊重爱戴，致君尧舜，为民代言；对同事，要谦虚谨慎，精诚团结，友善合作；对群众，特别是对残疾人，要理解支持，厚恩薄怨，教育引导；对与民争利，特别是损害残疾人合法权益的现象，要坚持原则，勇于斗争，严肃法纪。

（二）强化法制意识，厉行法治

法制意识不仅源远流长，而且已经是当今国际社会的共识。《韩非子·

有度》中强调："法不阿贵，绳不绕曲。法之所加，智者弗能辞，勇者弗敢争，刑过不避大臣，赏善不遗匹夫。"英国法学家梅因（Henry James Sumner Maine，1822 - 1888）则指出："迄今为止，一切进步性的社会运动，都是一场从身份到契约的运动。"①

在当代中国残疾人服务业跨越式发展进程中厉行法治，必须把一般性法制安排与专题性法制安排相结合，不仅确定整体上覆盖残疾人服务各个领域的全局性、一般性的方针政策，而且确定每一领域细化的、具体的，具有较强针对性、可操作性、实效性的法规制度；必须把建立健全普惠制度与建立健全特惠制度相结合，既使残疾人基本生活、医疗、康复、教育、就业、文化体育等基本需求得到法制保障，又对生活特别困难的残疾人、残疾少年儿童和重度残疾人给予重点保障与特殊扶助；必须把解决当前的突出问题与完善整个法制体系相结合，既优先解决残疾人反映突出、要求迫切的实际困难，又全面完善促进残疾人服务业发展的政策法规、伦理准则，建立健全严格执法、公正司法、全民守法的体制机制。

（三）强化治理意识，无为而治

自 20 世纪 90 年代以来，治理理论逐渐成为影响当今世界社会治道变革的主流理论。作为社会控制体系的治理，指的是政府与民间、公共部门与私人部门之间的合作与互动。② 治理与统治的区别在于，治理的权威未必只是政府，可以是非政府组织；治理的运行方向未必是自上而下，可以是上下互动；治理的权威未必是法规命令，可以是公民的共识。治理可以弥补国家和市场在调控和协调过程中的某些不足，但不能代替国家和市场，而且也存在失效的可能，这就必须实行良好的治理，即善治。善治的本质特征在于它是政府与公民对公共生活的合作管理，是两者结合的最佳状态，是使公共利益最大化的社会管理过程。③

治理理论与中国传统的无为而治理论具有相通之处：无为不是不作为，而是强调有所不为才能有所为。在残疾人服务业跨越式发展的进程中实行无为而治，必须坚持党委领导、政府负责，但党委政府部门要实现由划船向掌舵的转变，防止出现错位、越位、缺位现象。广大公职人员，应该忠

---

① 梅因：《古代法》，沈景一译，北京：商务印书馆，1995，第 97 页。

② R. Rhodes, The New Govemance: Governing without Government. *Political Studies*, 1996（44）: 652 - 657.

③ 参见俞可平《治理与善治》，北京：社会科学文献出版社，2000，第 1 ~ 15 页。

于国家、淡泊名利、宽容大度、与民休息、以正压邪、为民除害。同时，应坚持社会化工作方式，尽最大努力鼓励和引导社会各界参与、支持残疾人社会服务业发展，巩固和发展当代中国党委领导、政府负责、社会协同、公众参与、法治保障的社会管理格局。

第二节　战略定位

2013 年 8 月 19 日，习近平在全国宣传思想工作会议上强调指出：一定要把围绕中心、服务大局作为基本职责，胸怀大局、把握大势、着眼大事，找准工作切入点和着力点，做到因势而谋、应势而动、顺势而为。残疾人服务业跨越式发展的"大事"及"工作切入点和着力点"是什么？本节就从奋斗目标、重点任务、基本标准三个方面论述残疾人服务业跨越式发展的战略定位。

一　奋斗目标

根据 2008 年以来中央与残疾人服务业发展相关的文件以及 2012 年 11 月中共十八大以来新一届中央领导集体一系列新的重大战略思想，融入本课题组的思考，从现在起到 21 世纪中叶，中国残疾人服务业跨越式发展有三个阶段性奋斗目标，下面分别探讨。

（一）近期目标

所谓近期目标，是指到 2015 年底"十二五"时期（2011～2015 年）结束，要完成的"十二五"时期的奋斗目标。

2010 年 3 月，中国残疾人联合会、教育部、民政部、人力资源和社会保障部、卫生部、中共中央宣传部、发展改革委、科技部、司法部、财政部、住房城乡建设部、交通运输部、工业和信息化部、文化部、人民银行、扶贫办等部门和单位《关于加快推进残疾人社会保障体系和服务体系建设的指导意见》明确提出了 2015 年前残疾人社会保障和服务体系建设的奋斗目标："到 2015 年，建立起残疾人'两个体系'基本框架，使残疾人基本生活、医疗、康复、教育、就业等基本需求得到制度性保障，残疾人生活状况进一步改善。"① 2011 年 5 月国务院残疾人工作委员会《中国残疾人事

---

① 中国残疾人联合会等：《关于加快推进残疾人社会保障体系和服务体系建设的指导意见》，《中国残疾人》2010 年第 4 期，第 10～13 页。

业"十二五"发展纲要》提出了"十二五"时期残疾人事业发展的总目标："残疾人生活总体达到小康，参与和发展状况显著改善。建立起残疾人社会保障体系和服务体系基本框架，保障水平和服务能力明显提高。完善残疾人事业法律法规政策体系，依法保障残疾人政治、经济、社会、文化教育权利。加强残疾人组织和人才队伍建设，提高残疾人事业科技应用和信息化水平。系统开展残疾预防，有效控制残疾的发生和发展。弘扬人道主义思想，为残疾人平等参与社会生活、共享经济社会发展成果创造更加有利的环境。"①

根据上述表述及本课题组的思考，中国残疾人服务业跨越式发展的近期目标可确定为：到 2015 年底，建立起残疾人服务业跨越式发展的基本框架，服务能力明显提高，残疾人生活总体上达到小康，参与和发展状况显著改善。课题组认为，这里的总体上达到小康水平，其准确的含义，应该是残疾人的生活水平总体上达到同时期全社会的平均水平。没有这一明确的界定，各地实现残疾人服务业发展就有可能停留在抽象的漂亮辞藻上，落不到实处。

（二）中期目标

所谓中期目标，是指到 2021 年 7 月中国共产党成立 100 周年之际，要完成的全面建成小康社会的奋斗目标。

2010 年 3 月，中国残疾人联合会等部门和单位明确提出了 2020 年前残疾人社会保障和服务体系建设的奋斗目标："到 2020 年，残疾人'两个体系'更加完备，保障水平和服务能力大幅度提高，残疾人都能得到基本公共服务，实现残疾人人人享有基本生活保障，人人享有基本医疗保障和康复服务，残疾儿童少年全面普及义务教育，残疾人文化教育水平明显提高，就业更加充分，参与社会更加广泛，普遍达到小康水平。"②

根据上述表述及本课题组的思考，中国残疾人服务业跨越式发展的中期目标可确定为：到 2021 年 7 月中国共产党成立 100 周年之际，残疾人服务业跨越式发展体系更加完备，服务能力大幅度提高，残疾人都能得到基本公共服务，实现残疾人人人享有基本生活保障，人人享有基本医疗保障

① 国务院残疾人工作委员会：《中国残疾人事业"十二五"发展纲要（摘要）》，《中国残疾人》2011 年第 7 期，第 22～23 页。
② 中国残疾人联合会等：《关于加快推进残疾人社会保障体系和服务体系建设的指导意见》，《中国残疾人》2010 年第 4 期，第 10～13 页。

和康复服务，残疾儿童少年全面普及义务教育，残疾人文化教育水平明显提高，就业更加充分，参与社会更加广泛，普遍达到小康水平。同样，课题组认为，这里的普遍达到小康水平，其准确的含义，应该是残疾人的生活水平普遍达到同时期全社会的平均水平。

（三）长远目标

所谓长远目标，是指到 2049 年 10 月中华人民共和国成立 100 周年之际，要完成的实现社会主义现代化、实现中华民族伟大复兴的奋斗目标。

2008 年 3 月《中共中央国务院关于促进残疾人事业发展的意见》、2010 年 3 月中国残疾人联合会等部门和单位《关于加快推进残疾人社会保障体系和服务体系建设的指导意见》和 2011 年 5 月国务院残疾人工作委员会《中国残疾人事业"十二五"发展纲要》，都没有明确提出到 2049 年 10 月中华人民共和国成立 100 周年之际，要完成的实现社会主义现代化、实现中华民族伟大复兴的奋斗目标。

课题组认为，所谓社会主义现代化，是指在社会主义经济建设、政治建设、文化建设、社会建设、生态建设以及人的自由全面发展等各个方面，都达到时代的国际先进水平；所谓中华民族伟大复兴，是指沿着中国道路，弘扬中国精神，凝聚中国力量，使中国的生产力、综合国力和人民生活水平都达到国际社会的先进水平，使中华民族得以自豪地屹立于世界民族之林。据此，中国残疾人服务业跨越式发展的长期目标可确定为：到 2049 年 10 月中华人民共和国成立 100 周年之际，残疾人服务业跨越式发展体系应普遍达到同时期国内各社会发展体系的平均水平，位居国际社会前列；残疾人服务能力应普遍达到同时期国内各服务领域的平均水平，位居国际社会前列；残疾人得到的公共服务应普遍达到同时期国内人民群众所享有的公共服务的平均水平，位居国际社会前列。

二　重点任务

2012 年 7 月 11 日，国务院印发国家发展改革委、教育部、卫生部、人力资源和社会保障部、民政部等部门和中国残疾人联合会共同编制的《国家基本公共服务体系"十二五"规划》，将"残疾人基本公共服务"单列一章，明确了"十二五"时期残疾人基本公共服务的重点任务。下面以此文件为基础，同时结合 2012 年 11 月中共十八大以来新一届中央领导集体一系列新的重大战略思想，融入课题组的思考，分三个方面探讨残疾人服务业跨越式发展的重点任务。

（一）社会保障服务

《国家基本公共服务体系"十二五"规划》把残疾人社会保障问题纳入残疾人服务的领域，明确规定："落实和完善贫困残疾人参加社会保险保费补贴政策，提高残疾人社会保险参保率和待遇水平。逐步将符合规定的残疾人医疗康复项目纳入基本医疗保险支付范围，逐步增加工伤保险职业康复项目。着力解决好重度残疾、一户多残、老残一体等特殊困难家庭的基本生活保障问题，做好低收入残疾人家庭生活救助。有条件的地方实施贫困残疾人生活补助和重度残疾人护理补贴制度。构建辅助器具适配体系，有条件的地方对重度残疾人适配基本型辅助器具给予补贴。"① 上述规定，阐明了当下中国 2015 年以前残疾人社会保障服务的重点任务。

与此同时，还应根据分阶段的奋斗目标全方位设计 2021 年 7 月前、2049 年 10 月前两个阶段残疾人社会保障服务的重点任务。所谓社会保障，是指"政府通过立法，社会团体、社区等通过政府授权，以现金、物质、服务等形式向因精神和生理的残疾、年老力衰、意外伤亡、失业、多子女负担者以及他们的家属提供旨在维持他们最基本生活水平的保障"。② 完善社会保障体系"要以社会保险、社会援助、社会福利为基础，以基本养老、基本医疗、最低生活保障制度为重点，以慈善事业、商业保险为补充"。③ "要坚持全覆盖、保基本、多层次、可持续方针。"④ 为了全面建成小康社会、实现社会主义现代化和中华民族的伟大复兴，本课题组认为，2021 年 7 月前，基于社会主义人道主义的立场，对重度残疾人、农村残疾人、残疾儿童和老年残疾人等特别困难和特别需要帮助的残疾人群体，一定要健全完善他们急需的各种特惠式的社会保障；2049 年 10 月前，基于关爱弱势群体、维护公平正义的原则，对全体残疾人，一定要健全完善他们与健全人均等或比健全人水准略高的社会保障。

---

① 国家发展和改革委员会等：《国家基本公共服务体系"十二五"规划》，《人民日报》2012年 7 月 20 日（13～16）。

② 郑杭生：《社会学概论新修》，北京：中国人民大学出版社，2003，第 435 页。

③ 胡锦涛：《高举中国特色社会主义伟大旗帜，为夺取全面建设小康社会新胜利而奋斗——在中国共产党第十七次全国代表大会上的报告》，《人民日报》2007 年 10 月 25 日（1）。

④ 胡锦涛：《坚定不移沿着中国特色社会主义道路前进，为全面建成小康社会而奋斗——在中国共产党第十八次全国代表大会上的报告》，《人民日报》2012 年 11 月 18 日（1）。

(二) 其他社会服务

除残疾人社会保障服务外,《国家基本公共服务体系"十二五"规划》还规定:"建立健全以专业康复和托养服务机构为骨干、社区为基础、家庭为依托的社会化残疾人康复、托养服务体系。加强残疾人服务设施建设,继续实施'阳光家园'计划,实施国家重点康复工程,建立残疾儿童抢救性康复救助制度。完善残疾学生助学政策,保障残疾学生和残疾人家庭子女免费接受义务教育,逐步实行残疾学生高中阶段免费教育,推进特殊教育学校标准化建设。加大残疾人就业促进和保护力度,开展多层次残疾人职业技能培训,为农村残疾人提供实用技术培训,落实残疾人按比例就业、安置残疾人单位税收优惠、残疾人个体就业扶持等政策。公共就业服务机构和残疾人就业服务机构免费为残疾人提供有针对性的职业介绍、职业指导等就业服务。将住房困难的城乡低收入残疾人家庭优先纳入基本住房保障制度。加强针对盲人和聋人特殊需求的公共文化服务,实行公共文化体育设施对残疾人优惠开放,扩大盲人读物出版规模。加快无障碍建设和改造,推进公共设施设备和信息交流无障碍,有条件的地方为有需求的贫困残疾人家庭无障碍改造提供补助。建立健全残疾预防体系。"[①]上述规定,阐明了当下中国 2015 年以前残疾人其他基本公共服务的重点任务。

与此同时,还应确定 2015 年前残疾人产业服务的重点任务,并全方位设计 2021 年 7 月前、2049 年 10 月前两个阶段残疾人的其他社会服务——包括其他残疾人事业服务和残疾人产业服务的重点任务。残疾人服务业与残疾人基本公共服务不完全是同一的概念。本著作第一章已经指出,残疾人服务业可分为残疾人服务事业和残疾人服务产业,残疾人服务事业主要提供确保底线公平所必需的基本公共服务,残疾人服务产业主要提供基本公共服务以外的其他各类别、各层次的服务。残疾人服务产业和残疾人服务事业是相辅相成的。本课题组认为,2015 年底前,应抓紧建立残疾人产业服务体系,形成残疾人产业服务的基本框架;2021 年 7 月前,要分别完善残疾人事业服务体系和残疾人产业服务体系;2049 年 10 月前,要实现残疾人事业服务体系和残疾人产业服务体系的有机结合,形成相对完善的残

[①] 国家发展和改革委员会等:《国家基本公共服务体系"十二五"规划》,《人民日报》2012 年 7 月 20 日 (13~16)。

疾人服务体系。从现在起到 21 世纪中叶，要实现整个残疾人服务业的跨越式发展，除了要努力完成残疾人与健全人基本公共服务均等化的重点任务外，也要循序渐进地分阶段完成培育、发展和完善残疾人服务产业的重点任务。应根据分阶段的奋斗目标，按照平等、参与、共享的原则，针对广大残疾人不同层次的需求，适应残疾人全面发展的需要，通过残疾人服务产业的大发展，向残疾人提供与健全人相当的有着更高品位、更高质量、更丰富内涵的其他服务。

（三）任务定量描述

《国家基本公共服务体系"十二五"规划》明确指出："'十二五'时期，政府提供如下残疾人基本公共服务：为符合条件的残疾人参加社会保险按规定给予补贴；为 0～6 岁残疾儿童免费提供抢救性康复；为适龄残疾儿童、少年免费提供义务教育，并针对残疾学生的特殊需要适当提高补助水平；为残疾人免费提供就业服务和就业援助；为残疾人提供盲人阅读、聋人手语及影视字幕、特殊艺术、自强健身等公共文化体育服务；为残疾人提供无障碍环境。"① 这些规定，在一定程度上是 2015 年底之前残疾人基本公共服务重点任务的定量描述。

应该肯定，上述规定具有极其重要的战略意义，特别是"补贴""免费""补助""提供"等字眼，令人振奋。因为没有定量性的描述，就没办法考核评估实际效果，很多事情都难以成为真正应该去做的实事。2015 年底前残疾人服务业跨越式发展的重点任务，应该紧紧围绕《国家基本公共服务体系"十二五"规划》规定的定量指标去落实。但是，同时也需要指出，上述规定也有不尽如人意之处。例如，对急需重点扶助的重度残疾人、农村残疾人、老年残疾人，能否设置一些特惠性的定量指标？对整个残疾人群体的就业服务等事关残疾人生存发展的重大问题，除了"免费"之外，能否进一步增加工作内容、工作形式等方面的定量性描述？因为国际社会的经验教训已经表明，福利社会中凡是规定免费的服务，往往不容易受到重视；即便得以开展，通常也不具备收费服务的服务质量。另外，从全面小康、社会主义现代化和中华民族伟大复兴的角度审视，实现残疾人服务业跨越式发展，无论是 2021 年 7 月前还是 2049 年 10 月前，都需要有分阶

---

① 国家发展和改革委员会等：《国家基本公共服务体系"十二五"规划》，《人民日报》2012 年 7 月 20 日（13～16）。

段重点任务的定量指标设计。但这是一个需要另作专题定量研究的重大课题，在此只能存而不论。

三 基本标准

《国家基本公共服务体系"十二五"规划》还明确了"十二五"时期残疾人基本公共服务的基本标准。下面以此文件为基础，同时结合 2012 年 11 月中共十八大以来新一届中央领导集体一系列新的重大战略思想，融入课题组的思考，分三个方面探讨残疾人服务业跨越式发展的基本标准。

（一）社会保障与康复服务

如表 6-1 所示，《国家基本公共服务体系"十二五"规划》规定了"十二五"时期残疾人社会保障与康复服务国家基本标准。

表 6-1 "十二五"时期残疾人社会保障与康复服务国家基本标准*

服务项目	服务对象	保障标准	支出责任	覆盖水平
社会保险保费补贴	重度和贫困残疾人	参加城镇居民基本医疗保险、新型农村合作医疗、新型农村社会养老保险和城镇居民社会养老保险按规定享受政府社会保险费补贴	中央和地方财政共同负担	目标人群覆盖率100%
基本医疗保障医疗康复项目	参保残疾人	运动疗法、偏瘫肢体综合训练、脑瘫肢体综合训练、截瘫肢体综合训练、作业疗法、认知知觉功能康复训练、言语训练、吞咽功能障碍训练、日常生活能力评定等医疗康复项目纳入基本医疗保险范围	基本医疗保险基金支出	目标人群覆盖率100%
残疾儿童抢救性康复	0~6岁残疾儿童	对接受手术、辅具配置和康复训练等服务提供资助	中央和地方财政共同负担	覆盖93万人(次)左右目标人群

*资料来源：国家发展和改革委员会等：《国家基本公共服务体系"十二五"规划》，《人民日报》2012 年 7 月 20 日（13~16）。

没有标准就没有检验目标实现和任务完成的标尺。为促进残疾人服务业跨越式发展，不断提高残疾人服务的质量和水平，无论是 2021 年 7 月前向全面建成小康社会冲刺的阶段，还是 2049 年 10 月前向实现社会主义现代化和中华民族的伟大复兴迈进的阶段，无论在残疾人社会保障领域还是在残疾人康复服务领域，都要依据国家的相关法律法规，以国家建章或各地立制等方式，制定与奋斗目标和重点任务相适应、相配套的标准，明确工作任务的事权与相应的责任主体。这两个阶段的标准，应覆盖社会保险

（重点是养老保险与医疗保险）、社会援助（重点是最低生活保障）、社会福利、抚恤优待、慈善事业、商业保险、供养托养、康复机构、康复教育、康复项目、队伍建设、资金投入、阵地与设施建设等各个方面。

（二）教育服务与就业服务

如表6－2所示，《国家基本公共服务体系"十二五"规划》规定了"十二五"时期残疾人教育服务与就业服务国家基本标准。

表6－2　"十二五"时期残疾人教育服务与就业服务国家基本标准[*]

服务项目	服务对象	保障标准	支出责任	覆盖水平
义务教育阶段特殊教育	适龄残疾儿童、少年	在"两免一补"[①]基础上，针对残疾学生特殊需要，进一步提高补助水平；大中城市不能到校上学的残疾儿童、少年接受送教上门服务	中央和地方财政共同负担	学龄残疾儿童少年接受义务教育比率达到90%
残疾人教育资助	家庭经济困难的残疾儿童、青少年	义务教育、学前教育和高中阶段教育寄宿生享受生活费用和特殊学习用品、教育训练补助；高中阶段教育学费、杂费、课本费免费	中央和地方财政共同负担	义务教育和高中阶段教育资助目标人群覆盖率100%，为5.14万人次贫困残疾儿童提供学前教育训练费和生活补助
残疾人就业服务	城乡有就业愿望的残疾人	免费在公共就业服务机构和基层劳动就业社会保障公共服务平台享有职业介绍、职业指导等就业服务；对就业困难残疾人提供就业援助；免费在残疾人就业服务机构享有就业信息发布、残疾人职业培训等服务	地方政府负责，中央财政适当补助	实现城镇残疾人新增就业100万，为100万农村贫困残疾人提供实用技术培训

①"两免一补"指中国政府2001年开始实施的一项就学资助政策，即对农村义务教育阶段贫困家庭学生免杂费，免书本费，逐步补助寄宿生生活费。其中中央财政负责提供免费教科书，地方财政负责免杂费和补助寄宿生生活费。

*资料来源：国家发展和改革委员会等：《国家基本公共服务体系"十二五"规划》，《人民日报》2012年7月20日（13～16）。

为促进残疾人服务业的跨越式发展，不断提高残疾人服务的质量和水平，无论是2021年7月前向全面建成小康社会冲刺的阶段，还是2049年10月前向实现社会主义现代化和中华民族的伟大复兴迈进的阶段，无论在残疾人教育服务领域还是在残疾人就业服务领域，同样都要依据国家相关法律法规，以国家建章或各地立制等方式，制定与奋斗目标和重点任务相适应、相配套的标准，明确工作任务的事权与支出责任。这两个阶段的标准，应覆盖学前教育、义务教育、高级中等以上教育、普通教育、特殊教育、成人教育、职业教育、就业指导、就业培训、集中就业、分散就业、按比例安排就业、自主择业、自主创业、劳动权益保障、队伍建设、资金投入、阵地与设施建设等各个方面。

（三）体育健身与文化服务

如表 6 - 3 所示，《国家基本公共服务体系"十二五"规划》规定了"十二五"时期残疾人体育健身与文化服务国家基本标准。

表 6 - 3　"十二五"时期残疾人体育健身与文化服务国家基本标准*

服务项目	服务对象	保障标准	支出责任	覆盖水平
残疾人体育健身服务	残疾人	免费享有体育健身指导服务	中央和地方财政共同负担	建立 1200 个残疾人体育健身示范点,经常参加体育健身的残疾人比率达到 15% 以上
残疾人文化服务	残疾人	能够收看到有字幕和手语的电视节目,在公共图书馆得到盲文和有声读物等阅读服务	中央和地方财政共同负担	各级公共图书馆设立盲人阅览室,配置盲文图书及有关阅读设备;省市两级电视台普遍开办手语节目;影视剧和电视节目加配字幕

* 资料来源：国家发展和改革委员会等：《国家基本公共服务体系"十二五"规划》，《人民日报》2012 年 7 月 20 日（13～16）。

为促进残疾人服务业的跨越式发展，不断提高残疾人服务的质量和水平，无论是 2021 年 7 月前向全面建成小康社会冲刺的阶段，还是 2049 年 10 月前向实现社会主义现代化和中华民族的伟大复兴迈进的阶段，无论在残疾人体育健身领域还是在残疾人文化服务领域，也都要依据国家相关法律法规，以国家建章或各地立制等方式，制定与奋斗目标和重点任务相适应、相配套的标准，明确工作任务的事权与支出责任。这两个阶段的标准，应覆盖体育活动、娱乐活动、文化交流活动、交通工具、传播媒介、文化场馆、统计调查、信息化建设、队伍建设、资金投入、活动场所与无障碍设施建设等各个方面。

第三节　战略路径

在明确总体要求与战略定位之后，无疑应探究按照总体要求和战略定位实现当代中国残疾人服务业跨越式发展的战略路径。如果说明确总体要求和战略定位的主要依据是中央的精神，那么如何按照总体要求和战略定位实现当代中国残疾人服务业跨越式发展，主要将遵从广东理论工作者和广东实际工作者的视角——因为本著作的副题是"基于融会中西的广东视角"。从广东视角来看，统筹布局、拓展资源、锐意创新，应该是中国实现残疾人服务业跨越式发展的睿智选择。

一　统筹布局

无论是整个中国大陆还是仅论广东省，当下经济社会发展中最大的劣势，都在于存在历史长期形成的城乡差距、区域差距以及市场化进程中新出现的阶层差距。开辟残疾人服务业跨越式发展的前进道路，首先必须针对这一劣势因势而谋，统筹布局。

（一）统筹城乡布局

国家统计局公布的数据显示，2012 年中国大陆全年城镇居民人均可支配收入为 24565 元，农村居民人均纯收入为 7917 元。[①] 广东省统计局公布的数据显示，2012 年广东全年城镇居民人均可支配收入 30226.71 元，农村居民人均纯收入 10542.84 元。[②] 也就是说，中国大陆城乡居民收入比为 3.10∶1，广东城乡居民收入比为 2.87∶1，无论是整个中国大陆还是仅论广东省，城镇居民与农村居民都存在较大的收入差距。现在，农村残疾人普遍贫困比例高，脱贫难度大，抵御风险能力差[③]。

这就表明，实现残疾人服务业跨越式发展，必须把残疾人服务业纳入城乡经济社会发展规划，统筹布局，同步实施，并坚持政策、资金、项目重点都适度向农村倾斜；与此同时，要做好专项试点城市工作，充分发挥城镇对乡村的辐射和带动作用，逐步实现城乡残疾人服务业一体化。广东近年来就实施了强化农村残疾人服务工作的"助残春风行动"计划。广东要求"各地对口扶贫工作责任单位将农村贫困残疾人纳入全省扶贫'双到'（规划到户，责任到人）工作范围，提供产前、产中、产后配套服务，保障农村贫困残疾人优先享受各项惠农政策和社会保障政

---

① 中华人民共和国国家统计局：《中华人民共和国 2012 年国民经济和社会发展统计公报》，《人民日报》2013 年 2 月 23 日（5）。

② 广东省统计局：《2012 年广东省国民经济和社会发展统计公报》，《南方日报》2013 年 2 月 27 日（A07）。

③ 李洪芬：《农村残疾人脱贫的思考与对策》，《统计与管理》2012 年第 2 期，第 74～75 页。

策，推动残疾人扶贫开发政策与各项社会保障政策有效衔接"；要求"各地级以上市政府支持县、镇成立农村残疾人服务社，通过政府购买服务的方式，为农村残疾人提供扶贫服务；鼓励专业人员到农村基层从事残疾人服务工作"。[①]

（二）统筹区域布局

2012 年，中国大陆 31 个省、自治区、直辖市 GDP 分区域排名情况是：华东区 208641.40 亿元，占中国大陆总量的 36.19%；中南区 147168.75 亿元，占中国大陆总量的 25.53%；华北区 85362.36 亿元，占中国大陆总量的 14.81%；西南区 48666.90 亿元，占中国大陆总量的 9.21%；东北区 46532.1 亿元，占中国大陆总量的 8.75%；西北区 28892.9 亿元，占中国大陆总量的 5.51%。[②] 广东的情况是中国国情的一个缩影。至 2012 年，广东的 GDP 总量连续 24 年居中国大陆 31 个省、自治区、直辖市首位。在广东省内，珠江三角洲 9 个市经济相对发达。但粤东西北 12 个地市，面积约占全省的七成，人口接近 5000 万，相当于一个中等规模的省份，却长期处于欠发达的状态。如果把粤东西北视为一个整体，其人均 GDP 将排在中国大陆各省、自治区、直辖市倒数第 4 位。[③] 显然，无论是整个中国大陆还是仅论广东省内部，都存在较大的区域差距。

这就表明，实现残疾人服务业跨越式发展，在中国大陆的不同区域之间，政策、资金、项目重点应向西北、东北、西南等贫困落后地区倾斜。同时，要建设残疾人服务业跨越式发展试验区，发挥典型示范作用。广东近年来针对内部区域差距较大的实际情况，让残疾人服务业的资源配置向相对落后的粤东、粤西、粤北地区倾斜。总体而言，明确要求"省财政加大对经济欠发达地区财政转移支付力度"，要求"珠江三角洲地区加大对口帮扶经济欠发达地区发展残疾人事业的力度"；[④] 在康复经费投入方面，

---

① 中国残疾人联合会社会保障体系和服务体系建设领导小组办公室：《广东省出台〈关于加快推进残疾人社会保障体系和服务体系建设的实施意见〉》，《残疾人社会保障体系和服务体系建设简报（中国残疾人联合会）》2011 年第 11 期，第 1 页。

② 据国家及中国大陆各省、自治区、直辖市公布的 2012 年度相关统计数据整理。

③ 参见黄怡等《振兴发展粤东西北地区上升为广东全省战略：支援粤东西北，待遇可不变》，《南方都市报》2013 年 7 月 30 日（A06）。

④ 中国残疾人联合会社会保障体系和服务体系建设领导小组办公室：《广东省出台〈关于加快推进残疾人社会保障体系和服务体系建设的实施意见〉》，《残疾人社会保障体系和服务体系建设简报（中国残疾人联合会）》2011 年第 11 期，第 1 页。

"从 2010 年起各地按辖区人口每人每年不少于一元的标准安排日常康复经费，其中珠江三角洲地区市、县（市、区）两级财政分别按 60%、40% 比例分担，其他地区则由省、市、县三级财政分别按 60%、30%、10% 比例分担"；在培育发展残疾人社会服务组织方面，努力通过"制订优惠政策推动珠江三角洲地区为残疾人服务的社会组织在广东东西两翼和粤北山区开办连锁机构、独立机构或合作机构"。①

（三）统筹阶层布局

据国家统计局测算，2012 年，中国大陆居民基尼系数为 0.474。② 广东未公布年度的居民基尼系数，但坊间传言广东居民的基尼系数可能名列中国大陆各省、自治区、直辖市之首，其可信度不得而知。也许会有所夸张，但高于全国水平大概是不争的事实。基尼系数为意大利经济学家基尼（Corrado Gini，1884 - 1965）于 1922 年提出，其值在 0 和 1 之间，越接近 0 就表明收入分配越趋向平等，0.4 是国际公认警戒线。显然，中国大陆高于 0.4 的国际警戒线，广东则可能大大高于国际警戒线。社会阶层是指全体社会成员按照一定等级标准划分为彼此地位相互区别的社会集团。残疾人通常属于社会最底部的一个阶层。

这就表明，实现残疾人服务业跨越式发展极端重要和极端紧迫，各级党委政府要高度重视残疾人服务业跨越式发展，在整个经济社会发展格局中，要自觉地把政策、资金、项目的重点向广大残疾人以及为残疾人服务的残疾人服务业倾斜。同时，要树立关爱、扶持残疾人的典范，树立自强不息的残疾人典范，发挥典型示范作用。总的来看，改革开放以来特别是 1982 年广东在全国率先成立广州市残疾人福利基金会及 1988 年广东省残疾人联合会成立以来，广东残疾人服务工作的成效是显著的，总体上居全国前列。广东残疾人服务工作之所以能取得显著的成效，与广东省委、省政府对残疾人服务工作的高度重视、正确领导、大力扶持是密不可分的。

二　拓展资源

无论是整个中国大陆还是仅论广东省，当下经济社会发展中最大的优

---

① 中共广东省委、广东省人民政府：《关于加快残疾人事业发展的决定》，《南方日报》2009 年 4 月 9 日（A12）。
② 新华社记者：《国家统计局首度公布 10 年来基尼系数》，《新华每日电讯》2013 年 1 月 19 日（1）。

势在于历经三十多年的改革开放积聚了强大的人力、财力、物力资源。开辟残疾人服务业跨越式发展的前进道路，无疑必须针对这一优势应势而动，拓展资源。

（一）激活人力资源

残疾人服务业跨越式发展，需要激活四个方面的人力资源：一是以党委、政府为代表的体制内人力资源；二是以生产经营企业、行业协会为代表的市场人力资源；三是以社会组织、机构为代表的社会资源（社会资源还包括家庭资源与公众资源）；四是由同行专家和学者组成的专家评估团队资源。关于政府如何主导、市场如何推动、社会如何协同的问题以及加强人才队伍建设如何实现党委政府主导、社会组织协同、残疾人士参与的问题，本著作将在第十章专题研究，这里先不讨论。这里重点提醒相关方面高度重视激活人力资源中比较容易被忽视的专业评估团队建设问题。启动同行专家评价团队建设工程，是残疾人服务业科学发展的专业保障。美国社会学家默顿（Robert King Merton，1910－2003）指出："尽管评议人制度具有其不足，但从事研究的科学家甚至认为，它目前的形式对科学的有效发展是非常重要的。"[①]

正因为如此，现在国际社会对残疾人服务业，通常采用由专家团队进行"第三方评估"的方式。当然，即使专家评估，也必须设计回避制、匿名制等制度，以尽量减少专家由于主观的偏私、好恶对评价标准、评价过程的扭曲。也许正因为上述原因，近年来，广东一直高度重视发挥专家团队的作用。近十年来，在广东省残疾人联合会的盛情邀请下，广东的高等院校、科研院所、党校、党政机关、社会科学界联合会乃至退休在家的许多专家学者和实际工作者，都踊跃投身于残疾人事业研究之中，长期跟踪残疾人事业研究，将实践经验予以理性升华，对存在问题进行深入剖析，或者直接参与实际工作的规划设计与绩效评估，或者开办专题讲座、专题论坛，形成了广东残疾人事业研究的理论高地，对推动广东残疾人事业，包括残疾人服务业的发展，发挥了重要的决策咨询作用和理论引导作用。

（二）凝聚财力资源

在残疾人服务业跨越式发展的历史进程中，政府毫无疑问应该承担主

---

① 默顿：《科学社会学》（下册），鲁旭东等译，北京：商务印书馆，2003，第634页。

导责任，在财政投入上尤其应该承担主要责任。但是，政府的财力毕竟是有限的，而且政府的财力都是纳税人的贡献。应该深刻地认识到，政府主要不是公共产品的直接生产者和公共服务的直接提供者，而是主导公共产品生产供应和公共服务的公权机构，即公共产品生产供应与公共服务的投资、筹资者，生产供应与服务的组织者、监管者和终极责任承担者；① 市场的主体是生产型、营利型企业，其主要职能是出资及组织公共产品的生产与供应；社会的主体是服务型、非营利性社会组织，其主要职能是负责公共服务的供给。

　　基于上述认识，凝聚财力资源，既要用好用活国家与地方政府的财力资源，也要动员市场力量和社会资本，不断开发利用市场与社会的财力资源。近年来，广东一直注意凝聚财力资源支撑残疾人服务业发展。广东省委、省政府要求"把残疾人事业经费列入各地财政预算，建立财政资金投入稳定增长机制"；同时强调"多渠道筹集残疾人事业经费，残疾人就业保障金实行地税代征制度"；"设立省残疾人事业统筹金，按各级残疾人就业保障金收入总额的15%提取"；"落实社会福利彩票公益金20%划拨同级残疾人联合会用于残疾人事业的规定"。在建立和完善残疾人托养机构的过程中，广东"鼓励社会力量参与兴办多种形式的残疾人托养照料机构，政府通过财政补贴、购买服务等形式给予扶持"。② 在培育和发展残疾人社会服务组织的过程中，广东正在"以民办公助、公办民营、政府购买服务等形式鼓励和扶持社会力量投资兴办残疾人服务机构，并力争用三年左右时间，基本实现残疾人服务工作以民办非企业性质的残疾人服务机构为主"。③

（三）　壮大物力资源

　　《国家基本公共服务体系"十二五"规划》强调要壮大残疾人服务的物力资源。一是要"针对残疾人基本公共服务的特殊性和专业性，实施残疾人基本公共服务保障工程，提升残疾人基本公共服务能力"。二是要实施

---

① 当然，在个别情况下，政府也需要委托直辖的企事业单位和机构（通常被人们称之为"准政府机构"）直接生产和供应一些市场或社会不便于或不愿意生产和提供的公共产品，或基于熟悉监管业务之需要必须生产和提供的少量一般性的公共产品。
② 中共广东省委、广东省人民政府：《关于加快残疾人事业发展的决定》，《南方日报》2009年4月9日（A12）。
③ 中国残疾人联合会社会保障体系和服务体系建设领导小组办公室：《广东省出台〈关于加快推进残疾人社会保障体系和服务体系建设的实施意见〉》，《残疾人社会保障体系和服务体系建设简报（中国残疾人联合会）》2011年第11期，第1页。

"残疾人康复和托养设施建设工程。建设一批残疾人康复设施，配备相应的设备和专业人员，全面开展康复医疗、功能训练、辅助器具适配、心理辅导、康复转介、残疾预防、知识普及和咨询等康复服务；支持一批示范性专业托养机构建设，实施'阳光家园'计划，增强托养服务能力"。三是要实施"特殊教育学校建设工程。改扩建和新建一批特殊教育学校，添置必要的教学、生活和康复训练设施，使每个地级市和人口 30 万以上、残疾儿童少年较多的县（市、区）都至少有 1 所按国家标准建设的特殊教育学校"。① 在全面建成小康社会、实现社会主义现代化和中华民族伟大复兴的历史进程中，中国无疑应该在壮大残疾人服务的物力资源方面迈出更大的步伐。

广东近年来一直强调加强残疾人服务阵地、服务机构和服务设施的建设。例如，强调"抓紧兴建省残疾人康复教育基地"，并"力争在五年内各县（市、区）分别建设一所残疾人综合服务机构、一所重度残疾儿童教养学校、一所残疾人托养机构、一个'康园工疗'网络和一个残疾人扶贫培训基地等，纳入当地公益性建设项目，给予重点扶持"。② 又如，强调"抓紧创办华南特殊教育学院和华南残疾人职业技术学院"；规定"到 2015 年，省和地级以上市残联要在现有残疾人服务机构的基础上，通过改扩建、新建等多种形式，分别建立规模 500 张床位和 300 张以上床位的残疾人托养服务机构，并发挥科研、培训基地和示范作用"，要求至"十二五"期末，"社会组织提供的社区托养、居家安养服务覆盖面达到 60% 以上"；强调"珠江三角洲地区和有条件的地级以上市要依托现有的体育训练场地、文化交流机构和公共图书馆，按残疾人的需求增加特殊功能，率先建设残疾人体育训练基地和文化交流机构"。③

三　锐意创新

无论是整个中国大陆还是仅论广东省，当下经济社会发展中另一个重

---

① 国家发展和改革委员会等：《国家基本公共服务体系"十二五"规划》，《人民日报》2012年 7 月 20 日（13～16）。
② 中共广东省委、广东省人民政府：《关于加快残疾人事业发展的决定》，《南方日报》2009年 4 月 9 日（A12）。
③ 中国残疾人联合会社会保障体系和服务体系建设领导小组办公室：《广东省出台〈关于加快推进残疾人社会保障体系和服务体系建设的实施意见〉》，《残疾人社会保障体系和服务体系建设简报（中国残疾人联合会）》2011 年第 11 期，第 1 页。

大的优势是，历经三十多年的改革开放，中华民族在继承借鉴人类优秀文明成果的基础上开拓创新的精神已经大大增强。开辟残疾人服务业跨越式发展的前进道路，无疑必须针对这一优势顺势而为，锐意创新。

（一）在传承中创新

创新绝不是胡思乱想，绝不是异想天开。没有昨天就没有今天也谈不上明天，没有历史就没有现实更遑论未来。在对历史传统的传承中创新，是创新的重要形式之一，其主要表现形态为推陈出新和革故鼎新。一方面，要推陈出新。美国社会学家波普诺（David Popenoe）指出："传统，不是想丢便可丢，想捡便可捡的东西。……传统的厉害之处就在它是历史，而人又是历史的存在，传统已经化为我们的行为模式、思维方式和情感态度。"[①] 另一方面，要革故鼎新。所谓改革，本质上就是革故鼎新。改革是历史发展的重要动力。当抱残守缺的惰性因素成为前进的障碍时，只有冲破思想的牢笼，打破陈规的桎梏，人类社会的发展才能够重新焕发生机与活力。

广东残疾人服务业发展进程中不乏推陈出新的事例。据课题组实地调研，近年来一些地方就曾使典型引路的传统宣传方式在残疾人服务工作中得以推陈出新。如惠州市在邀请全省自强模范与助残先进事迹报告团暨残疾人艺术团做报告和巡演的基础上，开展了评选"惠州市首届十大助残大使"活动；广州市辖下的增城市，由残疾人联合会与精神文明建设委员会办公室联合举办道德讲堂，定期邀请该市身残志坚、自强不息的优秀残疾人讲述感人至深、可歌可泣的事迹，并通过电视台、报社等新闻媒体广为传播。这些做法，对这些地方增加社会正能量，形成残疾人自我服务、健全人热心为残疾人服务的良好氛围，发挥了很好的作用。

广东残疾人服务业发展进程中也不乏革故鼎新的事例。如本著作第二章所述，早在延安时期，毛泽东就曾提出过"实行革命的人道主义"的主张。然而，受"左"倾思潮影响，当代中国曾长期有人视人道主义为异端邪说。但广东社会科学界联合会范英（现任广东省社会学学会会长）等学者就曾不畏人言，推陈出新，在社会上尚对人道主义噤若寒蝉的时候，在1985 年第 5 期《学术研究》发表《关于广州首创民办儿童福利教养院的调

---

① 戴维·波普诺：《社会学》，李强等译，北京：中国人民大学出版社，1994，第 315、541 页。

查报告》，以实证的方式诠释社会主义人道主义，充分肯定民办机构为国分忧的壮举。该研究报告公开发表后即被《新华文摘》全文转载，曾引起全国超过 20 个省市有关单位的关注。①

（二） 在借鉴中创新

在对异质文化的借鉴中创新，是创新的重要形式之一，其主要表现形态为转化创新和反思创新。一方面，要转化创新。英国哲学家罗素（Russell，1872 - 1970）说过："我相信，中国人如能对我们的文明扬弃善恶，再结合自身的传统文化，必将取得辉煌的成就。"② 事实上，异质文化中的优秀文明成果，是全人类的共同财富，夜郎自大往往是幼稚可笑的，中国近代以来已有过太多的教训。另一方面，要反思创新。中国现代诗人、历史学家陈寅恪（1890 ~ 1969）也认为："其真能于思想上自成系统有所创获者，必须一方面吸收输入外来学说，一方面不忘本民族之地位。"③ 借鉴异质文化，包括以异质文化的教训为鉴。言必称希腊，唯欧风美雨是趋，也绝非明智的选择。

广东残疾人服务业发展进程中不乏转化创新的事例。2008 年，深圳市残疾人康复服务工作顺利通过国家审评组检查验收，在全国率先实现残疾人"人人享有康复服务"的总体目标。实地调研中发现，深圳市残疾人服务体系建设的一条重要经验，就是在吸引、借鉴港澳和先进地区残疾人服务的工作经验和做法基础上，大胆探索和尝试。单就专业人才培育机制而言，该市从 2007 年开始，就借鉴香港成熟经验开展专业化队伍建设，通过"民间运作、政府购买服务"模式，向社会组织举办的人才服务机构购买社会工作师、康复治疗师、特教教师和居家服务护理人员的服务，为康复机构、基层社区和残疾人家庭配置社会工作师、康复治疗师、特教教师 149 名和居家服务人员 200 名。这些专业人员，在深圳残疾人服务业中发挥了引路人和生力军的作用。④

广东残疾人服务业发展进程中也不乏反思创新的事例。西方残疾人服务业发展中一个很重要的教训，就是西方某些国家曾经靠政府独力支撑社

---

① 范英：《社会与文明漫说》，香港：中国评论学术出版社，2009，第 15 页。
② 罗素：《中国问题》，秦悦译，北京：学林出版社，1996，第 4 页。
③ 陈寅恪：《冯友兰中国哲学史下册审查报告》，载陈寅恪《金明馆丛稿二编》，上海：上海古籍出版社，1980，第 252 页。
④ 柯沫夫：《创新残疾人服务体系》，《中国残疾人》2009 年第 4 期，第 50 ~ 51 页。

会福利。但 20 世纪 80 年代初期以石油危机为导火索引发的经济停滞、高失业率、通货膨胀并存的滞胀困境，曾使行政效率低下、公民福利依赖、民间自助行动被抑制等弊端日益凸显，使政府面临着前所未有的财政危机、管理危机、信任危机以及意识形态危机。2010 年以来，引发欧美主权债务危机的，仍然主要是欧美高福利制度的深层弊病。广东一直在深刻反思西方的教训，希望通过引入市场力量发展残疾人服务产业，避免重蹈西方福利国家的覆辙。尽管现阶段国内不少同仁大都仍停留在只关注残疾人服务业事业属性的阶段，但广东的学者至少在五年前就提出了产业创新问题，主张厘定残疾人产业的战略地位，拓展残疾人产业的内涵外延，加强残疾人产业的科学管理，提高残疾人产业的综合效益。[①]

（三）在实践中创新

实践是认识的来源，实践是认识的目的，实践是检验真理的唯一标准。在自身如火如荼的工作实践中创新，是创新最重要的形式。在实践中创新，其主要表现形态为变通创新和开拓创新。这两种形态的创新，其理论根据都是具体情况具体分析。具体情况具体分析，是马克思主义的活的灵魂。一方面，要变通创新。当现实生活中出现了过去不曾发生过的新情况、新矛盾、新问题，按照既有的原则和方法难以妥善解决时，就应该在不背离根本出发点和最终归宿的前提下进行变通创新。变通创新并非完全否定原有的方法，但必须根据发展变化的新情况对原有的方法进行修正。另一方面，要开拓创新。面向未来完成一项具有排头兵特色的重要工作，往往会遇到这样的情形：从老祖宗的著作中找不到现成的答案，在国外的现实生活中找不到现成的答案，在自身过去的实践中也找不到现成的答案，而且不是把过去的方式方法进行简单的修正便能达到目的，这就必须综合考虑各种因素，进行敢为人先的尝试，这就是开拓创新。

广东残疾人服务业发展进程中不乏变通创新的事例。例如，广东过去在承接中国残疾人联合会的课题时，在融资机制创新方面曾经提出："在政府投入大幅度增加的同时，根据广东的经验，我们还可以通过福利彩票划一点、就业保障金收一点、企业和慈善机构筹一点、社会募捐募一点、海

① 郭德勤、范英、刘小敏、董玉整：《广东省残疾人事业发展状况考察与发展战略研究》，北京：华夏出版社，2008，第 97～107 页。

外友人出一点、福利企业造血式扶贫赚一点等多种办法筹集资金。"① 上述创新性建议，都属于变通创新。实证调研中发现，近年汕头市作为全国首批残疾人工作示范城市工作不断上台阶，广东省盲人按摩培训就业茂名基地名声越来越大，清远市的残疾人就业扶贫工作成效显著，走的大都是变通创新的道路。

广东残疾人服务业发展进程中更不乏开拓创新的事例。近年来，广东发扬敢为人先的精神，残疾人服务业创下了多项"全国第一"。如开办了全国首个适合残疾人康复劳动的庇护农场；在全国首创精神病院园林式管理模式；开办了全国首所针对脑瘫儿和肢体残障儿的学历教育、职业培训、康复治疗三位一体的康复实验学校；在全国第一个在马路上安装盲人辨向音响；开通了全国第一辆专供坐轮椅的残疾人使用的康复巴士；在全国的地铁中最早设置垂直电梯、盲人导向带等残疾人无障碍设施；建设了全国第一家由地方残疾人联合会建设和管理的，具有国际先进标准的国家级残疾人体育训练中心；兴建了全国首个残障人国际文化交流中心；建立了全国首家残疾人网站。② 实地调研中发现，广东省第一家省一级孤独症康复训练机构——民办非企业单位惠州市护苗培智学校，也令人敬佩。该校秉承"以专业技术人员素质促康复教育质量，以康复教育质量促康复机构发展"的办学理念，把一切工作的出发点和落脚点都放在为孤独症儿童服务、为孤独症儿童家庭服务上，其学前过渡班、幼儿园融合班的服务模式开创国内孤独症儿童康复训练教育之先河，是全国人大科教文卫委员会确定的《民办教育促进法》配套政策研究实验学校，中国残疾人联合会现任主席团副主席、时任中国残疾人联合会党组书记的王新宪就曾前往视察，国内不少城市的政府领导与康复机构教师曾前往参观、学习。

---

① 郭德勤、范英、刘小敏：《新时期人道主义思想和残疾人事业的理论与实践》，北京：华夏出版社，2008，第236～238页。
② 刘小敏：《广东残疾人社会保障制度研究》，广州：广东世界图书出版公司，2009，第87页。

第七章　理念创新

> 创新是一个民族进步的灵魂，是一个国家兴旺发达的不竭动力，也是一个政党永葆生机的源泉。……实践基础上的理论创新是社会发展和变革的先导。

> ——中共中央前总书记：江泽民①

2002 年 11 月，时任中共中央总书记的江泽民在中共十六大报告中指出："创新是一个民族进步的灵魂，是一个国家兴旺发达的不竭动力，也是一个政党永葆生机的源泉。"本课题组把"锐意创新"视为实现残疾人服务业跨越式发展最根本的战略路径，上一章已作总体上的探讨，本章将具体地、分门别类地探讨实现残疾人服务业跨越式发展应如何推进理念创新、规制创新、体制创新、机制创新。江泽民在中共十六大报告中还强调："实践基础上的理论创新是社会发展和变革的先导。"在诸种创新中，当首推理念创新，因为没有理念创新开辟前进道路，就不可能有规制、体制、机制等方面的创新。本章基于融会中西的广东视角，从以人为本、服务至上、奋力跨越三个方面探讨中国大陆实现残疾人服务业跨越式发展应该如何推进理念创新。

第一节　以人为本

以人为本的价值理念，是对中国传统价值观的高度概括与总结，也是

---

① 江泽民：《全面建设小康社会，开创中国特色社会主义事业新局面——在中国共产党第十六次全国代表大会上的报告》，《人民日报》2002 年 11 月 18 日（1）。

对国际社会人本思想的科学借鉴，更是当下中国践行科学发展观的核心内容。发展残疾人服务业，最重要、最关键的就是要牢固确立以人为本的理念，坚持以残疾人最关心、最直接、最现实的利益为出发点和最终归宿。本节分别从警惕社会残疾、维护公民权益以及展示主人风采三个方面探讨中国大陆残疾人服务业应怎样牢固确立"以人为本"的理念。

一　警惕社会残疾

广义的人类社会有机体，包括经济、政治、文化、社会（狭义）等诸多方面。社会残疾是本课题组将广义的社会拟人化，将其视为一个整体所提出的概念①。在当下中国，社会残疾就是指某些地区、部门和某些领导干部，只重视经济发展而轻视其他方面的发展，尤其是轻视狭义社会的发展，即轻视以保障和改善民生为重点的社会建设。在这里，社会残疾突出强调外部社会环境、制度、政策和社会公众的价值观等对残疾人生活与发展所带来的障碍。这里从医疗模式的科学认识、传统安养模式的扬弃、社会模式的再中国化三个方面探讨应如何从理念上警惕社会残疾。

（一）医疗模式的科学认识

医疗模式下的残疾人观念将残疾现象归因于个人或家庭，认为个人的残疾只能由个人或家庭来承担；而且基于此种认识，医疗模式强调残疾人的医疗康复就是使残疾人适应残疾后的特殊环境。② 医疗模式下的残疾人观念因其时代局限性，受到诸多学者的否定。有学者认为，医疗模式下的残疾人观过于聚焦于个人，认为一切问题的根源都来自残疾人而排除了社会因素或环境因素的存在，并且认为对待残疾人的首要原则为医学治疗。上述观点决定了医疗模式下的残疾人观不能真正全面地解决残疾人问题，难以实现优质的残疾人事业及和谐的社会关系。③ 也有学者从消除残疾人障碍的角度，剖析了以医疗模式为核心的残疾人社会福利制度并不能有效地消除残疾人参与社会的四层次障碍——残疾人维持生存的障碍、残疾人实现

---

① 本概念不同于从社会根源上解释残疾成因的"社会型残疾"的概念，关于"社会型残疾"的概念下文将会诠释。

② 刘小敏：《广东残疾人社会保障制度研究》，广州：广东世界图书出版公司，2009，第20页。

③ 郑雄飞：《残疾理念发展及"残疾模式"的剖析与整合》，《新疆社科论坛》2009年第1期，第45页。

基本社会权利的障碍、残疾人权利保障机制方面存在的障碍以及态度环境中残疾人与健全人的主观障碍。[1]

从上述学者的观点可以看出，基于医疗模式的残疾人观忽视了残疾人本身的社会需求以及权益需求。但是，也应看到医疗模式下的残疾人观有其积极的一面。有学者指出，医疗模式所强调的医疗保障和专业护理，是一种直面残疾人生理和生活保障的态度。[2] 这种观点也是值得肯定的。毫无疑问，应在这种模式的指导下，基于现代医疗科技，为残疾人提供适当的医疗、经济等救助。因此，在社会残疾现象仍然在不同程度上存在的现状下，对于医疗模式的残疾人救助形式不能全盘否定，它所强调的社会救助、医学治疗，是残疾人融入社会的基础和先决条件，因此，应吸取有益议题到中国的残疾人事业之中，将重视医疗救助视为警惕社会残疾的基本形式之一。

（二）传统安养模式的扬弃

安养模式起源于中国传统的人本理念，《管子·入国》就主张对"聋、盲、喑、哑、跛躄、偏枯、握递，不耐自生者，上收而养之疾官，而衣食之，殊身而后止"，即对残疾人收容管理，解决他们的医、食、住问题。自春秋战国开始，对"鳏寡孤独废残者"进行照料、照顾的社会保障思想一直延续至今。

对于安养模式，不可评价过高，应该从现代社会促进人的自由全面发展的角度进行理性评判。有学者指出，安养模式重"养"轻"治"，仅满足残疾人最低层次的生存需求，却难以满足残疾人的康复和医疗需求；安养模式以残疾人的福利设施建设为主，忽视经济性保障和服务性保障；在安养模式下，残疾人被收养在福利机构，与社会相脱离，这种隔离性的保护政策造成残疾人社会适应能力下降，对福利机构存在依赖。[3] 从很大程度上讲，中国传统的安养残疾人观念带有明显的阶级局限性，主要表现为，安养模式的残疾人理念真正的服务对象并非残疾人本身，而是通过对残疾人的"收治"向外界传达政府的统治理念，其最终目的是维护社会稳定。

---

[1]　兰花：《我国残疾人社会福利制度重构研究》，天津：南开大学博士论文，2008，第37～112页。

[2]　梅运彬、王国英：《残疾观的演变：欧洲的例证与启示》，《兰州学刊》2008年第4期。

[3]　杨立雄：《中国残疾人福利制度建构模式：从慈善到社会权利》，《中国人民大学学报》2013年第2期。

而且，传统的安养模式运用于现实生活中，也在一定程度上存在片面注重所谓"政绩"的重物轻人的倾向。

但是，安养模式相对于听任残疾人自生自灭的不人道社会无疑是历史的进步，也有值得肯定的方面。一方面，物质生活条件是社会成员赖以生存和延续生命的首要条件，安养模式能够为残疾人提供最基本的物质生活条件。对于家庭困难的残疾人而言，为残疾人提供物质保障不仅回应了他们的生活需求，而且减轻了家庭的负担，解决了家属的后顾之忧[①]。另一方面，安养模式强调政府在残疾人服务中发挥主导作用，有利于集中与调动市场、社会的各种资源，为残疾人的生存与发展提供坚强有力的物质保证。有鉴于此，应结合中国国情以及各地的具体情况，在强化政府引导的基础上，调动市场、社会的各类资源，努力开创残疾人服务业群策群力共同发展的良好局面。

（三）　社会模式的再中国化

20 世纪 70 年代初，西方社会开始对医疗模式的残疾人观进行反思，认为医疗模式的残疾人观念忽视了残疾人的社会权益、公平平等，只强调对残疾人进行身体机能的恢复。英国社会学学者奥利弗（Michael Oliver）提出了"社会型残疾"概念，认为人类身体残障是一种社会发展存在的必然现象，为残疾人贴上"个人悲剧"和"特殊群体"的标签是社会的错误认识行为。因此，社会不应将关注的视线局限于残疾人这个群体，而应从自然环境和社会环境来考量对某些群体带来的限制，因此，更应对社会本身进行调整，而不是仅从残疾人个人角度进行调整。[②]

相对于前述的两种残疾人模式，社会模式的残疾人理念充分关注了残疾人的人权，并认为应通过减少社会排斥、社会障碍，加强社会参与来解决残疾人问题。以这些理念为基础，中国学者对于如何将社会模式与中国的实际国情相结合进行了探讨。有学者基于"增能"的残疾人观点，认为目前中国实施的"普惠＋特惠"的残疾人社会保障制度在一定程度上加深了残疾人对社会福利的依赖程度，甚至造成了群体之间的分隔，因此，中

---

① 赵行良：《中国残疾人社会保障问题研究》，《学术季刊》1998 年第 1 期，第 134 ~ 135 页。

② 迈克尔·奥利弗：《残疾人社会工作》，谢子朴、谢泽宪译，北京：华夏出版社，1990，第 109 页。

国应在提供适度的残疾人福利保障的基础上，鼓励残疾人通过教育、康复与就业等措施回归社会，回归正常化。[①] 广东省率先对"如何将社会模式的残疾人理念引入中国"进行了有益的探索，于2001年首次提出了"力争基本同步实现广东残疾人事业现代化"的奋斗目标，此举有力地推动了现代残疾人观中国化的实践进程。

二　维护公民权益

公平、平等、共享是社会发展的主流价值。由于自身的缺陷、社会的忽视以及社会资源的匮乏，不少残疾人应享有的权益没有得到保障与满足。这里从再议同情怜悯理论、兼顾公平与平等、倡导权利本位理念三个方面探讨如何维护残疾公民的权益。

（一）再议同情怜悯理论

"同情怜悯"源于人的本性，正如英国古典经济学家亚当·斯密（Adam Smith，1723 - 1790）在《道德情操论》中所说，无论人们会认为某人怎样自私，这个人的天赋中总是明显地存在着这样一些本性，这些本性使他关心别人的命运，把别人的幸福看成是自己的事情，虽然他除了看到别人幸福而感到高兴以外，一无所得；这种本性就是怜悯或同情，就是当我们看到或逼真地想象到他人的不幸遭遇时所产生的感情。[②] 由此可见，同情怜悯之心非人类后天所有，而是发于人的内心。

然而，当我们带着这种"同情怜悯"去对待与解决残疾人问题时，却不知不觉地走入残疾人观念的误区。有学者指出，对残疾人的"恩赐"和"施舍"是对残疾人的人权、尊严缺乏认识，是忽略甚至剥夺他们平等参与社会生活的权利。[③] 事实上，无论是西方宗教式慈善观，还是中国传统儒家文化中"仁爱""民本"的思想，都是以"同情怜悯"理念为对待残疾人的出发点，认为残疾人是一个特殊的、非正常的群体，需要进行施舍与救济，而这种行为本身就是建立在不平等关系之上的，忽视了对残疾人的

---

① 杨立雄：《中国残疾人福利制度建构模式：从慈善到社会权利》，《中国人民大学学报》2013年第2期，第16~18页。

② 亚当·斯密：《道德情操论》，蒋自强、钦北愚等译，北京：商务印书馆，1997，第5页。

③ 奚从清：《论两种不同的残疾人观》，《浙江大学学报（人文社会科学版）》2000年第2期，第23页。

尊重。

对于残疾人的"同情怜悯"态度，是戴着有色眼镜去看待残疾人的遭遇与不幸，极易对残疾人产生"标签效应"，从而阻碍了他们与社会的融合。对此，有学者指出，不断强化残疾人的特殊性，在其接受保护的过程中不断被贴上"残疾人"的标签，残疾人在"贬黜仪式"中被迫接受"镜中我"的"自我形象"，最终导致社会隔离和社会退却。[1] 因此，在进行残疾人服务业发展的顶层设计时，有必要重新审视同情怜悯理论，在出于人类本性的基础上，以一种更为平等公平、互尊互助的理念对待残疾人。

（二）兼顾公平与平等

公平与平等这两个词往往同时出现在许多研究文献中，甚至许多学者认为这两个词为同义词而交替使用，在这里有必要简要辨析两词的词意。在《现代汉语大词典》中，"公平"的解释为：公正而不偏袒；[2] 而"平等"则是指人们在社会、政治、经济、法律等方面享有相等待遇，也泛指地位相等。[3] 从对词语的解析中可以看出，公平侧重于衡量标准的同一性，以一种不偏不倚的唯一标准处理事情；平等则倾向于权利和利益的分配方式，需要调节整个社会结构和政策以达到权利和利益的平等。总体而言，公平与平等二者并非重叠、交叉关系，应基于具体历史条件，辩证分析二者的关系。

从上文可以看出，公平与平等不是同一概念，因此，在运用公平与平等理念对待残疾人问题上，应做到二者统筹考虑，不能顾此失彼。有学者从"社会公平"的角度入手，认为如果政府在二次分配中缺乏对残疾人专门的社会保障制度，势必导致残疾人在实际社会中的不公平，因此，应通过"权利公平、机会公平、规则公平、分配公平"来实现残疾人平等、参与、共享。[4] 也有学者强调残疾人机会平等的重要性，认为机会平等是完善

---

① 杨立雄：《从"居养"到"参与"：中国残疾人社会保护政策的演变》，《社会保障研究》2009 年第 4 期，第 71 页。

② 阮智富、郭忠新：《现代汉语大词典》（上册），上海：上海辞书出版社，2009，第 402 页。

③ 阮智富、郭忠新：《现代汉语大词典》（上册），上海：上海辞书出版社，2009，第 694 页。

④ 连金法：《社会公平：残疾人权益保障的基础》，《中国残疾人》2007 年第 8 期，第 26 ~ 27 页。

残疾人权益保障、提升残疾人社会地位、促进残疾人发展的重要保证，应从制度安排和社会机构调整方面入手来实现残疾人的平等。① 所以，当下中国残疾人服务业的发展进程中，应坚持"兼顾公平与平等"的原则，在注重残疾人权利与利益平等的基础上，推动残疾人公平地参与社会生活。

（三）倡导权利本位理念

英国社会学家马歇尔（Thomas Humphrey Marshall，1893 - 1981）认为，公民权由民事权、政治权、社会权三个要素构成。② 马歇尔对公民权的诠释改变了西方社会的社会福利思想，使人们意识到社会福利保障是公民应具有的基本权利，残疾人享有社会福利保障是残疾人的一种权利，而非前文所提的"同情怜悯"般的施舍与恩赐。中国就此进行了若干卓有成效的研究。2001 年，时任中国残疾人联合会主席（现任名誉主席）的邓朴方就基于残疾人的社会弱势视角，认为残疾人在拥有与普通公民一样的权利之外，还应保障包括社会福利权、社会救助权、社会保险权、社会优抚权等社会物质帮助权以及机会平等权、身份平等权等社会平等权；此外，邓朴方在强调保障残疾人权利的同时，也强调残疾人应依法履行各类义务，做到权利与义务相一致。③ 有学者则从"以权利为本作为立法依据"的理念出发，认为以权利为本处理残疾问题需要特别强调残疾人参与立法与决策的重要性，应让残疾人充分享有参与影响自身利益的法律与政策的拟定与实行，防止残疾人成为"法律隐形人"。④

从联合国的中文网站上发现，联合国通过的《残疾人权利公约》在第一条便开宗明义地指出：本公约的宗旨是促进、保护和确保所有残疾人充分和平等地享有一切人权和基本自由，并促进对残疾人固有尊严的尊重。上述情况表明，当下中国实现残疾人服务业跨越式发展，不仅要从民事权的角度维护残疾公民的权利，还应从政治权、社会权的视角对残疾公民的权利予以更加全面的关注，使残疾人切实享有平等的权利，与健全人一道共享人民权利至上的时代尊荣，共同实现中华民族复兴的中国梦。

---

① 谢晖：《平等机会视角下的残疾人权益保障》，《经济与社会发展》2009 年第 4 期。

② Thomas Humphrey Marshall. *Citizenship and Social Class* (*and Other Essays*). Cambridge：The University Press，1950：79.

③ 邓朴方：《依法维护残疾人权益》，《中国残疾人》2001 年第 5 期，第 5 页。

④ 汪海萍：《以社会模式的残疾观推进智障人士的社会融合》，《中国特殊教育》2006 年第 9 期，第 9 页。

三　展示主人风采

如同健全人一样，残疾人也是社会的主人，国家应为每一个残疾人提供公平地展示主人风采的舞台。这里从尊重残疾人人民主体地位、推动残疾人融入社会主流、全面实现残疾人两种价值三个方面探讨如何展示残疾人的主人风采。

（一）尊重残疾人人民主体地位

马克思主义的人民主体思想，主要包括两个方面的内容：一方面，人民群众是历史的创造者，是历史的主体。人民群众是物质财富的生产及创造者，是精神财富的生产及创造者，是社会变革和历史进步的决定性力量。另一方面，人民群体是价值主体。人民群众既是价值的创造者，也是价值的享有者。① 邓朴方曾对残疾人的主体地位作如下阐述：残疾人，是人类多样性的体现；残疾人，同样是人类大家庭平等的成员，是物质财富和精神财富的创造者。残疾人是人类社会发展中不得不付出的一种代价，是一部分人的残疾，换来了更多人躯体和心智的健全，换来了人类文明和社会进步。残疾人的价值和作用理应得到充分的肯定。②

从目前中国的现状来看，残疾人的主体地位并未完全实现，歧视和侵害残疾人权益的行为时有发生，残疾人参与社会生活的程度较低、范围较窄。因此，实现残疾人服务业跨越式发展，必须特别强调坚持残疾人的人民主体地位，并尽最大努力真正全面体现残疾人的人民主体地位。从现实来看，充分就业就是残疾人主体地位的重要体现。2000 年 9 月，《广东省分散按比例安排残疾人就业办法》颁布，中国大陆便有了分散按比例安排残疾人就业的首次尝试。现在，对残疾人的就业服务已经得到了全方位的拓展，但仍然存在就业培训不够、就业岗位不多、就业薪酬不高等与残疾人人民主体地位不大吻合的现象。所以，要通过多种措施并行，让残疾人与健全人一样既是物质文明、精神文明、政治文明以及生态文明的建设者与创造者，也是物质文明、精神文明、政治文明以及生态文明的享有者，充分发挥和肯定他们在构建社会主义和谐社会进程中重要的、不可替代的

---

① 参见崔利宾《马克思主义人民主体思想中国化发展研究》，《西北农林科技大学学报（社会科学版）》2012 年第 1 期，第 106 页。

② 邓朴方：《提倡人道主义，保障残疾人人权》，《残疾人研究》2012 年第 3 期，第 5 页。

作用。

（二） 推动残疾人融入社会主流

社会融合的概念是与本著作第二章所论述的社会排斥概念相伴而生的，当西方学者在研究社会排斥现象时，为解决社会排斥问题便提出了社会融合的概念。如同对社会排斥的研究一样，关于社会融合的定义，学术界尚未达成共识。本课题组倾向于欧盟做出的解释：社会融合是这样的一个过程，它确保具有风险和社会排斥的群体能够获得必要的机会和资源，借助这些资源和机会，他们能够全面参与经济、社会和文化生活以及享受正常的生活和在他们居住的社会中享受应有的正常社会福利的过程。社会融合还要确保他们参与生活并获得对基本权利进行决策的机会。[①]

当前，残疾人作为"具有风险和社会排斥"的群体，在参与社会生活、享受社会福利等方面遇到了一定的困难，致使残疾人被社会所隔离、排斥甚至边缘化。因此，必须以"社会融合"为残疾人服务业的发展理念，推动残疾人参与、融入、共享社会文明。对此，社会融合是国际残疾人的发展潮流，是现代残疾人观的核心观念。从中国现实情况和发展趋势来看，残疾人融入社会的关键领域为教育、就业、文化和康复四个方面，[②] 这四个方面都与残疾人服务业的发展紧密联系。残疾人融入社会、回归主流是多方面的融入与回归，是需要在社会各力量共同推动下完成的。广东省以"南粤助残工程"为依托，从教育、就业、康复和培训等残疾人服务业入手，全面推动并将持续推动残疾人融入社会主流，参与社会生活。

（三） 全面实现残疾人两种价值

全面实现残疾人的两种价值，即实现残疾人的个人价值和社会价值。所谓个人价值，即个人通过自己的努力在满足自己个人的需要方面所体现的价值。与个人价值相对应的概念是社会价值，即个人及社会组织通过自身的社会实践活动，为社会和他人创造出的物质财富和精神财富，是对社会和他人的贡献。从两种概念来看，它们呈现一种对立统一、互为前提的辩证关系。而当许多人用辩证关系分析法去辨析残疾人的个人价值和社会价值时，却走上了迷途。在多数情况下，人们只看到了残疾人的个人价值，

---

① 黄匡时：《社会融合视野下的北京市流动人口政策研究》，北京：中共北京市委党校，2009，第12页。
② 吴文彦、厉才茂：《社会融合：残疾人实现平等权利和共享发展的唯一途径》，《残疾人研究》2012年第3期，第34～42页。

即残疾人自身需求的满足，而忽视了残疾人对社会和他人的贡献。在中国传统的思想观念里，残疾人需要的是社会的关爱和照顾，而残疾人对于社会的服务和贡献是有限的。对此，有学者尖锐地指出，在回答残疾人是否具有社会价值时，必须注意两个问题：第一，对残疾人价值衡量缺乏过程性的考量，即忽视了残疾人在与种种逆境进行抗争中所表现出的生命张力和奋斗精神，这本身就是残疾人所体现的社会价值之一；第二，衡量残疾人价值的标准是基于所谓健全人的角度，即忽视了多数残疾人通过教育与培训，是可以产生巨大的社会财富，奉献社会和他人的。[①]

上述论述说明，残疾人不仅可以实现个人价值，而且可以实现社会价值。基于中国现实，应鼓励残疾人改变自我认识，促使残疾人形成积极向上的观念，同时，通过合理的制度安排和外部社会环境的塑造，推动残疾人个人价值和社会价值的同步实现。

第二节　服务至上

服务理念、服务标准、服务制度、服务措施等关系到服务水平的高低。目前，中国残疾人服务业的整体水平较低，需要以理念创新为先导，提升残疾人服务业的整体水平。本节从回应服务需求、弥补服务短板以及管理服务联结三个方面探讨中国大陆残疾人服务业应怎样牢固确立"服务至上"的理念。

一　回应服务需求

当下中国残疾人对服务的需求正呈现多样化态势，政府和残疾人联合会应加强宏观引导，组织多样化的残疾人服务供给。这里从救助与发展并存、实施差异化服务、兼顾一般与特殊三个方面探讨如何回应残疾人日益增长的服务需求。

（一）救助与发展并存

美国心理学家马斯洛（Abraham Harold Maslow，1908－1970），在《人类激励理论》一文中提出了著名的"需求层次理论"，该理论将需求分为

---

① 闫家友：《论残疾人的价值观实现：基于制度伦理视角的考察》，《重庆师范大学学报（哲学社会科学版）》2011 年第 3 期，第 59～63 页。

五层：生理的需求、安全的需求、情感和归属的需求、尊重的需求、自我实现的需求，这五种需求像阶梯一样逐层递升。[①] 目前，中国的经济已进入快速发展时期，"得温饱"已经不能满足当下残疾人日益上升的服务需求。针对目前残疾人救助与社会经济发展不协调的现状，国内学者提出了"救助与发展并存"的理念。有学者认为，新时期要发展残疾人事业、提高残疾人福利，必须实现由"问题视角"向"优势视角"的理念转换，以及由"生活救助"向"就业支持"的方式转变；[②] 也有学者认为目前社会救助项目简单、内容单一、水平"低层次性"，这是一种被动、消极式的"输血型救助"，被救助者往往缺乏主动摆脱困境的积极性，必须把"以人为本""助人自助"作为新型社会救助体系的基本理念。[③]

广东省近年来尤其重视从传统的"救助"理念向"发展"理念的转换工作，以残疾人的实际需求作为残疾人服务业的发展导向。当下的广东，正在通过一系列的政策、项目，在保障残疾人基本生活需要的同时，给予他们更好的外部环境与发展条件，致力于推动残疾人进入"求发展阶段"和"自我实现阶段"。

（二）实施差异化服务

人的需求存在差异，因生活水平、社会习惯、个体差异等因素造成居民对公共服务的需求也呈现明显差异，[④] 实施差异化服务的理念由此产生。为推动差异化服务理念用于服务实践，20 世纪 70 年代美国社会工作领域曾提出个案管理的理念。残疾人社会工作中的个案管理，是指以满足残疾人多方面的需要、由不同服务机构提供服务为原则，对每个残疾人分别建档，全程跟踪与独立分析每个个体的具体情况，以提供更为精确的服务。

对残疾人实施差异化服务的必要性主要体现在两个方面。一方面，不同的残疾类型和残疾等级对服务要求不同；另一方面，从残疾人的发展阶段来看，残疾人处于不同的年龄阶段，其需求的侧重点不同。中国残疾人服务差异化是伴随残疾人标准化而进行的。上海市曾出台国内首个残疾人

---

① 刘小敏：《广东残疾人社会保障制度研究》，广州：广东世界图书出版公司，2009，第 116 页。

② 李静：《从生活救助到就业支持——优势视角下残疾人福利的实现路径》，《南京大学学报（哲学·人文科学·社会科学）》2012 年第 6 期，第 67 页。

③ 周沛、陈静：《新型社会救助体系研究》，《南京大学学报（哲学·人文科学·社会科学）》2010 年第 4 期，第 141 ~ 149 页。

④ 杨立雄：《四川省残疾人服务模式创新研究》，北京：人民出版社，2013，第 219 页。

养护机构服务标准，提出了针对不同养护对象的差异化服务内容和要求；四川省残疾人联合会实施的"量体裁衣"个性化服务也是将差异化、个性化服务作为主要内容，实现"能为残疾人做什么""残疾人需要做什么""残疾人自己能做什么"三者之间的有机结合。① 广东省的粤东、粤北、粤西和珠江三角洲地区经济社会发展水平存在明显差距，各地区残疾人对服务的需求不同，长期以来一直坚持并将继续坚持把差异化服务理念融入残疾人服务业发展中的做法。

（三）兼顾一般与特殊

一般性与特殊性是从普通人与残疾人的差别着手分析，即从残疾人自身的特殊性来看，除了对一般普通大众的保障及服务有需求之外，还需要特殊性的保障和服务需求，这就要将普惠型与特惠型的残疾人服务发展路径有机集合起来。王新宪就曾强调，要充分保证残疾人在公共服务及社会保障制度中享有与其他公民一样的普惠型福利。同时，要充分考虑残疾人的特殊困难和需求，制定残疾人专项的社会保障制度，大力发展残疾人康复、特殊教育、就业服务、无障碍环境建设和文化体育等特需服务。② 也有学者从一般性与特殊性相结合的理念出发，认为残疾人要通过一般性的社会保障制度的途径来满足与其他群体的相通性，同时强调构建残疾人社会保障体系，必须坚持一般性制度安排与专项制度安排相结合的原则，认为只有坚持一般性与特殊性相结合，残疾人才能真正实现平等、参与、共享的发展目标。③

近年来，广东省在残疾人服务业发展进程中，一直坚持践行一般性与特殊性相结合的理念，在不断强化重点保障和特别扶助的同时，坚持一般性制度安排与专项制度安排相结合，普惠与特惠相结合，全面关注残疾人的需求，致力于在全省范围内建立完善的残疾人社会保障体系，竭力满足残疾人多样化的服务需求。中国大陆其他省、自治区、直辖市也有类似的做法，这些做法体现重点论与两点论相统一的哲学理念，应该进一步丰富其具体的表现形式，并持之以恒。

---

① 杨立雄：《四川省残疾人服务模式创新研究》，北京：人民出版社，2013，第 222～223 页。
② 王新宪：《健全残疾人社会保障体系和服务体系》，《求是》2012 年第 6 期，第 23 页。
③ 郑功成：《中国残疾人社会保障的宏观思考》，《河南师范大学学报》2007 年第 6 期，第 84～88 页。

二 弥补服务短板

短板理论反映了木桶盛水的多少是由最短的木板决定的。因此，残疾人服务业整体水平的高低，不是由最好的方面决定，而是由薄弱服务环节所决定。这里从供给多样性与社会化、全纳理念的拓展运用、城乡与区域协同发展三个方面探讨如何弥补残疾人服务业的短板。

（一）供给多样性与社会化

从服务需求的主体——残疾人来看，残疾人群体的内部差异性决定了不同残疾类型、不同年龄、不同残疾等级、不同地域的服务需求是不同的，这就使得残疾人的社会保障和服务体系必须坚持特殊性、多样化和类别化的提供原则。然而，从中国的现实来看，仍有部分残疾人生活处于最低生活保障线以下，不同残疾类型、不同残疾程度、不同年龄段的残疾人享有的保障与服务水平并不均衡。[①] 对此，有学者从中国残疾人的托养服务模式出发，提出应针对不同类型、不同特点的残疾人群体建立居家托养服务模式、日间照料托养服务模式、寄宿托养服务模式和庇护就业托养服务模式。[②] 这表明，当下中国应该关注残疾人从生理到心理的多方面、多层次的需求，从促进残疾人全面发展的角度，为他们提供多样化的服务。

与高度集中的计划经济体制相适应，改革开放前的残疾人服务是由国家包揽一切事务。那时，残疾人医疗、康复、教育等方面的服务大都由政府包办，这种服务提供形式往往存在残疾人服务的供给与需求错配、服务资源配置缺乏流动性等缺点。改革开放以后，与市场经济的发展相伴随，一些地方进行残疾人服务市场化的有益探索。然而，"由于残疾人群体自身的特殊原因，无法形成有效且强大的需求群体诉求力和购买能力，市场便不会对他们的需求进行优先的满足"[③]，因此，单纯依靠市场来解决残疾人服务问题也不现实。为解决上述问题，结合国际残疾人服务业发展趋势和中国的基本国情，现在有不少学者强调政府、市场、社会的良性互动，政

---

① 王新宪：《我国将建立起完善的残疾人托养服务体系》，《时事资料手册》2011 年第 2 期，第 6 页。

② 范莉莉、张浅浅：《关于残疾人托养服务工作的思考——以残疾人托养服务模式为视角》，《社会福利》（理论版）2012 年第 3 期，第 34～37 页。

③ 吴佳：《我国残疾人服务需求与社会组织供给研究》，《人口与经济》（增刊）2010 年第 1 期，第 138～139 页。

府购买服务的理念正在普遍践行。由于广东省毗邻港澳地区，允许港澳投资者到中国大陆举办残疾人服务业。政府从"包办服务"到"购买服务"的转变，鼓励各类形式的资本进入残疾人服务业市场，以及与社会力量联动，有利于残疾人服务资源和产品实现更为合理的配置，有利于满足残疾人多样化的服务需求，有利于充分发挥不同行业和部门的优势，最终推动中国残疾人服务业的跨越式发展。

（二）全纳理念的拓展运用

全纳的概念现多被用于教育领域，它首次出现于1993年由联合国教科文组织在中国哈尔滨市召开的亚太地区有特殊教育需要儿童、青少年教育政策、规划和组织的研讨会通过的《哈尔滨宣言》中。2005年，联合国教科文组织《全纳教育指南：确保全民教育的通路》给出了全纳教育的定义："全纳教育是通过增加学习、文化和社区参与，减少教育系统内外的排斥，应对所有学习者的多样化需求，并对其做出反应的过程。以覆盖所有适龄儿童为共识，以常规体制负责教育所有儿童为信念，全纳教育涉及教育内容、教育途径、教育结构和教育战略的变革和调整。"[1]

依据上述定义，"全纳教育"向社会传达出"平等、包容、合理差异"的理念以及"动态性、发展性、历史性"的实践态度。鉴于"全纳教育不仅是一种教育理念，更是一场社会变革"[2]，因此，有必要将全纳的理念适当拓宽并运用于残疾人服务业领域。按照全纳的理念，当下中国应该通过适度的政策调节和制度安排，确保在残疾人康复、就业、教育、社会服务、社会保障、文化体育和无障碍设施建设等项目上，既以所有残疾人为中心，又能满足不同残疾人个体的多样化需求；在项目规划和实施方面，应当遵从"零拒绝"原则，确保所有残疾人能够参与和享有；应该最终推动中国"建立一种互不排斥、相互尊重、彼此悦纳、和谐共处、共同参与的全纳社会"[3]。

（三）城乡与区域协同发展

中国长期的城乡二元制结构导致城镇与乡村在经济运营机制、户籍制

① 周满生：《全纳教育：通向未来之路》，《中国教育报》2008年8月5日（3）。
② 贾玉娇：《走向全纳：残疾人无障碍理念的新发展》，《吉林大学社会科学学报》2012年第5期，第155页。
③ 张皓、何树德：《论全纳教育的兴起与实施策略》，《太原大学教育学院学报》2013年第2期，第8~10页。

度、就业制度、社会保障制度等诸多方面存在巨大的差异。就残疾人服务供给而言，乡村地区专业机构和专业服务人员严重匮乏，大量的优势资源集中于城镇，难以向乡村地区流动；就服务需求群体而言，乡村地区存在大量的残疾人口，残疾类型较多，亟需专业化的残疾人服务。有学者指出，中国城乡残疾人事业处于断裂状态，城乡残疾人在收入、科学文化素质、康复医疗发展水平、基础设施建设、残疾人组织和社会保障等多个方面差异明显。① 面对城乡残疾人事业这种"断裂"状态，中国政府应通过税收、财政等政策引导各类资源向乡村地区倾斜，鼓励各类残疾人服务机构向乡村市场延伸，积极推进城乡残疾人事业的协调发展。

就中国经济社会发展的现实来看，不仅存在着城乡发展差距，而且地区的发展差距亦非常明显。由于自然、历史、社会等因素，致使中西部地区、革命老区、民族地区、边疆地区在经济发展水平、城镇化发展水平、社会文明程度等多个方面，总体上均远远滞后于东南沿海地区。如同城乡残疾人事业的"断裂"一样，地区间残疾人事业也存在显著差距。以广东省为例，珠江三角洲发达地区在残疾人服务业发展方面正以国际先进理念为指导，向世界一流迈进，而在一些经济落后的地区，残疾人连最基本的温饱问题都没有很好地解决。因此，无论是当下中国还是广东省，在残疾人服务业发展方面都应始终关注区域差距的缩小，引导与调配资源向相对落后的地区流动，促进相对落后的地区一起实现残疾人服务业的跨越式发展。

三　管理服务联结

管束的目的是为了合理，但"管"的方式有多种。从所有人都向往自由、不喜欢被管束的基本人性出发，在管束他人的行为时，应多采用建议式引导，而非强制性控制，便是"管理服务联结"或寓管理于服务之中的理念的精髓所在。这里从过度管控的反弹、只谈服务的反思、管理服务相统一三个方面阐述如何践行管理服务联结的理念。

（一）过度管控的反弹

传统的控制型管理存在以下弊端：就残疾人服务组织的管理而言，强调政府集权，使得各类助残机构自主权较少，不能依具体情况开展有针对

---

① 李锦顺、张素英：《社会工作介入城乡残疾人事业一体化的生成逻辑与介入起点研究》，《新乡学院学报（社会科学版）》2012年第3期，第6～9页。

性的助残工作，且自上而下的监督和考核过程，导致多数助残机构往往以"考核内容"为开展工作的指向标，忽视残疾人的真正需求，人性化服务提供能力较弱；就残疾人的管理而言，政府对残疾人群体的过度管控，经时间的发酵、舆论的传播，会引发残疾人群体乃至普通公众对管理者的不满，使社会矛盾不断激化，成为社会的不稳定因素。

改革开放以来，中国经济逐步实现了由计划经济体制向市场经济体制的转变，社会主义市场经济体制初步形成并日趋完善。然而，由于历史的惰性，个别地方、部门的社会管理仍残留计划经济时代的影子。当前，中国社会正处于转型时期。在这一时期，包括残疾人在内的社会大众价值追求和价值取向呈现多元化态势，人与政府、人与市场、人与社会的双向互动增强。面对新形势、新特点，个别地方、部门片面进行控制型管理，便曾引发强烈的反弹。之所以当下存在群体性事件偶有所闻的现象，其中便有在不同程度上管控过度的原因。

面对社会发展水平的不断提升，残疾人权利意识不断增强等新情况，过度的管控可能面临"失灵"的危险，必须引起政府的高度关注。因此，各地都应逐步更新社会管理理念，改变以往那种"管"与"被管"的二元对立思维定式，拓宽社会管理的内涵与外延，解决管控思想严重、服务意识淡薄的问题，实现在服务中管理、在管理中服务，寓管理于服务之中。[①]实现残疾人服务业跨越式发展，显然为各地改进残疾人管理方式提供了良好的机遇和宽广的平台。

（二）只谈服务的反思

鉴于过度管控的种种诟病，政府在社会运行中如何进行角色定位，成为社会各界关注的焦点问题。在社会主义市场经济日益完善的形势下，人们要求政府承担更多的"服务"责任，"政府应是服务者而不是管理者"的呼声日渐高涨。然而，在社会运行的诸多领域，政府过度侧重于服务，对社会不端行为放任自流，也是不可取的。有学者就认为，中国在探索服务型政府建设中急需进行全面而系统的反思，例如服务主体多元化致使政府原有职能与责任被重新分解到多个组织或部门，从而在处理问题时出现相互推诿的"踢皮球"现象；又如在服务型政府的建设中，出现了服务异

---

① 叶庆丰：《创新社会管理方式的基本思路》，《中共中央党校学报》2011 年第 3 期，第 56 页。

化现象，即不民主的现象。民众只能被动地接受政府服务，而在服务的反馈上，民众缺失发言权。① 这表明，不宜过分地强调政府的服务职能。

社会存在三种系统：完全脱离政府的自我管理的社会自主系统、必须受到政府的有效控制的社会受控系统、政府间接管理的社会混合系统。② 残疾人服务业总体上带有公益性、非营利性，决定了它不能也无法脱离政府进行自我管理与发展，应该采用政府与第三方混合管理的模式。在残疾人基本公共服务领域能否满足残疾人的需求，涉及底线公平问题，尤其需要政府加大社会动员、财力支持和服务引导的力度。即便是针对残疾人高端需求的不少市场化服务，政府也应该承担宏观上监管的责任。目前，中国大陆各省、自治区、直辖市都在采取降低社会组织登记门槛、简化社会组织审批手续等措施，鼓励第三方部门参与社区、行业的管理，实现政府对社会混合系统的间接管理。本课题组主张，实现残疾人服务业的跨越式发展，既要科学界定政府、市场、社会的职能边界，也要在政府主导下形成政府、市场、社会三位一体的良性互动格局。只强调分工或只强调协同，都不是明智的选择。

（三）管理服务相统一

通过本目以上两点的论述，可以看到整个社会在运行中，管理与服务二者不能偏废，应坚持具体情况具体分析的原则，如传统服务业领域，就应完全交由市场，让竞争机制和价格机制发挥调节作用，政府应退出对这些领域的微观管理；如公共安全、公共卫生、公共交通等领域，如果完全交由私人部门，市场的逐利本性就会使这些本应服务于全体社会大众的系统"演变"为只为某一阶层服务的"特殊物品"。

学术界针对政府如何在当前社会发展形势下定位进行了许多有益探讨。有学者便曾提出了城市政府的"服务型管理"模式，强调城市政府在服务功能基础上，关注城市管理中的商业质量观，用管理主义的手段提高城市管理的效率。同时，"服务型管理"模式的控制机制也是必不可少的，合理的控制机制使得城市管理的各项活动都能够反映公共服务这一属性。③ 对于

---

① 王东强：《中国服务型政府的反思》，成都：西南财经大学硕士论文，2007，第21~31页。
② 陈朝宗：《社会控制论与社会治理理论》，《福建行政学院福建经济管理干部学院学报》2005年第4期，第5~9页。
③ 陈迅、尤建新：《城市政府"服务型管理"模式研究》，《上海管理科学》2007年第6期，第53~55页。

残疾人服务业的主管单位——各级残疾人联合会，广东省残疾人联合会现任理事长张永安也曾经指出，各级残疾人联合会应强化"代表、服务、管理"职能，除向社会提供基本福利服务外，在制定福利服务政策、拟定福利事业发展方向和规划、监察管理为残疾人服务的社会组织等方面，都应发挥主导作用。① 总之，无论是残疾人服务业还是其他社会领域，政府这只"有形的手"应为"两只手"，一手抓管理，一手抓服务，实现管理与服务的有效衔接和有机统一。

第三节　奋力跨越

从现代化进程来看，比之已经实现现代化的世界强国，作为新兴工业化国家的中国尚处于追赶阶段；从经济社会发展程度来看，比之发达国家，作为发展中国家的中国仍处于社会主义初级阶段。因此，中国的残疾人服务业要与其他各领域、行业一样到 21 世纪中叶实现社会主义现代化的目标，就要充分发挥后发优势，奋力跨越。本节从实现"弯道超车"、营造创新环境、凝聚集体智慧三个方面论述如何推动中国大陆残疾人服务业奋力跨越，实现现代化。

一　实现"弯道超车"

"弯道超车"原本是赛车中的专业术语，是指利用车手过弯刹车减速的时机，适时加速超越对手。之后这一词语被用于经济学领域，在此将该词用于残疾人服务业，指残疾人服务业统筹理念、政策、人才、内外环境等优势，综合发力实现跨越式发展。这里从把握"超车"时机、规划"超车"路径、树立标杆典型三个方面来论述如何实现残疾人服务业的"弯道超车"。

（一）把握"超车"时机

实现"弯道超车"对时机的把握非常重要，提前"踩油门"往往导致资源消耗过大以及生产要素的浪费，而"踩油门"的时间过晚则极易导致缺乏后劲，难以实现"超车"的目的。对于"弯道超车"的时机问题，有

---

① 张永安：《残疾人服务管理体制及机制思考》，《中国残疾人》2008 年第 12 期，第32～33页。

学者认为，"弯道"会以不同的形态不时地出现，因此，要通过探寻"弯道"所蕴藏的规律，抢抓机遇谋发展。[①] 还有学者从经济学的角度，阐述了"弯道超车"相机抉择的重要性，强调经济发展转折这一时点的重要性。[②] 因此，在"弯道超车"时，要审时度势，适时调整"油门"和"刹车"，把握最佳时机。

当前，西方各发达国家还未完全从金融危机的泥潭中走出来，高福利制度的种种弊端也在这次危机中暴露无遗。而中国经济社会发展的基本面呈现稳定、良好态势，这次危机无疑给中国实现"弯道超车"提供了千载难逢的机会。从中国残疾人服务业发展的角度来讲，应充分利用好国家经济快速发展、社会平稳这一基础性条件，并基于新一届领导集体的发展新思路，积极推动残疾人服务业的发展。中国大陆各省、自治区、直辖市要实现残疾人服务业的跨越式发展，就要适时、及时地将残疾人服务业的发展与全国和各地自身全面推进现代化建设的进程相融合，特别是注意把握好自身独特的资源优势，力争在全国率先实现残疾人服务业的现代化。

（二）规划"超车"路径

"弯道超车"不仅要重视对"超车"时机的选择，对路径的规划也是关键。路径设计合理得当，不仅有利于资源利用价值和利用效率的最大化，而且能确保"超车"的安全性；而路径存在错误，以一种急功近利、多快好省的方式试图超越对手，超车的危险性就会大大增加。在当下中国，学者们大都从经济发展的角度来阐述如何在当前形势下实现"弯道超车"，大都从中国经济发展方式、发展规律等视角提出自己的见解。尽管这些研究大都属于经济学视角，但这些研究本身就确认了一个基本事实：作为发展中国家的中国，目前正处于发展的战略机遇期和黄金期，同时也处在社会矛盾的凸显期，在"弯道超车"实现残疾人服务业跨越式发展的路径选择上，已经具备了必要性和紧迫性；与此同时，在先发国家和新型工业化国家，甚至在后发国家中，在路径选择方面，既不乏可资借鉴的成功的范例，也不缺少失败的前车之鉴，这就表明中国在"弯道超车"实现残疾人服务业跨越式发展的路径选择上，同时还具备了可行性和可能性。

残疾人服务业的发展兼具经济发展与社会发展的双重属性。这进一步

[①] 戴志强、李姗姗：《解读地区经济"弯道超车"》，《理论学习》2009年第9期，第61页。

[②] 何志星：《论"弯道超车"与后发优势》，《经济学家》2010年第7期，第22～27页。

表明，结合社会建设领域的实际引入经济学学者的观点谋划当下中国残疾人服务业跨越式发展的路径，大有文章可做。2011 年 6 月 8 日，国务院颁布《中国残疾人事业"十二五"发展纲要》，从残疾人的社会保障、康复、教育、就业、扶贫、托养、文化、无障碍环境、法制建设和维权、残疾预防等十几个方面为中国残疾人事业未来的发展指明了方向。2012 年 7 月 11 日，国务院又印发国家发展和改革委员会、教育部、卫生部、人力资源和社会保障部、民政部等部门和中国残疾人联合会共同编制的《国家基本公共服务体系"十二五"规划》，将残疾人基本公共服务单列一章进行了全局性的筹划。但是，要实现"弯道超车"，无论是国家层面还是地方层面，都需要更加长远的路径构想，都需要有更加细化的程序设计。广东省结合本省省情，制定实施了《广东省残疾人服务机构发展规划》，出台了《港澳服务提供者在广东以独资民办非企业单位形式举办残疾人服务机构申请须知》等操作性较强的文件，并积极探索出了"公司加基地加农户"的农村残疾人就业模式以及"定向培训、定点就业、集中管理"的残疾人集中就业模式等等。这些从本土实际出发的战略路径，在一定程度上体现了广东人理性的"弯道超车"意识。

（三）树立标杆典型

在实现"弯道超车"之后，"车子"进入了快车道，如何保持这种领先状态，引领整个车队，是摆在"车手"面前的问题。有人提出，只要"油门踩到底"，全速前进就不会被超越；然而，这种做法不仅消耗大量的燃料，而且对"车手"的精力和"车子"的质量都是巨大的考验。此时，想让"车子"继续保持领先优势，更需要凭借"车手"的智慧、毅力等软实力。

就中国残疾人服务业的发展而言，至少应从三个方面加强软实力的培养与建设。一是应强化人才的引进与培养。源源不断的人才是实现残疾人服务业可持续发展的智力保障。目前，中国在残疾人服务等领域存在大量的人才缺口，特别是残疾人服务业的人才匮乏。因此，应通过提高福利待遇、加强高校联合等方式，大力引进与培养残疾人服务业急需的各类人才。二是要进一步端正全社会对残疾人的认识与态度。正是"落后的、居高临下的、收养救济型的残疾人观"，直接导致了残疾人服务业发展滞后于经济社会发展，同时导致了"健全人与残疾人生活差距日渐拉大等不和谐音符的产生"①。

---

① 张永安：《残疾人工作与社会建设》，广州：广东人民出版社，2012，第 137 页。

因此，在全社会形成文明的、现代的残疾人观非常重要。三是要高度重视国际、国内残疾人服务业发展先进理念、制度、体制、机制等的借鉴与创新。这一点在本著作各章中都有不同程度的探讨，这里不赘述。总之，当残疾人事业驶入发展的"快车道"后，需要"软硬"实力二者兼备，才能保持并扩大"领先"优势。

二　营造创新环境

创新是实现残疾人服务业跨越式发展的动力源泉。为创新提供宽松、和谐、人性化的环境是创新得以实现的重要条件之一。这里从改善社会环境、重视改革创新、宽容创新失败三个方面论述如何为残疾人服务业的创新营造良好的环境。

（一）改善社会环境

正如社会模式的残疾人观所认为，残疾人参与社会所存在的障碍并不是由自身缺陷所导致的，而是由于物质环境和社会环境的各种限制与障碍阻碍了残疾人正常参与社会。因此，应通过调整社会环境来让残疾人"无障碍"地参与社会生活，共享社会文明成果。

在无障碍环境建设方面，城市交通、道路、公共建筑等规划、设计、建设不仅要考虑健全人的便捷，更要通过特殊设计、配套措施等方式方便残疾人出入与通行。而在信息获取和无障碍交流方面，应为不同类型的残疾人提供各类软件、硬件，以实现残疾人与残疾人、残疾人与健全人的沟通与信息交流。在公共意识方面，应在全社会倡导新的残疾人观，减少社会对残疾人的歧视和排斥。目前，社会上仍存在"残疾人就是残废人""残疾人是社会的负担"等观点。这些观点降低了社会对残疾人的接纳程度，使得残疾人参与社会生活的积极性降低。因此，应通过"开展残疾人权益保护和残疾知识宣传活动，鼓励健全人与残疾人之间的交流，开展各类适合残疾人参与的社会活动和社区活动，使更多的人能够理解、支持并帮助残疾人参与到社会生活中"①。

目前，广东省正以《广东省无障碍设施建设管理规定》为政策引导，努力突破无障碍环境建设的瓶颈，全面清除死角；在公共意识方面，广东

---

① 刘志春：《残疾人平等参与社会的制度环境研究》，《山东行政学院学报》2012年第5期，第30~33页。

省正通过网络、电视、图书、报刊等手段，破除社会上存在的落后的残疾人观念，引导普通公民树立文明向上的现代残疾人观。中国大陆要实现残疾人服务业的跨越式发展，毫无疑问应该下大力气抓好这方面的工作。"磨刀不误砍柴工"，良好的社会环境一旦形成，必将为残疾人服务业的跨越式发展增添无穷的力量。

（二）重视改革创新

习近平总书记说，实现中国梦必须弘扬中国精神，这就是以爱国主义为核心的民族精神，以改革创新为核心的时代精神。这种精神是凝心聚力的兴国之魂、强国之魂。[①] 中国梦也是中国残疾人的梦，当下中国残疾人服务业要实现跨越式发展，必须把改革创新视为核心和灵魂，视为根本的战略路径。本著作第一章到第四章，实际上是为残疾人服务业改革创新所做的预研究；本著作的第六章到第十章，是残疾人服务业改革创新的总体构想。这里之所以还要特别强调改革创新，是因为无论从本著作残疾人服务业跨越式发展的主题来说，还是从理念创新特别是营造改革创新环境的角度来说，改革创新都是本著作强调的重中之重。

重视改革创新，一方面，必须将创新内容与创新形式有机统一起来。所谓创新，就是指创造新思想、新事物，包括创造思想理论上的新主张、法规制度上的新安排、体制机制上的新范式等内容，这便是本著作第七章至第十章的设置依据；所谓创新，大致有推陈出新、革故鼎新、转化创新、反思创新、变通创新和开拓创新六种形式，这在上一章中已设置专门一目详加讨论。重视改革创新，包括重视服务理念、服务制度、服务体制、服务机制的改革创新，也应该包括推陈出新、革故鼎新、转化创新、反思创新、变通创新和开拓创新等不同形式的改革创新。另一方面，必须将凝聚推进改革创新的内力和支持改革创新的外力有机统一起来。毫无疑问，改革创新的关键是残疾人服务业自身要练好内功，奋力开拓，向外界展示自身的良好形象。残疾人服务业向社会公众展示的不仅仅是自身在社会中特有的形象定位，更重要的是通过形象创新，向外界传达全新的残疾人理念，引起全社会对残疾人的理解与关注。各级残疾人联合会、各类残疾人组织、各种助残活动或工程，都应注重自身形象塑造，为残疾人"争取政策、争

---

① 习近平：《在第十二届全国人民代表大会第一次会议上的讲话》，《人民日报》2013年3月18日（1）。

取经费、争取合作、争取权益",通过对外的形象展示与社会达成良性互动,共同推动残疾人服务业的发展①。与此同时,整个社会有机体的经济领域、政治领域、文化领域等各个组成部分,都应该站在以人为本、公平正义、平等自由的理论高度,站在中国梦是中国人民的梦也是中国残疾人的梦的政治高度,以深邃的历史眼光和宽广的时代视野,大力支持残疾人服务业中各种内容、各种形式的改革创新,将其视为中国全面实现小康的重要组成部分,视为中国实现社会主义现代化的重要组成部分,视为实现中华民族复兴的中国梦的重要组成部分。

(三) 宽容创新失败

在创新的道路上,任何人都不可能是一帆顺风的,创新都是用多次的失败换来的,尊重失败、宽容失败,不仅是对创新者的激励,更是对碌碌无为者的警示。2008 年,时任中共中央总书记的胡锦涛在纪念中国科协成立 50 周年大会上的讲话中就曾提到,"要继承和发扬我国科技界的光荣传统,自觉把科学精神和人文精神有机结合起来,倡导敢于创新、勇于竞争、诚信合作、宽容失败的精神"。② 2013 年,上海市颁布的《关于促进改革创新的决定》提出:对按程序决策、实施改革创新,而未能实现预期目标,且未牟取私利的改革创新失败者,拟实行责任豁免。将宽容失败的精神纳入到法律法规中,体现了对失败者的宽容不能仅限于道德层面,而且应从制度层面加以保障。

当前,中国大陆各省、自治区、直辖市的残疾人服务业相对于经济社会发展水平总体上均呈现相对落后的态势,经济社会的现代化步伐远快于残疾人服务业的现代化步伐,这就迫切要求加快推进残疾人服务业的发展,不断创新理念、创新制度、创新思路、创新服务。然而,在创新、发展、求变的过程中,尽管有可借鉴的经验教训,但各地都有自身的实际情况,不可能照搬照抄他人的做法,必须从自身实际出发借鉴创新或开拓创新,这就难免会经历失败的挫折。而"失败是成功之母",很多情况下,初始的失败都是最后的成功所必须付出的代价。因此,应该给改革者和创新者的失败予以宽容,允许试错,让他们卸下心理包袱,勇于创新,大胆创新,推动具有中国特色的残疾人服务业向前迈进。

---

① 参见张永安《残疾人工作与社会建设》,广州:广东人民出版社,2012,第 138~147 页。

② 胡锦涛:《在纪念中国科协成立 50 周年大会上的讲话》,《人民日报》2008 年 12 月 16 日 (2)。

三 凝聚集体智慧

俗语"众人拾柴火焰高",道出了群众力量的伟大。始终不渝地坚持群众观点和群众路线,密切与人民群众的血肉联系,是社会主义事业不断取得胜利的关键。这里从决策时尊重人民群众、执行时依靠人民群众、监督时发动人民群众三个方面论述残疾人服务业如何凝聚集体智慧。

(一) 决策时尊重人民群众

科学决策是开展一切工作的重要前提。东汉哲学家王充(27~约97)《论衡》有云:"知屋漏者在宇下,知政失者在草野。"中共十八大报告也强调,要"坚持科学决策、民主决策、依法决策,健全决策机制和程序,发挥思想库作用,建立健全决策问责和纠错制度。凡是涉及群众切身利益的决策都要充分听取群众意见,凡是损害群众利益的做法都要坚决防止和纠正"。[1] 只有在决策时尊重群众的"话语权",政策才能贴民心、扣民意。所以,就残疾人服务业而言,在制定政策、实施方案时一定要尊重人民群众特别是尊重残疾人。

要善于在鲜花和掌声之中倾听沉默的声音。残疾人的呼声是决策的重要依据。习近平总书记在十二届全国人大一次会议闭幕式上指出:"我们要随时随刻倾听人民呼声、回应人民期待,保证人民平等参与、平等发展权利。"[2] 这要求在制定残疾人服务业政策、出台残疾人服务业文件之前,要坚决杜绝"闭门起草"行为,深入到残疾人之中,认真听取残疾人的意见和建议,确保政策的出发点和落脚点都是残疾人。

要把残疾人是否满意视为检验决策正确与否的唯一标准。各类残疾人服务业政策文件、助残项目的实施效果如何,发言权、评价权最终应该在残疾人手中。残疾人的福利提高了,问题解决了,社会参与度高了,就说明政策文件是科学的、可行的;反之,政策文件实施效果不理想,甚至遭到残疾人的抵制,就说明决策存在偏差、失误。总之,要将残疾人的满意度作为残疾工作的重心,作为衡量工作好与坏的"标尺"。

---

① 胡锦涛:《坚定不移沿着中国特色社会主义道路前进,为全面建成小康社会而奋斗——在中国共产党第十八次全国代表大会上的报告》,《人民日报》2012 年 11 月 18 日(1)。

② 习近平:《在第十二届全国人民代表大会第一次会议上的讲话》,《人民日报》2013 年 3 月 18 日(1)。

（二）执行时依靠人民群众

政策能否执行，工作能否落实，与执行者的工作能力、工作态度有关，但关键在于是否得到了群众的支持与拥护。唐代《贞观政要·论政体》有云："水能载舟，亦能覆舟。"只有在执行政策时，紧紧依靠群众、围绕群众，以是否争取、维护、落实了群众的利益作为政策执行的"指南针"，才能保证各项工作能够顺利推进、保质完成。

政策执行前要做好宣传工作，增强残疾人对政策的认知度和认同度，以减少政策执行的阻力。目前，由于宣传力度不够、宣传手段有限，许多地区的残疾人，特别是偏远地区的残疾人，往往对国家的助残政策不了解，使得工作人员开展工作存在困难；另外，某些助残政策一出台，便遭到残疾人的抵制与反对，致使政策被"架空"。因此，大众传媒以及广大残疾人服务业的工作者，应站在残疾人的立场，用残疾人的语言，把政策说清楚、说明白。

"任何政策不可能一经制定就完美无缺，它需要在执行过程中不断修正、充实和完善。政策决策者要根据政策执行过程中实际情况的变化来修正和完善政策，以提高政策的可行性和有效性。"① 各项助残工作、各类助残项目在推进的过程中，应建立残疾人信息反馈与收集的长效机制。残疾人认可的做法应总结经验并加以推广，残疾人反映的问题应总结教训并加以整改。要通过政策的执行者和政策的受益者之间的互动，提高政策执行效率与效果。

（三）监督时发动人民群众

1945 年，民主人士黄炎培（1878～1965）等应共产党的邀请来到延安，期间向毛泽东提出一个尖锐却又无法回避的问题——中国共产党人如何跳出历史兴亡、朝代更替的历史周期律？毛泽东明确地回答道："我们已经找到了新路，我们能跳出这个周期律。这条新路，就是民主。只有'让人民来监督政府'，政府才不敢松懈；只有人人起来负责，才不会人亡政息。"② 毛泽东的回答表明了民主监督对于党、对于国家的前途与命运的重要作用。诚然，监督的方式有多种，但是人民群众的监督是最为直接、最为全面、最为深刻、最为有效的。因此，包括残疾人在内的社会公众应切

---

① 陈红：《中国政府政策执行能力研究》，郑州：郑州大学硕士学位论文，2003，第3页。
② 黄炎培：《八十年来》，北京：中国文史出版社，1982，第148～149页。

实加强对残疾人服务业生产单位、服务机构、服务人员、服务工作的监督。

一方面，要畅通监督渠道。宪法和法律保障包括残疾人在内的全体公民的监督权力，但是如果缺乏必要的监督渠道，监督权只能是"一纸空文"，无法付诸实践。因此，应加强新闻舆论、网络、信访、举报、评议等监督途径的建设，确保人民群众监督渠道畅通。另一方面，要完善监督机制。"群众监督的形成、确立、维持与实施的全过程都需要建立健全一套结构合理、配置科学、程序严密、制约有效的权力监督制约机制"①，这样才能确保人民赋予的权力真正为残疾人服务。

---

① 姜玉洁：《我国群众监督薄弱问题及对策研究》，长沙：中南大学硕士学位论文，2010，第38页。

第八章　制度创新

没有永恒的法律，适用于这一时期的法律决不适用于另一时期，我们只能力求为每种文明提供相应的法律制度。

——德国法学家：柯勒①

在实现中国大陆残疾人服务业跨越式发展的历史进程中，如果说理念创新是披荆斩棘、闯关破局、开辟前进道路的利器，那么制度创新便是架桥铺路、建房造屋、建构服务业态的基石。德国法学家柯勒（Josef Kohler，1849-1919）说过："没有永恒的法律，适用于这一时期的法律决不适用于另一时期，我们只能力求为每种文明提供相应的法律制度。"制度的核心内涵是法律法规，但绝不局限于此。基于融会中西的广东视角，本章从政策创新、法规创新、伦理创新三个方面探讨在中国大陆实现残疾人服务业跨越式发展，应如何推进制度创新。

第一节　政策规定

政策是指政党或国家在一定历史时期为实现一定任务而规定的行为准则和依据。残疾人服务业政策是指政府或其他社会组织为满足残疾人的基本生活需求、日常照顾服务需求、医疗保健康复服务需求，维护残疾人的合法权益不受侵犯，为残疾人幸福愉快地参与社会生活而提供各种社会服务的政策。与法律制度相比，政策的强制性、稳定性相对较弱，但形成的

---

① Josef Kohler. *Philosophy of Law*. New York: The Magmillan Company, 1921: 5.

程序要相对简单。因而政策出台较快，并对特定的群体具有特定的作用。中国大陆实现残疾人服务业的跨越式发展，现阶段特别要重视从养护服务、维权服务和技术服务三方面大力推进政策规定的创新。

一　养护服务

养护服务内容十分丰富。这里，主要选取托养服务、康复服务、扶贫服务三大重点内容，来探讨如何在养护服务领域，实现残疾人服务业跨越式发展的政策创新。

（一）托养服务

要实现托养服务系统化。有学者指出，到 2012 年，中国残疾人数量已超过九千万人，其中重度残疾超过三千万人，分布在两千多万个家庭中，涉及两亿多人的工作和生活。因此，需以"政府主导、社会参与、示范先行、因地制宜"为原则，充分利用政府资源、公共资源、社会资源，大力发展以残疾人居家服务模式为重点、日间照料托养服务模式为辅助、寄宿托养服务模式为托底、庇护性就业托养模式为尝试的"四位一体"残疾人的托养服务体系。[①] 可见，为实现残疾人的中国梦，不必把所有的残疾人，甚至不必把所有的重度残疾人都送进专业化的托养机构，但对所有需要托养的残疾人都应该登记造册，从实际出发逐一落实其适合采取的具体托养方式，明确相关方面的托养责任。换言之，现在，中国把老年服务的目标确定为老有所养，实现残疾人服务业跨越式发展，应该把残疾人托养服务的目标确定为残疾人该养者便有所养。

要实现托养服务标准规范化。残疾人托养服务的关键是要制定科学合理的管理规范和服务标准，坚持用规范性管理促进持续发展，坚持用科学标准提高服务水平。应从残疾人托养各模式的特点和需求出发，借鉴国外残疾人托养服务经验和方法，针对居家托养服务、日间照料托养服务、寄宿托养服务和庇护就业托养服务的特点，建立起一套科学管理规范和服务标准，按照行业管理的专业要求，促进残疾人托养工作发展。要切实提高从业人员的福利待遇，也要建立机构从业人员的从业标准和职称评定体制，逐步把残疾人托养服务岗位纳入标准职种范围，实施残疾人托养服务从业

---

① 范莉莉、张浅浅：《关于残疾人托养服务工作的思考——以残疾人托养服务模式为视角》，《社会福利》2012 年第 3 期，第 35 页。

人员持证上岗制度，让从业人员看到希望和从业出路，能吸引人才、留住人才；对现有从事托养服务的人员，还要进行专业知识和职业技能培训，不断优化队伍结构，提高队伍专业化水平。

要实现托养项目的常态化。2009 年，作为贯彻落实中央 7 号文件的一项重要措施，中央财政安排 6 亿元专项资金实施阳光家园项目，推进残疾人托养服务工作的深入开展。2012 年，国务院批转的残疾人事业"十二五"发展纲要明确要求继续实施"阳光家园计划"，中央财政决定对"十二五"后四年继续安排 10 亿元专项资金，用于残疾人托养服务补助。① 毫无疑问，常态化地实施托养服务项目，不失为促进社会化的托养服务网络全面形成的明智选择。

（二）康复服务

要实现康复业务系统化。完整的康复业务体系，主要应包括白内障复明手术、低视力康复、盲人定向行走训练等视力残疾康复，聋儿康复、成年听力残疾人康复等听力残疾康复，精神病防治康复、孤独症儿童康复训练等精神残疾康复，脑瘫儿童康复训练、成年肢体残疾人康复训练、麻风畸残矫治康复等肢体残疾康复，智力残疾儿童康复训练、成年智力残疾人康复训练等智力残疾康复，常见辅助器具的供应服务和假肢矫形器的装配服务等残疾人辅助器具服务，康复医疗服务、训练指导服务、心理疏导服务、知识普及服务、用品用具服务、转介服务等社区康复。

要实现康复职能明晰化。残疾人联合会和残疾人自治组织应该共同负责康复机构和服务网络的建立及其组织协调工作，政府卫生、民政、教育、公安、财政、计划生育、药品监督、质量监督、妇女联合会等部门应该各尽职责，密切配合；专门的康复中心应该负责高级的康复服务以及提供技术和训练，包括康复技术人员资格认证和康复专业人员继续教育；康复企业应该负责康复设备的制造、维修，紧密配合政府职能部门和残疾人自治组织及其他残疾人康复机构开展康复工作；社区康复中心应该负责提供各种基本的和日常的康复服务和设施；残疾人家庭应该参与日常的康复服务，有条件的残疾人或其家庭应该负责部分或全部康复费用。

要实现康复医疗福利化。例如，现在广东省政府已先后下发系列文件

---

① 贾勇：《在全国"阳光家园计划"总结部署暨现场工作会议上的讲话及会议工作报告》，http：//www.cdpf.org.cn/wxzx/content/2012 - 05/30/content_ 30401912. htm，2012 - 5 - 9。

将残疾人康复纳入到社会保障体系，并制定了《广东省贫困残疾人康复救助办法》，从财政预算中安排专项资金对有康复需求的贫困残疾人给予康复救助，在全国率先发文确定残疾人人均康复经费，同时启动了国家彩票公益金残疾人康复项目。

（三）扶贫服务

要落实残疾人扶贫计划。落实《中国农村扶贫开发纲要（2011－2020年）》，要加快制定农村残疾人扶贫开发规划，大力改善农村贫困残疾人生产生活状况，增强自身发展能力。长期以来，广东省委、省政府高度重视农村残疾人的扶贫工作，曾出台《广东省农村"十一五"扶贫开发规划》《广东省农村"十五"残疾人扶贫开发计划》《广东省农村"十一五"残疾人扶贫开发规划》《中共广东省委办公厅、广东省人民政府办公厅关于我省扶贫开发"规划到户责任到人"工作的实施意见》和省委、省政府《关于加快残疾人事业发展的决定》《广东省扶助残疾人办法》等重要政策文件。

要健全残疾人救助体系。要坚持政府主导扶贫战略，统一部署，协调发展。要高度重视农村残疾人扶贫开发工作，纳入地方扶贫开发总体规划。要积极构建良好的扶贫开发政策体系，整合资源，形成合力，在城镇化改造、劳动力转移培训、产业化扶贫、科技扶贫、移民扶贫、危房改造等项目中，优先安排安置贫困残疾人。要创新扶贫开发方式，突破重点和难点，增强实际效果。要动员各方面力量广泛参与，深化帮扶结对，营造扶残助残的浓厚社会氛围。对丧失或部分丧失劳动条件、无法通过扶贫开发解决温饱的特困残疾人，应当以救助式扶贫方式来保障基本生活；要积极做好贫困残疾人的救济工作，确保符合条件的贫困残疾人100%纳入城乡最低生活保障范围，并逐步提高享受最低生活保障的残疾人最低生活保障标准；要加大专项补助力度，经济条件较好的地区和大中城市对残疾人最低生活保障户中重度残疾人和一户多残者要实施特别救助办法；要大力开展农村残疾人养老保险，同时将残疾人同步纳入在农村推行的以大病统筹为主的新型农村合作医疗制度，提高农村残疾人抵御重大疾病风险的能力；要认真实施残疾人危房改造工程，将城镇贫困残疾人住房困难户纳入政府廉租房制度并给予租金补贴，对特别困难的贫困残疾人家庭优先给予实物配租；要认真实施"扶残助学工程"，对贫困残疾儿童少年免杂费、免书本费、补助寄宿生生活费。

要推动残疾人脱贫致富。残疾人脱贫致富，需要国家的扶持和社会各界的帮助，更需要残疾人自身的努力。特别是在农村，残疾人积极参与，自强、自立、自信、自尊，已成为农村残疾人扶贫工作的内在动力。要大力扶持贫困残疾人提高自我发展能力和收入水平。要强化农村残疾人实用技术培训，建立培训与就业、生产扶持为一体的后续服务支持体系，帮助残疾人实现就业，加快脱贫致富。要开展智力扶贫，加强残疾人培训力度，提高残疾人职业技能；要适合当地市场经济发展需要，与地方支柱产业相配套，兼顾残疾人特点，认真选择残疾人扶贫项目，广开就业门路；要以"公司加农户""基地加农户"和订单农业等形式大幅度建立残疾人扶贫培训基地，积极稳妥地推行小额信贷，认真选择行之有效的扶贫方式；要完善基地扶贫扶持体系，充分发挥资金、技术优势，扩大基地规模，安置更多残疾人就业，更大发挥辐射带动作用。

二　维权服务

维权服务内容也十分丰富。这里，主要选取教育培训服务、权益保障服务、法律援助服务三大重点内容来探讨如何在维权服务领域，实现残疾人服务业跨越式发展的政策创新。

（一）教育培训服务

要实现特殊教育个别化。个别化教育是植根在对学生个性的尊重基础上，变以教材、教师为中心的教育为以学生为中心，真切关照每个学生潜能开发、个性发展的教育。特殊教育中实施个别化教育，必须要求各特殊教育学校根据残疾儿童身心特征和实际需要，制订严密的个别化教育计划，针对每个残疾儿童实施不同内容和不同形式的教育，使特殊教育在学业目标、课程设置、组织形式、教学管理、教学评价等方面都体现鲜明的个别化特征，促进残疾儿童的全面发展和个性化发展。

要实现职业教育定向化。要推动特殊教育学校和职业学校联合办学，促进职业教育培训实训基地等资源共享。鼓励各级各类特殊教育学校（院）、职业学校及其他教育培训机构开展多层次残疾人职业教育培训，建立残疾人职业培训补贴与培训质量、一次性就业率相衔接的机制。要充分发挥社会普通职业教育机构的作用，也要完善具有特殊教育手段的残疾人职业教育机构。要创办特定的专业技术学校，努力增强残疾人在劳动力市场的竞争能力；要大力推广"定向培训，定点安置"的培训就业模式，减少培训成本。

　　要实现职业培训常态化。残疾人职业培训是指对有一定的就业条件而未就业，需转换职业和已就业需要提高技术水平的残疾人所进行的职业技能训练，它包括就业前培训、岗前训练、转岗训练和在职训练等，是需由政府相关的民政、教育、劳动保障等部门和残疾人服务部门牵头，科学规划职业培训体系。要以就业为导向，常态化开展盲人按摩培训、自主创业培训、岗位技能提升培训、企业订单培训等。政府各有关部门所办的职业培训机构，应将残疾人纳入培训计划随班培训，可根据市场需要和残疾人的具体情况单独开设培训班，残疾人职业教育培训机构应具备特殊的培训手段和条件，为在普通培训机构中难以接受培训的残疾人提供培训，其他职业培训机构，也应接收残疾人参加培训。其他各类的职业培训机构对生活困难的残疾人，应酌情减免培训费。

（二）权益保障服务

　　要扩展残疾人权益保障的责任主体。现在残疾人权益保障服务的职能主要由司法部门、残疾人联合会在依法行使。但是，从以人为本、公平正义、依法治国、以德治国等方面的要求来看，依法为残疾人提供权益保障服务，是政府残疾人工作委员会所有成员单位，所有与残疾人服务业相关的市场主体、社会企业、社会机构、社会组织以及包括健全人和残疾人在内的全体公民的神圣职责。残疾人权益保障服务的政策创新，应该在残疾人权益保障服务主体的职能界定上有新的突破，特别是必须对损害残疾人合法权益的各类机构、组织、公民，提出必要的禁止性制度安排，切实保障残疾人作为普通公民应当享有的一切权利，并重点解决法律上人人平等而实际上不平等的客观情况。在对残疾人的特别扶助方面，要以法规、规章的形式加以规范。

　　要健全残疾人权益保障的执法体系。要落实执法责任制，做到依法办事、依法行政，切实保障残疾人的合法权益。人大、政府、政协有关职能部门和残疾人组织要认真开展专项业务检查，加强分类指导，并形成制度。要通过加强检查监督，促进残疾人扶助规定的落实和相关业务的开展。要鼓励和扶持民间组织、高等院校等通过多种形式为残疾人提供法律救助服务。要进一步完善残疾人信访工作机制，畅通信访渠道，健全信访事项督查督办与突发群体性事件应急处置机制。要将《残疾人保障法》等法律法规纳入国家普法规划，不断增强全社会维护残疾人权益的意识。

（三）法律援助服务

要健全残疾人法律援助的服务体系。要建立以各级司法行政部门、法律援助机构提供的法律服务和法律援助为主导，以有关部门、残疾人联合会、社会力量等提供的法律救助为补充的残疾人法律救助体系。要建立各级残疾人法律救助工作协调机制，充分发挥县级以上残疾人联合会残疾人法律救助工作站的作用。要通过普法提高残疾人的法律意识，通过法律服务为残疾人解难释疑，通过建立覆盖全社会的残疾人法律援助网络使残疾人就近、就地获得法律帮助。

要拓展残疾人法律援助的社会资源。要不断壮大法律援助队伍，动员组织优秀的律师、公证员、基层法律工作者以及其他法律服务人员开展法律援助志愿者活动，同时也要动员高等法律院系的师生，为法律援助工作贡献力量。政府应为法律援助提供最低经费保障，将其列入年度财政预算；要通过社会募捐、个人和企业捐助等建立残疾人法律援助基金，还可以考虑通过罚款或者赔偿制度来补充法律援助的资金。例如对于残疾人父母、子女侵权或者父母、子女有能力为残疾人聘请律师而没有聘请的，法院应该判决其支付法律援助费用或者根据情况处以罚款，来弥补法律援助经费的不足。

要创新残疾人法律援助的工作制度。要完善残疾人法律援助案件的质量监督、检查和信息反馈制度，提高残疾人法律援的质量。如在审查阶段，实行工作人员回避制度；在律师指派上，实行当事人自愿选择和中心推荐相结合的办法；在庭审阶段，实行案件旁听制，增强律师的责任意识。此外，对残疾受援人实行回访制度，要认真听取受援人的意见和建议。要扩大残疾人法律援助的范围，争取更多的残疾人法律援助从诉讼走向非诉讼，让法律援助的功能得到更好的发挥。

三 技术服务

现代服务业在技术服务方面主要有研发技术服务、技术咨询服务、技术培训服务，包括各种专业技术的培训、推广和传授。残疾人服务业的技术服务主要有辅助器具、无障碍环境、无障碍信息等服务技术的研发、推广和培训等方面。

（一）辅助器具的服务

要强化辅助装置服务。辅助装置是指任何能帮助解决残疾人日常生活、工作、娱乐和生活自理中的问题，能给残疾人提供更多的选择、增加残疾人的参与性、使残疾人有更多的控制力或耐受力、获得更多的娱乐和自主能力的装置。简单地说，辅助技术装置是可用于增加或改善残疾人功能的任何项目、设备或产品，如轮椅、拐杖、假肢、矫形器、助听器等。辅助技术装置具有广泛性，它包括市场现有的、改进型的或定做的装置；具有补偿性，它强调对功能能力的补偿，这是唯一用来衡量辅助技术装置成功与否的标准；具有个体性，每一种装置的应用都是独立的，特殊的。

要强化辅助技术服务。辅助技术服务是指能直接帮助残疾人在选择、获得或应用辅助技术装置方面提供的服务。这些服务包括：评价个体残疾人的需要和辅助技师的技能；提出所需辅助技术装置的要求；选择、设计、修理和制造辅助技术系统；与其他理疗和作业治疗项目合作，开展服务；培训残疾人以及陪伴残疾人使用辅助技术装置的人员。针对辅助技术的这些特征，需要制定政策，建立辅助技术门诊。在辅助技术门诊中，康复医师、辅助技术工程师、作业治疗师、理疗师、厂家的辅助技术供应师等组成一个团队，掌握大量的辅助技术产品资源，康复医院将功能障碍者转到这里，有多学科交叉团队对其功能障碍程度、需求等进行康复评价，开出康复处方，选择辅助器具，并按用户特征改进其设计直到用户满意为止，最后，进行佩戴后的康复功能训练。通过这样一种辅助技术服务的方式，将大量康复产品推荐给残疾人，从而形成了辅助技术产业中重要的一环——辅助技术服务产业。

要促进辅助产业发展。在广东，辅助技术服务产业的雏形已经崭露头角。2011 年出台的《深圳市残疾人辅助器具服务管理办法》成为全国首个残疾人辅助器具服务方面的规范性文件。深圳市残疾人用品用具供应服务站已组织了由康复医师、治疗师、制作师、工程技术人员及康复工作者参加的协作组，建立了伤残人用具资源中心，制定了共同进行辅助器具服务的工作流程。目前，他们将销售辅助技术产品与临床研究、产品开发结合起来，已建立辅助器具适配评估机制，并能为七类辅助器，即假肢、矫形器、生活类、信息类、训练类、移乘类、家居环境改造类，开具处方。①

（二）无障碍环境服务

要明确发展无障碍环境技术服务的宗旨。残疾的造成和难以对社会做

---

① 温凯菲：《深圳市残疾人辅助器具资源中心成为全国首家示范站》，http://www.cjr.org.cn/contents/12/7270.html，2007－12－25。

出贡献，均与环境有关。国际上已经将残疾人的称谓改为"人有功能障碍"，即他们的第一特征是"人"，第二特征才是"功能障碍"。为此有必要站在残疾人立场来评定环境，并用辅助器具来改造环境，以充分发挥残疾人的潜能。所以改造环境是现代社会对残疾人应尽的责任和义务。建设和发展无障碍的环境，使之成为一个覆盖全社会的公共体系，其宗旨是使残疾人走出家庭、走向社会、参与社会生活，实现残疾人平等、参与、共享的崇高目标。

要加快无障碍环境建设并完善服务设施。一方面，要提高建设质量。要加强无障碍设施建设和管理，提高无障碍设施建设质量。各相关部门应积极出台配套政策措施，如住房城乡建设部门应修订完善无障碍相关标准、规范，加快推进城市道路、公共建筑、居住建筑、居住区、公园绿地无障碍设施建设和改造。另一方面，要完善服务设施。教育、民政、铁道、交通运输、残疾人联合会等部门要制定完善特殊教育学校、福利机构、残疾人综合服务设施、铁路旅客车站、码头、城市交通设施、民用机场旅客航站区等行业无障碍标准并监督实施，公共交通领域要逐步完善各种无障碍设备的配置。

（三）信息无障碍服务

要推进公共领域的信息和交流无障碍建设。有关部门要将信息交流无障碍纳入信息化建设规划，制定信息无障碍技术标准，推进互联网和手机、电脑等信息无障碍实用技术和产品的研发。政府政务信息公开要采取信息无障碍措施，公共服务机构要提供语音、文字提示、盲文、手语等无障碍服务。图书和声像资源数字化建设要实现信息无障碍。[①]

要推进残疾人服务系统的信息无障碍建设。要建设残疾人口基础信息管理系统和残疾人社会保障与服务信息管理平台，实现其与社会保障和公共服务管理信息平台数据交换和资源共享。要加强残疾人社会保障和服务的统计工作，开展残疾人基本状况动态监测和调查。要新建、扩建、改建一批骨干服务设施，使残疾人服务设施布局合理、条件改善、服务能力增强。各级残疾人联合会要为残疾人共享信息创造条件，积极协调，出台、落实残疾人上网优惠政策，降低残疾人享受信息化成果的门槛。要设立残

---

① 中国残疾人联合会等：《关于加快推进残疾人社会保障体系和服务体系建设指导意见》，《中国残疾人》2010年第4期，第10~13页。

疾人与残疾人组织、社会之间的信息化通道，突破传统时空距离，实现便捷沟通；吸引残疾人参与信息化建设，使信息化工作更贴近残疾人的需求。① 要对各级残疾人工作者进行不同类型和不同层次的信息技术培训，造就一支熟悉信息技术和残疾人工作的人才队伍，特别要加强对乡镇残疾人联合会及社区、村残疾人协会工作人员的培训。加强专业化信息分析人员的培养工作，走专业化的道路，提供一流的信息收集、整理、分析、应用和传递服务，更好地利用信息化为残疾人服务。

要加强信息无障碍社区建设。要探索并形成政府主导、部门配合、社会参与、资源整合、协同推进残疾人信息无障碍社区服务的工作模式和长效机制。要借助无障碍信息家居产品，研发报警、紧急求助、远程监护等残疾人家居服务系统；在公共场所配备磁电感应装置和无线调频系统，提供听力补偿辅助服务；研发便携导盲定位服务，包括支持盲人的出行导航、远程定位以及紧急求助等出行信息无障碍社区服务；基于残疾人信息无障碍核心服务支撑平台接口和残疾人基础信息资源，开展日常服务，实现与上级残疾人联合会组织信息管理系统的信息共享。② 要搭建社区残疾人就业服务信息网络平台，同步搭建社区残疾人就业服务信息系统平台，整合劳动就业业务职能系统，统一规划，整合各地经办机构信息系统，将信息系统涵盖的就业管理、残保金核定征收、失业登记、失业就业统计、盲人按摩管理、从业残疾人状况监测、就业促进管理，以及办公自动化和决策分析等残疾人服务项目内容归并在统一的网络平台上，实现充分的资源共享。

第二节　法律规范

所谓法律规范，通常泛指国家机关制定的除政策以外的一切规范性文件，包括宪法、法律、法令、条例、规定、规则、决议、决定、命令等。有时也特指国家机关制定的规范性文件，如国务院制定和颁布的行政法规，省、直辖市、自治区人民代表大会及其常务委员会制定和发布的地方性法

---

① 姜正新：《为残疾人提供服务是义不容辞的责任》，http://tech.qq.com/a/20080516/000313.htm，2008 - 5 - 16。

② 《残疾人信息无障碍社区服务示范》课题组，《残疾人信息无障碍社区服务示范》，http://www.cdpf.org.cn/special/xxwza/content/2009 - 01/01/09/content _ 30216263.htm，2009 - 01 - 09。

规。与政策相比，法律规范更具有强制性、稳定性，但形成的程序要相对复杂一些。法律规范权威性强，适用面广，在残疾人服务业发展中具有重要的作用。中国大陆实现残疾人服务业的跨越式发展，现阶段特别要重视从思路原则、宏观规范和地方规范三方面大力推进法律规范的创新。

一　思路原则

从第三章的相关探讨来看，当代中国残疾人服务业的立法工作，取得了史无前例的巨大成就。但是，与发达国家比较，与残疾人对公共服务不断增长的迫切需求比较，还存在明显的不足。因此，推进残疾人服务业跨越式发展，不能仅仅停留在辩证地审视得失，更应针对存在的不足，抓紧拓展立法思路，厘定立法原则，加快推进和创新残疾人服务业立法工作。

（一）现有不足

一是法律规范的立法执法主体不到位。现在有为数不少的残疾人参加残疾人联合会，为政府决策提供了很多依据，推动了立法过程，也对决策产生过重要影响。但总的来看，法律制度多数都是由健全人为残疾人制定的，制定者并不完全了解残疾人的特殊需求，没有满足残疾人的特殊需求、给予他们一定的社会补偿，这也就无法实现残疾人与健全人真正意义上的平等。在残疾人法律立法执法的过程中，无疑需要拥有合法权力的立法机关或行政机关，但残疾人联合会不是权力机关，名义上也不是行政机关，[①]残疾人联合会这种尴尬的法律和行政地位，在立法过程中必然缺乏权威，在执法过程中必然缺乏执行力。在评价效果、给予政府反馈的时候，也显得无力，这导致制度评价工作在目前残疾人政策工作中成为薄弱的环节。

二是在不同残疾类别群体的权利层面的制度不全面。最明显的是关于智力残疾人的福利制度比较少，在各级残疾人联合会成立以前，智力残疾人和精神残疾人基本没有被纳入残疾人的范畴。现行的福利政策主要是针对盲人、聋哑人、肢体残疾人的，这是由于从医疗模式出发，人们普遍认为智力残疾人"不可造就"，因此，在法规制定上，常常出现厚此薄彼的现象，针对智力残疾人群体的保护制度基本处于空白状态；另外，虽然民法

---

① 张晓东：《论城市残联工作的若干辩证关系——兼论城市残联组织的社会作用》，http：//www.gddpf.org.cn/html/showmenuId411itemid 27838.html，2010 - 3 - 8。

通则为精神残疾人规定了监护人及监护职责，但是关于精神残疾人的法律非常缺乏。在许多优惠措施的规定上，也具有选择性的特点，比如规定只有盲人可以享有免费乘车的优惠。

三是法律法规层次较低且不稳定。很多制度规范都以规定、通知、办法等形式出现，并不是以正式的法律形式出现，而且规定的内容零散，只涉及局部的内容，系统性不强。比如关于残疾人康复、养护、养老等方面，至今还没有制定专门法，而只是停留在政策层面。法规落实不稳定，很多都只是暂行办法或试行办法。关于残疾标准的规定时而发生改变，如对伤残军人、工伤致残、交通事故致残等，不同的相关部门制定了不同的标准。标准的不同导致部门在实际合作中的衔接不顺利，法律效力也打了折扣。

（二）立法思路

要实现上位法主流化，下位法专门化。中国目前与残疾人保障密切相关的一些国家上位法应该尽快出台，如社会救助法、社会福利法、反就业歧视法、社会慈善法、维权法等等。残疾人保障涉及生活、康复、教育、就业、环境等多个方面，因此，还应该尽快完善专门立法，如有关确保残疾人权利平等、残疾人就业促进与服务、残疾人福利津贴、残疾预防与康复、残疾人失业保险、残疾人反就业歧视、特殊儿童保护、无障碍环境建设等方面的法律法规，都应逐步完善。

要重视法律修改，增强可操作性。如关于残疾人教育和培训方面的立法，现行《宪法》第45条、《残疾人保障法》《义务教育法》《残疾人教育条例》等都有相关规定，但具体机构如何设置、专业如何安排、费用如何减免、服务如何到位、效果如何保证等等，均只是原则性规定，倡导性的过多，概念过于笼统，缺乏具体条款，导致在实践中执行不力，以致残疾人教育排斥现象时有发生。即便是残疾人社会保障专门的法律法规，也存在抽象、空泛，操作性较差的问题。[①] 因此，要加强法律的修订和完善，并且加强法律操作性的具体规定。

要转变立法理念，改进立法技术。立法理念需要转变，立法技术需要科学化。在实践中，解决残疾人社会保障问题仍然以国务院部门规章和规

---

① 余向东：《论我国残疾人社会保障的体系性缺失及其建构》，《人口与发展》2011年第5期，第45页。

范性文件，地方性法规、规章和规范性文件为主要法律依据，大多数以"规定""试行""暂行""决定""意见""通知"的形式发布，不仅层次性低、权威性差，而且缺乏稳定性和公平性。由于立法上的滞后和缺陷，当下的残疾人社会保障仍然靠政策主导、领导决定、措施强制，残疾人也就很难依据相关法律法规来维护自身权益。

（三）立法原则

要坚持科学化原则。应该科学地设计各种专项的残疾人服务制度：要通过一般性制度安排让残疾人获得与其他群体一样的公共服务权益，而残疾人特殊援助则需要有专门的制度设计，并相对独立地自成体系发展；应该科学地设计整个残疾人服务业体系，在省级层面应制定专门针对残疾人服务的政策法规，把残疾人服务的内容进一步具体化，明确残疾人应享受的优惠待遇以及全省各级政府及有关部门、单位应承担的责任和义务；应该把残疾人服务业置于整个社会服务系统之中，并给予其科学合理的定位，服务体系必须与经济政治文化建设协调发展。

要坚持规范化原则。必须坚持一般性制度安排与专门性制度安排相结合。残疾人与健康人一样都需要有康复医疗、教育培训、法律援助等制度安排，这些服务项目无疑应当保持与其他群体的相通性，从而也应当通过一般性制度的途径来获得满足。但残疾人还有着特殊服务需求。这就需要专门性制度安排予以保证。必须坚持规范化制度安排与标准化制度安排相结合。要提高法律运行的可操作性。必须坚持"输血式"制度安排与"造血式"制度安排相结合。对贫困、重度残疾人实行一般救助、特别救助是十分必要的。但对整个残疾人群体，不能只是采取养起来的办法，还是应该努力发挥他们自身的作用，切实帮助他们就业。

要坚持社会化原则。要充分挖掘社会潜力，利用社会资源，发动社会力量，努力形成政府主导、市场推动、社会参与的良性互动格局。政府及其相关部门包括残疾人联合会是建立健全残疾人服务业制度的责任主体，特别是资金投入方面，残疾人社会服务业还需要有更多的公共财政资源来支撑。但政府及其相关部门包括残疾人联合会不宜也不可能包揽一切事务，甚至不宜也不可能包揽一切费用，要善于发挥其他社会力量的作用。市场化、社会化程度的高低，取决于政府及其相关部门包括残疾人联合会积极主动地运用市场和社会力量的程度。

二　宏观规范

完备的残疾人服务业法律体系应该包含立法、执法和司法三个方面。但执法和司法在任何制度推进中都具有其共性特征和一般程序，而残疾人相关立法具有其专有内容和独特价值。因此，这里主要从服务对象相关规范、慈善服务相关规范、社会服务相关规范探讨残疾人服务业法律体系的宏观立法问题。

（一）服务对象相关规范

要抓紧出台《残疾预防和残疾人康复条例》。随着老龄化、工业化、信息化和城镇化的快速发展，新的致残因素也在明显增加，如快速增长的慢性病和老年病致残、环境污染致残、骨关节疾患致残、各种毒性物质致残、精神因素致残、交通意外事故致残等，这些致残风险对人民群众的健康构成新的挑战。正因为如此，从 2008 年起，中国残疾人联合会牵头启动了"残疾预防和残疾人康复条例"研究课题；2010 年形成征求意见稿后，2012 年通过部门协商形成《残疾预防和残疾人康复条例》（送审稿）并报送国务院法制办；2013 年，国务院法制办反馈各级单位和知名专家的意见、建议 212 条，现正在抓紧研究。国务院法制办领导表示将争取在 2014 年将条例列入一档立法项目，相信有望实现。中国残疾人联合会程凯副理事长在 2010 年提出，"十二五"期间在"制订和颁布国家残疾人残疾分类和分级标准的同时，制定和实施残疾预防和残疾人康复条例"的目标。①

要抓紧修订《残疾人教育条例》。现行的《残疾人教育条例》是 1994 年 8 月国务院颁布实施的，在 19 年的实践中对残疾人教育事业的发展起到了推动作用。随着我国经济社会的发展，残疾人教育事业有了新的进展，社会和公民的人权保障意识进一步增强，尤其是目前残疾人教育发展现状和特殊需求的不断变化，《残疾人保障法》《义务教育法》的重新修订，以及中国政府签署《残疾人权利公约》等法律、法规及公约的实施，现行《残疾人教育条例》的有些内容、条文已显得不适宜或者滞后，有必要进行修改、补充和完善。2010 年，由国家教育部牵头的《残疾人教育条例》修

---

① 陈丽平：《残疾预防和残疾人康复条例正起草》，《法制日报》2010 年 12 月 3 日（社会版）。

订工作全面启动。2013 年，国务院法制办就《残疾人教育条例（修订草案）》（送审稿）公开征求意见。相信 19 年来首次修订的《残疾人教育条例》，将会在近年内颁布实施。

要抓紧制定"残疾人劳动就业特别保护法"。就业问题是残疾人最实际、最迫切的问题，残疾人不就业就没有经济基础，教育、恋爱、婚姻、家庭等其他问题都无从谈起。就业是残疾人实现公民劳动权利、民主管理权利的基础，是残疾人向外界证明自己也是社会物质文明和精神文明的创造者的最佳途径，也是建设和谐社会的重要方面和有力保障。然而，现实中，用人单位对残疾人的就业歧视依然很严重，年龄限制、残疾类别限制、同工不同酬、干活与不干活拿一样的工资等问题时有发生，这就使"残疾人劳动就业特别保护法"的立法要求显得更加迫切。"残疾人劳动就业特别保护法"的主要内容可以包括：明确残疾人劳动就业的主管部门，主管部门应该是劳动和社会保障部门，残疾人联合会可以协助劳动和社会保障部门完成业务范围内的专门性工作；明确规定公共就业服务机构将残疾人纳入就业服务范围，免费或优惠提供服务；健全残疾人就业服务制度，从法律上支持专业化队伍建设、就业职业技能培训和信息网络建设，全面推进就业服务的制度化、专业化和社会化；坚持按比例安排残疾人就业的宗旨和方向，支持用人单位进行设备设施改造，规定用人单位选择、培养符合用工要求的残疾人，为残疾人开发并安排适宜的工作岗位，规定对超比例安排残疾人就业的用人单位给予奖励和实行社会保险补贴；科学明确残疾人就业保障金的征收方式和使用途径；加强对福利企业、盲人保健按摩机构法制化管理，积极扶持残疾人自谋职业、自主创业和灵活就业；制定与农村扶贫开发相结合，帮助农村残疾人从事生产劳动和逐步摆脱贫困的条款；明确规定，对于侵犯残疾人劳动就业权利的部门、单位、个人，根据情节轻重处以相应的经济赔偿和行政处罚，情节特别恶劣、影响比较大的案件从重从严处理，可移交司法部门对有关责任人员追究刑事责任。

（二）慈善事业相关规范

20 世纪 90 年代以来，中国陆续制定和出台了《公益事业捐赠法》《社会团体登记管理条例》和《基金会管理条例》等涉及社会慈善公益捐助事业捐赠、税收、所得税与社团管理等方面的法律和条例，使社会慈善公益捐助的法律制度初步建立。但是，现有的法律、法规、规章对慈善机构的登记与组织、管理与运行、社会慈善公益捐助、慈善财税政策等多个方面的规范并不成熟，真正有利于慈善机构成长的法治环境还未形成，真正有利于民间募捐健康发展的法律环境还未形成。因此，通过"慈善事业法"，规范对残疾人等社会弱势群体实施的慈善行为和各种非公益的社会募捐行为，有效地保护捐赠人、慈善机构以及残疾人等社会弱势群体的合法权益，已经成为当前亟待解决的问题。

要抓紧制定"慈善事业法"。制定该法的目的是解决公益慈善组织登记难、募捐资格不明确、募捐行为不规范、信息披露与公开透明机制不健全、税收优惠政策落实不到位等问题。应重点围绕培育慈善组织、规范社会募捐、完善监督制度、明确税收优惠政策几方面进行立法。"慈善事业法"的主要内容可以包括：（1）对公益慈善组织的要求。要推进公益慈善组织孵化基地建设，培育和支持公益慈善机构加快发展，发挥公益慈善组织动员慈善资源的主体作用，引导公益慈善组织公平、有序竞争。要推进公益慈善组织依据章程行事，完善内部治理结构，健全法人治理结构，实行财务公开、阳光运作、规范管理，增强公益慈善组织的社会公信力和透明度。要推动公益慈善组织联合制定行业规则和行业标准，加强行业自律，提高行业管理水平。要完善公益慈善组织的第三方评估制度，促进公益慈善组织加强自身建设，发挥好社会作用。要扩大慈善超市和经常性社会捐助工作站（点）覆盖范围，改革运营机制，方便广大群众捐赠款物和提供服务。（2）对慈善机构进行规定。要明确社会募捐机构的性质定位、募捐活动的主管部门等，取消现行法律中要求慈善机构必须有业务主管单位的规定。还要在法律中明确社会慈善公益组织从事慈善活动的程序，慈善活动的监督机制，规范社会慈善公益捐助事业的进入、评估、监管、公益产权界定与转让、融投资、退出等行为。包括对慈善机构、慈善人物排行榜的评定、发布等，在法律上都要明确授权给权威、公正的部门或机构。（3）对社会募捐进行规定。要通过权利制约、行政规制等方式约束募捐人，保证捐赠者捐赠目的的实现。要重点明确募捐发起人的资格、条件以及劝募人、捐助人、受助人各自的法律地位及权利义务；要建立对募捐款物的交付、使用过程的监督机制，如募捐申报登记制度、信息公示制度、备案审查制度等。除非当事人另有约定，募捐行为应作为无偿行为看待。（4）对免税事宜进行规定。要确定与公益事业捐赠法相配套的免税条款。现行的关于税前3%的捐赠可免税的限制性政策，应予以废止。应规定凡企业对国家允许的公益捐赠一律准予税前扣除，即全额免税。参照发达国家的做法，对向社会捐出善款数额超过应缴税额 10% 的企业，给予减免 10% 的税款；不足 10% 的，则可在应缴税额里扣除已捐善款。（5）对慈善事业监管体系进行规定。制定慈善信息公开制度以及捐赠款物使用的查询、追踪、反馈和公示制度，形成对慈善资金从募集、运作到使用效果的全过程监管机制。建立健全慈善信息统计制度，完善慈善信息统计和公开平台，及时发布慈善数据，定期发布慈善事业发展报告。加强对公益慈善组织的年检和评估工作，重点加强对信息披露、财务报表和重大活动的监管，推动形成法律监督、行政监管、财务和审计监督、舆论监督、公众监督、行业自律相结合的公益慈善组织监督管理机制。对慈善活动中的违法违规行为，要依法严肃查处。

（三）社会服务相关规范

与国际社会接轨，实现残疾人服务的社会化，必然需要一支规模宏大的非政府组织队伍和义工队伍。社会工作是一门专业性很强的工作，从中国的现状来看，社会工作尚处于非专业化和前专业化阶段，亟待通过立法手段亮起绿灯，去刺激非政府组织和义工组织的迅速成长。当然，中国的非政府组织现在也有了一定的规模，但在发展过程中，它们受到了不少不正常的行政干预，也有极少数非政府组织管理十分混乱，带来了不少社会问题，有的甚至已成为危害社会稳定的潜在因素。就义工队伍来看，中国的发展还远远落后于发达国家和地区，而且社会上也对义工存在许多错误的认识，如企事业单位把义工当作廉价的劳动力，就违背了义工的自愿、公益和非牟利性等特性。另外，绝不是只要有爱心就能当好义工，义工培训、专业资格及资质认证等工作也应该走上法治化轨道。

从上述情况来看，应抓紧制定"民间社团组织法"和"义工法"。关于"民间社团组织法"，可以以现有的《社会团体登记管理条例》为基础制定。值得注意的是，现实生活中存在严重的重登记轻管理的现象，而且对这些组织的教育、引导、服务、帮助都非常不够。立法时，在这方面一定要考虑周全。2005 年《深圳市义工服务条例》作为中国大陆的首部义工法，参考美国、加拿大等相关规定，明确了立法目的和适用范围，义工的权益保护和义工组织的架构，对义工的服务对象、受理程序以及义工经费的筹措管理都做了详细规定。

三　地方规范

目前，各地残疾人服务业的相关法规、规范、标准还不健全，缺乏总体规划和统筹协调机制。现有的社会服务规范缺乏针对残疾人特殊需求的保障与服务内容和有效措施，残疾人的特殊困难和需求往往被普遍化、平均化的要求所掩盖和忽视。① 因此，为了与新的《残疾人保障法》相配套，地方立法还需要补充一系列专门法律和法规与之相配套。下面以广东为例，列举地方亟待制定实施的地方性规范。

（一）关注民办残疾人服务机构

近几年，民办残疾人服务机构发展较快，作用显著。但到目前为止，民办机构与公办机构之间待遇不公，发展中普遍缺乏行业规划、行业指导和行业规范，多头登记管理带来管理上的混乱等问题，导致民办残疾人服务机构在发展中受到资金、技术、人才、发展方向和定位等严重限制，运营过程中步履维艰。因此，迫切需要研究制定残疾人服务业发展战略，给予民办残疾人服务机构平等的政策待遇，积极探索民办残疾人服务机构发展策略，为其营造良好的政策环境和社会环境，从而促进其积极发展。②

课题组建议出台"民办残疾人服务机构扶持管理办法"。要明确机构的界定、适用范围、发展原则、政府支持规划；要明确联合机构的职能、机构地位、权利和义务；应明确要求各级政府将残疾人服务事业纳入国民经济和社会发展规划，推行政府购买服务制度，并对为残疾人服务做出突出成绩的民办残疾人服务机构进行奖励和表彰；应明确规定民办残疾人服务机构可以申请政府财政补贴，享受税收优惠政策；应强化对民办残疾人服务机构的管理和监督措施，在服务协议中明确服务内容和方式、服务收费标准、服务期限及地点，双方权利和义务及违约责任等，加强税收优惠的监督管理，实行服务机构年审制度；要督促民办残疾人服务机构通过行业内评估等措施切实加强行业自律。

（二）重视重度残疾人养护保障

从全国来看，残疾人养护事业起步晚，采用社会养护机构提供养护服

---

① 程凯：《我国残疾人社会保障和公共服务状况与发展对策》，《红旗文稿》2010 年第 9 期，第 31 页。

② 张素圈：《民办康复机构的艰难生存》，《南方日报》2010 年 8 月 13 日（ND04）。

务更是只有短短的五六年时间。由于残疾人托养工作起步时间不长，现在服务体系尚需健全、政策制度不完善、设施建设明显滞后、居家照料服务亟待开发、家庭承担托养服务费用普遍困难的现状与残疾人托养服务需求之间的矛盾相当突出。现有智力、精神和重度肢体残疾人，大多数依靠亲属供养，长期需要专人照料，基本需求缺乏有效保障，家庭承受较大的精神压力和经济负担，迫切希望政府和社会采取特殊措施，提供托养服务，为其改善生活状况。

课题组建议出台"重度残疾人养护保障制度"。要规定护理服务（基本护理、特殊护理）、康复服务（基本、心理、个性化康复服务）、医疗保健（保健助医、代发代管药品）、膳食服务、清洁卫生等方面的服务要求；规定对包括服务人员（人员配置、人员资格与基本礼仪）、服务设施（设施与环境、设备与用具）、安保措施、应急处置、服务协议（入住协议、等级评估）、信息管理、投诉处理在内的服务管理方面的基本要求；规定养护机构在服务人员配置、人员资质和服务礼仪方面的要求；规定机构设置，服务设施的环境，所使用设备和器具的安全、标识、使用、维护等事项；规定入住协议和护理等级评估等事项；规定服务评估的评价指标、适用的评价方式和应用评价结果持续改进服务质量的要求。

（三）强化残疾人心理健康服务

关注残疾人心理健康，对残疾人进行心理健康教育和心理康复治疗是心理健康服务工作的重要内容之一。近年来，一些残疾人组织先后开办了残疾人心理康复咨询机构，培训了一批心理康复工作者，为当地的残疾患者提供心理咨询服务，收到了较好的效果。[1] 但是，残疾人心理健康服务总的来说还比较薄弱，而且在对残疾人心理健康进行诊断和判断的时候，往往以正常人的心理健康标准作为参照，忽视了残疾人自身的心理特点。因此，为了更好地为残疾人提供服务，应探讨制定残疾人心理健康标准及评估办法。

课题组建议出台"残疾人心理健康服务标准及其评估办法"。一是要规定服务目标：提升残疾人对心理健康问题的认知度，减少心理疾病引起的自卑感；增强对残疾人心理健康服务需求的评估和识别，缩小心理健康服务获得方面的社会经济差异。服务目标的确定要考虑残疾人心理健康服务

---

① 朱丽莎：《残疾人心理健康探讨》，《医学文选》2006年第4期，第735页。

工作的现有基础、残疾人对心理健康服务的需求以及当地社会发展状况为心理健康服务事业所能提供的人力物力条件。二是要规定服务内容：通过心理测量，帮助残疾人了解自我，正确认识和对待残疾带来的影响，能够逐渐地认同和接纳自己；提供心理学知识，帮助残疾人及其家庭增强社会适应能力，提高心理素质；协助残疾人联合会对残疾人就业问题进行心理辅导，对残疾人由于各方面残疾原因导致的压力而产生的个人情绪问题、人际关系、子女教育与家庭矛盾进行解决。服务内容中还要特别强调精神病人的心理卫生护理、特殊时期的创伤心理援助，如后天致残出现的心理问题的疏导、求职的心理准备和受挫后的引导等。三是要规定服务方法：主要有认知领悟疗法、意象对话技术、系统脱敏法、拔灌疗法、厌恶疗法、格式塔疗法、森田疗法、生物反馈法、认知行为疗法、家庭疗法、心理剧疗法、生物医学治疗等。虽然方法很多，但真正为业界常用和擅长的方法屈指可数，以心理咨询为例，就主要集中在认知疗法和行为疗法。心理健康服务是一门涉及多学科的综合科学，对从业者的专业水平要求很高。2001 年，国家劳动和社会保障部委托中国心理卫生协会制定的《心理咨询师国家职业标准（试行）》正式公布，要求心理从业人员实行资格认证，标志着中国心理服务行业逐步走向规范化。① 残疾人心理服务工作也应逐步建立资格证和许可证制度。

第三节　伦理规则

伦理规则是指生活在一起的人们通过社会舆论、传统习俗和内心的信念来维系的共同生活及其行为的规范和准则。伦理规则的强制力不如法律规范和政策规定，但调节范围更为广泛，对残疾人服务业的发展也具有重要的作用。本节从残疾人服务业角度，将伦理规则按事业服务、产业服务和综合服务三大类进行划分并分别加以细化分类，探讨伦理规则创新思路。

一　事业服务

残疾人事业服务是以残疾人社会发展和进步为前提，以实现残疾人整

---

① 罗弗：《心理咨询业全国热的冷思考》，《中国教育报》2004 年 11 月 1 日（08）。

体利益为目的，以提供公共产品和公共服务或协调各方面利益关系的组织、部门和公共企业所提供的服务。事业服务具有整体性、非营利性、规模性、垄断性、公益性等特点。事业服务所涉及的伦理关系主要有：发展伦理、公共伦理、社会伦理等。

（一）发展伦理

发展伦理是以人类的整体的生存和可持续发展的伦理问题为对象，其相关研究体现了对人类目前的生存和可持续发展问题的深切关怀和对发展观、发展模式、发展道路、发展价值等问题的反思以及对人类未来发展伦理、发展的终极价值问题的深入思考。[①] 发展伦理追求的是"合理的发展"，关注的是"为了什么发展"和"什么样的发展才是好的发展"这一价值论和目的论问题，而不是仅仅关注"如何更快发展"。发展伦理的终极关怀就是人的可持续生存与发展。发展伦理的主要原则有：全面性原则、协调性原则和持续性原则。从发展实践上看，经济发展不等于民生需求得到了满足，这已经成为社会共识。未来发展将更加注重以人为本，更加注重保障和改善民生，促进社会公平正义，党和政府对民生的重视已经达到了前所未有的高度。因此，从伦理视角解读发展和民生的本质，确立新的发展理论和构建新的伦理形态具有重要的现实意义。

有学者在20世纪90年代中期便提出了"发展伦理"的概念，[②] 发展伦理在残疾人服务业中具有极大的引导作用。《中国残疾人事业"十二五"发展纲要》明确指出，发展残疾人事业要坚持以残疾人为本。要将切实改善残疾人民生、促进残疾人全面发展作为发展残疾人事业的根本出发点和落脚点；要激励残疾人自尊、自信、自强、自立，创造社会财富、实现人生价值；要坚持以加快发展为主题，以残疾人社会保障体系和服务体系建设为主线；要将残疾人事业纳入国民经济和社会发展大局，立足国情，讲求实效，加大投入，加快发展，缩小残疾人生活状况与社会平均水平的差

---

① 李国俊：《发展伦理学视角的传统技术观批判》，《自然辩证法研究》2005年第8期。

② 刘福森教授于1995年首次提出了"发展伦理学"概念，之后学术界从伦理视角对发展、民生等问题的研究才逐步展开。2003年科学发展观提出以后，学术界主要从生态、经济、政治、科技等维度对其进行了多维度伦理价值研究。2007年10月，党的十七大强调在经济发展的基础上，更加注重社会建设，着力保障和改善民生，努力使全体人民学有所教、劳有所得、病有所医、老有所养、住有所居，推动建设和谐社会。在这之后，学术界主要围绕民生的概念、本质、理论、问题成因、改善对策等展开对发展伦理的研究。

距，促进残疾人事业与经济社会协调发展。①

（二）公共伦理

公共伦理是政府组织与非政府组织、公共管理部门以及国家公务员、各类行政人员在公共事务中的价值追求的总体观念。而政府则是社会公共领域处理公共事务的权力主体，从这个角度看，公共伦理就是行政伦理。②公共伦理规则或行政伦理原则，强调公正是公共服务的首要伦理原则，是公共伦理的价值基础；追求人道，以人为本，维护人的基本权益。公共伦理缘起于对人的关怀，以实现普遍人权为其价值基础，是对满足公共需求理念的进一步解读，体现的是以人的健康生存与全面发展为中心的伦理价值取向。它涉及人的生活和发展的各个层面，包括义务教育、公共卫生医疗、社会保障、公共就业、公共安全等广大城乡居民最关心、最迫切的方面。它能够为残疾人提供一个体现人的尊严的生活条件，使其享受社会的公正和平等，在困难的时候得到政府的帮助，使其从自己国家那里获得基本的依靠感、可靠感和安全感。

中国的行政伦理学研究在 20 世纪 80 年代就已开始，"人民公仆"这一总的行政伦理规则便是与人民群众利益的高度吻合。③ 但在实践中，一定程度上出现了规则与现实难以同步的现象，其原因就在于行政伦理规则停留于一般制度层面。而国际社会的实践则表明，行政伦理规则法治化，是行政伦理制度建设成功经验。所以，从国际社会的成功经验来看，行政伦理规则创新最重要的三个方面：一是健全行政伦理建设的激励机制，伦理主体产生强烈的组织责任感、使命感、忠诚感，会更加致力于提升个人伦理并能创造一个良好的组织伦理氛围；二是健全行政伦理建设的考核机制，通过考核行政主体的道德状况，对行政人员进行相应的奖惩，从而提高行政人员道德水平；三是健全行政伦理建设的监督机制，切实强化公共伦理规则的执行力度和监督力度。行政机关内部监督是重要的监督形式，但其监督机构还可以是政党组织、权力机关，也可以是社会团体、大众传媒和包括残疾人在内的所有公民。

---

① 国务院残疾人工作委员会：《中国残疾人事业"十二五"发展纲要（摘要）》，《中国残疾人》2011 年第 7 期。

② 刘小敏：《社会矛盾凸显期和谐社会建设研究》，广州：中国出版集团世界图书出版公司，2011，第 157 页。

③ 张康之：《行政伦理的观念与视野》，北京：中国人民大学出版社，2008，第 10 页。

（三）社会伦理

社会伦理是指人与人之间符合民俗道德文明的理念，这种伦理会随着时代的发展产生变化。现代社会伦理的核心是公平正义，让社会成为公平正义的社会、人成为公平正义的人，普遍提高社会的公平正义水平是社会伦理的主旨所在。社会伦理的主要原则有：尊重生命原则、保障自由原则、平等相待原则、普遍发展原则。中共十八大报告指出："社会主义核心价值体系是兴国之魂，决定着中国特色社会主义发展方向。要深入开展社会主义核心价值体系学习教育，用社会主义核心价值体系引领社会思潮、凝聚社会共识"；要"倡导富强、民主、文明、和谐，倡导自由、平等、公正、法治，倡导爱国、敬业、诚信、友善，积极培育社会主义核心价值观"①。社会伦理核心价值体系蕴含"以人为本"和人的全面发展的伦理维度。

创新社会伦理，包括伦理精神、伦理关系、伦理行为、制度伦理等多个层面。② 弘扬伦理精神，就要从满足人们最关心、最直接、最现实的物质文化需要出发，广开致富之源，合理调节收入，大力发展社会事业、健全社会保障体系，实现好、维护好、发展好包括广大残疾人在内的全体人民群众的政治利益、经济利益和文化利益，努力形成共同建设、共同享有的社会局面；就要在复杂多变的形势面前，用和谐伦理精神引导人们正确对待自己、他人和社会，正确对待困难、挫折和荣誉，努力塑造自尊自信、理性平和、积极向上的社会心态，大力营造"我为人人、人人为我"的社会氛围。

二　产业服务

产业服务是针对残疾人在生活服务领域的特殊需求，按照国家扶持、市场推动的原则要求，充分动员国家、社会（企事业单位、社会组织和个人）和残疾人家庭等多方面的积极性，发展为残疾人提供服务的产业。产业服务所涉及的伦理规范主要有企业伦理、职业伦理和商业伦理等。

（一）企业伦理

企业伦理是企业在经营管理中，处理内外部关系及企业管理者自身的

---

① 胡锦涛：《坚定不移沿着中国特色社会主义道路前进，为全面建成小康社会而奋斗——在中国共产党第十八次全国代表大会上的报告》，《人民日报》2012 年 11 月 18 日（1）。

② 陈爱华：《社会主义核心价值体系的伦理维度》，《南京政治学院学报》2009 年第 5 期，第 39 页。

道德意识、道德良心、道德准则、道德行为活动的总和。主要包括以下原则：交换自由原则、诚实守信原则、服务至上原则、公平竞争原则等。企业伦理不仅提升企业的核心竞争力和凝聚力，而且是企业的无形资产，是企业发展的不竭之源，是企业实现可持续发展的必由之路。[1]

企业伦理观念是美国在 20 世纪 70 年代提出的，最近几年日本也开始对企业伦理问题进行研究。[2] 而中国对企业伦理的认识与研究尚处于起步阶段。当前中国企业伦理缺失主要表现在以下三个方面：企业伦理理念模糊、企业伦理精神匮乏、企业伦理规则缺失。随着改革开放的步伐不断加快，改革的程度不断加深，改革的领域不断扩展，企业在中国市场经济体系中的地位显得越来越重要。但是，由于社会主义市场经济体制还有待进一步的完善，在这一过程中，一些企业只顾眼前的利益，为了实现企业利润最大化，以违背企业的伦理原则，甚至违反最起码的道德原则的手段来谋求企业的经济利益。如不愿意安排残疾人就业，或者不愿交纳残疾人就业保障金，就是企业不愿意承担社会责任的表现。从事残疾人服务业的生产企业，比一般生产企业有着更高的伦理要求，决不能以次充好或生产假冒伪劣商品，坑害本来就处于弱势地位的残疾人。若生产假冒伪劣产品，不仅违背了企业的伦理原则，损害了企业的良好形象，同时也影响企业的生存和发展，而且严重阻碍了市场经济体制的健康运行，破坏了市场经济秩序。其实，企业伦理是企业一种极为宝贵的无形资产，会对人们的经济行为发生作用，从而促进对企业经济目标的实现。[3] 因此，在现代企业制度建设中，必须加强伦理建设。

创新企业伦理建设的主要途径有三：一是制定企业守则。从事残疾人服务业的生产企业，毫无疑问应该以全心全意为残疾人服务为最重要的伦理守则，它同时包含了经营理念与道德理想。对企业的伦理法则，要通过一系列的奖励、审核以及控制系统加以强化，同时要对破坏伦理规范的行为予以惩罚。二是设定伦理目标。企业伦理规范体系的核心是企业的伦理理念，确立企业的伦理理念的一个重要前提是应与时代的要求相一致。因

---

① 戴川：《企业伦理建设与企业核心竞争力》，《现代商业》2012 年第 3 期。

② 董翔薇、董驹翔：《伦理智慧视野中的企业竞争与企业社会责任》，《伦理学研究》2006 年第 5 期，第 27 页。

③ 朱春生：《企业文化建设与企业伦理建构关系研究》，《科技信息》2013 年第 10 期，第 25 页。

此，构建企业伦理规范体系应坚持公平与效益的原则，建立正确的企业伦理观念，正确处理国家利益与地方利益、整体利益与局部利益、长久利益与短期利益的关系问题才有可能使企业可持续发展。三是加强企业监督。企业作为社会的成员，约束企业的行为，其行为也处于社会的监督之下。对企业的监督应是一个全方位的监督，可以包括法律监督、环境监督和自我监督。① 以伦理道德为思想基础推进企业伦理建设是管理发展的需要，是提升企业竞争力的需要。

（二）职业伦理

职业伦理规则是从事特定职业的群体或个人带有职业共性的伦理规则，职业伦理也是从业者对他从事的工作和服务的对象所承担的责任。职业伦理从社会意义的角度提出要求，把从业者视为按照职业来加以区分的特定的社会角色，并在此定位基础上对其权利与义务做出规定，因此，职业伦理其实就是角色伦理。如工人、农民、士兵、会计师等，在这一系列角色的背后，都承载着各自不同的伦理责任。爱岗敬业、诚实守信、办事公道、服务群众、奉献社会就是总的基本职业伦理规则。如经济领域带共性的职业伦理规则有：要正当求利、等价交换、公平分配、勤俭节约。② 各行各业也都有自己的职业伦理，如医疗行业，要救死扶伤、钻研医术、精益求精、悬壶济世、扶危济困。职业伦理包含着很多要素，主要有职业理想、职业态度、职业义务、职业责任、职业纪律、职业作风、职业荣誉、职业良心等，它们既是职业精神的集中体现，也是职业伦理规范的基本内容。

由于社会组织的不齐备，最主要的表现是很多行业协会尚未完全建立，现有的一些行业协会还没有形成一套完备的行业规范和建设规划，使得职业伦理缺失，这不仅使社会处于混沌无序之中，而且也不可能使经济持续增长，因而反过来又影响到行业的发展。有鉴于此，行业协会应大力倡导职业伦理，从而使自身职业操守与规范具有全社会的知晓度，职业伦理直接影响着管理效果，因此培育职业伦理成为实现管理使命的有效途径。在残疾人服务业的从业人员中，培育以残疾人为本的观念、强化行业内的组织文化建设、制度建设和职业认同，是创新职业伦理规则的重中之重。

---

① 杜海燕：《企业伦理与社会责任》，《社会科学战线》2012年第6期，第27页。

② 刘小敏：《社会矛盾凸显期和谐社会建设研究》，广州：中国出版集团世界图书出版公司，2011，第158页。

（三）商业伦理

商业伦理是指商业活动中商业主体应该遵守的商业行为原则和规范，用以指导经营实践活动的伦理气质、道德心理、价值观念和目标指向的一种综合体。也就是说，商业伦理是一种道德秩序，一种价值观念，代表着一个国家经济领域的道德进步与文明程度，并对经济社会发展起着推动作用。在市场经济条件下，商业伦理是商业与社会关系的基础，在一定程度上是社会伦理的灵魂和核心。[①] 市场经济是法治经济，更是道德经济，发达的市场经济必须有先进的商业伦理为支撑。只有这样，市场经济才会有秩序、有活力、有安全，企业之间才能建立互信机制，实现长久发展。商业伦理的原则主要有：强烈的社会责任、诚信的道德准则、基本的人道精神。

在市场经济社会，商品贸易已渗透社会生活的方方面面，商业伦理也成为整个社会最直接、最一般的表现形式。以德取胜，能将商业伦理转化为物质财富，转化为企业的核心竞争力，这是现代企业科学发展的根本途径。然而，在市场经济刚刚起步的中国，一段时间以来，地沟油、毒豆芽、毒大米、毒奶粉等一系列食品安全事件，使广大消费者深受其害；偷逃税收、破坏环境、漠视公益，更触及社会公众难以容忍的道德底线，这说明当前社会存在商业主体唯利是图，社会责任缺失，商业诚信精神匮乏，商业公平竞争精神缺失等问题。此类事件的爆发，固然与相关法律存在漏洞、违法成本较低、执法监管不严、地方政府袒护等外部因素有关。但是，更重要的内部原因是商业社会普遍存在的伦理迷失。因此，必须重新审视商业伦理，将企业对社会的贡献和企业自身的发展有机地结合起来，使企业遵循商业伦理与追求经济利益有机统一。

创新商业伦理规则，一是必须建立健全市场经济法律体系。市场经济条件下，企业的"经纪人"属性决定了它需要通过自己的谋利活动实现利益最大化，所以，只有建立健全市场经济法律体系，对企业行为实行一定程度的引导和规制，通过政府力量推动商业伦理精神创新，使之承担相应的社会责任，符合社会公共利益的要求。二是必须建立商业信用评价体系。商业信用是一个企业在经营过程中诚信和信誉程度的综合性反映。要通过一系列的信用制度设计来推动社会信用体系建设，树立诚信的社会价值观。三是要加强社会道德教育。商业伦理是道德责任与法制的统一。符合商业

---

① 郭文婧：《食品安全靠法治也要靠商业伦理》，《法制日报》2010 年 8 月 30 日（3）。

伦理价值标准的成功商业活动是兼顾消费者、厂家和社会三者利益需求的。防范和治理失信仅靠道德规范是不够的，还必须把社会诚信纳入法治（制）轨道，加大惩处力度，使失信者无利可图。[①] 只有这样才能构建一种企业与员工、消费者、供应商、社区、政府和环境等各个方面利益相关者共赢的关系。

三　综合服务

以残疾人为服务对象的综合服务，一般以社区综合服务中心为依托，并引进公益组织和机构参与，在各级残疾人联合会的指导下，服务人员通过咨询辅导、个案跟进、服务转介、小组及团队辅导等方法，为服务对象提供情绪疏导、心理支持、社会适应、法律援助等方面的服务，协助服务对象解决生理、心理、社会等方面的问题。综合服务涉及的主要伦理规范有组织伦理、关怀伦理和家庭伦理等。

（一）组织伦理

组织伦理是组织之中蕴含的伦理道德价值观念。合理的伦理道德价值观念对于组织具有重要的意义，它有利于组织的运作和控制，有利于加强组织的团结与凝聚作用、对组织成员的激励与振奋作用；能够塑造组织形象，提升组织的社会地位；能够提高组织绩效。一方面，组织伦理是一种善恶标准，可以通过舆论和教育方式，影响员工的心理和意识；另一方面，组织伦理是一种行为标准，可以通过规章、习惯等成文和不成文的形式，调解组织和员工行为。组织伦理的具体内容包括：分工合理，用人公平；不损其他，遵守底线；义利并重，奉献社会；服务大众，集体优先。[②]

在对残疾人所进行的综合服务中，相关方应在残疾人联合会的指导下，从以下几方面创新组织伦理。一是培育组织伦理氛围。组织伦理气氛的塑造不仅有利于激发与改善员工的伦理行为，提高员工的组织承诺和工作满意感，而且可以提高组织绩效，进而推动组织健康发展，是解决组织伦理问题的有效途径之一。二是确立组织伦理理念。现代组织由于其功能的特殊性、方向的特定性，在现实中，其伦理本质往往被遮蔽、道德特性往往被消解，因此，作为组织本身，应确立组织伦理理念，高扬组织伦理精神，

---

① 李松：《中国社会诚信危机调查》，北京：中国商业出版社，2011，第252页。

② 余卫东、龚天平：《组织伦理略论》，《伦理学研究》2005年第5期，第17页。

使组织真正成为道德责任主体。三是建立组织伦理机制。在多元化、复杂化的现代社会，组织呈现出不同的类型和结构，而且受到来自多方面因素的影响，其中包括政府、社会、团体以及本组织领导的影响。

（二）关怀伦理

关怀伦理是从伦理的角度对人的生存和生活状况进行关注，是人与人之间相互关爱、相互扶助的人文关怀，使社会中的个体充分感受到来自他人的关怀和抚慰，从而唤起自身对生活的追求与热爱。人文关怀是以人的生存、安全、自尊、发展等需要为出发点和归宿，以充分尊重人、理解人、肯定人、丰富人、发展人、完善人，促进人的全面发展为内在价值尺度。全球化、国际化以及市场化所引发的社会竞争日益激烈，引起了人际关系日渐紧张化、功利化。为了缓解这一激烈竞争和紧张关系对人们所造成的伤害，人际间需要更多的关怀。在这种情况下，对于人际关怀的需求，就成为社会文明发展与社会稳定过程中出现的重要道德需求，而关怀伦理理论也就应运而生。

关怀伦理学的理论模型最初是由美国教育哲学家诺丁斯（Nel Noddings）在 20 世纪 80 年代提出的。她认为，"关怀他人"是关怀伦理的首要表达，关怀伦理涉及两个重要的概念，即仁慈和同情。关怀伦理把人看成是相互依赖的，而不是独立的个体，认为道德应强调人们之间的关怀、同情和关系问题，而不仅仅是或主要是单个道德行为者的理性决定。为此，关怀伦理要遵循四个原则：人性化原则、个性化原则、生活化原则、公平公正原则。[①]

对残疾人弱势群体，同样也要从伦理的角度对残疾人群体的生存和生活状况进行关注，从而激发起他们内在的精神动力，改善自身的不利状况。伦理关怀的施予主体不仅仅是政府部门，而是具体到社会中各组织、各阶层的每一位成员。因为对弱势群体的伦理关怀是每一位有良知、有责任的社会成员所共同承担的。创新关怀伦理，要立足于家庭关系、社会交往、政治秩序三个方面，从家庭中的亲人之间的关系、社会中的普通人之间的关系、政府与普通民众之间的关系几个层次中去重视伦理关怀的手段和方式。一方面，充分体现关怀方对被关怀方的尊重和理解，突出关怀方的责任和义务；另一方面，在关怀的内容上，应该"具有明确的道德目的性"，

---

① 皮拥军：《诺丁斯关心教育思想研究》，《中国德育》2007 年第 5 期，第 24 页。

比如《残疾人保障法》就反映了关心、帮助残疾人的道德诉求。[①]

（三）家庭伦理

家庭伦理指调整家庭成员间关系的原则与规范。家庭是构成社会的细胞，是一个浓缩的小社会，它反映着人们最初步、最亲密的社会关系。中国有一句老话——没有家就没有生活。古人还把齐家与治国、平天下相提并论，可见家庭对人生和社会的重要性。家庭道德在不同的社会形态里有着不同的内容。家庭是社会的细胞，讲家庭道德不单单是个人的私事，也是社会主义精神文明的一个重要方面。如果每个家庭都能遵守家庭道德的规范，就能做到夫妻和睦，尊老爱幼，尊敬和赡养老人，抚养和教育子女，尊重家长，爱护弟妹等等，这就为和谐社会奠定了良好基础。

形成和建立良好的家庭美德，对实现残疾人服务业跨越式发展具有十分重要的意义。对于家庭中的残疾者来说，残疾本身已构成了他们生活的有形困难，而来自他人的歧视则构成了他们生活的无形困难。这两种困难交织在一起，相互强化，使得身心残疾者处于更加痛苦的境地。在这种情况下亲情就显得尤为重要。正如大众所熟知的榜样人物——现任中国残疾人联合会主席张海迪，5岁患脊髓病，胸以下全部瘫痪，但是她却在父母的呵护下自学成才，创造和翻译的作品超过100万字，影响了整整两代人，更是在2001年被新华社《环球》杂志评为"环球二十位最具影响力的世纪女性"。在这成功的背后是父母的默默支持和付出，是亲情的呵护和抚慰铸就了那精神支柱的基石。因此亲情慰藉是身心残疾者的温暖港湾，可以让他们在亲情的慰藉中发泄各种不满的情绪，使疲惫的身心得到调整和放松；可以为身心残疾者带来强大的精神动力和心灵的安慰，使得他们获得生活的信心和勇气。[②]

[①] 李俊奎、梁德友：《论弱势群体伦理关怀的几个理论问题：概念、维度与依据》，《社会科学辑刊》2009年第3期，第33页。

[②] 钟刚、杨一飞：《张海迪成了改革开放后第一个全国典型》，《南方都市报》2008年11月2日（GB24）。

第九章　体制创新

　　加快残疾人事业发展，必须以改革创新精神进一步加强组织建设，始终保持与残疾人的血肉联系，不断提高为残疾人服务的能力和水平，承担起新的历史使命。

——中国残疾人联合会名誉主席：邓朴方①

　　从管理学角度来说，所谓体制，是指国家机关、企事业单位、社会组织的机构设置和管理权限划分及其相应关系的制度。与残疾人服务业相关的国家机关、企事业单位、社会组织是残疾人服务业的服务主体。这些服务主体，可从不同角度分类。从层次上分，有国家机构、地方机构、社区机构；从来源上分，有政府机构、市场机构、社会机构；从属性上分，有公办机构、民办机构、境外国外机构、混合机构；从业务上说，既可分为直接服务机构与间接服务机构（如生产机构、营销机构、管理机构、中介机构、研究机构），也可分为公共服务机构与专业服务机构，还可分为特惠型服务机构、普惠型服务机构、高端化服务机构。为既兼顾不同分类方式，又突出体制创新的重点与难点，本章将从公办机构服务、民办机构服务和社区机构服务三个方面，对如何创新残疾人服务体制进行初步探讨。

第一节　公办机构服务

　　这里所说的公办机构服务，是指由政府相关部门和与政府具有直接或

---

① 邓朴方：《高举中国特色社会主义伟大旗帜，为加快残疾人事业全面发展而奋斗》，《中国残疾人》2008 年第 12 期，第 10～11 页。

间接隶属关系的各类事业单位以及国有企业、集体企业所提供的满足残疾人生存和发展需要的各种内容和形式的服务。本节从机构设置、功能界定、服务创新三个方面，对如何创新残疾人服务业中的公办机构服务体制进行探讨。

一 机构设置

在中国大陆，为残疾人提供服务的公办机构很多，主要包括党政军相关部门、与政府具有直接或间接隶属关系的各类事业单位、国有企业和集体企业三大类别。下面分别概说其机构设置情况。

（一）政府机构：残疾人工作委员会

在中国大陆，残疾人工作委员会是各级政府的内设机构。国务院1993年成立残疾人工作协调委员会，2006年更名为残疾人工作委员会。目前，国务院残疾人工作委员会由主任一人、副主任七人、秘书长一人、委员若干组成，现任主任为国务委员王勇。国务院残疾人工作委员会的具体工作由中国残疾人联合会承担。目前，中国大陆从省（自治区、直辖市）到县（市、区）各级人民政府均设有残疾人工作委员会，其具体工作同样由同级残疾人联合会负责。

国务院残疾人工作委员会的主要成员单位有：教育部、民政部、人力资源和社会保障部、国家卫生和计划生育委员会、中央宣传部、中央对外宣传办公室、外交部、国家发展和改革委员会、国家民族事务委员会、科学技术部、公安部、司法部、财政部、工业和信息化部、住房和城乡建设部、农业部、文化部、交通运输部、中国人民银行、海关总署、国家税务总局、国家工商行政管理局、国家体育总局、国家统计局、新闻出版广电总局、国务院法制办公室、质检总局、中国农业银行、国务院扶贫开发领导小组办公室、解放军总政治部、全国总工会、共青团中央、全国妇联和中国残疾人联合会等。中国大陆从省（自治区、直辖市）到县（市、区）各级人民政府残疾人工作委员会的成员单位，与国务院残疾人工作委员会的成员单位具有内在的一致性。

必须加以说明的是，残疾人工作委员会是各级政府的内设机构，但上述各成员单位，虽然绝大部分都是政府的职能部门，但并非全部是政府的内设机构。如中央宣传部、中央对外宣传办公室、解放军总政治部属于参照公务员管理的非政府部门；全国总工会、共青团中央、全国妇联和中国残疾人联合会则属于参照公务员管理的事业单位；中国农业银行属于中央级大型国有企业。

（二）事业单位：残疾人联合会等

残疾人联合会是参照《公务员法》管理的事业单位。中国残疾人联合会以全国代表大会为其最高权力机构，每五年举行一次，由主席团召集，代表中残疾人及残疾人亲属应超过半数，主席团每届任期五年。2013年9月换届后的第六届主席团，主席为张海迪，副主席为鲁勇、孙先德、李志军、刘再军、沈晓明、黄悦勤、刘德培、王新宪、王乃坤、吕世明。在全国代表大会闭会期间，主席团负责贯彻全国代表大会决议，领导全国残疾人联合会工作。全国代表大会和主席团下设执行理事会。第六届执行理事会理事长为鲁勇，副理事长为孙先德、程凯、贾勇、王梅梅。[①] 执行理事会下设办公厅（国务院残疾人工作委员会秘书处）、研究室、维权部、组织联络部、康复部、教育就业部、宣传文化部、体育部、国际联络部、计划财务部、人事部和机关党委等。目前，中国大陆从省（自治区、直辖市）到县（市、区）各级均成立了残疾人联合会组织。截至2012年底，乡镇（街道）一级也已建残疾人联合会3.9万个，已建率达到97.5%。[②] 各地残疾人联合会的机构设置与中国残疾人联合会的机构设置大同小异。

除了依托参照公务员管理的事业单位——残疾人联合会等作为政府成员单位外，还设置了专门为残疾人服务的一些其他事业单位[③]。从中国残疾人联合会网站可见，中国残疾人联合会直属的事业单位有：中国康复研究中心、中国康复科学所、中国聋儿康复研究中心、华夏出版社、华夏时报社、中国盲文出版社、中国残疾人特殊艺术指导中心、中国残疾人体育运动管理中心、中国残疾人联合会就业服务指导中心、中国残疾人杂志社、中国残疾人联合会华夏文化集团、中国康艺音像出版社、中国残疾人辅助器具中心、北京按摩医院、中国残疾人联合会信息中心以

---

① 人民日报记者：《张海迪当选中国残联主席　邓朴方任名誉主席》，《人民日报》2013年9月20日（04）。

② 中国残疾人联合会：《2012年中国残疾人事业发展统计公报》，http://news.xinhuanet.com/politics/2013-03/28/c_124514075.htm，2013-3-28。

③ 这些事业单位依其工作职能分别具有中国大陆四种不同的事业单位属性，即参照公务员管理的事业单位、全额拨款的公益一类事业单位、财政补贴的公益二类事业单位、自收自支的公益三类事业单位。

及中国残疾人联合会机关服务中心。除此之外，国家民政部还设有社会福利中心、国家康复辅具研究中心、国家康复辅具研究中心附属康复医院等为残疾人服务的机构。教育系统中的公办特殊教育学校、卫生系统的公办医院的康复科等也都是为残疾人提供服务的事业单位。目前，中国大陆各地、各层级的残疾人联合会等部门均设立了与中央层级大同小异的相关事业单位。

（三）公办企业：相关国有集体企业

公办企业包括国家所有制企业和集体所有制企业两种形式。国家所有制企业又叫全民所有制企业，是指资本全部或主要由国家投入并为全体人民所有，依照相关法律设立的自主经营、自负盈亏、独立核算的社会主义商品生产和经营单位组织。国有企业包括中央和地方传统的全民所有制企业，也包括中央和地方新型的国有控股企业。国有控股企业，就是指企业有国有股份，而且在企业所有股东中，国家持有的股份最多。国有控股企业有两种，一是绝对控股，即国有股在企业中占51%以上；二是相对控股，国家是企业最大的股东，但所占股份比例并没有达到51%。集体所有制企业，是财产属于劳动群众集体所有、实行共同劳动、在分配方式上以按劳分配为主体的社会主义经济组织。集体企业可以分为城镇集体企业和乡村集体企业。城镇集体企业的设立必须经省级人民政府规定的部门审批；乡村集体企业由乡政府同意报乡镇企业局审批。集体企业是历史的产物，现已逐步改制为有限公司形式。

在残疾人服务业中，从中央到地方，都存在一批国有企业或集体企业。例如，2010年5月正式运营的北京国康联假肢有限公司，就属于国有企业；主要生产经营康复辅具等产品的上海民政（集团）有限公司，拥有9家全资企业和1家控股企业，是由市国资委作为出资人，并委托市民政局监督管理的国有独资公司。据不完全统计，目前中国大陆生产残疾人康复辅助器具的企业超过500家，其中便有国营假肢生产企业及相当数量的小型集体经营企业。① 中国大陆残疾人康复辅助器具生产经营的业务主管部门分别隶属民政系统、残疾人联合会系统、劳动和社会保障系统。

---

① 佚名：《康复辅具产业技术创新战略联盟》，http：//www. doc88. com/p－935709721218. html，2013－4－14。

二　功能界定

美国现代社会学的奠基人帕森斯（Talcott Parsons，1902 – 1979）是结构功能主义理论的代表人物。根据结构功能主义理论，对社会系统的制度性结构进行功能分析，能够促进社会系统的稳定和秩序。上述三种不同类别的公办机构，在残疾人服务业发展进程中都有其独特的功能或职能。残疾人服务的国有企业、集体企业的基本职能就是生产、经营或直接从事相关服务活动，其职能因服务内容而异，且有不同类别的企业法、公司法、行业准则所规定，内容繁杂，难以概说，这里存而不论。下面主要概说残疾人工作委员会、残疾人联合会、残疾人联合会以外的其他事业单位的基本职能。

（一）政府职能机构：统筹、协调、整合

政府职能机构即政府残疾人工作委员会，其主要职责包括以下几个方面：一是统筹有关残疾人事业方针、政策、法规、规划、计划、办法的制定与实施工作；二是协调解决残疾人工作中的重大问题；三是协调有关部门，各司其职，密切配合，积极做好残疾人工作；四是协调相关部门为残疾人兴办相关项目；五是负责动员社会各界力量，有效整合社会多方资源，为残疾人事业争取更广泛、有力的社会支持。此外，国务院残疾人工作委员会还要负责组织协调联合国有关残疾人事务在中国的重要活动，而地方政府残疾人工作委员会也要承担国务院残疾人工作委员会及有关部门和地方党委政府交办的其他事项。

残疾人工作委员会对各成员单位的相关职责也进行了界定。如教育部门负责贯彻执行《残疾人教育条例》，制定有关残疾人教育的法律规范和政策性文件，负责残疾儿童少年的学前教育，把残疾儿童少年特殊教育纳入普及义务教育的范围，积极扫除残疾青壮年文盲，逐步发展残疾人特殊教育事业，组织开展残疾人职业教育与培训，协调语言文字工作委员会做好盲文和手语的研究推广等；民政部门负责残疾人的社会福利救济工作，培育残疾人福利企业的发展，促进残疾人集中就业，负责组织社会福利机构和社区服务机构中的残疾儿童学前教育、残疾人职业技术教育及文化教育，参与精神病防治、康复与救济工作，管理并指导残疾人社会团体，发行中国福利彩票为残疾人等福利事业筹集资金等；社会保障部门将残疾人就业纳入劳动就业发展的总体规划，负责残疾人就业岗位的开发，承担残疾人

职业技能鉴定、就业培训和岗位推荐工作，保障残疾人的稳定就业等；卫生部门负责制定和实施残疾人康复医疗规划，有计划地开展残疾人康复和残疾人预防工作，按《医疗机构管理条例》要求，设置残疾人康复科和康复机构，指导各级残疾人联合会建立残疾人康复机构，负责残疾儿童的早期筛查、检查诊断工作等。

（二）残疾人联合会：代表、服务、管理

在中国，残疾人联合会是由法律确认、政府批准的各类残疾人和残疾人工作者组成的残疾人事业团体。残疾人联合会由残疾人及其亲友和残疾人工作者组成，具有代表、服务、管理三种职能，一是代表残疾人共同利益，维护残疾人合法权益，二是团结教育残疾人，为残疾人服务，三是履行法律赋予的职责，承担政府委托的任务，管理和发展残疾人事业。其主要任务包括：宣传贯彻《残疾人保障法》，切实维护残疾人的合法权益；密切联系残疾人，广泛听取意见，及时反映残疾人需求，全心全意为残疾人服务；团结、教育残疾人发扬乐观进取的精神，自尊、自信、自强、自立，为社会建设贡献力量；沟通政府、社会与残疾人之间的联系，宣传残疾人事业，动员社会理解、尊重、关爱残疾人；开展并促进残疾人医疗康复、培训就业、社会保障、教育、文化体育、维权和扶贫等工作；参与研究、制定和实施残疾人事业的法律法规、规划计划和政策性文件，发挥综合、协调、咨询、服务作用，对有关领域的工作进行管理和指导；负责政府残疾人工作委员会的日常工作；管理和指导各类残疾人社团组织，培养残疾人工作者；开展国内外残疾人事业的交流与合作。残疾人联合会虽然是参照公务员法管理的事业单位，但作为具体负责政府残疾人工作委员会职责的政府残疾人工作委员会成员单位，在一定程度上发挥着政府职能部门的作用。

目前，残疾人联合会在残疾人服务业的发展中发挥着多重功能。首先，作为政府授权的管理者，具有管理和指导残疾人服务业的职能，主要体现在以下几个方面：一是研究、制定和实施与残疾人服务业相关的规划、政策；二是制定残疾人服务业的标准，如专业人员的配备数量等；三是对残疾人服务机构的准入等进行行政审批；四是发挥联系政府、社会和残疾人的桥梁作用，积极向政府有关部门争取政策和经济支持，通过对残疾人服务业的宣传，动员社会力量理解并参与残疾人服务业；五是对残疾人服务项目进行管理；六是为残疾人服务机构提供技术指导、经费支持、人才培养等服务；七是对残疾人服务进行评估和监督；八是具有行政立法、行政复议的职能，等等。其次，作为残疾人代表，对残疾人及其家庭的需求有切身体会，与残疾人交流更有亲切感，具有广泛收集和如实反映残疾人服务需求的职能。再次，残疾人联合会目前还承担着为残疾人及其亲属直接提供具体服务的职能。

（三）其他事业单位：提供服务管理服务

在残疾人服务体系中，残疾人联合会以外的其他事业单位承担着管理某一服务领域，提供具体服务的职能。如中国康复研究中心承担着残疾人的康复技术研究、康复人才培养及信息与社会服务等职能；中国聋儿康复研究中心负责聋儿康复技术研究、相关专业人员的技术培训、聋儿语训、听力测试、助听器验配等；中国残疾人奥林匹克运动管理中心负责残疾人体育的宏观管理，指导和协调地方残疾人体育工作，组织国内、国际残疾人赛事的技术培训，管理国家残疾人体育综合训练基地；中国残疾人就业指导中心（中国盲人按摩中心）协助制定实施全国盲人按摩行业管理的法规、政策及管理办法，制定实施盲人按摩工作规划并组织实施、督导、检查，为盲人按摩人员从业、就业提供指导与服务；中国残疾人杂志社，为全国各类残疾人提供文化服务，是向全社会开放的新闻出版机构；中国残疾人用品开发总站负责残疾人用品用具开发、供应、管理与质量监督；北京按摩医院为盲人提供按摩医疗培训和就业机会等。

三 服务创新

当前，公办机构的服务体制存在着一些问题和不足。主要体现在以下几个方面：一是残疾人工作委员会成员单位职责不清，未能充分发挥其统筹、协调和整合的职能，残疾人联合会定位不明、政企不分，影响管理和服务效能；二是残疾人联合会以外的其他事业单位缺乏竞争和创新意识，服务质量不高，且未就某些服务内容建立专门的服务机构；三是为残疾人服务的国有企业或集体企业总体上数量匮乏，产品质量不高。针对这些问题和不足，必须大刀阔斧地推进公办机构的残疾人服务体制创新。

（一）改革政府职能机构、优化残疾人联合会

改革政府职能机构残疾人工作委员会。一是要建立成员单位领导责任制。要进一步明晰各成员单位的职责和分工，并以政策文件的形式下发到

各成员单位；每个成员单位要确定一个有权威的领导为责任人，对本单位开展残疾人工作的好坏情况负总责，并指定一个固定的联络员。二是要建立成员单位项目负责制。要尝试创建项目负责制，根据项目内容指定相关部门的领导为项目负责人，对该项目进行全程策划、监控、管理和协调，并对项目终极目标的完成情况负责。这主要是考虑到多头管理不利于工作的开展，而且残疾人联合会的地位不高，很难协调好其他政府部门共同开展工作。三是要将主任办公会议制度化。目前，残疾人工作委员会是根据需要召开主任会议，要求主任、副主任、相关委员和秘书长参加，建议将其制度化，规定每年定期召开一到两次会议，然后再根据需要召开临时会议。四是要建立有效的督查奖惩制度。一方面，各成员单位相关工作的监督检查，可通过成立督查小组或由残疾人联合会负责，定期或不定期对各成员单位的残疾人工作情况进行明察暗访，将检查结果在全体会议和主任办公会议上通报；另一方面，要开展残疾人工作优秀单位的评选活动，对工做出色的单位给予表彰，并要求工作落后的单位向工作委员会提交整改报告。

如何优化残疾人联合会？一方面，建议把现在的残疾人联合会的管理职能独立出来，设置专门的残疾人事业管理机构，主要负责统筹残疾人事业的方针、政策、规划、法制建设、经费投入、队伍建设；协调政府各职能部门，管理残疾人的康复、教育、就业、扶贫、文化体育等事宜；依法加强对残疾人代表机构和残疾人服务机构的宏观调控和管理。该机构的所有工作人员均为国家公务员，经费纳入财政拨款计划，实行收支两条线管理。为稳定现有的残疾人工作者队伍，可考虑按照"老人老办法，新人新办法"的原则，让残疾人联合会机关的现职干部和工作人员按一定的程序过渡成为该机构的工作人员，比如，其主要负责人可由各地现任的残疾人联合会执行理事长转任；以后新进的人员则严格按公务员法的有关规定招录。为确保该机构精简高效、管理到位，原残疾人联合会属下的一切与管理职能无关的行会机构、社会服务机构原则上都要与该机构脱钩。另一方面，建议将服务、经营和评估等职能剥离出来，独立运作。管理职能独立出来后，可以进一步把服务、经营和评估等职能分别剥离出来，赋予不同的主体去承担。具体而言，残疾人事业管理机构行使指导、规划、管理、监督的职权，康复中心等服务机构转变为独立的法人，实行准市场化或市场化运作，评估职能委托给社会专业机构承担。这样就能有效改变过去那种残疾人联合会既当"裁判员",又当"运动员"的体制,克服由此带来的种种弊端。要发挥新体制的优势,广泛发展各种不同类型的残疾人服务机构,提升残疾人服务的能力和水平。应鼓励民办公助、公办民营两种不同类型的社会福利机构发展。对非营利性的纯粹福利救助型的机构,政府可以给予全额资助,有条件的地方可采取政府购买服务的办法,以市场化运作的方式,支持其健康发展。对自愿型的慈善机构,要加大宣传力度,并适当给予物质和精神上的奖励。对营利性的经营机构,应依法加强管理,奖优汰劣。对各种康复机构、特殊教育机构、就业中介机构、扶贫机构、组织联络机构、维权机构、宣传机构、文化体育机构、信息咨询机构、调查研究机构、残疾人服务业人才培养机构,凡是能够交给社会及民间组织承办的,应尽量交给社会及民间组织承办,使整个残疾人服务体系在依法接受监管的情况下,保持强劲的活力和源源不绝的内生动力,促使残疾人服务业蓬勃、健康发展。

(二) 盘活现有事业单位,创建新型事业单位

一方面,要盘活除残疾人联合会以外从事残疾人服务业的现有事业单位。现有的残疾人事业单位大多都是财政拨款,很少有经济上的压力,并且有政府的庇佑,在残疾人服务行业中多占据优势地位。长期下来,这些单位就会逐渐丧失锐意进取的精神,缺乏改革创新的动力,从而导致服务模式落后,满足不了残疾人的个性需要,服务水平较低。因此,必须深入推进事业单位改革。可通过调整岗位设置、建立分类考核制度、实施绩效工资等措施,完善事业单位的体制,进一步强化其竞争意识,充分调动其改革创新的积极性。与此同时,要改变政府直接对事业单位拨款的方式,采取发放服务券等补贴方式。由政府发放"残疾人服务券",残疾人可以自己选择去哪个服务机构消费,政府再根据服务券的数量给予服务机构资金补贴。这样做是为了将事业性质的服务机构逐步推向市场,使其只有靠创新服务模式、提高服务质量争取为更多残疾人服务,才能获得更好的效益。

另一方面,要创建新型的事业单位。在盘活存量的同时,也要继续发展增量。鉴于事业性质的服务机构比较容易得到政府的认同和公众的信任,有利于向政府争取更多的政策和资源,更容易获得社会各界的支持,而且也便于管理和控制,因此建议尝试培植新型事业单位。新型事业单位虽然也属于事业性质,但是却有别于传统的事业单位,主要体现在:在财务上拥有独立的经营权,以非营利性为目标,做到"成本核算,收支平衡";在人事上拥有自主权，可以根据工作需要，实行全员聘任，不再受编制的限制。新型事业单位可以作为残疾人服务业由初级阶段向社会专业化阶段过渡的一种尝试。此外，课题组在广东调研发现，目前公办的残疾人服务机构大多以医疗康复、教育、就业培训、社会保障和扶贫为主要内容，还没有或很少有为残疾人提供心理健康和文化体育等方面的专门服务机构，只是利用康复中心、工疗站等机构开展一些自娱自乐的节目，提供简单的心理疏导服务，或是在节日时由残疾人联合会组织一些残疾人开展娱乐文化节目。残疾人因其生理上的残疾，引发心理疾病的问题比较普遍，如自卑、孤独、情绪病等，而且残疾人在融入社会活动上存在一定困难，文体活动很少，非常需要有专门的机构和人才提供这些方面的服务。因此，建议兴办更多的残疾人心理服务站、残疾人文体活动中心等机构，更好地满足残疾人多方面的需求。

（三）扩大公办企业规模，提高服务产品质量

当下中国残疾人数量庞大，但残疾人康复辅助器具的生产，还是一个与需求相差甚远的小产业。从规模上说，在中国大陆，一个涂料可能有上千家企业在生产、一个汽车零配件估计有上万家企业在制造，但是一个轮椅，也就 30 家企业在生产制造。从质量上说，现在中国大陆的康复辅助器具与国外的顶尖产品相比差距很明显，大多还停留在仿制国外同类产品的阶段。[①]

无论是从理论上说还是从实际需要说，中国大陆都迫切需要一大批为残疾人服务的国有企业或集体企业。这就需要中国大陆实力雄厚的公办企业，特别是国有企业积极介入，大规模研发制造有自主知识产权的高端产品，不断扩大产业规模，提高服务产品质量。对于国有大中型企业来说，要积极研发高端产品，走向国际市场，主导国内行业标准的制定，参与国际标准的制定；对于广大集体企业和小型国有企业来说，可以走低端化、规模化、产业化的发展道路。无论是国有企业还是集体企业，都要强化市场竞争意识，不断推进技术创新，切实加强队伍建设，以实现自身的可持续发展。作为政府部门，应该对这类国有企业、集体企业给予税收优惠政策，体现对残疾人服务业的扶持。

---

① 徐建华：《我国残疾人辅助器具产业质量发展透视》，《中国质量报》2011 年 3 月 3 日（5）。

第二节　民办机构服务

这里所说的民办机构服务，是指在民政部门或工商部门登记或未经登记的由非政府部门或非事业单位主办的民办社会组织与社会机构、民办营利性企业与非营利性企业所提供的满足残疾人生存和发展需要的各种内容和形式的服务。本节从机构设置、功能界定、服务创新三个方面，对如何创新残疾人服务业中的民办机构服务体制进行初步探讨。

一　机构设置

在中国大陆，为残疾人提供服务的民办机构不少。从机构属性上说，主要包括社会机构、市场机构、中介机构。下面按机构属性分别概说其机构设置情况。

（一）社会机构

民办社会机构具有非政府性、非营利性，在国际上通常被称之为非政府机构（non-governmental organizations，简称 NGO）、非营利性机构（non-profit organization，简称 NPO）。在中国大陆，民办社会机构是由民间人士发起成立、主要依照《民办非企业单位登记管理暂行条例》和《民办非企业单位登记暂行办法》等规定依法登记注册的社会服务机构。民办社会机构，主要包括专业化社会服务机构和大众化社会组织两大类别。

现在与残疾人服务业密切相关的民办专业化社会机构，主要有民办社会工作机构、康复托养机构、教育就业机构、信息维权机构等。现在发展最快的民办专业化社会机构是社会工作服务机构，在广州，民办社会工作机构已遍布大小街道，进入多数社区。广州市人人社会服务中心是广州市残疾人联合会审定的民办康复服务定点机构，专门为残疾人提供专业康复服务；广州慧灵托养中心，是专门为智障人士提供服务的民办托养机构；广州至灵学校（又名天河智灵学校）是全国最早成立的民办智障特殊教育学校，是一所全日制、寄宿制，为中重度和多重障碍的智障儿童、青少年进行康复训练、文化教育、职业培训的特殊教育学校；北京汇天羽信息咨询中心，是一个由残疾人自己组织起来的，针对社会需要和弱势群体提供服务与支持的民办信息服务机构。

社会组织是指政府和企业之外面向社会提供专门领域公共服务的法人

实体，在当下中国已有不少真正民办的大众化社会组织。民办大众化社会组织与民办专业化社会机构除在一定程度上具有专业化和大众化的区别外，还有另一个不同，就是社会组织以社会团体的形式存在，而社会机构以服务实体的形式存在。在中国大陆，队伍庞大的社区志愿者组织就是标准的大众化社会组织。但是，当下中国也有不少公办或名义上民办实际上公办的带有准官方性质的社会组织，有时候很难区分这些组织究竟是公办还是民办。如归中国残疾人联合会执行理事会管理的社团单位，中国残疾人福利基金会、中国残疾人联合会特殊艺术委员会、中国残疾人康复协会、中国盲人按摩学会、中国残疾人事业新闻宣传促进会和中国残疾人体育协会，就都属于准官方性质的社会组织。

（二）　市场机构

民办市场机构是指各类民办企业，民办企业亦称非公有制企业，非公有制企业的含义是既非全民所有制企业也非集体所有制企业，而是民间私人投资、民间私人经营、民间私人享受投资收益、民间私人承担经营风险的法人经济实体，即个体企业或私营企业。个体企业是由业主个人出资兴办，由业主自己直接经营的企业，业主个人享有企业的全部经营所得，同时对企业的债务负有完全责任。私营企业是指由自然人投资设立或由自然人控股，以雇佣劳动为基础的营利性经济组织，包括按照《公司法》《合伙企业法》《私营企业暂行条例》规定登记注册的私营有限责任公司、私营股份有限公司、私营合伙企业和私营独资企业。

这里所说的民办市场机构，不仅包括经济类企业，而且包括社会企业。所谓社会企业，是指可以开设各项社会性收费服务，并通过社会性服务的营利来补贴福利性服务的企业；其社会经营以造福他人为目的，企业能够自我维持，以其经营收入抵消支出；不管处理经济问题还是社会问题，均采用经济手段，收益部分积累起来后归还投资者，盈利部分用于扩大再生产，改善服务质量，补贴弱势群体；其资金和运营具有可持续性，只回收投入部分，不分红，前期投入回收，进一步的盈利将用于企业发展，并坚持环保的绿色原则。

广东深圳残友集团股份有限公司，就是一家典型的民办市场机构，是中国乃至世界最大的残疾人集中就业的社会企业，为残疾人在高科技领域就业提供了机会和示范。该集团创始人郑卫宁曾荣获中华最具爱心慈善行为楷模、2008北京残奥会火炬手、全国优秀福利企业家等荣誉称号，并多次受到党和国家领导人亲切接见。集团属下有深圳市郑卫宁基金会、中华残疾人服务网、深圳市信息无障碍研究会、深圳市残友社工服务社等公益机构。中华残疾人服务网为海内外残障人群提供包括服务器免费空间和免费二级域名在内的全方位网上服务，曾被媒体评为"全球点击率最高的福利网站"。深圳市信息无障碍研究会主导的盲人电脑免费培训项目、聋人手语免费推广项目、大型手语歌会项目、扶助受到性侵犯的女性的春风计划项目等等，享誉海内外，是中国信息无障碍推进联盟首批成员单位。创建十年来，集团共为国内外近千家政府机构、事业单位、集团企业提供了优质的互联网信息化解决方案。

（三）中介机构

民办中介机构是指由民间人士发起，依照相关法律规定设立，在政府、市场、社会、公民之间从事中介服务的机构。在当下中国已有不少真正民办的中介机构。但是，当下中国也有不少公办或名义上民办实际上公办带有准官方性质的中介机构，有时候很难区分这些机构究竟是公办还是民办。如中国大陆的许多行业协会，属于中国《民法》规定的社团法人，总体上说应该是民间中介机构，它不属于政府的管理机构系列，是政府、企业、社会、公民之间的桥梁和纽带。但不少行业协会，在当下仍然有一定的政府背景。

在当下中国，为残疾人提供服务的行业协会主要有：中国盲人协会、中国聋人协会、中国肢残人协会、中国智力残疾人及亲友协会、中国精神残疾人及亲友协会、残疾人服务业协会、中国残疾人企业协会、残疾人创业协会等。中国盲人协会，是由全国盲人和与盲人工作有关的社会团体、企事业单位及个人自愿结成的非营利性社会组织。中国聋人协会，是由全国聋人和与聋人工作有关的社会团体、企事业单位及个人自愿结成的非营利性社会组织。中国肢残人协会，是由全国肢残人和与肢残人工作有关的社会团体、企事业单位及个人自愿结成的非营利性社会组织。中国智力残疾人及亲友协会，是由全国智力残疾人及亲友和与智力残疾人工作有关的社会团体、企事业单位及个人自愿结成的非营利性社会组织。中国精神残疾人及亲友协会，是由全国精神残疾人及亲友和与精神残疾人工作有关的社会团体、企事业单位及个人自愿结成的非营利性社会组织。残疾人服务业协会，由从事残疾人服务业的企业、事业单位、民办非企业、社会团体以及相关的管理人员和该领域的专家学者等自愿参加组成，实行行业服务和自律管理的非营利性的社会团体法人组织。中国残疾人企业协会，是中国境内以及其他国家的华人范围内残疾人企业家自发的群众性组织，是在经营领域中的公益、慈善、营销同步进行的行业自律管理的合法权威组织。残疾人创业协会，是由热心于残疾人事业的优秀残疾人实业家、离退休干部、知名文化人、学者、社会活动家、公益人士等自愿结成的社会团体。

二　功能界定

随着残疾人群众多样化、个性化需求的发展，公办机构包办残疾人服务的旧体制受到了挑战。上述三种不同类别的民办机构，最显著的功能和特点就是专业化、多样化、高端化、个性化，能适应市场化、社会化进程，与残疾人联系密切，内驱动力强，能够为残疾人提供丰富多元的服务，很好地弥补公办机构现在还无法实现的服务功能，促进社会财富第三次分配。鉴于残疾人服务的民办企业包括民办社会企业的基本职能就是生产、经营或直接从事相关服务活动，其职能因服务内容而异，且有不同类别的企业法、公司法、行业准则所规定，内容繁杂，难以概说，这里存而不论。下面主要概说专业化社会机构、大众化社会组织、中介性行业协会的基本职能。

（一）专业化社会机构：提供专业服务

专业化社会机构主要承担为残疾人提供专业化、个性化、多元化服务的职能。专业化社会机构服务覆盖残疾人早期教育和康复训练，残疾人托养、职业康复、职业培训、文化娱乐等方方面面，在重度残疾人托养、孤独症服务等方面尤其具有重要作用。

民办社会工作机构是以社会工作者为主体，坚持"助人自助"宗旨，遵循社会工作专业伦理规范，综合运用社会工作专业知识、方法技能，开展困难救助、矛盾调控、权益维护、心理疏导、行为矫正、关系调适等服务的专业化社会机构。主要功能为服务社会，推动残疾人社会工作职业化发展，维护社会稳定，推动政府改革。

民办康复托养机构包括针对脑瘫儿童、孤独症儿童、智障儿童的儿童康复机构，针对人工耳蜗听障儿童的康复训练机构，针对成年肢体残疾人的康复机构，针对成年精神残疾人的职业康复机构，针对成年智障人的托养机构等等。在医疗康复服务机构中，通常开设特殊教育、医疗康复、康复训练、残疾评测评估、托养安养、住宿服务、日间照料、中途宿舍、职业康复与培训、工疗农疗、社区支援、家庭康复养护、居家服务、职业能力评估、就业指导、职业介绍、法律服务、文化康乐、心理辅导、辅具研制与适配、无障碍交通与信息服务等多种服务项目。

民办教育就业机构的基本职能是：开展残疾人特殊教育、职业教育、职业培训工作；进行残疾人劳动力资源和社会用工调查；开展残疾人求职登记、劳动能力评估、失业登记、就业咨询、职业培训、职业介绍；组织实施残疾人按比例就业，管理残疾人就业保障金；举办残疾人福利企业；帮助残疾人个体开业；为农村残疾人参加生产劳动提供服务。

民办信息服务、维权服务机构的基本职能是：建立健全残疾人基本数据信息库，建构多元化的残疾人信息共享平台；通过建立残疾人权益保障的维权机制，提高残疾人的权利意识和维权能力，帮助其走上自尊、自强之路。

（二）大众化社会组织：提供公共服务

大众化社会组织主要有两方面的功能。一方面，促进政府职能转变，协调国家与企业、政府与社会之间的关系，促进民主政治发展。社会组织承接从政府转移出来的部分管理和服务职能，可以让政府更好地强化自身的引领和监管职能，同时也有利于社会各界加强对权力的监督与制约。社会组织开展残疾人社会活动主要承接政府相关活动，但目前来说还带有一定的官方色彩。另一方面，强化公共服务供给，协调社会组织内部成员之间的利益，促进和谐社会建设。当人民群众中出现了矛盾，可以先通过社会组织作用的发挥，将矛盾消弭在萌芽状态，而不至于酿成严重后果。在残疾人社会保障体系尚不完备的情况下，相关社会组织有效地帮助残疾人，解决他们生活中所面临的一些困难，改善他们的生存境遇，能够促进社会公平与公正，增强民众对党和政府的认同感。

中国残疾人福利基金会，主要任务是弘扬人道主义，动员社会力量，辅助国家发展残疾人事业。中国残疾人联合会特殊艺术委员会，主要任务是团结从事残疾人特殊艺术的文艺工作者，贯彻执行党的文艺方针，研究残疾人特殊艺术理论，交流特殊艺术工作经验，繁荣残疾人题材文艺创作，规划指导残疾人文化艺术工作。中国残疾人康复协会，主要任务是围绕国家规定的残疾人康复任务，团结社会各方面的专家和专业人员，开展学术活动，普及康复知识和技术，发展提供技术咨询服务，推广新理论与新技术，进行人才培训，推动康复任务完成。中国盲人按摩学会，主要任务是团结社会各方面从事医疗、保健按摩的专家和专业人员，开展学术活动；培训行业专业人才，为中国盲人按摩事业的发展提供技术咨询和就业指导服务。中国残疾人事业新闻宣传促进会，主要任务是团结从事残疾人事业新闻宣传工作的新闻工作者，研究残疾人事业新闻宣传理论，交流宣传、采访、报道的经验，促进残疾人事业新闻宣传工作。中国残疾人体育协会，主要任务是动员、组织和指导残疾人开展体育活动。中国盲人协会，主要任务是促进盲人的康复、教育、扶贫、劳动就业、维权、社会保障及防盲等残疾预防工作，参与、举办有关盲人的各类培训及文化扫盲工作；推进无障碍环境的建设、盲文的规范化研究与普及，推动盲人辅助器具的开发与应用；对信息无障碍、盲文出版、盲人按摩等具有盲人特色的工作提供咨询、建议、服务和监督。中国聋人协会，主要任务是促进聋人的康复、教育、扶贫、劳动就业、维权、社会保障及残疾预防工作，推动聋人辅助器具的开发与应用；对中国手语、影视字幕、聋儿康复等具有聋人特色的工作提供咨询、建议和服务。中国肢残人协会，主要任务是促进肢残人的康复、教育、扶贫、劳动就业、维权、社会保障及残疾预防工作，参与、举办有关肢残人的各类培训，推动肢残人辅助器具的开发与应用；对肢残人驾车、残疾人机动车运营等具有肢残人特色的工作提供咨询、建议和服务。中国智力残疾人及亲友协会，主要任务是倡导和开展科学知识的宣传普及、个性化的亲子启智活动、特奥运动及其他有益于智力残疾人身心健康的群众性文化体育活动；加强与特教、康复及托养服务等机构的沟通，做好智障儿童的早期疗育；开展调查研究，对智力残疾人工作的发展提供咨询、建议和服务等。中国精神残疾人及亲友协会，主要任务是加强与精神卫生及托养服务等机构的沟通，做好孤独症儿童的早期疗育；开展调查研究，对精神残疾人工作的发展提供咨询、建议和服务。

（三）中介性行业协会：提供整合服务

行业协会承担的职能是：协助政府有关部门制定残疾人行业管理政策和服务标准；为残疾人相关行业机构提供行业服务、专业培训、推介咨询、信息交流等服务。它在心理调适、励志、开展日常文体活动、反映残疾人心声等方面有着其他主体不可比拟的优势。残疾人专门协会是残疾人联合会的成员和重要组成部分，是联系残疾人联合会与残疾人、残疾人家庭的纽带和桥梁，是为残疾人服务的重要主体。这集中体现在它能与残疾人有效沟通和走进残疾人的心灵，是残疾人心理调适的有效主体，是激励残疾人自尊、自信、自强、自立的有效主体，是组织残疾人日常文体活动的有效主体，是时时代表、反映、维护残疾人权益的有效主体。

残疾人服务业协会，主要任务是协助政府有关部门制定残疾人服务业行业管理政策和服务标准；协助政府有关部门对残疾人服务业机构进行资格认定和服务考核；承担政府及相关部门委托或转移的有关事项及工作任务；为残疾人服务的专项经费的实施提供第三方评估支持；开发残疾人急需的服务项目等。中国残疾人企业协会，主要任务是开展专题培训、理论研讨等活动，帮助残疾人企业家提高政策理论水平和经营管理能力；沟通残疾人企业家与政府部门、科研院校、金融机构等的联系，为残疾人企业家提供政策、法律、信息、技术、资金等服务；举办丰富多彩、健康有益的联谊及文体活动，活跃残疾人企业家业余生活，反映残疾人企业家的意愿，维护残疾人企业家的合法权益等。残疾人创业协会，主要是为残疾人提供政策、法律、信息、资金、培训、咨询、交流等方面的全方位服务。

三　服务创新

调查发现，残疾人服务业的民办机构服务出现的主要问题在组织内部和组织外部两大环境中。从残疾人社会服务民办机构自身来讲，存在职责不清、功能不全、后劲不足的问题；从客观上讲，一些外部环境还制约着残疾人民办机构的发展。所以，当下中国应该从促进民办机构加快发展、规范发展、持续发展三个方面，大力推进残疾人服务业中的民办机构服务体制创新。

（一）促进民办机构加快发展

要简化审批注册手续，明确民办机构的身份和定位。一方面，要解决双重管理制度问题。按照现行的《社会团体登记管理条例》规定，任何一个民间机构注册必须先找一个政府部门作为业务主管单位，然后才能到民政部门登记注册，即社团双重管理体制。此项举措使相当一部分民办机构难以找到愿意挂靠的业务主管单位，最后不得不选择不注册或者以工商注册的形式生存。据相关学者调查，广东省28家社会办残疾人服务机构中，15家（53.6%）在民政部门登记，7家（25%）在工商部门注册，2家（7.1%）在人事部门注册，还有4家（14.3%）没有进行登记，而且它们也在正常营业。[①] 另一方面，

---

① 唐钧、李敬：《广东省残疾人社会服务体系研究》，北京：研究出版社，2010，第46页。

要解决身份定位不明确问题。以北京星星雨教育研究所为例，在20世纪90年代创办时选择了相对容易的工商注册，这个身份和其从事公益社会服务的实际情况不相吻合，并且造成了诸多不便：这个身份在接受国际资助时遇到麻烦，因为不能开具公益发票而错过不少捐赠；工商注册条例规定连续亏损的企业必须注销，这使星星雨面临被撤销的危险；工商注册的身份使其接受的捐赠也必须缴纳税收，影响到捐款的使用率和捐赠人的捐赠意愿。工商注册使这些服务于残疾人的社会组织面临名实不符带来身份定位不明确的尴尬，成为制约其健康、有序发展的制度性因素。因此，应改革目前的管理体制，对民办残疾人服务机构，在管理上应该简化，明确身份。在残疾人专业化社会机构、大众化社会组织的创设中，政府应适当简化登记注册的手续，放宽其成立的限制条件。要通过人事权、财务权上的去行政化的改革，使之拥有独立的经营权，以合法身份开展各种组织活动。政府应该在管理和监督的基础上，简化慈善组织、基金会等准入门槛。借鉴广东经验，开展港澳服务提供者以独资民办非企业单位形式举办残疾人福利机构工作。此外，政府不应过多干涉残疾人社会机构的内部管理和活动内容，政府只是对其行使监督的职责。要通过改革，使民办社会机构一方面真正具有民间化的本质特征，实现"社会事务社会办"的政府改革目标；另一方面实现自我管理与治理，真正承担起公益服务组织的公共责任。

要创新残疾人服务民办机构经营模式，提高为残疾人服务的水平。残疾人服务民办机构仍存在规模小、成本大、缺少专业人才等问题。针对已经建立的民办机构，可以督促建立各级残疾人服务业协会，在此行业协会的统领下，引导民办企业走连锁经营的路子。连锁的方式有三种，可以视具体情况分别对待。一是加盟连锁。特点是加盟机构的产权和经营权可以都不变，只是按照统一的标识、统一的服务标准和服务规范进行运作。这种方式对于个人办或个人合作办的服务机构来说比较容易接受，也比较容易推行。如目前针对自闭症患者和智力残障者的社会服务机构，可以采取此方式。二是分支连锁。可以由运营状况较好的服务机构作为母机构，用自行设立或者兼并的方式发展自己，产权和经营权相对统一。对于被兼并机构的产权，可以用持股或合作等方式进行联合。如聋儿语训方面，可以发展分支连锁服务机构。三是联营方式。可以通过创办输出经营模式和职业经理人的残疾人社会服务管理集团，以承包经营的方式来发展联营。

要强化功能定位，让残疾人社会服务组织成为主力军。在当下中国，残疾人的社会支持仍然主要由公办机构提供。虽然民办机构在残疾人服务中发挥了重要的作用，但目前民办机构还没成为残疾人服务的主要力量。这要求政府深化对民办机构重要性的认识，改变自己直接从事社会服务或公益性事务，既做裁判员又做运动员的习惯，使民办机构成为残疾人服务的主力，可参照香港的做法。在香港，主要实行政府统筹资助、社会广泛参与、民间承担服务的残疾人社会支持体制，政府"管大放小，管少放多"，主要通过政府向民间购买服务的方式，使残疾人社会支持绝大部分由民办机构承担。这种社会支持体制，既能使政府始终处于主导地位，又能调动社会各界关心和参与对残疾人的社会支持；既有效满足了残疾人对社会支持服务的需求，又确保了社会支持资金使用的安全和效益。因此，当前，中国大陆要结合政府行政体制改革和职能转变，通过招标等竞争性方式，积极探索建立政府向民办机构购买服务的新体制，同时要改革残疾人联合会系统的财政体系，发挥财政资金的优势效应，倒逼和刺激残疾人服务民办机构的快速发展。

（二） 引领民办机构规范发展

一方面，要健全法律法规，强化残疾人服务民办机构的行业自律与诚信服务。目前，中国规范非企业性质民办机构的法规主要有《社会团体登记管理条例》《基金会管理条例》《民办非企业单位登记管理暂行条例》等，是以登记管理为内容的法规，不像国家规范企业那样，既有《公司登记管理条例》等规范企业登记管理行为的法规，又有《公司法》等规范企业运作的法规。由于缺乏运作的法律规范，因此，残疾人民办机构的行业自律无法进行。针对这些问题，国家应尽快制定"民间非营利组织法"等法律法规，使民间非营利组织从设立、运作到注销的所有活动和整个过程始终处在一个思路统一、体系完整、结构严密的法规体系之内，从根本上填补民办机构运作无法可依的漏洞。政府应该联合卫生、教育、民政、残疾人联合会等部门，专门对残疾人服务民办机构完善法律法规，健全管理规范，使残疾人服务民办机构也同样享有相应的权利和义务。

另一方面，要完善监督评估工作。残疾人联合会等职能部门应当依法对残疾人服务民办机构的日常活动进行监管，督促民办机构依法、规范、有序地承接和履行政府转移的职能，避免和防止民办机构违背社会公益，促进民办机构健康发展。一是要完善信息透明机制。要明确残疾人服务民办机构信息公开的时间和方式，特别是对社会捐助、政府捐助资金使用，对涉及与公众切身利益密切相关的大事，必须按规定程序和要求向社会公开，便于公众监督。对于残疾人服务民办机构的年检来说，特别要考察其信息公开性。二是要引入第三方评估机制。要通过委托第三方评估机构，客观公正地评估残疾人服务民办机构的等级，加强对残疾人服务民办机构提供公共服务效果的评估，加强对残疾人服务民办机构财政资金使用的财务审计，鼓励和引导残疾人服务民办机构向规范化方向发展。三是要把对残疾人服务民办机构的支持与监督统一起来，实现常态化。不能强调支持就放任自流，也不能强调监管就实行管卡压，最后监管方法就是严于律己，科学疏导，悉心指导，耐心教育。同时，无论是支持还是监督，都不能"三天打鱼，两天晒网"或者一曝十寒，时冷时热，要持之以恒，始终如一。

（三）确保民办机构持续发展

要大力促进行业组织的合作交流。要通过行业基本准则的制定，让原有分属于不同政府部门管理的，或者是因种种原因未能获得合法身份的助残服务组织有一个规范的尺度，行业准入的门槛，这实际上也是对它们合法身份的一种认同。强化行业组织合作交流，有助于民间助残服务组织之间相互学习，引进国际先进的管理与服务理念。如果在加强合作的同时进行公平公正的竞争，在行业内部进行服务评估并排名对外发布，还可以促进残疾人服务民间机构强化自律，提升服务能力和水平，并促进残疾人服务民间机构不断改善形象，提高知名度，拓展社会影响力。

要对民办机构实行持续性的激励。对诚信守法、服务高效、社会认可、公益突出的残疾人服务民办机构，应给予相应的奖励；对在运作过程中出现问题的残疾人服务民办机构，应视情节给予警告、限期改正或撤销等处理。要从根本上切实提升残疾人服务民办机构的自律意识，纠正不当行为，树立良好形象，优化残疾人服务民办机构创新发展的社会环境。如每年择优筛选一定数量的残疾人服务民办定点机构予以公布，同时安排专项经费予以奖励，就既能让残疾人联合会有更多选择，又能让民办服务机构存在竞争心理，有助于提高服务水平和质量。

要完善残疾人服务民办机构统计制度，摸清家底，进而解决总量与结构问题。现在，中国大陆到底有多少个残疾人服务民办机构，到底哪些类别的机构处于超饱和状态，哪些类别的机构处于空白或相当短缺的状态，目前并无官方准确和详细的统计资料。无准确官方统计或机构资料数据库，主要是由于残疾人社会服务涉及的领域非常广泛，分别由不同的政府部门与相关组织提供，各个部门的统计口径不同，存在重复计算或漏算的可能，特别是很多未能登记注册的民间草根组织，往往没有被统计在内。因此，政府要完善残疾人服务民办机构统计制度，设立相应的机构负责残疾人服务民办机构的统计工作，落实责任，明确任务，对各地残疾人服务民办机构的数量、规模、内容进行详细、精准的统计，以便进一步整合残疾人服务的社会资源，促进民办机构协调发展，有效发挥民间机构的能动作用，使之成为残疾人服务业跨越式发展的重要推力。

第三节　社区机构服务

伴随着由计划经济体制向市场经济体制的转变，改革开放以来，中国大陆公民总体上已实现由单位人向社会人的转变，基层城乡社区已成为残疾人生存和发展所依托的基本地理空间，已成为残疾人服务业发展在地理空间上的基本载体。而为残疾人提供服务的机构，无论公办机构还是民办机构，无论境外机构还是国外机构，又都最终汇聚于城乡基层社区。为既兼顾不同分类方式又突出体制创新的重点与难点，本节从机构设置、功能界定、服务创新三个方面，对如何创新残疾人服务业中的社区机构服务体制进行探讨。

一　机构设置

社区是当下中国社会建设的重心，也是残疾人服务业的重心。从残疾人服务机构设置来看，在当下中国的城乡社区中，既有城乡社区这一层次本身所设立的公办、民办机构或混合机构，也有国家与地方层面的公办、民办机构所设立的各种形式的派出机构，还有上面两节中未曾探讨的设立在国家与地方层面的境外、国外机构在社区的派出机构或直接设立在社区的境外、国外机构。因社区层面的机构种类繁多，构成复杂，而且后者在上面两节中未加详细讨论，这里主要选择社区自身设立的最重要的机构、国家与地方设立在社区的重要机构、社区中存在的境外与国外机构三类社区机构进行概说。

（一）社区自身设立的最重要的机构

城乡社区党组织是社区各项工作的领导核心，在乡镇、街道党（工）

委领导下开展工作。根据现行《中国共产党章程》，党在城乡社区的基层委员会由党员大会或代表大会选举产生，总支部委员会和支部委员会由党员大会选举产生，提出委员候选人要广泛征求党员和群众的意见。党的基层委员会每届任期三年至五年，总支部委员会、支部委员会每届任期两年或三年。基层委员会、总支部委员会、支部委员会的书记、副书记选举产生后，应报乡镇、街道党（工）委批准。

城乡社区居（村）民委员会是城乡社区基层的群众性自治组织，乡镇、街道政府机构对其工作给予指导、支持和帮助，但不得干预属于居（村）民自治范围内的事项。根据相关法律，居民委员会主任、副主任和委员，由本居住地区全体有选举权的居民或者由每户派代表选举产生；根据居民意见，也可以由每个居民小组选举代表二至三人选举产生。村民委员会主任、副主任和委员，由村民直接选举产生。居（村）民委员会每届任期三年，其成员可以连选连任。居（村）民委员会可以分设若干居（村）民小组。

城乡社区残疾人协会是城乡社区残疾人的社会组织，主席由社区居（村）民委员会成员担任，副主席由优秀残疾人或残疾人亲友担任。社区残疾人协会既不是残疾人联合会的基层组织，也不是单纯意义上的由某一特定人群构成的"协会"。至 2012 年，中国大陆已建城乡社区残疾人协会60.7 万个，已建率达到 95.6%。① 此外，城乡社区家庭在当下中国大陆仍然是极为重要的残疾人服务机构。估计当下中国大陆残疾人家庭大约占家庭总数的 1/5，涉及人口超过 2.6 亿。

（二）国家、地方设立在社区的重要机构

社区康复、托养、卫生服务机构是国家与地方的公办和民办机构在社区设立的残疾人最迫切需要的专业性社区机构。社区康复机构主要有残疾人联合会及其属下的事业单位会同社区设立的残疾人社区康复中心、康复站、工疗站；社区托养机构主要包括残疾人联合会、民政、社会保障等部门和相关公办社会福利机构以及民间慈善人士会同社区设立的安养院、托养中心、庇护工场；社区卫生服务机构主要指医疗卫生部门及民间医务工作者会同社区设立的社区卫生服务中心、服务站、医院、

---

① 中国残疾人联合会：《2012 年中国残疾人事业发展统计公报》，http：//news. xinhuanet. com/politics/2013 - 03/28/c_ 124514075. htm，2013 - 3 - 28。

诊所。

社区社会工作服务站是国家与地方的民办机构在政府鼓励和支持下，在社区设立的最重要的综合性专业社会服务机构。社区社会工作服务站通常设有顾问、督导，以专业社会工作师和社会工作者引领社区志愿服务者开展专业化社会工作服务，往往针对特定的服务对象按一定的比例设置社区专业社会工作岗位。志愿者是不以利益、金钱、扬名为目的，能够主动承担社会责任而不关心报酬，奉献个人的时间及精力的人。在残疾人社会工作中，社区服务志愿者主要以协助进行康复训练和能力训练为主，或者通过能力训练，使智障人士的心理健康、生活能力得以提高。

社区工会、共青团、妇女联合会等组织是国家和地方的工会、共青团、妇女联合会组织在社区的延伸，是发挥联系党委政府与人民群众的枢纽作用的最重要的传统型社会组织。工会的一般法律性质是社团法人，按照《工会法》和《基层工会法人资格登记办法》设立，是工人阶级的群众组织，从中央到地方都有完整的组织体系，基层工会一般在公办企业、民办企业中组建，基层工会较多地投身于本企业所在社区特别是本企业的残疾人服务工作。共青团即中国共产主义青年团，是中国共产党领导的先进青年的群众组织，共青团从中央到地方再到社区都有完整的组织体系，在社区残疾人服务工作中，共青团在组建庞大的社区志愿者队伍方面发挥了极其重要的作用。妇女联合会是妇女的群众组织，从中央到地方再到社区都有完整的组织体系，在社区残疾人服务工作中，妇女联合会在服务残疾人家庭，特别是残疾儿童方面发挥了极其重要的作用。

（三）社区中存在的境外与国外机构

在当下中国，所谓境外机构，通常是指中国大陆之外的中国台湾、香港、澳门地区的机构；所谓国外机构，即中国（包括台湾、香港、澳门地区）以外的其他国家和地区的机构。境外、国外机构，可从来源地、机构性质、机构层次、服务内容、服务形式等诸多方面详加区分，这里存而不论。随着对外开放的不断扩大，当下中国大陆存在的境外机构、国外机构日益增多。虽然其中部分机构构成复杂，立意难以揣测，但大部分社会服务机构还是对中国大陆的残疾人服务业发展具有重要的推动作用。

近年来，先后有德国的奥托博克工业有限公司、英国的英中耐公司（2013年5月更名为恩德莱康复器具有限公司）、冰岛的奥索假肢矫形器材公司、法国的宝泰欧集团、中国台湾的德林股份有限公司等不少知名企业，抢滩登陆中国大陆残疾人康复辅助器具生产领域。① 在城乡社区残疾人服务中，广东在引进境外、国外机构、人才方面一马当先。例如，2011 年 7 月，中央人民政府驻香港特别行政区联络办公室、广东省港澳办、广东省民政厅就在肇庆市联合举办了驻粤香港社工督导座谈会；2013 年，广州市白云区太和镇的社会工作服务，引进的就是新加坡最大慈善组织德教太和观在华设立的机构，珠海市民政局也投入 47 万元，以政府购买服务方式委托市社会工作协会，联合香港著名国际组织"无国界社工"机构组织，聘请了来自中国港澳台地区的五名资深社会工作督导。

二　功能界定

社区机构服务是集合于社区的所有机构提供的服务，在残疾人服务中最为直接，最为有效。但是，上述三种不同类别的社区服务机构，提供残疾人服务的功能各不相同。下面从社区内在机构、社区外来机构、社区机构共性三个方面，概说集合于社区的所有社会机构在残疾人服务中的基本职能。

（一）社区内在机构

城乡社区党组织是中国共产党在社区各类组织中的战斗堡垒，是党的全部工作和战斗力的基础，负责领导社区的工作，支持和保证乡镇、街道政府部门派驻社区的工作站等各类外来机构、社区经济组织和群众自治组织等充分行使职权。它的基本任务是：宣传和执行党的路线、方针、政策，宣传和执行党中央、上级组织和本组织的决议，充分发挥党员的先锋模范作用，积极创先争优，团结、组织党内外的干部和群众，努力完成社区所担负的包括残疾人服务在内的各种任务；组织党员认真学习马克思列宁主义、毛泽东思想、中国特色社会主义理论，学习党的路线、方针、政策和决议，学习党的基本知识，学习科学、文化、法律和业务知识；对党员进行教育、管理、监督和服务，提高党员素质，增强党性，严格党的组织生活，开展批评和自我批评，维护和执行党的纪律，监督党员切实履行义务，保障党员的权利不受侵犯。加强和改进流动党员管理；密切联系群众，经常了解群众对党员、党的工作的批评和

---

① 徐建华：《我国残疾人辅助器具产业质量发展透视》，《中国质量报》2011 年 3 月 3 日（5）。

意见，维护包括残疾人在内的所有群众的正当权利和利益，做好群众的思想政治工作；充分发挥包括残疾人在内的所有党员和群众的积极性、创造性，发现、培养和推荐他们中间的优秀人才，鼓励和支持他们在改革开放和社会主义现代化建设中贡献自己的聪明才智；对要求入党的积极分子进行教育和培养，做好经常性的发展党员工作，重视在生产、工作第一线和青年中发展党员；监督党员干部和其他任何工作人员严格遵守国法政纪，严格遵守国家的财政经济法规和人事制度，不得侵占国家、集体和群众的利益；教育党员和群众自觉抵制不良倾向，坚决同各种违法犯罪行为作斗争。

社区居（村）民委员会是居（村）民自我管理、自我教育、自我服务的基层群众性自治组织。居民委员会的任务是：宣传宪法、法律、法规和国家的政策，维护包括残疾人在内的全体居民的合法权益，教育包括残疾人在内的全体居民履行依法应尽的义务，爱护公共财产，开展多种形式的社会主义精神文明建设活动；办理社区居民的公共事务和公益事业；调解民间纠纷；协助维护社会治安；协助人民政府或者它的派出机关做好与包括残疾人在内的全体居民利益有关的公共卫生、计划生育、优抚救济、青少年教育等项工作；向人民政府或者它的派出机关反映包括残疾人在内的全体居民的意见、要求和提出建议。居民委员会应当开展便民利民的社区服务活动，可以兴办包括残疾人服务业在内的有关的服务事业；居民委员会管理本居民委员会的财产，任何部门和单位不得侵犯居民委员会的财产所有权。村民委员会是村民自我管理、自我教育、自我服务的基层群众性自治组织，实行民主选举、民主决策、民主管理、民主监督。村民委员会办理包括残疾人服务业在内的本村公共事务和公益事业，调解民间纠纷，协助维护社会治安，向人民政府反映村民的意见、要求和提出建议。

城乡社区残疾人协会是联系广大残疾人同社区居民委员会及政府的纽带和桥梁。其基本任务是：密切联系本社区残疾人，代表残疾人利益，反映残疾人要求，维护残疾人合法权益；配合社区居（村）民委员会做好本社区残疾人康复、培训、教育、就业、维权、无障碍建设、志愿者助残等工作；协调、联系各相关社会团体及组织，组建好助残志愿者队伍，帮助残疾人解决实际困难，为残疾人提供切实的服务。

城乡社区家庭是社会的基本组成单位，对其成员具有教化、发展的功能。有研究表明：家庭因素影响着心理健康水平。个体的社会适应能力与其所在家庭的功能状况有密切联系，家庭功能不良会导致出现更多的外显和内隐问题。残疾人的康复是一个长期的过程，随着康复时间的延长，残疾人会出现反复的情绪波动，其家庭成员也可能产生厌烦的情绪，他们对健康问题更敏感，心理上感觉到有压力，整个家庭就会陷入危机状态，家庭往往会出现严重的功能障碍，这又将影响所有家庭成员的身心健康，从而形成一个恶性循环。而家庭环境是人们维持心理平衡的重要条件，当人在遇到困难、挫折时，家庭是其最大的精神支柱。家庭作为残疾人重要的支持来源，对残疾人心理及身体的康复起着不同寻常的作用，家庭成员对残疾人内心活动、活动特点、生活习惯最了解，是其他人不能代替的，而且残疾人也愿意依赖自己亲人的照顾。家庭治疗有利于残疾人家庭成员间的理解、支持，有利于化解家庭矛盾，促进心理健康。

（二）社区外来机构

社区康复、托养、卫生服务机构是社区残疾人服务的核心机构。社区康复、托养、卫生服务体现残疾人最基本的需求，能够充分利用社区资源，动员社会力量，而且具有就近就地、经济适用、简便易行等特点，是为社区内残疾人服务最为重要的形式。相关机构的主要任务包括：掌握社区人群残疾发生情况及残疾人的康复、托养、卫生需求并建档立卡；优质、规范地做好机构内集中开展的残疾人社区康复、托养、卫生服务工作；组织指导残疾人开展以家庭为基础的康复训练，指导残疾人家庭托养工作和残疾人医疗卫生工作；普及康复托养知识，加强社区健康教育；开展残疾预防，建立并实行儿童残疾发生报告制度等。同时，对在社区无法满足的康复、托养、医疗卫生需求，向设有康复科的上级综合医院或条件更好的其他康复托养机构进行转诊或转介。

城乡社区社会工作服务站负责社区居（村）民方方面面的服务工作，是社区居（村）民共同的"保姆"或"护理员"。城乡社区社会工作服务站为残疾人服务的主要任务，大致有以下方面：一是开展社区残疾人劳动就业援助工作。如开展残疾人动态管理和就业服务工作，协助做好就业困难残疾人、零就业残疾人家庭、残疾人就业再就业援助工作，开展创建残疾人充分就业社区工作；开展残疾人社会保险政策咨询及相关服务；协助处理劳动保障信访、监察、维权、统计等工作，维护残疾人合法权益。二是开展残疾人社区福利工作。如为残疾人办理最低生活保障、办理临时救助、申办经济适用房；为社区残疾人等提供社会保障政策咨询。三是协助开展社区残疾人健康管理与服务工作。如协助有关部门开展健康调查，建立社区残疾人家庭健康档案；协助开展残疾人康复、托养服务工作；宣传卫生保健知识，开展社区健康知识普及工作。四是提供社区残疾人法律服务。如组织开展法律咨询；为有经济困难、无力支付法律服务费用的残疾人联系法律援助；协助开展维护残疾人消费权益工作；协助开展残疾人法律维权工作。五是组织开展社区公益服务。如进行社区志愿者培训和志愿服务登记，安排志愿者开展社区救灾、救济、募捐等公益性活动，代收爱心捐赠款、物并发放给有需要的困难群体。六是组织开展便利社区残疾人的其他服务。如充分利用社区资源，动员社会力量，开展方便残疾人的家政服务，不断满足社区残疾人的生活需求，方便残疾人生活。七是培育和壮大社区残疾人组织，支持和引导社区残疾人组织在法律允许范围内，按照各自章程，自主开展活动，发挥积极作用。

社区工会、共青团、妇女联合会等组织的职能，遵从相关政策法规及社团章程对工会、共青团、妇女联合会的职责规定。

境外国外机构对残疾人服务业的发展在一定程度上具有积极作用，有的现代化水平高的公益性机构，甚至有很强的引领作用。这些机构在中国社区的职能已有专门的涉外法律做出初步规定，这里存而不论。

（三）社区机构共性

在社区内，所有机构都可以零距离面对残疾人。社区是聚合社会力量实现服务供给的一个重要场所，残疾人生活在各个社区里，构成了社区草根的一部分。社区不仅是了解残疾人实际需求倾向的场所，更是直接服务于残疾人，促使残疾人服务得以落实的基础平台。社区各类服务机构是面对残疾人的最直接、最有效的服务机构。

在社区内，所有机构都是服务直接提供者。社区所有机构充分利用各种社区资源，通过机构集中服务、上门服务、开展社区志愿助残救助服务活动等形式，都可以直接向残疾人提供康复、托养、医疗卫生、社会保障、就业指导、教育等方面的服务；同时，通过互助服务、包户服务、个案跟踪等形式，还可以直接给残疾人提供法律咨询、婚姻介绍等方面的服务，并组织残疾人开展文娱体育活动，促进残疾人与健全人的融合。在广东，社区内直接提供服务的情况相当普遍，为残疾人营造了一个安全、温暖、舒适的社区生活环境。如深圳市的社区内有"残疾人文明号"等社区服务阵地;中山市的社区以"青年文明社区"为主,开展了日常生活、择业、咨询、义诊、法律服务等多样化、多层次的残疾人社区服务。

在社区内,所有机构都担当着残疾人激励者角色。残疾人因种种原因致使身体的某一部分器官发生障碍,他们的心理防线极其脆弱,对挫折极易产生失落情绪,有的甚至失去生存的勇气而选择自杀的道路。各类社区机构的工作者,都能够与残疾人进行最直接的沟通,通过疏导积郁,都可以对培养残疾人的积极乐观心态发挥重要的引导激励作用。

在社区内,所有机构都是维护残疾人合法权益的执行者和监督者。在《宪法》《城市居委会选举法》《村民委员会选举法》《婚姻法》等多部法规的条款中,都有保护残疾人合法权益的规定。残疾人作为社会的弱势群体,其利益最容易受到损害。社区机构可以通过服务直接为残疾人实现其合法权益,更可以高扬公平正义充当残疾人的"护权卫士"。社区机构可以收到来自残疾人个体的直接反映,可以为残疾人提供法律咨询,有效监督有关单位对相关法律制度的执行贯彻情况。对于违法违规案件,社区机构都有向残疾人联合会和相关行政部门检举,为维护残疾人的合法权益讨还公道的责任和义务。

三　服务创新

改革开放前,中国大陆实行高度集中的计划经济体制。与之相适应,公共服务供给往往以不同层级的政府相关职能部门包办代替,而且渠道狭窄,手段单一。改革开放后,中国大陆逐步走向社会主义市场经济,但公共服务体制、社会管理体制的改革大大滞后于经济体制的改革,在较大程度上制约了残疾人服务业的现代化发展。当下中国创新社区残疾人服务体制,应该与社会主义市场经济相适应,与社会主义民主政治相适应,与科学发展、和谐社会建设相适应,抓紧走上服务基础扁平化、服务主体社会化、服务范式现代化的发展道路。

(一) 扁平化:夯实社区残疾人服务基础

一方面,要从资源配置上把残疾人服务的工作重心由单位转移到社区。在中国大陆,过去在计划经济条件下存在的"单位人"已转化为现在的"社会人",社区已无可非议地成为共和国大厦的基石。这就需要把过去在金字塔型社会结构中分层计划划拨的"单位制"供给体制，转换成在扁平化社会结构中市场、社会力量直面服务对象的"社区制"供给体制。由此，社会建设领域的人力、物力、财力资源，包括残疾人服务业的许多人力、物力、财力资源，都应该陆续由层级单位向城乡社区转移。在人力资源方面，要充分利用当前政府机构改革的大好时机，将传统计划经济体制下形成、现在可以设立在社区的服务机构转移到社区，而政府和残疾人联合会等部门要加强指导和监督，完善社区各类机构直接面向社区运作的扁平化服务体制；在财力资源、物力资源方面，应依据事权向城乡社区下放财权、物权，建立健全扁平化财务管理制度，绝不允许只把事权转移到社区，财权、物权却截留在上层的责权利相悖现象存在。例如，要提高社区残疾人服务的财政能力，就得将残疾人社区服务项目、残疾人普惠和残疾人特惠所需财权直接下放到社区，从而在真正意义上提高社区残疾人服务的财政能力。

另一方面，要明确政府与城乡社区各类社会组织特别是社区内生型社会组织的责、权、利分配关系，不断拓宽和夯实残疾人社区服务平台。在社区残疾人服务工作中，乡镇政府（或街道办事处）和居（村）民委员会之间的关系就面临着权责不清的问题。例如，由于"条块分割"和垂直管理关系的存在，居（村）民委员会的工作任务主要是应对来自乡镇政府（或街道办事处）交办的任务，而乡镇政府（或街道办事处）交办给居（村）民委员会工作的范围并不清晰；由于缺乏一些明确的制度规定，居（村）民委员会与乡镇政府（或街道办事处）之间在事权、财权、物权分配上关系清理不顺，尤其是在残疾人经费划拨问题上，居（村）民委员会面向残疾人的服务事项安排与乡镇政府（或街道办事处）的安排脱节；由于残疾人联合会设置的方式和性质影响，残疾人联合会发挥作用的局限性较大，在代表残疾人利益要求方面显得比较薄弱。上述体制问题的约束，限制了社区对残疾人服务的回应力和效率，所以要进一步理顺职责关系，改变现有的"上面千条线，下面一根针"、社区事多权小责任大的运作模式。

（二）社会化：壮大社区残疾人服务主体

首先，要大力培育社区内各类残疾人服务机构，构建残疾人社区服务的多中心供给体制。当前中国大陆的残疾人社区服务体制总体上仍然是一种政府包办型服务体制。在这种体制之下，一方面，社区残疾人只能被动接受政府提供的各种服务，从而造成了残疾人社区服务的供给与需求之间的脱节；另一方面，政府对残疾人社区服务具有垄断性，导致了残疾人社区服务成本高、效率低等问题。残疾人社区服务存在的问题，归根到底还是体制问题。因此，壮大社区残疾人服务主体，创新社区内残疾人社会化服务体制变得尤为重要。当前中国大陆残疾人社区服务的机构主要还是社区党组织和事实上有行政化倾向的社区居（村）民委员会组织。在社区层面一般只有一个社区残疾人学会，而且还是由居（村）民委员会主任兼任会长，其他的社会组织和志愿团体发育严重不足。因此，要积极与社会组织进行合作，鼓励、支持和引导社会组织有序参与残疾人社区管理、承担社区事务、提供公共服务。与此同时，要加强组织机构整合。如目前在社区建有残疾人康复活动中心，而且在乡镇、街道也建有康复站，并指定或委托医院进行康复服务。但社区内的康复活动中心由于资金拨付不到位和缺乏职业技师指导，往往无法进行预定的服务，导致资源使用效率的低下。因此可进行机构整合。在辖区范围较大的乡镇、街道，可以规划两个规模相对较大的康复机构，以此避免资源过度分散而导致的效率上的缺失。

其次，要积极转移政府职能与相关资源，大力推行政府购买服务。明确政府与城乡社区各类社会组织特别是社区内生型社会组织的责、权、利分配关系后，就应该逐步实现政府、残疾人联合会的部分职能和相关资源向社区残疾人服务机构的有效转移。残疾人社区服务不仅需要经济上的支持，更需要社会心理层面的支持。救济型福利已经远远不能满足国内残疾人的需求，专业化社会支持服务需要专业的人才，对于这一点政府十分清楚，也引进了一些专业性的人才。但从实际运作情况来看，这些专业人才要么受行政主导，缺乏工作的独立性，要么被行政化，逐渐退出专业工作领域。为了解决这一问题，一些城市社会工作站的建立提供了一种体制创新的思路。具体而言，就是在残疾人社区服务体制上，政府支持民间服务机构的建设，并让其保持独立性，然后政府向这些民间机构购买服务。这种体制创新最大的好处是改变了政府直接从事残疾人社区服务事业，既做裁判员又当运动员的做法，从而使残疾人社区服务逐渐专业化与规范化。

（三）现代化：创新残疾人社区服务范式

一方面，要畅通社区服务纵横交流通道，构建残疾人社区服务的链接体系。从横向上说，"哪里有社区，哪里有残协"。要发挥社区自治组织作用，充分利用社区残疾人协会联系残疾人的优势，以人为本，夯实基础，逐步建立以社区居（村）民委员会为核心、社区残疾人组织为纽带、社区服务机构为基础的工作体系，推进残疾人事业持续健康发展，调动残疾人的积极性，提高残疾人参与社会生活的能力。与此同时，要建立残疾人社区服务的社工与义工联动组织体制，使残疾人社区社会服务专业化。从纵向上说，要形成上下联动、部门联动、社会联动的工作体系。上级政府要统一各部门和社区的思想认识，层层分解目标任务，确保社区残疾人服务工作的思想认识、职责分工和工作措施在地方基层各层级、各部门、社会各类机构之间都实现职能到位。

另一方面，要创新居家服务模式，提升社区的家庭服务功能。一是要出台相关优惠政策、法规，推进残疾人家庭服务水平。要出台促进街道、乡镇家庭综合服务机构建设和标准化建设等方面的政策、法规，培育为家庭服务的民办社工机构，吸纳更多大中专毕业生从事社会工作；政府和相关部门要鼓励发展残疾人居家服务，努力推动康复进家庭，有条件的地方应该建立残疾人居家服务补贴制度；政府要增加购买服务的财政资金投入，支持家庭服务机构购买专业的社工服务，一次性给予新成立的非营利性家庭服务类社工机构经费补助，并根据服务项目分类给予经费支持。二是要创新家庭服务模式，完善残疾人居家服务体系。类似于家庭的居住环境对于残疾人身心发展都有好处，家庭的参与被视为社区适应与社会参与成功的标志。瑞典的残疾人社区服务模式就是非机构化护理。1961年瑞典政府通过了特殊服务法，要求将在护理中心居住的智力残疾人转移到家庭。取代护理中心的是法律规定的三种政府支持的住房形式：政府给予补贴在普通居住区集体居住；服务性居家方式；对私人住房加以改造，外加个人化处理。三是要大力培育扶持社会服务类组织，提升优化服务社区家庭的能力。要降低家庭服务类社会组织注册门槛；明确政府和社会组织之间公共服务提供方和承接方的职责，建立合作伙伴关系；有条件的街道（乡镇）要成立家庭综合服务中心，引入社工机构承接运营，把居家养老、就业指导、家教服务等融入其中，辐射各社区网点；推广"社工＋义工（志愿者）"的模式，形成社会工作者引领志愿者拓展服务、志愿者协助社会工作者改善服务的发展模式。同时可借鉴香港经验，建立专门为精神残疾人家属提供各种支持服务的专门机构，释放家属压力，提高其服务技能和水平。四是要扶持和培育多元服务主体，大力发展居家助残服务。必须改变精神卫生服务主体"一元化"状况，应居家病人需求扶持和培育多元服务主体；应支持各类社会团体、企业和个人等应居家精神病人的需要开办社会功能辅导站、康复农场、庇护工场、精神残疾人安养中心、托管站、过渡管理站等机构，允许其服务内容与专业需求突破传统的精神疾病医疗范畴，支持它们成为同一群体服务的另一新生领域。目前，亟需以立法形式赋予这些机构以法律地位并加大投入。

第十章　机制创新

　　国家富强、民族振兴、人民幸福的中国梦承载着残疾人兄弟姐妹的美好向往。只有残疾人生活改善了，能够平等、参与、共享社会文明进步的成果，我们的中国梦才更加美丽。

——中国残疾人联合会主席：张海迪①

　　机制，即一定机构或组织的机能以及这个机构或组织与其机能之间的相互作用关系，主要包括投融资机制、人才机制、利益机制、竞争机制、激励机制、测评机制等。机制创新是推动产业事业发展的内在动力，不仅能优化各组成部分和各生产要素之间的组合，还能提升整体效率和竞争能力。因此，残疾人服务业要实现跨越式发展，保持蓬勃的生命力，必须不断创新其内在机制。本章主要从投资融资、队伍建设、综合测评三个方面，从中西融会的广东视角，对中国大陆残疾人服务业的机制创新问题进行探讨。

第一节　投资融资

　　充足的资金是实现残疾人服务业跨越式发展的物质基础和重要保障。从广东部分地市的调研情况来看，目前残疾人服务业发展的资金主要来自各级政府财政拨款，但有限的财政拨款早已无法满足残疾人服务业迅

---

① 张海迪：《自强不息，团结奋斗，为残疾人兄弟姐妹创造美好生活——在中国残疾人联合会第六次全国代表大会上的报告》，http：//www.zgmx. org. cn/before/NewsDefault - 52752html，2013 - 9 - 17。

速发展的需要，资金不足已成为制约残疾人服务业发展的瓶颈问题。因此，要实现残疾人服务业的跨越式发展，必须突破原有的过分依赖政府的筹资方式，在充分发挥政府主渠道作用的同时，不断拓宽社会投资融资渠道，建立并完善"政府主导、市场推动、社会支持"的新型投资融资机制。

一 政府主导

所谓政府主导，是指政府通过财政拨款、政策扶持、宣传引导、行业管理等方式，在残疾人服务业的投资融资中发挥着主渠道作用，在引导社会资金投向残疾人服务业中发挥基础性作用。加快发展残疾人服务业，是促进残疾人事业和现代服务业发展的重要途径，也是政府公共服务和社会管理的重要内容。当前残疾人服务业尚处于起步阶段，还没有形成自我发展的能力。因此，政府责无旁贷，理当在残疾人服务业的投资融资中发挥主导作用。

（一）建构政府投入的稳定性增长机制

要将包括残疾人服务在内的残疾人事业经费纳入地方财政预算，并建立与政府财政收入水平和增长速度相匹配的稳定性增长机制。通过在广东各地市调研发现，目前一些市县还没有把残疾人事业经费纳入地方财政预算，或是已纳入预算却没有得到很好地落实，而且大多存在资金投入不足、增长过慢的问题。究其原因，主要有两个方面，一是政府对包括残疾人服务在内的残疾人事业发展的重要性认识不足，关注不够；二是缺乏长期有效的制度和法律保障。因此，建议通过政策法规等形式，将包括残疾人服务在内的残疾人事业经费纳入地方财政预算，并建立与财政收入水平和增长速度相匹配的稳定性增长机制，明确规定包括残疾人服务在内的残疾人事业经费不得低于政府财政收入的某一比例或增长速度不能低于政府财政收入的增幅，而且要将此项内容作为地方年度考核的标准之一，以提高各级政府对此项工作的重视程度。在经济基础好的地区，可借鉴国际社会和浙江等地的经验，提高政府对包括残疾人服务在内的残疾人事业的投入比例，率先制订残疾人服务计划，尽早构建完善的残疾人服务体系。总之，政府要为残疾人必需的公共产品的生产与供应以及相应的残疾人服务提供较多的财政资金，形成稳定性增长的残疾人服务业发展经费投入保障机制，"把有限的资金用到群众最需要的地方，用到刀刃上"①。

要把残疾人服务业纳入服务业发展总体规划和专项实施计划，并增设残疾人服务业发展专项资金。残疾人服务业是现代服务业的重要组成部分，要抓住国家大力发展现代服务业的机遇，借鉴上海、广东东莞等地的做法，以政策法规的形式将残疾人服务业纳入服务业发展总体规划和专项实施计划，向政府争取更多的资金支持和政策优惠。而且，要在加大对残疾人扶贫、康复、就业等已有专项资金投入的基础上，增设残疾人服务业专项资金，专门用于推动残疾人服务业的发展。此外，也可借鉴广东、上海、江苏等地的做法，建立贫困（或重度）残疾人生活补助制度、护理补贴制度以及辅助器具补贴制度，设立残疾人服务设施专项资金，增大政府对残疾人专项福利的补贴金额及受惠范围。

（二）创新政府投资及社会融资方式

要强化政策扶持引导。一是要加大政府大力发展残疾人服务业的政策宣传，实施产业引导政策，将残疾人服务业纳入政府鼓励、支持的重点产业，引导民间企业和国内外人士参与残疾人服务业的投融资。二是要通过制定扶持残疾人服务业的优惠政策等手段，吸引社会各界力量注资残疾人服务业。如向为残疾人服务的非营利机构免费提供启动资金和工作场地、专业设备购置和基础设施建设补贴；向残疾人服务业行业协会提供"培育发展社会组织专项资金"；对残疾人服务机构实行税收减免、贴息贷款、融资担保、人员培训等政策优惠。三是要建立健全政府表彰机制，对从事残疾人服务的优秀组织和个人公开进行表彰和奖励。如广东就开展了年度十大助残热心人士评选、关爱残疾儿童杰出人物和企业评选等活动。

要创新政府投资方式。通过调研发现，目前政府对残疾人服务业的投资主要以面向政府服务机构的直接投资为主，对民办机构虽然也有一定补贴和政策支持，但杯水车薪。近年来，政府尝试通过购买服务的方式，对公办民营、民办公助、非政府服务机构给予资金补助，取得了一定成效，但由于缺乏法律和制度保障而问题频出。因此，要建立健全政府购买残疾人服务的机制。一是采取政府定向购买和社会组织申请购买相结合的方式。一方面由政府公布年度购买服务目录，以公开招投标的方式选取承接服务

---

① 新华社记者：《李克强：严格政府购买服务资金管理，把钱用在刀刃上》，http://news. xinhuanet. com/2013 – 07/31/c_ 125097156. htm，2013 – 7 – 31。

主体;另一方面由社会组织主动向残疾人联合会提出购买申请,经残疾人联合会评估审定后,纳入下一年度的购买服务计划,并按规定程序进行购买服务。二是制定并完善"政府购买社会力量提供残疾人服务的暂行办法""受资助非政府残疾人服务机构的采购程序""残疾人服务机构享受津贴规定及服务协议"等政策法规,对残疾人服务的承接主体、招投标过程、资助标准、服务质量、考核评价等方面进行规范。

要创新社会融资方式。过去,政府解决残疾人服务资金来源问题主要靠财政拨款,投资融资渠道单一。建议在继续加大政府财政投资力度的同时,借鉴广东、香港等地的先进经验,在社会融资方式上做出一些创新。一是利用主权外债融资。主要包括向外国政府申请长期优惠性贷款(适用于残疾人基础服务设施建设)和向国际金融组织(如世界银行、亚洲开发银行、欧洲投资银行)申请低息或无息贷款等方式。二是加强政策性融资。以政府信用为担保,向政策性银行(如中国进出口银行)或其他银行申请低息或无息贷款。三是创新无形资产融资。可通过出售无形资产,如冠名权、特许权、广告权等方式来面向社会融资。

(三) 加强投融资的政府统筹监管力度

要加强政府对残疾人服务业投融资的统筹监管力度。要科学制定残疾人服务业投融资总体规划,有计划、有步骤、有针对性地开展投融资工作。要统筹安排资金,把握好残疾人服务业发展的总体方向,合理配置用于残疾人服务的财政拨款。一是要严格选择投资项目,优先资助受益广、效益高、见效快的优质项目;二是要建立资金倾斜制度,加大对大型项目、重点工作、欠发达地区、薄弱环节的资金投入和财政转移支付力度,如就业保障机制统筹补贴制度;三是要采用分期投资方式,对金额较大的投资项目分首尾两期投入,尾款待项目检查验收合格后再拨付;四是要进一步完善残疾人事业经费、就业保障金和康复专项经费等专款专用的财务制度,并建立健全经费检查监督和跟踪问效机制,定期对经费使用情况进行抽查。

要着重创新残疾人就业保障金收缴制度。针对残疾人就业保障金收缴难的问题,可借鉴广州等地的做法,建立就业保障金"财政部门划扣、税务部门代收"制度。政府机关单位、财政拨款的事业单位、国有企业等的残疾人就业保障金,可由同级财政部门统一划扣,如不按时缴纳,则暂停该单位下一年度的财政拨款,等就业保障缴纳缴清后再划拨,并且将此作为考核财政部门和机关事业单位工作的指标之一。民办企业、民办非企业单位和社会团体的残疾人就业保障金，则由税务部门统一征收。残疾人就业保障金随税同征、同查、同管，并纳入税务部门年度考核；税务部门根据残疾人就业年审机构提供的数据，通知各单位在年底前必须缴清残疾人就业保障金，逾期则由税务部门下令整改并按比例收取滞纳金，而且也不予通过该单位年审。同时，财政和税务部门要加强与劳动执法部门的合作，对免、减、缓缴残疾人就业保障金的条件进行认真审查，严把年审关，禁止漏缴、少缴、迟缴残疾人就业保障金。

二 市场推动

所谓市场推动，是指改变过去由政府垄断包办的模式，将供求机制、价格机制、竞争机制、利益机制等市场机制引入残疾人服务业的投融资过程，促使投融资主体、方式和管理等在一定范围内实现市场化。

（一）引入多元化的市场主体

要进一步放宽残疾人服务业的市场准入，实现投融资主体的多元化。要遵循市场经济开放、平等、竞争的原则，打破政府垄断局面，进一步放宽对残疾人服务业的市场准入，建立平等、公开的市场准入标准。通过社会招商、政策引导、公开招投标等方式，鼓励国有企业、集体企业、上市公司、集团公司、个体私营企业等各类市场主体参与残疾人服务业的投融资。要充分发挥各类市场主体在投融资渠道、运营管理、技术支持等方面的优势，逐步形成多元投融资主体有序竞争的格局。

要根据提供产品和服务的不同性质，确定投融资的主导力量和主要方式。残疾人服务业分为残疾人事业和残疾人产业，残疾人事业提供的是公共产品，是非营利性的，而残疾人产业提供的是准公共产品或私人产品，是营利性的。对于非营利性的残疾人服务，政府无疑是投融资的主导力量，投融资方式当以财政拨款为主；而对于营利性的服务，政府虽然也会提供资助，但主要以政策支持、宏观调控为主，其投融资的主体力量还是要靠社会上的其他市场主体，投融资方式也应以市场化为主。

（二）加大市场化投融资比重

要加大市场化投融资比重。市场化投融资是指企业以获取利润为目的，以企业信用或项目收益为基础，通过银行贷款、投资股票、发行债券、经营租赁、项目融资等商业化融资手段，筹集资金并加以运用的金融活动，主要包括企业信用融资和项目融资两大类。对于非营利性的残疾人服务，可以通过政府购买服务或项目补贴的方式，变非经营性服务为经营性服务，并引入现代企业制度，实施企业化的运作和管理模式。对于营利性的残疾人服务，更是要加大市场化融资比重，充分利用上市股票、信托产品、企业债券、有价证券等市场手段进行投融资，并根据残疾人服务业的现状和特征不断创新市场化融资模式。政府要充分发挥财政资金的杠杆作用，以招标采购、合约出租、特许经营、政府参股等各种行之有效的方式[①]，动员市场力量直接为残疾人必需的公共产品的生产和供给提供财力支持，降低公共财政压力，努力促进市场主体自觉承担社会责任，满足残疾人的多样化需求。

要创新项目融资模式。项目融资模式是以项目未来的收益和资产作为担保和偿还债务的筹资模式，对比传统的融资模式，具有投资主体多元和投资风险有限等优势，主要适用于市场潜力较大、经济利益较高的优质项目。根据残疾人服务业的特点，重点推荐两种项目投融资模式。一种是PPP模式。PPP是英文public - private - partnership的缩写，即政府和私人合作，是一种新型的项目投融资模式，以项目的未来收益和资产以及政府扶持带来的效益为担保进行筹资。政府公共部门和私人企业签署特权协议，给予私人企业长期的特许经营权和收益权，由私人企业负责融资，政府和私人共同参与项目的建设、运营和管理，共同承担风险。这种融资模式既有利于引入民间资本，减轻政府的财政负担，又有利于引入先进的运营和管理经验，提高项目的总体效益，可以成为残疾人服务业创新市场化融资模式的重要尝试，主要适用于提供准私人产品或私人产品的残疾人服务项目。另一种是TOT模式。TOT即英文transfer - operate - transfer的缩写，是政府或其下属单位将已建项目在一定期限内的产权和经营权转交给私人企业，并一次性收取费用，私人企业通过产品和服务的收费赚取利润，待期满后再移交给政府。这种模式可以让政府在短期内迅速筹集资金，并继续投入到其他项目，主要适用于提供高档私人品或服务、盈利较高的残疾人服务项目。

---

① 丁元竹：《完善基本公共服务供给方式的十大对策》，《中国经济时报》2013年1月23日（A06）。

要创新企业信用融资模式。企业信用融资是指以企业的信用为基础，通过向银行贷款、发行企业股票和债券等方式筹集资金。在传统的模式下，通常是以单个企业的信用进行贷款和担保，这种模式有利于经济实力较强的大中型企业获取资金，但是不太适合目前大多还是"小本经营"的残疾人服务机构。因此，要创新企业信用模式，建立企业联合贷款和担保的融资模式，由产业协会牵头，将需要贷款的残疾人服务机构组成一个团体，联合向银行申请贷款。具体操作流程包括，由残疾人服务业协会牵头，政府提供相关支持，构建残疾人服务业融资网络平台，实现信息互通互享；需要贷款的残疾人服务机构通过平台了解筹资信息，并在残疾人服务协会的指导下自愿组成筹资小组，签订联合筹资协议，共同协商贷款金额等具体筹资事项；筹资小组各成员单位联合向银行申请贷款授信，并联合提供担保，共同承担责任。这种模式有利于增强小企业的贷款信用，通过贷款审批，同时能有效发挥监督和约束作用，相互勉励，相互支持，确保资金能安全归还。

（三）不断完善价格形成机制

在市场经济条件下，市场投资主体将资金投向何处，除了要看市场供求状况外，还要看市场的价格情况。一般而言，利润是吸引市场主体参与投资的直接原因，因此必须完善价格形成机制，制定合适的价格标准，让参与服务业投融资的市场主体能够做到收支平衡或有利可图。课题组在广东调研的过程中了解到，目前从事残疾人服务的社会机构绝大多数处于亏损的状况，严重影响了投资者的积极性。这些服务机构最大的开销就是人工成本，而目前机构工作人员的工资却普遍偏低，离广东省的平均工资还有较大差距。即便是在这样的收费下，仍然有一部分残疾人受经济条件限制而无法享受这些服务，比如问卷调查结果显示，仍有 32.72% 的残疾儿童因为经济困难而上不了特殊学校。

因此，要进一步完善残疾人服务业的价格形成机制，根据提供产品的性质不同，制定不同标准的价格：既要调动投资者的积极性，又要在残疾人经济所能承受的范围之内。对于公共产品和服务，应该实施免费，政府可以按一定标准给予服务机构经济补贴或是给残疾人发放补贴券；对于准公共产品和服务，可按照质量的不同，制定高、中、低不同的价格，政府可以通过给予政策优惠等手段，鼓励投资者兴建残疾人服务机构；对于私人用品和高质量、个性化的服务，政府应该将价格管理权限下放，坚持谁提供谁定价的原则，由作为市场主体的服务机构自己确定价格，政府对价格进行监管即可。

三　社会支持

所谓社会支持，是指在残疾人服务业的投融资上坚持走社会化的道路，广泛动员社会力量，有效整合并充分利用社会资源，鼓励和引导社会各界积极参与残疾人服务业的投融资。2012 年，中国残疾人福利基金会接受捐赠的总额共计 3.17 亿元（其中现金 1 亿元，实物 2.17 亿元），人均捐款额仅为 0.23 元，捐赠来源主要以法人和其他组织为主，自然人的捐赠仅为 0.02 亿元。[①] 可见，当下的中国残疾人社会支持成绩显著，但社会化程度仍然较低。残疾人服务业要实现跨越式发展，单靠政府财政支持和市场主体融资还不够，还需要社会各界的支持，需要利用社会力量、社会化资源和社会化手段，进一步拓宽投融资渠道。

（一）加大宣传教育力度，营造良好融资环境

课题组在广东调研时发现，尽管近年来残疾人事业取得了较大发展，但是社会各界对残疾人还是存在着一些错误认识和偏见，把残疾人看作包袱，在心理上将他们与正常人隔离，不少人对残疾人事业和残疾人服务业还不太了解，认为照顾残疾人是家庭和政府的责任，和自己没有多大关系，还没有树立新残疾人观。因此，要加大宣传教育力度，广泛报道优秀残疾人的事迹，大力宣扬新残疾观，大力宣传残疾人事业和服务业的意义、政策、动态以及与残疾人相关的医疗康复、特殊教育、社会保障、培训就业、无障碍设施等内容；要使广大人民认识到残疾人在人格上是平等的，他们同样是社会建设的参与者，也理应共享社会建设的成果，残疾人事业是一项全社会的事业，是人类文明进步的标志，而残疾人服务业的发展也能促进社会经济的发展，为社会成员创造更多的就业机会。

2012 年，中国慈善捐赠总额约为 700 亿元，人均慈善捐款额仅为 51 元[②]；而美国的慈善捐款总额却高达 3160 亿美元，人均慈善捐款额超过

---

① 中国残疾人福利基金会：《2012 年度年审工作报告》，http：//www.cfdp.org/wxzl/content/2013-06/18/content_30448774.htm，2013-6-18。

② 罗俊：《社会压力影响个人慈善捐赠行为》，http：//www.csstoday.net/xuekepindao/kexueyurenwen/83659.html，2013-8-12。

700 美元①。中美两国在社会捐赠上之所以有如此大的差异，其中一个重要原因就是捐赠文化不同。在中国，虽然一直有着"以仁为本""好善乐施"的传统，但是大多体现在个人行为上，还没有像美国那样，形成一种个人和企业都有责任和义务回馈社会的慈善文化。因此，要借鉴美国经验，大力宣传"平等互助、依法行善、企业公民"等慈善理念，弘扬慈善文化，为残疾人服务业发展创造良好的社会氛围。

加大宣传教育力度，营造人人参与的融资环境，具体可以从以下几个方面入手：一是广泛利用多种媒体，不断创新宣传方式。除了利用报刊、广播、电视、户外等传统媒体外，还要充分发挥网络、触摸媒体、微信、手机短信、移动电视等新型媒体的作用，进一步拓宽宣传渠道。在宣传方式上，可借鉴广东经验，采取开办道德讲堂、举办残疾人英雄事迹报告会、组织残疾人文艺巡回演出、开展人道主义进社区活动、评选残疾人年度十大杰出人物、向社会征集残疾人事业发展十件大事等多种形式，让人们更加理解和支持残疾人和残疾人服务业的发展。二是努力拓展宣传的时间和空间，力争实现宣传对象的全覆盖。过去，中国对残疾人事业和慈善理念的宣传，大多集中在国际和国内残疾人日、世界慈善日前后，或是偶然的某一天或某一时期，像一阵风刮过就没有了，没有形成持续的、制度化的宣传，而且大多集中在大城市，在县城、乡镇的宣传很少。因此，要加大宣传教育力度，就需要进一步拓展宣传的时间和空间，争取让宣传和教育无时不有、无处不在。此外，加大宣传教育力度还应体现在宣传教育对象的全民性上，要力争实现宣传教育对象的全覆盖，不论是政府工作人员、事业单位干部和职工，还是企业领导和员工、私人老板和雇员，城镇居民还是乡村村民，学生还是自由职业者，老人、中青年还是儿童，所有的社会成员不论行业、年龄、身份，都应当成为宣传和教育的对象。三是将新残疾观、慈善理念写进课本，引入学校。要通过学校教育，让儿童从小就树立"平等、参与、共享"的新残疾观以及"慈善不仅是一种美德，也是每个公民和企业应尽的一项责任和义务"等慈善理念。

（二）发挥慈善组织的作用，搭建诚信捐赠平台

2012 年，"广东扶贫济困日"活动全省认捐款物超过 28 亿元；全年福

---

① 中国产业经济信息网 Echo 信息聚合中心：《美国慈善捐款 3160 亿美元，教育占 13%》，http：//shanxi. cinic. org. cn/jij/329907. html，2013 - 6 - 21。

利彩票销售达到 169.55 亿元，稳居中国大陆各省、自治区、直辖市首位。①广东的社会捐款总额之所以能名列前茅，其中一个重要原因就是注重发挥慈善团体的作用。比如，广东和地方城市深圳率先成立了国际性慈善服务社团国际狮子会的分支机构——中国广东狮子会和中国深圳狮子会，为残疾人等社会弱势群体提供帮助；广东华美教育慈善基金会与省残疾人基金会签订捐赠协议，设立"华美教育奖助学金"，专门资助优秀残疾学生和特困残疾学生。

因此，在残疾人服务业的投融资方面，可借鉴广东经验，从以下几个方面入手：一是大力培育慈善团体，构建遍布全国的慈善网络。要加大政府的扶持力度，制定一系列"培育发展公益性社会组织"的政策措施，如减免税收，享有冠名权，授予荣誉称号等，鼓励国内外企业和个人组建慈善团体，并重点做大做强几个有号召力的慈善团体，如中国残疾人福利基金会等。二是要加强与国内外慈善团体的交流合作，积极向它们争取物资支持，用于残疾人公益服务。2012 年，中国残疾人福利基金会接受境外法人或其他组织的捐赠就高达 3469 万元。② 也可借鉴深圳壹基金的做法，将几个小型的公益基金会联合起来，组建一个规模更大、更有影响力和公信力的公益基金会，实现共建共享，群策群力来筹集更多资金。三是要加大对慈善团体的监管力度，提高资金使用的透明度。除了内部监督机制外，还要建立完善的外部监督机制，如定期公布资金使用情况，提供捐赠查询服务，建立定期反馈机制等。此外，慈善团体还需聘请有资质的审计公司，定期对财务状况进行审计，并向社会公布审计结果。

（三）优化社会支持网络，拓宽社会融资渠道

要有效整合并利用社会现有资源。要充分发挥残疾人工作委员会的协调作用，有效整合并利用各成员单位现有的设施、设备、技术和人力等资源，为残疾人服务业提供物质和智力支持。主要包括以下几个方面：一是加强与教育部门的合作，利用现有的教育场地和师资力量开展残疾人职业

---

① 广东省发展和改革委员会：《广东省国民经济和社会发展报告（2013）》，http：// gdpc. gd. gov. cn/xxgk/rdzt/fzbg/gdsgmjjhshfzbg2013/201308/t20130807_ 214397. htm，2013 - 8 - 7。

② 中国残疾人福利基金会：《2012 年度年审工作报告》，http：//www. cfdp. org/wxzl/content/ 2013 - 06/18/content_ 30448774. htm，2013 - 6 - 18。

教育培训和残疾人随班就读教育，并依托高等院校资源，建立医疗康复、特殊教育、社会工作等各类专业人才培训基地，为残疾人服务业培养高素质的人才。二是与卫生部门联盟，利用医院和卫生所的现有设备和人力资源，建立残疾人康复中心或康复技术指导中心等，对各类残疾人进行康复需求分析和咨询，为其提供专业的医疗康复服务，并开展残疾人康复技能培训，为残疾人服务业培养专业的康复技师，同时也为家庭和社区康复提供技术指导。三是与体育和文化部门合作，争取公共体育和文化设施向残疾人免费或优惠开放，并依托体育馆、艺术中心、图书馆等场地设施，为残疾人提供便利优质的文体服务，如为残疾人文体活动提供免费场地，在图书馆增设盲人有声读物阅览室等。此外，也可借鉴广东经验，充分利用社区、企业等既有资源。例如依托社区服务的现有机构以及社区内物业管理公司、企事业单位、社会团体现有的基础设施，开展各种类型的残疾人服务；与工商界联盟，为残疾人争取更多的工作机会；与棋院等民营企业合作，为残疾人免费提供教棋、练棋及比赛机会，丰富残疾人的娱乐生活。

要创新社会化融资手段。一是要在政府倡导并搭建平台的前提下，创建慈善公益联合募捐的方式，每年定期组织慈善公益联合募捐活动，由慈善组织牵头主持实施。如深圳每年定期举办公益项目交流展示会，广邀国内外慈善组织参加，共募资金。这种形式较好地避免了重复募捐，将各类社会组织聚集起来，许多企业和居民都乐意参加，募集的资金也越来越多。二是要广泛开展"全国助残日""红领巾助残""志愿者助残"等多种形式的助残活动，着力打造残疾人慈善品牌。如由中国残疾人福利基金会打造的"集善工程"、与李嘉诚（香港长江实业集团有限公司创始人兼董事局主席）基金会合作实施的"长江新里程计划"。目前，仅"集善工程"这一品牌就设有集善嘉年华、启明、助听、助行、助学、助困、信息无障碍七大行动，包括近百个公益项目。三是将融资与各种文化紧密结合，倡导消费捐赠、体育捐赠、娱乐捐赠、时尚捐赠等，让人们在舒适的氛围下、丰富的文化娱乐活动中、日常的消费中参与捐赠。例如与农夫山泉、肯德基、麦当劳、家乐福等企业合作，联合开展消费捐款，让社会成员在日常消费的同时，为残疾人服务贡献了一份力量；与相关部门合作，举办慈善音乐会、慈善义演义卖活动。在首届广东省国际慈善义卖活动中，各国驻穗领事馆纷纷搭台出售特色物品，为广东听障残疾儿童共筹集善款约33万元。四是借鉴惠州经验，建立国有资产收益收缴机制，根据经营性国有资产的不同性质和现状，按一定比例（惠州是 3%～5%）收缴国有资产增值收入，专门用于残疾人事业等基本公共服务。

此外，还要加强与国际、中国港澳台之间的交流和合作，通过残疾人艺术团巡回演出等活动，让国际友人、港澳台同胞更加理解和支持残疾人事业和服务业的发展，并且要通过给予优惠政策和荣誉表彰等方式，鼓励他们向非营利性的残疾人服务机构捐赠财物，以独资、合资、参股等多种方式投资残疾人服务业。

第二节　队伍建设

加强残疾人服务队伍建设是推动残疾人服务业实现跨越式发展的关键所在。设计制度机制，制定各项政策措施以及为残疾人提供各项具体服务，都需要一支强有力的工作队伍。改革开放以来，特别是近十年来，中国对残疾人服务队伍建设给予了高度的重视，在这方面投入了大量的资源，也取得了明显的成效。但客观而言，与经济社会发展的需要，特别是社会对残疾人服务供给的需要相比，残疾人服务队伍建设仍严重滞后，主要表现为人员偏少、队伍结构有待完善和专业技能人员缺乏。从中国残疾人服务队伍现状出发，借鉴国内外先进经验，当前应加大工作创新力度，构建"党委政府主导，社会公众协同，残障人士参与"的残疾人服务队伍建设新模式。下面，从三个方面进行阐述。

一　党委政府主导

党委政府在加强残疾人服务队伍建设中发挥主导作用既是残疾人服务的社会公共产品属性的要求，也是中国特色社会主义制度优越性的重要体现。党委政府的主导作用主要体现在对队伍建设的管理、规范和引导上。必须把握好政府与社会、管理与服务之间的界限，创新思路与机制，多管齐下，通过充分发挥党委政府的主导作用，确保队伍建设的正确方向，并进一步激活社会力量，为队伍建设注入强大活力。

（一）加强对队伍建设的组织领导

要把残疾人服务队伍建设纳入党委政府的重要工作事项。在当下中国，党委政府的重视程度对残疾人服务队伍建设有决定性的推动作用。各级党委政府应定期研究残疾人服务的队伍建设工作，指导和督促有关部门对这项工作投入足够的人力物力支持，形成齐抓共管的良好局面。可以考虑把残疾人服务队伍建设情况纳入相关工作部门的工作考核内容，落实工作，形成倒逼机制，一级抓一级，确保党委政府的有关决策落实到位。

要加强各级残疾人联合会工作队伍建设。残疾人联合会是各类残疾人的统一组织，负有代表、服务、管理三种职能：代表残疾人共同利益，维护残疾人合法权益；团结教育残疾人，为残疾人服务；履行法律赋予的职责，承担政府委托的任务，管理和发展残疾人事业。残疾人联合会工作人员队伍是管理残疾人服务业和为残疾人提供服务的重要力量。广东专门出台了《关于加强残疾人组织建设的意见》，对加强各级残疾人联合会组织建设做了全面的规划和部署。可借鉴广东的做法，进一步加强残疾人联合会组织建设，完善各级残疾人联合会机构设置。以各级残疾人联合会换届为契机，选好配强残疾人联合会领导班子，积极推进残疾人干部配备工作。实施"强基育人"工程和残疾人联合会系统人才教育培训规划，加大人才教育培训力度，加强人才队伍建设；积极推进基层残疾人组织规范化建设，建立健全乡镇（街道）、村（社区）残疾人组织，加大残疾人专职委员的选聘、培训、考核工作力度，并进行实名登记，妥善解决好其待遇问题，建设一支爱岗敬业的残疾人专职委员队伍。

（二）运用政策杠杆促进队伍建设

要制定并实施残疾人事业中长期人才发展规划。要对残疾服务队伍建设做长远、科学的安排，引导各类社会资源持续投向残疾人服务队伍建设，逐步建成一支规模适度、结构合理、适应经济社会需要的残疾人服务队伍。要支持专业队伍建设，提高专业服务水平，利用高等院校资源，开设有关残疾人服务专业课程。要明确残疾人专业服务机构和公共服务机构，要配备各类专业技术人员。要建立和完善残疾人事业人才保障和激励机制，鼓励专业人员到基层从事残疾人服务工作。有条件的残疾人专业服务机构要设置专业社会工作岗位，或采取政府购买服务的方式配备一定数量的专业社会工作者。

要出台扶持政策，鼓励和支持残疾人服务队伍建设。对残疾人服务队伍培训机构，在资金、场地、税收等方面给予支持和优惠。省、市残疾人联合会要建立残疾人工作专业技术人才库，并与劳动人事和社会保障、财政等相关部门联合，安排专项补贴经费和培训经费用于提高各专业人才的福利待遇和业务水平，确保残疾人工作专业技术人才的稳定性；要提供专业类培训，提高工作人员的服务水平，制定和完善残疾人康复机构服务人员等各类专业服务人员职称评定办法，把此类人员纳入职称评定体系，解决残疾人服务人员的专业水平没有办法评定、得不到承认的问题，激励更多的人积极提升专业能力，促进整个残疾人服务专业化水平的提升。比如，言语矫治师作为新兴职业，人才缺口巨大，但现在不少地方在言语矫治康复人才培养方面还处于无法可依、无标准可依、无职业类别归属的阶段，应该尽快制定相关政策、法规，使其规范发展。

（三）完善服务标准、降低准入门槛

要发挥政府有关部门的监管职能作用，加强行业管理，对残疾人服务机构服务的服务质量和专业化水平制定可衡量的评价标准，实行分级分类管理，对服务质量、专业化水平高的加大扶持力度，对服务质量不达标的督促其整改，甚至取消其服务资格。通过对服务质量的严格要求，可以充分发挥政策的指挥棒和风向标作用，倒逼服务机构重视服务队伍建设，自觉加大专业性服务力量的比例，不断提升服务质量与队伍建设水平。可考虑对服务机构工作人员的资质要求进行规定，结合专业等级评定，在队伍建设方面对行业准入设置一定门槛，规范人员的招用、培训、管理，从源头上促使相关机构重视和加强队伍建设。

二 社会公众协同

过去，残疾人服务队伍建设工作，主要由政府有关部门和残疾人联合会及其下属机构直接承担。这种方式体现了党和政府对残疾人服务队伍建设的关心和重视。但随着社会的发展，这种方式的局限性也日益明显，不但无法动员社会公众的参与，也不利于形成完善的残疾人服务队伍体系。完善的残疾人服务队伍体系应该由公权力机构工作人员、市场机构工作人员、社会组织人员、社会志愿人士以及残疾人家庭成员等组成，才能构成强有力且全域覆盖的残疾人支持网。要建成这样的服务队伍，必须在党委政府主导下充分发挥社会公众的作用。

（一）激励社会公众参与

要有效激励社会公众自觉投身于残疾人服务业。为残疾人提供各类服务的社会公众是残疾人社会支持系统的主力军，激励社会公众投身残疾人服务业是加强残疾人服务队伍建设的核心环节。近年来，伴随着社会主义核心价值体系的建立健全，社会公众在中国大陆的残疾人服务业中发挥着

越来越重要的作用。但与香港等发达的地区相比，中国大陆在这方面的差距还很大。在香港，非政府组织的社会公众是为残疾人提供服务的主力军，超过210个非政府福利机构承担了绝大多数的针对残疾人的服务工作。所以，要鼓励各类公办、民办机构与组织激励社会公众参与，并针对社会公众开展残疾人服务培训。要充分发挥工会、共青团、妇女联合会等枢纽型社会组织的作用，加强残疾人服务类社会组织的发展、服务、管理工作，把培养残疾人服务类社会组织领头人和骨干力量作为加快孵化培育此类社会组织的重点工作来抓。要利用各种专业性社会组织力量，对从事残疾人服务的志愿者、社工人员进行培训，提升其专业化服务能力。

要通过大力发展社会组织激励社会公众参与。针对社会组织建设滞后和社会公众作用发挥不足的情况，2011年出台的《中共广东省委、广东省人民政府关于加强社会建设的决定》对包括为残疾人服务的各类社会组织的发展给予大力的支持，对社会公众的参与给予了多种形式的有效激励。有关政策措施实施后，收到了显著的成效。可借鉴广东的做法，坚持积极引导与依法管理并举，建立健全统一登记、各司其职、协调配合、分级负责、依法监管的社会组织管理体制。要降低准入门槛，简化登记办法，探索公益慈善类、残疾人服务类等社会组织直接申请登记制，充分调动社会公众的力量和资源参与社会建设。要完善社会组织工作协调机制，建立培育发展残疾人服务类社会组织工作联席会议制度。要创新培育扶持机制，落实优惠政策，在省和地级以上市实施残疾人服务社会组织扶持发展专项计划，建立孵化基地。要建立残疾人服务类社会组织负责人管理、资金管理、年度检查、重大活动报告、信息披露、诚信奖励、查处退出等制度，完善内部治理结构，健全诚信自律机制。要完善等级评估制度，对残疾人服务类社会组织实施分类管理和扶持。要推行"社工＋志愿者"模式，广泛吸纳社会公众参与，培育发展残疾人服务社区志愿者组织，建立联动发展机制。要推动大型赛会志愿服务成果转化，促进残疾人志愿服务业发展常态化、制度化。

（二）科学利用社会资源

残疾人服务业缺乏专业技术的有效支撑，是中国大陆残疾人服务业面临的一个突出问题，其实质就是残疾人服务队伍中专业人员缺乏。以广东为例，全省残疾人服务机构现有5828名服务人员，其中，有特教、医疗、工程、心理、社工等专业背景的仅1738名，不足全部服务人员的三成。专业人员匮乏不仅影响了现有残疾人服务机构效能的发挥，也影响了残疾人服务业向纵深推进，严重制约了残疾人服务业的跨越式发展。提升残疾人服务队伍专业化水平，政府有关部门责无旁贷，但其力量毕竟有限，必须充分利用和科学整合社会各界资源。

要依托专业院校力量。要组织医科和设有心理治疗、康复类专业的高等院校和职业教育学校面向残疾人服务队伍开展技能培训，培训方式可以灵活多样，包括集中教学培训、一对多的实践教学以及远程辅导等，逐步建立包括正规教育、函授教育与特殊教育以及民办教育在内的社会工作教育体系，形成多层次和网络化的残疾人服务人才培养体系。要邀请相关院校的教师和学生以志愿者身份参与残疾人服务，在提供服务的同时，对服务团队的其他成员提供技术支持和发挥传帮带作用，在服务实践中培训队伍。

要依托专门机构力量。要建立专门机构培训社工、支援人员的工作机制，使专门机构在提供残疾人服务的同时，充分利用其专业资源与能力对有关人员进行培训。目前，广东有助残志愿者注册人数60万名，如果这部分人通过专门机构的培训，提升了专业能力，全社会残疾人服务队伍的力量将得到极大的加强。

要依托新媒体的力量。要充分利用博客、微博客、微信以及手机短信息等新型网络媒体，以青年人喜闻乐见的形式，宣传助残服务的常识和基本技能，形成广覆盖、易获取的助残服务教育资源发布体系，让更多的人能够了解助残服务、获取相关的技能知识，从而有效拓展残疾人服务工作队伍的后备力量和梯队建设。可以参考"网易公开课"模式，开设助残专业技能网络培训学堂，提供残疾人服务所需的心理干预、社区康复、医疗护理课程视频，让有志者可以通过网络随时学习不同层次的专业知识。

（三）厉行政府购买服务

要大力推行政府向社会组织购买公益服务。借鉴广东的做法，可出台专门的政策措施，推行政府向社会组织购买公益服务，支持社会组织为居民提供养老助残服务，增强专业服务力量。从2007年开始，广东省深圳市借鉴香港成熟经验开展专业化队伍建设，通过民间运作、政府购买服务模式，向社会组织举办的人才服务机构购买社会工作师、康复治疗师、特教教师和居家服务护理人员的服务，为康复机构、基层社区和残疾人家庭配置社会工作师、康复治疗师、特教教师149名和居家服务人员200名。这些专业人员在康复服务第一线开展专业服务，针对个案和群体开展权益维护、心理辅导、知识普及、外展服务、社会救助和家庭服务等社会工作，实施物理治疗、作业治疗、言语治疗、特殊教育、康复护理等服务，受到残疾人及其家属和康复机构的好评，迅速成为目前深圳残疾人服务工作的生力军，为加快面向残疾人服务的专业人才队伍建设，进行了有益探索。

要通过购买的方式，对非政府机构残疾人服务人员进行培训、实行资助并且对其进行监督。一是对承接服务的机构及社会组织的人员资质、编制和工资标准进行明确规定；二是要求承接服务的机构及社会组织承担一定的志愿者和社工培训义务；三是每年对承接服务的机构的队伍建设和人员受培训情况做出评定。要通过这样一系列的措施，引导和规范相关机构和组织的队伍建设，不但保证了服务的质量和政府资金的使用效益，也推动了全社会残疾人服务队伍建设。

三　残障人士参与

美国前任总统布什（George Walker Bush）曾经指出，"有残疾的美国人是我们社会里活跃且有贡献的成员""通过去除物理障碍和消除偏见，我们的国家将受惠于残疾人的智慧、创造力以及他们勤奋的工作"。[①] 残疾人服务工作离不开残疾人本身即残障人士的参与。如何发挥好残障人士在其中的作用，是改进残疾人服务必须解决好的问题。从广东的实践经验看，可以从三个方面着手。

（一）吸纳残障人士对服务工作的意见和建议

残障人士是残疾人服务工作的服务对象。服务质量如何，残障人士最有发言权。英国诗人丁尼生（Alfred Tennyson，1809－1892）说过："意志坚强的人绝不会服从命运和天数的安排，他们会一如既往地奋斗、求索！"[②] 在自强不息精神的激励下，残障人士中涌现了不少杰出的人才。在评估残疾人服务的过程中，要充分听取残障人士的意见和建议。可以采取问卷调查、电话采访、召开座谈会等形式，定期征集残障人士的意见，准确评价服务队伍建设情况和工作人员的服务效能，有针对性地予以改进。

---

① The Office of Disability Employment Policy. Disability Employment Policy (Strategic and Performance Plan)，http：//www. dol. gov/odep/ab out/strategic_ plan_ contents. htm，2010－10－6.

② 转引自快乐天使《残疾人励志名言》，http：//blog. sina. com. cn/s/blog_ 4dc922e101009czg. html，2008－5－20。

可以从残障人士中选聘一批监察员，对有关开展残疾人服务工作的情况进行监督，提供给有关监管部门参考。

(二) 选拔优秀残障人士加入残疾人服务队伍

要加强残疾人干部的选拔任用。加强残疾人联合会组织建设，选拔一定数量的残障人士充实地方残疾人联合会领导班子和干部队伍，这有利于激励残障人士，增强残疾人联合会的代表性，也有利于残疾人事业以及残疾人服务业的健康发展。要将残疾人干部的培训纳入干部培训工作整体规划，努力提高他们的思想政治素质、文化知识水平和业务工作能力；各级残疾人联合会要发挥自身优势，建立健全优秀残障人士人才库，积极协助组织部门做好优秀残疾人干部的推荐、培养、选拔和管理等有关工作。

要让残障人士参与力所能及的残疾人服务工作。要把一部分有服务能力的残障人士从单纯的受助对象转变为残疾人服务队伍的生力军，既增强服务队伍力量，又使这部分残障人士增添自强自立的信心和勇气，在助人中自助，加快心理和生理的康复。要建立残障人士结对帮扶机制，让有能力的残障人士帮扶其他残障人士，特别是通过现身说法开展心理辅导、传授康复经验。对受助者而言，这比一般的服务人员更加亲切和有说服力。

(三) 帮助残障人士建立自己的社会支持网络

建立残障人士自己的社会支持网络，将有效提升残疾人服务的覆盖面，同时，也为残疾人服务队伍建设提供了有力的支援。因此，这些支持网络，其实是残疾人服务队伍的延伸和补充。

要加大力度发展专门性的残疾人组织。要通过建立智障人士联谊会、自闭症研究会、智力残疾人及亲友会、残疾人乐队、聋儿家长学校和家属资源中心等亲友组织，帮助残障人士形成稳固的社交和互助网络，以有效帮助残疾人及家庭解决困难和问题。

要加强对残疾人家庭的扶助，使其成为支持残疾人康复的支柱力量。家庭在残疾人社会支持系统中的作用是非常重要的，它向残疾人提供了大部分的情感性支持，满足自尊的支持、物质性支持、工具性支持和抚育性支持。可以说，家庭是残障人士社会支持的重要主体力量。家庭作为在生活中同残障人士联系最为密切的一级组织，它所提供的支持是最为全面、入微的，不仅包括经济支援、训练帮助、日常照顾等，还包括情感、交流等非正式的社会支持。要通过政府机构、社会组织、志愿人士的工作，对残疾人家庭给予适当的辅助，减轻其经济和精神负担。要探索以家庭为单位的救助和互助模式，使家庭与社会救助体系对接，成为广义的残疾人服务工作队伍的一部分，巩固和加强残疾人服务队伍力量。

第三节　综合测评体系

近年来，国家高度重视残疾人服务体系的建立健全，对残疾人社会保障、康复医疗服务等方面也有一定的指标测评体系，但针对整个残疾人服务业水平进行综合测量的指标体系现还没有形成。这就需要对残疾人服务业发展水平的测量构建一个综合指标体系。构建残疾人服务业综合指标测评体系，目的是通过服务业相关指标内容对全国、各地区的残疾人服务业发展状况进行量化评价，通过纵向和横向对比分析，随时掌握残疾人服务业水平的动态变化情况，预测其发展趋势，同时为残疾人服务政策制定和措施完善提供依据。本节将从测评依据、测评指标和测评方法三方面，对残疾人服务业综合测评体系进行探讨。

一　测评依据

所谓测评依据，顾名思义就是测评的依托和根据。残疾人服务业发展水平量化是一个全新的课题。下面将从综合测评宗旨、体系构建原则和体系构建方法三个方面进行阐述。

（一）综合测评宗旨

残疾人服务业是现代服务业的组成部分。建立残疾人服务业综合测评体系主要基于以下目的。

一是量化服务业标准。残疾人服务业发展水平如何？服务机构是否达到全覆盖？服务内容是否能满足残疾人日益增长的需求？目前中国大陆对残疾人服务业的评价还没有统一的标准或规范，也没有形成统一的评价指标体系。指标体系的建立，一方面，让残疾人服务业形成一定的标准；另一方面，可以依据一定的标准对业已提供的残疾人服务业效果做出判断。

二是进行纵向和横向对比。指标体系的建立为各地区残疾人服务业发展水平提供评价标准，测评其发展程度和差距，各级政府和相关部门、各服务机构可以将评价指标体系作为指导，努力做好各项残疾人服务工作，以达到各项指标的目标值。

三是提出解决路径、措施。通过对残疾人服务业的评价，可以了解各地的残疾人事业和残疾人服务业工作进展情况、服务的效果和结果等，向相关政府部门提出政策性建议和措施。还可以对残疾人服务业的各项服务过程、服务机构进行监督，提高服务业管理的科学化、标准化和规范化水平。

（二）体系构建原则

一是以人为本。以人为本的指标选择原则要求所选的指标应该与残疾人的生存和发展直接相关，能够真正测量每个残疾人个体的生存和发展状况的改善程度，以及残疾人服务业的发展状况和存在的问题。

二是坚持科学性与系统性。残疾人服务业指标体系的设计及评价指标的选择以科学性为原则，就是要符合残疾人服务业发展实际，一方面要在理论上要站得住脚，另一方面又能反映评价对象的客观实际情况，同时数据容易获取且计算方法简明易懂。系统性主要表现在能全面反映评价残疾人服务业发展的整体发展程度，客观真实地反映残疾人服务业，如医疗卫生、康复养护、社会保障、教育培训、劳动就业、文化体育、法律维权、信息化等服务的特点和状况。

三是力求可比、可操作、可量化。所谓可比，一方面要求在指标的标准化处理中保持同趋势化，以保持指标之间的可比性；另一方面要求指标的选择便于纵向和横向比较，掌握不同年份、不同地区残疾人服务业发展的动态变化状况、发展趋势以及地区差异。一般而言，测评体系的可比性越强，其测评结果的可信度就越高。所谓可操作，是说评价指标应该具有很强的现实可操作性，各指标尽量简单明了、微观性强、便于收集。所谓可量化，是指选择指标时要考虑能进行定量处理，以便于进行数学计算和分析。

四是要有代表性与导向性。在测评指标数量的选择上，并不是越多越好，也不是越少越好。指标数量过多，一方面可能会造成指标内涵的重复，另一方面也使指标体系过于烦琐；指标数量过少，可能因指标缺乏足够的代表性而使测评体系的效度降低。因此，在残疾人服务业综合测评指标的选择上，务必要确保评价指标具有一定的典型代表性，尽可能准确反映出残疾人服务业的各项特征，即使在减少指标数量的情况下，也要便于数据计算和提高结果的可靠性。另外，评价指标体系的设置、权重在各指标间的分配及评价标准的划分都应该与残疾人发展条件相适应。构建测评体系的目的，不仅仅是单纯为了评出名次，更重要的是为了引导残疾人服务业朝着正确的目标和方向发展。本测评体系要突出当前残疾人服务业发展的状况和问题，体现出较强的导向性意义。

五是要有差异性与动态性。差异性，即事与事、物与物之间存在的不相同的特点性质。应该清醒地认识到，中国大陆残疾人服务业在发展过程中存在区域差异是不可避免的，甚至是合理的。因此，对于不同类型的地区，残疾人服务业水平的发展有不同的要求、不同的目标，因此应当依据不同地区残疾人服务业发展的实际情况，制定相应的测评目标，而不能采取简单化的一刀切的办法。同时，指标的选择、权重会随着社会发展阶段与要求的不同而发生变化，因此，残疾人服务业综合测评体系的构建，还应与时俱进，适时调整，体现动态性发展。

（三）体系构建方法

残疾人服务业综合测评体系，采用文献评阅和焦点组访谈法构建指标体系框架；通过现场调查了解残疾人服务需求与服务现状；主要运用定性研究、定量研究以及两者相结合的综合研究方法论证指标体系。其中最主要的方法有以下三种。

一是实地调研法。只有实地调研，才能掌握翔实、科学的依据。本课题组采用分层整群抽样调查的方法，在广东省惠州市、清远市、茂名市、广州市的黄埔区和增城市进行实地调研，召开了专题座谈会，进行了典型现场调查，同时开展了深度访谈，考察了康复中心、特殊学校、就业服务中心、福利院、社区服务中心、家庭服务点等的发展状况以及服务方式、服务情况、需求情况；同时在广东省广州市、珠海市、惠州市、汕头市、茂名市、清远市六个市发放了《残疾人服务业发展调查问卷》，主要内容包括残疾及心理情况、医疗康复情况、教育及文体情况、经济及就业情况、法律政策情况、社会保障情况、无障碍建筑情况、信息化建设情况和对残疾人服务业的了解和希望等。这些工作，为测评体系的构建奠定了坚实的基础。

二是定性研究法。本课题组主要采用了德尔菲法（Delphi Method）。德尔菲法，又称专家咨询法，就是将调查得到的结果，凭借专家的知识和经验，直接或经过简单的推算，对研究对象进行综合分析研究，寻求其特性和发展规律，并进行预测的一种方法。该方法最大的优点是简单直观，无须建立烦琐的数学模型，且在缺乏足够统计数据和没有类似历史事件可借鉴的情况下，也能对研究对象的未知或未来状态做出有效的预测。本指标测评工作集中了一批具有丰富残疾人社会工作实践经验的一线工作者以及具有丰富理论研究经验的专家，采用头脑风暴法、焦点组讨论法就残疾人服务业的内涵、范围和内容的界定，对残疾人服务业综合指标测评的具体指标进行遴选、咨询和论证。通过文献研究、实地调研和专家访谈拟定指标，确定权重与分值，在较大程度上保证了测评体系的合理性与科学性。

三是定量研究法。本课题组主要采用了主成分分析法。相比德尔菲法，主成分分析法的最大优点在于不仅使用定性分析的方法，而且融入定量的分析，实现定性分析与定量分析有机结合，可提高测评体系的系统性和科学性。主成分分析法可消除评价指标之间的相关影响，减少指标选择的工作量，当评级指标较多时还可以在保留绝大部分信息的情况下用少数几个综合指标代替原有指标进行分析，在综合评价函数中，各主成分的权数为其贡献率，它反映了该主成分包含原始数据的信息量占全部信息量的比重，这样确定权数是客观的、合理的，它克服了某些评价方法中确定权数的缺陷。这种方法的计算比较规范，便于在计算机上实现，还可以利用专门的软件。在具体的技术操作方面，运用了 spss、excel 软件进行系统分析。

二 测评指标

残疾人服务业综合测评体系是一个包括多方面内容的多指标综合性测评体系。本节主要介绍指标体系的总体结构、体系构建以及具体的指标内容。

（一）总体结构概述

关于残疾人服务业的测评体系，国家层面和地方层面都进行了相关的研究，产生了诸如《中国残疾人"人人享有康复服务"评价指标体系（2005－2015 年）》《上海残疾人康复服务评价指标体系》《苏州基本实现残疾人服务业现代化指标体系》以及广东《残疾人现代化指标体系》《全面建设小康社会统计监测指标体系》《广东残疾人社会保障测评体系》等研究成果，这些测评指标体系为构建残疾人社会保障制度测评体系奠定了很好的基础。

通过借鉴已有的相关测评体系，结合残疾人服务业涉及范围，这里尝试构建了残疾人服务业的评价指标体系表的综合测评体系。这套衡量残疾人服务业的评价指标包括 5 个一级指标，17 个二级指标，45 个三级指标。

（二）综合测评体系

残疾人服务业综合测评指标体系包括残疾人服务内容指标、残疾人服务基础设施指标、残疾人服务资金指标和残疾人服务组织指标和主观评价5个一级指标。残疾人服务内容指标包括社会保障、医疗康复、托养、教育、就业、文化6个二级指标，20个三级指标；残疾人服务基础设施包括无障碍基础设施、信息管理、服务机构、知识宣传4个二级指标，10个三级指标；残疾人服务资金包括政府拨款、社会支持2个二级指标，4个三级指标，残疾人服务组织包括法律服务、组织管理、康复队伍建设和助残帮扶4个二级指标，10个三级指标；主观评价，则由残疾人及其亲友服务满意率1个指标来衡量（见表10－1）。

表 10－1　残疾人服务业综合测评体系

指标维度	指标内涵	具体指标	单位
一级指标	二级指标	三级指标	
残疾人服务业综合测评体系	残疾人服务内容（A1）	社会保障（B1）	残疾人最低生活保障覆盖率(C_1)	%
			重度残疾人生活救助率(C_2)	%
			医疗救助覆盖率(C_3)	%
			养老保险覆盖率(C_4)	%
			医疗保险覆盖率(C_5)	%
		医疗康复（B2）	康复需求满足率(C_6)	%
			社区康复站服务覆盖率(C_7)	%
			社区康复协调员配备率(C_8)	%
			区（县）市康复技术指标机构达标数(C_9)	个
			医疗卫生机构残疾人康复服务工作达标率(C_{10})	%
			"送康复服务上门"服务率(C_{11})	%
		托养（B3）	托养服务满足率(C_{12})	%
			重残托养救助率(C_{13})	%
		教育（B4）	学龄残疾儿童义务教育入学率(C_{14})	%
			残疾人人均受教育年限(C_{15})	年
			成年残疾人识字率(C_{16})	%
		就业（B5）	城镇残疾人登记失业率(C_{17})	%
			职业技能培训率(C_{18})	%
		文化（B6）	县级市(区)残疾人文体活动综合服务中心建成率(C_{19})	%
			社区文体活动参与率(C_{20})	%
	残疾人服务基础设施（A2）	无障碍基础设施（B7）	主要公共设施无障碍化普及率(C_{21})	%
			交通设施无障碍需求满足率(C_{22})	%
			城镇主要道路无障碍普及率(C_{23})	%

续表

指标维度		具体指标	单位
一级指标	二级指标	三级指标	
残疾人服务基础设施（A2）	信息管理（B8）	残疾人康复服务信息数据库（C_{24}）	个
		康复服务建档率（C_{25}）	%
		残疾人全面康复服务转介有效率（C_{26}）	%
	服务机构（B9）	每百名残疾人享有专项服务机构面积（C_{27}）	平方米
		每百名残疾人享有专项服务机构从业人数（C_{28}）	个
	知识宣传（B10）	残疾人及其亲友残疾预防、康复知识普及率（C_{29}）	%
		社区残疾人康复主题活动的次数（C_{30}）	次
残疾人服务资金（A3）	政府拨款（B11）	政府对残疾人服务业投入占政府财政支出比重（C_{31}）	%
		残疾人社会保障人均财政资金（C_{32}）	元
	社会支持（B12）	筹措资助残疾人康复事业彩票公益金、慈善基金（C_{33}）	元
		筹措用于残疾人康复事业的其他社会资金（C_{34}）	元
残疾人服务组织（A4）	法律服务（B13）	残疾人法律援助机构数（C_{35}）	个
		侵害残疾人权益案件办结率（C_{36}）	%
	组织管理（B14）	将残疾人"人人享有康复服务"目标纳入当地经济社会发展规划，列入政府工作考核目标（C_{37}）	—
		相关部门将残疾人康复工作列入本部门工作计划和考核目标（C_{38}）	—
	康复队伍建设（B15）	康复管理人员配置人数（C_{39}）	人
		康复专业人员配置人数（C_{40}）	人
		社区康复医生配置人数（C_{41}）	人
		基层残疾人组织健全率（C_{42}）	%
	助残帮扶（B16）	每年组织开展社会捐赠活动（C_{43}）	次
		社区助残志愿者队伍覆盖率（C_{44}）	%
主观评价（A5）	残疾人幸福指数（B17）	残疾人及其亲友服务满意率（C_{45}）	%

一级指标栏左侧竖排：残疾人服务业综合测评体系

（三）具体测评指标

第一，残疾人服务内容方面。主要选取社会保障、医疗康复、托养、教育、就业和文化6个二级指标，20个三级指标。

一是社会保障。包括社会救助和社会保险两方面。社会救助，将符合条件的残疾人家庭全部纳入最低生活保障制度，在实现应保尽保的基础上，逐步提高最低生活保障标准。社会保险的发展状况是衡量残疾人社会保障事业发展的重要标准之一。基本社会保险主要包括基本养老保险、基本医疗保险、失业保险、工伤保险和生育保险五方面内容。其中，失业保险、工伤保险和生育保险只是针对在单位就业的残疾人而言的。其中医疗和养老保险最为重要，因此以这两项为参考测量指标。

指标1：残疾人最低生活保障覆盖率，是指已享受最低生活保障的残疾人数占辖区内应享受最低生活保障的残疾人数的比例。为方便计算，这里选取城镇最低生活保障覆盖率和农村最低生活保障覆盖率的算术平均值。其计算方法为：

$$最低生活保障覆盖率 = \frac{城镇最低生活保障覆盖率 + 农村最低生活保障覆盖率}{2}$$

其中，

$$城镇（农村）最低生活保障覆盖率 =$$
$$\frac{期末城镇（农村）已享受最低生活保障的残疾人数}{期末城镇（农村）应享受最低生活保障的残疾人总数} \times 100\%$$

指标2：重度残疾人生活救助率，是指享受救助的无劳动能力的重度残疾人数占无劳动能力的重度残疾人总数的比重。其计算方法为：

$$重度残疾人生活救助率 = \frac{享受救助的无劳动能力的重度残疾人数}{无劳动能力的重度残疾人总数} \times 100\% 。$$

指标3：医疗救助覆盖率，是指已享受医疗救助的残疾人数占有医疗救助需求的残疾人总数的比重。其中，医疗救助的内容包括：政府对农村残疾人参加新型农村合作医疗、城镇残疾人参加基本医疗保险的费用补助，对肢残人装配普及型假肢、聋人装配助听器、低视力残疾人配助视器等残疾人医疗费用的补贴等。其计算方法为：

$$医疗救助覆盖率 = \frac{期末已享受医疗救助的残疾人数}{期末有医疗救助需求的残疾人总数} \times 100\%$$

指标4：养老保险覆盖率。其计算方法为：

$$残疾人养老保险覆盖率 =$$
$$\frac{城镇残疾人养老保险覆盖率 + 农村残疾人养老保险覆盖率}{2}$$

其中，

$$城镇（农村）残疾人养老保险覆盖率 =$$
$$\frac{当期城镇（农村）参加养老保险残疾人数}{期末城镇（农村）残疾人总数} \times 100\%$$

指标 5：医疗保险覆盖率，是指参加医疗保险的残疾人数占残疾人总数的比重。目前中国城镇、农村实行的是两种不同类型的医疗保险，其中城镇实行的是职工基本医疗保险，农村实行的是新型农村合作医疗保险。为方便计算，这里选取城镇医疗保险覆盖率和农村医疗保险覆盖率的算术平均值。其计算方法为：

$$残疾人医疗保险覆盖率 = \frac{城镇医疗保险覆盖率 + 农村医疗保险覆盖率}{2}$$

其中，

$$城镇医疗保险覆盖率 = \frac{期末城镇参加基本医疗保险残疾人数}{期末城镇残疾人总数} \times 100\%$$

$$农村医疗保险覆盖率 = \frac{期末农村参加新型农村合作医疗保险残疾人数}{期末农村残疾人总数} \times 100\%$$

二是医疗康复。选定康复需求满足率、社区康复站服务覆盖率、社区康复协调员配备率、区（县）市康复技术指标机构达标数、医疗卫生机构残疾人康复服务工作达标率和"送康复服务上门"服务率 6 个三级指标作为衡量指标。

指标 6：康复需求满足率。其计算方法为：

$$康复需求满足率 = \frac{有康复需求的残疾人接受康复服务的人数}{有康复需求的残疾人的总数} \times 100\%$$

指标 7：社区康复站服务覆盖率，是指能够为残疾人提供康复服务的社区占社区总数的比率。其计算方法为：

$$社区康复站服务覆盖率 = \frac{有康复站的社区数}{辖区内社区总数} \times 100\%$$

指标 8：社区康复协调员配备率。其计算方法为：

$$社区康复协调员配备率 = \frac{配备社区康复协调员的社区康复站数}{辖区内社区康复站总数} \times 100\%$$

指标 9：区（县）市康复技术指标机构达标数，是指整合并有效利用就近康复资源，区、县（市）设立视力残疾、听力语言残疾、智力残疾、肢体残疾、精神残疾、残疾人辅助器具供应服务站等各类康复技术指导中心。其计算方法为：达到六类康复技术指导机构工作要求的机构数之和。

指标 10：医疗卫生机构残疾人康复服务工作达标率。查阅街道、乡镇医疗卫生机构开展残疾社区康复工作的各类文件资料。所查阅的资料年限为自检查年度上推 2 年，具体解释和标准参阅中国残疾人《人人享有康复服务指标体系》①。

指标 11："送康复服务上门"服务率。查阅（区）县持证残疾人人数和年度送康复服务上门残疾人名单等相关资料。计算方法为：

$$\text{"送康复服务上门"服务率} = \frac{\text{年度"送康复服务上门"人数}}{\text{有需求的持证残疾人}} \times 100\%$$

三是托养。建立托养服务机构是帮助残疾人家庭解决智力、精神及其他各类重度残疾人的基本生活照料、康复、护理等保障问题的重要途径。主要选取托养服务满足率和重残托养救助率两个指标来反映托养服务的水平。

指标 12：托养服务满足率，是指符合托养服务条件且有托养需求的残疾人接受托养服务的比率。

指标 13：重残托养救助率，是指已享受重残托养救助的残疾人数占有托养救助需求的重度残疾人总数的比重。其计算方法为：

$$\text{重残托养救助率} = \frac{\text{当期已享受重残托养救助的残疾人数}}{\text{期末有托养救助需求的重度残疾人总数}} \times 100\%$$

四是教育。受教育权利是现代公民最基本的权利之一。人类适应社会、改造社会的能力并非与生俱来，教育在此方面的作用功不可没。与健全人相比，残疾人不可避免地要缺少一些适应社会、改造社会的能力，但是其中一些缺失的能力可以进行智力的替代或弥补，所以，关注残疾人的受教育水平对促进残疾人的自我发展似乎更加重要。在此选择学龄残疾儿童义务教育入学率，残疾人人均受教育年限和成年残疾人识字率作为衡量指标。

指标 14：学龄残疾儿童义务教育入学率，是指 6～14 周岁残疾儿童中已经进入学校学习的在校生总数与 6～14 周岁残疾儿童总数的比率。

指标 15：残疾人人均受教育年限，即 15 岁以上残疾人平均受教育的年限。小学、初中、高中、中专、职校、大专、本科、研究生及以上水平的学年数分别规定为 6、9、12、12、12、16、16、19，文盲、半文盲的受教育年限确定为 0。受教育年限，是指残疾人接受国家批准的全日制学校学习，并取得毕业学历证书的学习年限。不包括短训班、培训班和各类非脱

---

① 全国残疾人康复工作办公室：《中国残疾人"人人享有康复服务"评价指标体系（2005－2015 年）（试行）》，http://cl. fuyang. gov. cn/2005/08/13/177880. shtml，2005－8－10。

产学习的成人教育。

指标 16：成年残疾人识字率。联合国教科文组织将成人识字率作为衡量发展中国家或地区人文发展水平的重要指标，本项目用成年残疾人识字率衡量残疾人在教育方面的自助发展水平。其计算方法为：

$$成年残疾人识字率 = \frac{18\,岁以上残疾人口 - 18\,岁以上文盲残疾人口}{18\,岁以上残疾人口} \times 100\%$$

五是就业。就业是民生之本，也是残疾人平等充分全面参与社会、实现自身权利和人生价值、分享社会进步成果的基本途径。设定 2 个三级指标。

指标 17：城镇残疾人登记失业率，是指期末城镇登记失业残疾人数占期末城镇从业的残疾人总数与期末城镇登记失业残疾人数之和的比重。城乡失业残疾人数只统计有劳动能力、有就业愿望，目前失业的残疾人。

指标 18：残疾人职业技能培训率，是指参加过职业培训的残疾人占劳动年龄段的残疾人总数的比重。其计算方法为：

$$残疾人职业技能培训率 = \frac{当期参加过职业培训的残疾人数}{期末劳动年龄段的残疾人总数} \times 100\%$$

六是文化。包含县级市（区）残疾人文体活动综合服务中心建成率和残疾人社区文体活动参与率 2 个三级指标。

指标 19：县级市（区）残疾人文体活动综合服务中心建成率，即各县级市（区）至少有一所已建成的残疾人文体活动综合服务中心，目标值为 100%。

指标 20：残疾人社区文体活动参与率。其计算方法为：

$$残疾人社区文体活动参与率 = \frac{参加社区文化体育活动的残疾人数}{总残疾人数} \times 100\%$$

具体社区文体活动的参与频率是：每周不少于 3 次，每次不少于 30 分钟。目标值 ≥80%。

第二，残疾人服务基础设施。包括无障碍基础设施、信息管理、服务机构、知识宣传 4 个二级指标，10 个三级指标。

一是无障碍基础设施。选取主要公共设施无障碍化普及率、交通设施无障碍需求满足率和城镇主要道路无障碍普及率 3 个指标。

指标 21：主要公共设施无障碍化普及率，是指对包括各类政府办公、商业服务、文化纪念、观演体育、医疗、学校与园林、室外公共厕所等各类性质的建筑及设施进行无障碍新建及改造的达标率。

指标 22：交通设施无障碍需求满足率。交通设施无障碍是指城市新建、扩建、改建轨道交通、民用机场、铁路旅客车站、汽车站、客运码头实现无障碍化；已建的上述设施进行无障碍改造；飞机、地铁、轻轨车辆、铁路客车、公共汽车、电车、客轮等公共交通工作适应残疾人的需要。

指标 23：城镇主要道路无障碍普及率。城镇主要道路无障碍包括在交叉路口、街坊路口、单位出入口及人行横道等处设置缘石坡道，城市各区、县、镇中心位置新建、扩建、改建的主干道及商业街、步行道等人行道、公园、广场、重点公共建筑的就近地段及主要出入口设置行进盲道和提示盲道，设置人行横道过街音响信号装置、轮椅坡道、安全梯道或垂直升降梯、国际通用无障碍标志牌等设施。

二是信息管理。选取以下 3 个三级指标。

指标 24：残疾人康复服务信息数据库，这是反映残疾人康复服务信息管理现状的重要指标。

指标 25：康复服务建档率，这是反映残疾人康复服务建档情况的主要指标，它是指已建立康复服务档案的残疾人数占有康复服务需求的残疾人总数的比重。其计算方法是：

$$残疾人康复救助建档率 = \frac{期末已建立康复服务档案的残疾人数}{期末有康复服务需求的残疾人总数} \times 100\%$$

指标 26：残疾人全面康复服务转介有效率，是指根据残疾人在康复医疗、文化教育、职业培训、劳动就业、生活保障、无障碍环境改造及参与社会生活等方面的需要，提供转介服务，并得到有效解决的残疾人数占得到转介服务残疾人总人数的比例。其计算方法是：

$$残疾人全面康复服务转介有效率 = \frac{转介有效的残疾人数}{得到转介服务的残疾人总人数} \times 100\%$$

三是服务机构。选取以下 2 个三级指标。

指标 27：每百名残疾人享有专项服务机构面积，即每百名残疾人拥有可为残疾人提供各种服务的社区中心、社区卫生站、工疗站、农疗站、康复站、寄养（照料）中心、就管中心、职介培训中心、文体中心、特教机构、法律援助机构、活动场所等机构的面积。

指标 28：每百名残疾人享有专项服务机构从业人数，即每百名残疾人拥有可为残疾人提供各种服务的社区中心、社区卫生站、工疗站、农疗站、康复站、寄养（照料）中心、就管中心、职介培训中心、文体中心、特教机构、法律援助机构、活动场所等机构的所有从业人数。

四是知识宣传。选取以下 2 个三级指标。

指标 29：残疾人及其亲友残疾预防、康复知识普及率。通过调查取得。

指标 30：社区残疾人康复主题活动的次数。通过调查取得。

第三，残疾人服务资金。包括政府拨款、社会支持 2 个二级指标，4 个三级指标。

一是政府拨款。政府的主导与主体保障是残疾人服务业发展的最大后盾。残疾人的现代化事业是一项系统工程，需要政府从政策、财政、组织角度保障残疾人服务业发展的社会环境。要使残疾人服务业与经济社会协调发展，只有不断增强政府保障经费，加大对残疾人现代化事业的财政支持，才能使残疾人服务业的发展与社会经济发展同步。

指标 31：政府对残疾人服务业投入占政府财政支出比重，是指政府对残疾人服务业经费投入占本年度政府财政一般预算支出的比例。

指标 32：残疾人社会保障人均财政资金。财政资金支持是残疾人社会保障事业发展的主要资金来源。这里用人均财政资金这一指标来测评残疾人社会保障事业的财政拨款投入。从宏观上而言，由于残疾人社会保障是残疾人服务业最重要的内涵主体，残疾人社会保障支出也是残疾人服务业支出主体部分，因此人均财政资金这一指标，可以直接由中国残疾人联合会和省级财政厅拨付的残疾人服务业人均项目经费来表示。其中，这些项目经费包括省级财政厅拨入的项目经费、就业保障金、特殊教育经费以及中国残疾人联合会拨入的项目经费等。人均财政资金，是指每位残疾人平均享受当地当年残疾人服务业项目经费的数额。其计算方法是：

$$残疾人社会保障人均财政资金 =$$
$$\frac{中国残疾人联合会项目经费 + 省财政厅项目经费 + 就业保障金 + 特殊教育经费}{当地残疾人总数}$$

二是社会支持。选取以下 2 个三级指标。

指标 33：筹措资助残疾人康复事业彩票公益金、慈善基金。查阅地方接受彩票公益金、慈善基金会资助的证明和特殊使用情况报表。

指标 34：筹措用于残疾人康复事业的其他社会资金。查阅地方接受社会资金资助的证明和特殊使用情况报表。

第四，残疾人服务组织。包括法律服务、组织管理、康复队伍建设和助残帮扶 4 个指标，10 个三级指标。

一是法律服务。拟定用残疾人法律援助机构数和侵害残疾人权益案件办结率来衡量。

指标 35：残疾人法律援助机构数，是指辖区内拥有的残疾人法律援助机构数量。

指标 36：侵害残疾人权益案件办结率，是指已经办结的侵害残疾人权益的案件数占侵害残疾人权益案件总数的比重。

二是组织管理。设以下 2 个三级指标。

指标 37：将残疾人"人人享有康复服务"目标纳入当地经济社会发展规划，列入政府工作考核目标。通过调查取得。

指标 38：相关部门将残疾人康复工作列入本部门工作计划和考核目标。通过调查取得。

三是康复队伍建设。在残疾人康复队伍建设二级指标下，将康复管理人员配置人数、康复专业人员配置人数和社区康复医生配置人数和基层残疾人组织健全率作为三级指标。

指标 39：康复管理人员配置人数。调查取得。

指标 40：康复专业人员配置人数。查阅地方五类残疾人康复人员名单等相关资料。

指标 41：社区康复医生配置人数。查阅地方社区卫生服务中心及所配属康复医生的名单等相关资料。

指标 42：基层残疾人组织健全率，主要考量镇（街道）、村（社区）残疾人组织的健全情况，包括基层组织的规范化建设，残疾人联合会组织与残疾人专门协会、行业协会、中介组织、民间机构等社会组织相互配合、相互促进的良性运行，残疾人人才队伍和助残志愿者队伍的规划建设等。

四是助残帮扶，下设 2 个三级指标。

指标 43：每年组织开展社会捐赠活动，组织开展社会捐赠活动是汇集社会力量，关爱帮扶残疾人群体的有效方式，每年开展此类活动有利于营造良好的社会关爱氛围。助残志愿者是帮扶与关爱残疾人的一大重要力量。

指标 44：社区助残志愿者队伍覆盖率，是指全市社区拥有助残志愿者队伍的比率。

第五，主观评价。由残疾人及其亲友服务满意率 1 个指标来衡量。主观评价指标，用以衡量残疾人对当前社会环境的主观感受，将残疾人的现代化评价体系从物质生活向主观感受（精神生活）领域拓展，进入新的领域，得以更加全面地评价残疾人服务业的发展情况。主要以调查问卷形式获取。

指标45：残疾人及其亲友服务满意率，是指对提供的各种服务及社会环境等满意的残疾人与残疾人总数的比率。

三　测评方法

残疾人服务业发展的测评采取百分制的测评方式，即总分为100分。下面简要阐述残疾人服务业综合测评体系的测评方法。

（一）权重的确定

权重是指各个统计指标对指标体系的贡献率，也就是各个指标在指标体系中的重要程度，它一般用无量纲的百分制打分来描述指标的重要性。本指标体系中主要运用国际上流行的德尔菲法和主成分分析法。

德尔菲法，也叫作专家经验统计推断法，是美国著名的咨询机构兰德公司于20世纪40年代提出来的。其基本方法是，就所要评测的项目向专家发出调查表，专家在互不"通气"的情况下提出意见，然后统计专家对所有意见做出评测结论。在统计专家打分的基础上，通过二次反馈，从而使每项指标的权重得以确定并趋向合理。

主成分分析法是一种统计分析的方法，这种方法应用统计学的原理，很大程度上可以排除主观因素的影响，是一种比较客观的赋权方法。其原理是通过一定的统计分析方法，测算出各个指标在样本之间的相对差距，然后将各个指标在样本之间相对差距大小，作为对指标进行赋权的依据。换句话说，就是相对差距越大的指标权数也就越高，反之则越低。

本指标体系主要采用主客观结合的组合赋权法，在采用德尔菲法和主成分分析法相结合的同时，参照国内外已有的指标体系对各指标值进行赋权，得出残疾人服务业综合测评各指标值的权重。主要依据以下步骤。

首先，提出假设：假设需确定权重的指标个数为 h 个。现分别咨询 L 位专家得出 h 组权重评分值，其中每组评分值中均有 L 个元素。具体形式可由下表表示。

表 10 – 2　专家打分表

指标＼专家	w_1	w_2	⋯	w_L
D_1	P_{11}	P_{12}	⋯	P_{1L}
D_2	P_{21}	P_{22}	⋯	P_{2L}
⋮	⋮	⋮	⋯	⋮
D_h	P_{h1}	P_{h2}	⋯	P_{hL}

由于各位专家所研究的方向不同，其打分也存在一定的偏向，从而给权重的确定带来一定的模糊性。研究发现，专家人数越多，得到的权重越科学，与此同时权重的确定也就越模糊。在此基础上提出以下假设：即在专家人数不变的情况下，利用各位专家评分间的线性关系对实际评分专家数进行类似的简化，从而实现权重评判的精确性。经分析得出，思路符合主成分分析的基本原理，故可尝试用主成分分析方法来确定权重。

再次，权重确定过程：根据上述条件可知，权重的确定过程其实就是主成分分析求综合评价函数的过程。在此过程中，原评价系统中的指标变为样本；现有指标为各位专家。具体的权重确定流程可用下图表示。

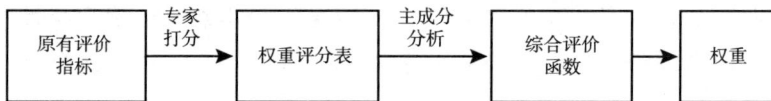

图 10 – 1　权重确定过程

最后，建立权重模型权重计算方法为：确定的初级权重模型即是主成分模型。

$$
\begin{cases}
F_1 = u_{11}w_1 + u_{21}w_2 + \cdots + u_{L1}w_L \\
F_2 = u_{12}w_1 + u_{22}w_2 + \cdots + w_{L2}w_L \\
\vdots \\
F_m = u_{1m}w_1 + u_{2m}w_2 + \cdots + u_{Lm}w_L
\end{cases} \tag{1}
$$

式中，F_1，F_2，⋯，F_m 为分析后得到的 m 个主成分；u_{ij} 为决策矩阵中系数。需要指出的是，在用 SPSS 软件进行主成分分析时，得到的不是决策矩阵系数 u_{ij} 而是初始因子载荷 f_{ij}。二者满足如下关系：

$$
u_{ij} = \frac{f_{ij}}{\sqrt{\lambda_j}}, j = 1, 2, \cdots, m \tag{2}
$$

在此基础上构建综合评价函数：

$$F_Z = \sum_{j=1}^{m} (\lambda_{j/\kappa}) F_j + a_1 w_1 = a_2 w_2 + \cdots + a_L w_L,$$

$$\kappa = \lambda_1 + \lambda_2 + \cdots + \lambda_m \qquad (3)$$

式中，a_1，a_2，$\cdots$，a_L 即指标 w_1，w_2，$\cdots$，w_L 在主成分中的综合重要度。在此基础上结合专家实际打分，可算出原有指标得分综合值。

$$V_{Zi} = \sum_{j=1}^{L} a_j p_{ij}, i = 1,2,\cdots,h \qquad (4)$$

可得各指标权重为：

$$\omega_i = V_{Zi} / \sum_{i=1}^{h} V_{Zi} \qquad (5)$$

由式（3）、式（4）、式（5）可得二级权重模型：

$$\begin{cases} F_Z = \sum_{j=1}^{m} (\lambda_{j/\kappa}) F_j = a_1 w_1 + a_2 w_2 + \cdots + a_L w_L \\ V_{Zi} = \sum_{j=1}^{L} a_j p_{ij} \\ \omega_i = V_{Zi} / \sum_{i=1}^{h} V_{Zi} \end{cases} \qquad (6)$$

因此，可确定总的权重模型，如图 10-2。

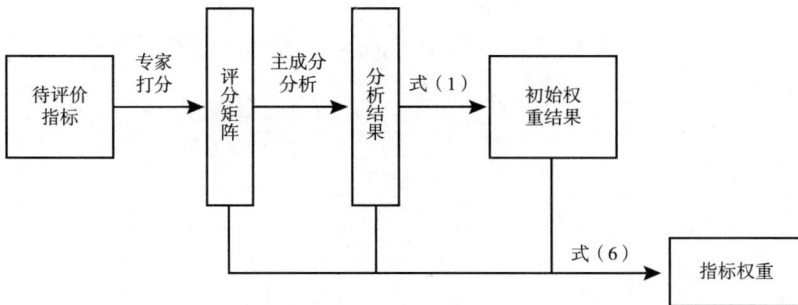

图 10-2　指标权重确定模型

根据以上计算，残疾人服务业综合测评体系残疾人服务内容、残疾人服务基础设施、残疾人服务资金、残疾人服务组织和主观评价 5 个方面的权重分别设定为 42%、22%、9%、22% 和 5%。各指标的具体权重，详见表 10-3。

（二）参考值确定

由于测评体系具有很强的相对性意义，对于不同的发展阶段、不同的发展水平、不同的参照值，测评出来的结果将会各有不同。因此，参照值的确定，对于残疾人服务业综合测评体系的构建而言具有重要的意义。残疾人服务业综合测评体系的参照值，主要按照残疾人服务业率先实现现代化的基本要求，依据近年国家、地方有关残疾人服务业发展的规划精神，从残疾人社会服务业的发展实际出发，并综合参考有关残疾人服务业发展的评价指标体系，如《中国残疾人"人人享有康复服务"评价指标体系》《广东省全面建设小康社会进程指标体系》《苏州基本实现残疾人服务业现代化指标体系》《上海残疾人康复服务评价指标体系》《广东省残疾人全面小康进程指标体系》《广东省残疾人服务业现代化指标体系》《广东残疾人"人人享有康复服务示范区"验收标准》等的标准值而制定。

各指标的具体参照值，详见表 10 - 3。

表 10 - 3　残疾人服务业综合测评体系指标权重表和参照

指标维度		权重	指标内涵	权重	具体指标	权重
一级指标			二级指标		三级指标	
残疾人服务业综合测评体系	残疾人服务内容（A1）	42	社会保障（B1）	10	残疾人最低生活保障覆盖率	2
					重度残疾人生活救助率	2
					医疗救助覆盖率	2
					养老保险覆盖率	2
					医疗保险覆盖率	2
			医疗康复（B2）	13	康复需求满足率	3
					社区康复站服务覆盖率	2
					社区康复协调员配备率	2
					区（县）市康复技术指标机构达标数	2
					医疗卫生机构残疾人康复服务工作达标率	2
					"送康复服务上门"服务率	2
			托养（B3）	5	托养服务满足率	3
					重残托养救助率	2
			教育（B4）	6	学龄残疾儿童义务教育入学率	2
					残疾人人均受教育年限	2
					成年残疾人识字率	2
			就业（B5）	4	城镇残疾人登记失业率	2
					职业技能培训率	2
			文化（B6）	4	县级市（区）残疾人文体活动综合服务中心建成率	2
					社区文体活动参与率	2

续表

指标维度 一级指标	权重	指标内涵 二级指标	权重	具体指标 三级指标	权重
残疾人 服务业 综合测 评体系		无障碍 基础设施 （B7）	6	主要公共设施无障碍化普及率	2
				交通设施无障碍需求满足率	2
				城镇主要道路无障碍普及率	2
残疾人 服务基础 设施（A2）	22	信息管理 （B8）	8	残疾人康复服务信息数据库	2
				康复服务建档率	3
				残疾人全面康复服务转介有效率	3
		服务机构 （B9）	4	每百名残疾人享有专项服务机构面积	2
				每百名残疾人享有专项服务机构从业人数	2
		知识宣传 （B10）	4	残疾人及其亲友残疾预防、康复知识普及率	2
				社区残疾人康复主题活动的次数	2
残疾人 服务资金 （A3）	9	政府拨款 （B11）	5	政府对残疾人服务业投入占政府财政支出比重	3
				残疾人社会保障人均财政资金	2
		社会支持 （B12）	4	筹措资助残疾人康复事业彩票公益金、慈善基金	2
				筹措用于残疾人康复事业的其他社会资金	2
残疾人 服务组织 （A4）	22	法律服务 （B13）	4.5	残疾人法律援助机构数	2.5
				侵害残疾人权益案件办结率	2
		组织管理 （B14）	4	将残疾人"人人享有康复服务"目标纳入当地经济社会发展规划，列入政府工作考核目标	2
				相关部门将残疾人康复工作列入本部门工作计划和考核目标	2
		康复队伍 建设 （B15）	9.5	康复管理人员配置人数	2.5
				康复专业人员配置人数	2.5
				社区康复医生配置人数	2.5
				基层残疾人组织健全率	2
		助残帮扶 （B16）	4	每年组织开展社会捐赠活动	2
				社区助残志愿者队伍覆盖率	2
主观评价 （A5）	5	残疾人 幸福指数 （B17）	5	残疾人及其亲友服务满意率	5

（三）评判的标准

对于现阶段而言，依据中国大陆残疾人服务业发展实际情况，分为达标、基本达标和不达标三类：测评总分 ≥70 分为"达标"；60 ~ 70 分（不含 70 分）为"基本达标"；60 分以下（不含 60 分）为"不达标"。

值得强调的是，残疾人服务业综合测评体系的测评标准并不是一成不变的，而是动态发展的。当残疾人服务业发展到一定程度，不仅是测评标准，还有各子系统指标的参照值也将根据发展程度相应地进行调整，以适应残疾人服务业水平不断提高的发展形势。

附录一 残疾人服务业研究 广东访谈录

2013 年 1 月至 2013 年 4 月,由广东省社会科学院、广东省残疾人联合会和中山大学联合成立的"残疾人服务业研究"课题组前往广东省惠州市、清远市、茂名市、广州市辖下的黄埔区和增城市,在各地残疾人联合会的大力支持下,选择部分优秀创业残疾人代表、残疾人家长亲属代表、残疾人服务机构代表进行了深度访谈。下面按访谈对象类别、访谈时间先后选登部分访谈录。①

第一部分 残疾人服务机构代表访谈录

一号访谈录

访谈时间:2013 年 1 月 18 日

访谈地点:惠州市护苗培智学校校长办公室

访谈对象:惠州市护苗培智学校副校长 胡志芬(主管教学)

---

① 本访谈录按访谈对象类别、访谈时间先后排列。本访谈录由访谈者根据访谈录音整理,未经访谈对象审阅;课题组已尽力原话照录,但极个别表达重复、语法不当或确有其他欠妥之处,已进行订正。如有订正不当之处,课题组既恳请访谈对象谅解,也愿意承担责任。尽管如此,课题组仍恳请引用本访谈资料者对所引用的资料进行必要的掩饰处理,以便带来不必要的麻烦和纠纷。另外,某些涉及残疾人个人隐私或有其他不妥之处的访谈录均不宜公开,这里的访谈实录并非课题组访谈录的全部。

（访谈实录中简称"胡校长"）

访谈人：广东省社会科学院现代化研究所助理研究员　欧阳卿

（访谈实录中简称"欧阳"）

访谈目的：孤独症儿童的康复训练是残疾人服务业的重要内容。惠州市护苗培智学校是广东省第一家省一级康复训练机构。此次访谈主要是为了深入了解该学校的发展历程与经验、存在问题及原因、未来机遇和挑战以及对政府和社会的要求等问题，以一隅窥全貌，更好地促进残疾人服务业的跨越式发展。

欧阳：胡校长，您好！您是什么时候开始从事孤独症儿童的康复训练工作的？为什么选择这一工作？

胡校长：我从事这项工作已经好几年了，在这之前从事的是医疗工作，后来因为机缘巧合，我来到了护苗培智学校，开始了孤独症儿童的康复工作。虽然这项工作压力很大，但是我觉得很有意义。

欧阳：作为学校的负责人，您可以谈谈学校的总体运行情况、发展的经验和存在的问题吗？

胡校长：我是主管教学的副校长，对学校的总体运行情况和发展经验不太了解，您可以问问张校长和江校长，她们比较清楚。关于存在的问题，我觉得老师的心理建设很重要。从事这一行业压力较大，普通老师每天要上 10 节课，工作量大，而且成天面对这些孩子，会觉得很压抑。因此对老师来说，需要加强心理建设。我们学校开设过这样的课程，请心理咨询老师来讲心理辅导方面的课，并且利用周六时间进行教学研讨、诗歌朗诵、游戏娱乐等团队活动，以此来缓解工作压力。还有一个就是场地问题，我们现在租用的场地即将到期，希望政府能够帮忙解决这一难题。此外，师资流动性较大，很难留住人才，也是一个重要问题。在护苗工作的老师压力大，工资低，与公办特殊教育学校的待遇相差大。我们学校的骨干老师月薪 3000 元左右，而公立学校的老师有 6000 多元，而且我们也没有公积金等福利，假期也很少。

欧阳：进入护苗学校从事康复训练工作，需要具备什么资质、条件和能力？上岗前还需不需要进行培训？

胡校长：需要具备一般的教师资格证和初级孤独症康复资格证，还要有学前或小学教育经验，最重要的是有爱心、耐心和责任心。新老师在上课之前，先要跟随有资历的老师进行一段时间的观摩学习，然后再进行 1 ~ 2 个月的理论培训，3 ~ 6 个月考核合格后才能上岗。

欧阳：请您谈谈学校的师资培训情况和职称晋升情况。

胡校长：我们学校挺重视教师培训的。除了参加省残疾人联合会的培训外，还选派老师参加青岛以琳、北京星星语、香港明爱等机构的专业培训，参加培训的老师回来再将学习心得教给其他老师。有时为了参加重要的培训活动，我们学校甚至还停课，全体出动。我们也曾请美国，中国台湾、北京等地的专家教授来校讲课。但是，培训费用太多，每天每人要200 ~ 500 元。现在很多都是我们校长自己出，希望政府能多给予支持。

目前在我们这一行业，全省乃至全国还没有专门的职称考试制度。我们能参加教育局的普通教师职称评定考试，但是通过考试晋级的很少。不过我们学校有自己的内部考核晋级制度，与工资挂钩，起到一定的激励作用。希望政府在师资培训和职称评定方面，出台专门的行业规范。

欧阳：您认为目前在孤独症儿童康复训练这一行业存在什么问题？要如何解决？

胡校长：我觉得行业管理不规范是一个重要问题。比如刚刚讲的师资管理不规范。目前，自闭症康复机构管理较乱，在惠州、广州等地存在一些不合法、不规范的小机构。有些老师热衷于出去补课赚钱，在本职教学工作和自身专业提升等方面花费时间较少，严重影响了教学质量和水平。希望政府能加强行业规范管理。

欧阳：您觉得学校发展的前景怎样？

胡校长：目前自闭症发病率越来越高，我相信如果政府给予更多关注和支持，社会给予更多关爱和包容，自闭症康复事业的发展会越来越好。

欧阳：您认为在自闭症康复事业在发展中存在哪些障碍？需要得到哪些帮助？

胡校长：目前，社会对自闭症儿童仍然存在较大偏见，一些学校以及一些老师、学生和家长都不太愿意接受自闭症学生，不少有自闭症的学生有过被劝退的经历，希望社会能够更多包容和关爱自闭症儿童。政府支持也很重要，希望政府能够多宣传，多给点指标，让更多有能力的有自闭症的学生到普通学校融合，建议广东借鉴青岛做法，将 7 ~ 14 岁小孩也纳入救助计划，让更多的自闭症儿童得到补助。

二号访谈录

访谈时间：2013 年 1 月 18 日

访谈地点：惠州市护苗培智学校

访谈对象：惠州市护苗培智学校教研组组长　王秋婷

　　　　　（访谈实录中简称"王老师"）

访谈人：广东省社会科学院硕士研究生　雷宸亚

　　　　　（访谈实录中简称"宸亚"）

访谈目的：了解执教于自闭症特殊教育学校的老师在教学中的经历与感受，是了解为自闭症儿童服务的机构所存在的问题、遇到的挑战以及探讨未来发展对策的主要途径之一。为自闭症儿童服务的机构的建设与发展，是残疾人服务业的重要内容，对于促进中国残疾人服务业跨越式发展有着重要的意义。

宸亚：王老师，您好！您是什么时候开始从事自闭症儿童的教学工作的？为什么选择这一事业？

王老师：我从事自闭症儿童教育工作已经五年了。进入这一行业之前，从事了八年普通小学教育。后来因为看到朋友的孩子患有自闭症，由此产生了好奇心。后来了解相关知识，认为这样的工作我也能胜任，就通过各种渠道，了解到护苗培智学校，真正走上了自闭症儿童教学的工作岗位。

宸亚：进入护苗学校从事自闭症儿童教学，需要什么培训和证件吗？

王老师：上岗需要具备教师资格证以及广东省残疾人联合会颁发的广东省孤独症康复教育资格证书。

宸亚：刚才您说你之前从事了八年普通小学教育，您对那八年的教学有什么感受？

王老师：能把在师范学校学的都教给学生，自身获得了极大的满足感和成就感；学生的进步、成绩的提高等各方面都是对我的教学付出的回馈。

宸亚：对比普通小学教学，您对这五年的自闭症儿童教学又有什么感受呢？

王老师：成就感更大，失落感也更大，两者是对等的。相比普小教学，自闭症儿童教学需要付出更多的耐心，教学过程相当枯燥。因为在普通小学教学，一节课我可以有多个教学目标，但是自闭症儿童教学目标单一，还需细分，比如教他们认识杯子，首先要他们看、听、摸，认识一种杯子，再告诉他们杯子有不同的材质，有大、有小、有方、有圆，还要教他们认识自己的杯子，然后再教他们杯子的功能，可以喝水，也可以刷牙等。而且需要根据自闭症儿童的能力大小，因材施教。有些聪明的自闭症儿童不需要教他那么多，只要教他们与人交往，比如在特定的环境应该怎么做等。曾经遇到一个自闭症学生，花了三个月教他，他都不知道杯子是什么。但是有些孩子在某些方面非常有天赋，比如绘画、背诵等。有一个孩子非常特别，也没人教他，他能将上下几十年的节气，农历等都能说出来，你说一个日期，他就能把对应的农历或者节气说出来。

宸亚：您觉得从事自闭症儿童教学，最大的成就感是什么？

王老师：一个小孩从什么都不会，不会说话，痛也不会喊，就跟一张白纸一样，通过教学，会说话、会认识、会理解，对自己的情绪也能控制，看着这些进步，都是非常巨大的成就感。

宸亚：那请您谈谈教学效果吧？

王老师：基本上都有不同程度的提高。但也有个别能力弱的孩子，在这里待三四年连杯子都不会认，更别说认人了，妈妈都不认识，这种情况是我们最无奈的，这种情况我们就会尽量多教一些自理能力。

宸亚：在您从事五年自闭症儿童教学的过程中，您认为自闭症儿童家长配合的程度如何？

王老师：大部分家长是配合的。这边的幼儿康复班是一定需要家长陪护的，一般妈妈最多，其次爷爷奶奶，爸爸最少。家长在看到孩子治疗有效果的时候是非常开心的，也有一些效果不显著的，反复教都没有用，有些家长着急，觉得自己付出太多（很多外地的，如东莞、湛江等），丢下家庭、工作、老公，会打骂孩子，孩子也不知道为什么打他，有的哭闹甚至还手。因为有些需要长期陪护，对于家庭的和谐有很大影响，一些（孩子的父母）甚至离婚。

宸亚：儿童患有自闭症，家长们通常发现得及时还是不及时？

王老师：及时和不及时的情况都有。自闭症一般一到两岁甚至更早就能被发现，而且特征还算明显。一些细心、懂教育的家长会通过孩子的眼神、情绪、智商、对周围事物的反应能力等发现孩子疑似患有自闭症。但一些粗心、不了解自闭症的家长就会忽视，直到小孩五六岁才发现，这就耽误了自闭症儿童的治疗，属于严重耽误。

宸亚：不了解自闭症的人会有些误解吧？广东能够进行自闭症确诊的专门医院，您认为哪家最权威？

王老师：确实有不少误解。例如，有人以为小孩性格内向，可能是家长没能发现孩子有自闭症的原因。其实不会。没有自闭症的孩子，你喊他一声，他会答应；或者说你用力拍桌子，他会吃惊，会有本能反应。但是患有自闭症的孩子，基本上没反应，他好像被什么东西屏蔽了听不见一样。还有些人以为小孩有没有患上自闭症，要去医院看心理医生，也是大众对自闭症的认识误区，认为自闭症是心理问题。其实，有没有患上自闭症，应该去看儿童行为发展科或者精神科室，而且评测自闭症患者需要到专门的医院。现在在广东，中山大学附属第三医院和广州儿童医院是比较权威的。其他医院一般不敢下定论，只说疑似自闭症。

宸亚：那你们对有自闭症的学生进行过追踪调查吗？他们走出护苗学校后的情况怎么样？

王老师：进行过。护苗开办至今已有十年，一些孩子能够融入社会，能够在普通小学随班就读，并且都恢复得不错。但有一个孩子从护苗出去后，一直被关在家里，现在16岁了，能力非常弱，咬手指，拔自己头发，手上都被自己咬得长茧了，完全不能融入社会。

宸亚：请您谈一下护苗学校的发展。您觉得学校的发展前景怎么样？

王老师：我觉得护苗学校会发展壮大。现在已经着手准备小学融合班，开创新的教学模式。

宸亚：您认为护苗学校的发展，遇到了哪些问题？需要哪些帮助？

王老师：在进行融合教育的过程中，大概只有十分之三有能力的患有自闭症的学生能够上普通幼儿园，能够上普通小学的患有自闭症的学生的指标更少。学校大都不愿意接受自闭症学生。有些学校接受了，但是老师不愿意接受。有些患有自闭症的学生，被学校接受后又被退学了，这对于融合教育是一个很大的阻碍，不利于自闭症特殊教育事业的发展。希望政府多给点指标，能够让一些能力足够的患有自闭症的学生到普通学校融合，希望得到政策上的支持，并且能够得到补助。还有就是希望国家能够重视我们这些老师，把一些符合要求的在民办学校从事自闭症儿童教育的老师纳入编制范围内，能够参与省、市优秀教师的评选，得到财政上的支持，能够肯定我们的付出。

宸亚：您觉得自闭症特殊教育事业发展遇到的最大困难是什么？

王老师：我觉得是社会对自闭症患者的认知度太低，对自闭症医学知识的宣传率、普及率都太低，社会对自闭症患者不够接纳。比如说，一些本来在护苗学校治疗效果很好，能力提高不少的学生，出了护苗，到了社会上，由于人们对自闭症患者的不了解，对这些孩子冷嘲热讽，这些孩子又回到了治疗之前的状况，有些甚至更严重了。

三号访谈录

访谈时间：2013 年 1 月 24 日

访谈地点：清远市残疾人联合会

访谈对象：清远市残疾人康复中心主任　李碧霞
　　　　　　（访谈实录中简称"李主任"）
　　　　　　清远市聋儿语言训练中心主任　蒋川
　　　　　　（访谈实录中简称"蒋主任"）

访谈人：广东省社会科学院助理研究员　欧阳卿
　　　　　（访谈实录中简称"欧阳"）

访谈目的：了解掌握残疾人康复机构开展残疾人服务的成效、问题与改进措施。

欧阳：两位主任好！请你们谈谈中心的总体概况，包括成立时间和发展过程、性质和职能、服务对象和内容、服务方式、方法等。

李主任：清远市残疾人康复中心于 1991 年 3 月成立，是直属清远市残疾人联合会的事业单位，主要从事残疾儿童（脑瘫儿童）康复训练教育、家庭培训和承担社区残疾人康复指导。2002 年开始开展脑瘫儿童康复训练工作，服务对象主要为清远城区有广东户口的 7 岁以下的脑瘫儿童。现在中心收有脑瘫儿童 48 人，其中有 3 个超龄。我们主要是为他们提供运动疗法、引导式教育等康复与教育训练。从 2009 年"中国残联贫困肢体残疾儿童抢救性康复项目"广东实施方案出台后，我们就取消了各种收费。

蒋主任：清远市聋儿语言训练中心于 1991 年 10 月创办，是清远市残疾人联合会直属的公益一类事业单位，主要承担全市 0 ~ 6 岁适龄聋儿的学前教育以及听力、语言康复训练和负责全市聋儿家长指导培训工作任务。每学期接收训练人数约四十人，已开展的项目有：听障儿童学前教育、听障儿童视觉语言康复训练、听力检测、助听器验配、耳膜制作、康复效果评估、聋儿家长培训和聋儿社区的康复指导。教学模式包括：集体教学、集体亲子教学、个别化一对一训练、个别化亲子教学。

欧阳：中心现在有多少员工？结构怎样？员工的培训情况如何？

李主任：我们康复中心目前有工作人员 11 人，其中 6 人在编，包括主任 1 人、副主任 1 人，5 人是通过政府购买服务聘用（的）。目前，从事脑瘫儿童康复的康复技师 7 人，绝大多数是女性，学历以大专居多。

我们中心比较重视员工培训工作，多次派人到省里参加业务培训，如小儿脑瘫康复提高班、脑瘫儿童引导式教育培训班、脑瘫康复技术专业人员资格认证班。现在岗的 7 位脑瘫康复技术师全部考取了资格证。

蒋主任：我们人员情况和康复中心基本相同，目前教职员工共 13 人（其中 8 人在编，5 人为聘用人员），包括主任 1 人、副主任 1 人，集体教师、个别化教师、生活老师各 3 人，听力教师兼出纳 1 人，炊事员 1 人。所有员工都是女性，学历初中 3 人，高中 2 人，中专 2 人，大专 5 人，本科 1 人。

欧阳：请您谈谈中心发展的成绩和特色、存在问题及原因。

李主任：多年来在市委、市政府、省市残疾人联合会和社会各界的关心帮助下，康复中心逐渐发展成为集脑瘫儿童康复训练为主、家长和社区康复员培训为一体的福利机构。自开办以来，全市共有 300 多人，5000 多人次来中心进行康复训练。通过有针对性的康复训练，大部分脑瘫儿童在肢体康复、语言康复等方面都收到不同的康复效果，效率高达 98%，得到患儿家长的一致好评。

目前中心存在的问题主要有：一是康复场所面积小，制约中心的发展；二是康复专业人员缺口比较大，尤其是缺乏语言和学前教育方面的专业人员；三是聘用人员工资福利低，一个月 2000 左右，造成人员流动性比较大，建议逐渐提高聘用人员工资，并帮助其购买公积金。此外，《残疾人保障法》广东实施办法规定康复机构的老师和特教老师同等待遇，但我们从来没有拿过特殊教育津贴，希望政府能够帮忙解决。

蒋主任：我们聋儿中心在 2011 年被评为"广东省二级听力残疾儿童康复机构""国家助听器康复项目定点验配机构""人工耳蜗国家项目"试点单位、"广东省听障儿童教育改革试点机构"。目前，我市 0~6 岁听障儿童助听器使用率基本达到 100%，有 16 名听障儿童免费植入人工耳蜗，基本实现了听障儿童免费康复（治疗）。关于经验体会，我觉得有几个方面：一是要注重人才培养，培养技术骨干，提升技术内涵；二是要提升康复教育理念，走医教结合的道路，实现儿童全面康复；三是注重家长的深度参与，使家长成为康复的主导者。

我们聋儿中心同样存在编制少、福利低、请人难、留人难、招专业人才更难的问题，我去招聘会待了几天也没招到一个人。由于特殊教育人才的缺乏，加上人员流动性大，教师永远停留在初级培训阶段，导致教学质量很难快速提高，家长指导更无从谈起。还有，由于没有一套完整、系统配套、实用的教材，导致老师要花大量时间在教学内容的编制、活动设计、教学用具的选用和制作上，不能把更多的时间、精力放在教学上。此外，缺乏质量监控机制也是一个问题。

欧阳：你们对解决这些问题有什么对策建议？希望得到哪些支持和指导？

李主任：针对专业人员缺乏问题，希望上级部门考虑我们的实际情况，适当增加编制数。建议今后省残疾人联合会在下拨专项资金时，增加购买服务岗位这一块的资金。还有，希望政府对目前康复对象的年龄放松一点，不要仅限于 7 岁以下。

蒋主任：希望政府出台相关政策，加大对聋儿教师队伍的资金投入，改善教师待遇，稳定教师队伍；加强培训力度，提高教师教学技能；在教材方面，建议参考国外先进经验，广泛征求意见，在全国范围内征集优秀教学教案，尽快编写出一整套完备、系统、实用的教材。此外，政府应加大监控力度，将领导下班听课制度化、常规化，建议建立绩效机制，将绩效工资、职称晋升、考核成绩等挂钩。

欧阳：你们认为中心未来发展的方向和构想是什么？

李主任：我希望未来中心能够为更多的残疾孩子提供一个康复与教育相结合的平台，让他们在机构得到康复，同时学会生活自理，为今后回归社会主流打下基础。

蒋主任：聋儿康复是一项抢救性工程，早期干预非常重要，未来我们将与医疗机构建立长期协作关系，尽可能地做到出生一个，干预一个。我们还将完成以机构为中心向以家庭为中心的模式转变，强调家长的主导作用。另外，我们将大力推进融合教育，帮助听障儿童接受平等教育，回归社会。

欧阳：你们很有见解。谢谢两位主任。

四号访谈录

　　　　访谈时间：2013 年 1 月 24 日
　　　　访谈地点：清远市残疾人联合会
　　　　访谈对象：清远市福利院副院长　胡国强
　　　　　　　　　（访谈实录中简称"胡院长"）
　　　　访谈人：广东省社会科学院硕士研究生　谢清华
　　　　　　　　　（访谈实录中简称"清华"）
　　　　访谈目的：了解掌握残疾人康复机构开展残疾人服务的成效、问题与改进措施。

　　清华：胡院长，您好！我们这次调研主要想了解残疾人服务业的发展状况，为接下来制定残疾人服务的政策提供一些参考，您在福利院主要负责哪一块？

　　胡院长：行政方面（的工作）。

　　清华：福利院目前有多少人，主要服务的是哪些群体？

　　胡院长：员工 100 人，主要服务弃婴和老年人，弃婴有 60 到 70 个人，老年人有 170 个。

　　清华：你们为弃婴和老年人提供一些什么服务？

　　胡院长：为弃婴提供生活照顾、医疗、康复和内部教育，这一切全是免费的，由政府提供一些补贴和个人的一些捐赠；老年人在这里养老，是需要收费的，但我们的费用低于市场上一般的收费，比如特级护理每月收费 1500 元，伙食费 300 元，杂费 65 元。

　　清华：那些婴儿为什么会变成弃婴？

　　胡院长：99% 的婴儿都有身体上的缺陷，有的是脑瘫，有的是心脏病，有的是唐氏综合症，照顾这些孩子是一辈子的事，很多家庭接受不了这样的事实，或者没有能力照顾，就抛弃了这些孩子。

清华：政府为这些孩子提供哪些补助？

胡院长：按照国家法律规定，一个弃婴每个月的生活补助不低于 1000 元，一年一个人的投入不低于 12000 元。如果孩子生病需要治疗，会提供医疗补助，在医疗方面，一个孩子最高用了 70000 多元，各种各样的问题（疾病）需要治疗。

清华：福利院是怎么知道这些弃婴的？

胡院长：我们都是接到公安机关和民政部门的通知后，才领到福利院的。

清华：这些孩子会在福利院里待一辈子吗？

胡院长：（病情）很严重的，没有人领养的，会一直待在福利院；（病情）不是很严重，（恢复）正常的会有人领养。

清华：你们对领养的人有些什么要求？

胡院长：按照国家收养法的规定来，一般要对孩子负责，满足孩子自身的要求，可以像正常人一样生活。同时，民政部门中的社会福利事务科负责监督。

清华：最近，袁厉害①受到媒体和社会的关注，您对袁厉害事件怎么看？

胡院长：我只想谈谈自己个人的看法，袁厉害可以收养 1 到 2 个，尽到自己的能力就行了，不需要收养那么多，因为那是需要爱心，需要很多投入的，仅凭自己一个人的能力，是远远不够的。

清华：那您认为哪种方式对弃婴会比较好？

胡院长：寄居或居住在家庭的养护方式比较好。

清华：现在你们的福利院还面临着哪些问题？

胡院长：可以说，现在的福利院比以前好多了，经费得到了很大的改善。目前存在的最大问题有两点：第一，专业人才难招，康复师、医生、护士、社工（人员）都很难招。目前，专业人员占 70%，后勤加上

---

① 袁厉害在河南省兰考县城很有名，但很多当地人却说不出她的家在哪。她没有固定住处，平时都住在摆摊的棚子里，被网友称为"爱心妈妈"。2013 年 1 月 4 日，兰考县城关镇一居民楼发生火灾事故，"爱心妈妈"袁厉害收养的孩童中 7 人不幸丧生。事故造成 4 人死亡，3 人在送医途中抢救无效死亡，1 人正在抢救中。火灾发生的原因是其住宅内的儿童玩火所致。

管理（人员）占30%，管理人员有9个。现在招的医生都是自学的，那些读完本科的，就会去读研究生，不会出来找工作的。第二，护工也很难招。

清华：为什么会出现这样的情况？

胡院长：首先，我们也处于一个转型期，从生活照顾型转向康复教育型。其次，我们这里待遇比较低，大医院有一个很好的发展空间，有导师带着，有比较先进的技术设备，在我们这里，技术很难得到很大的提升，自身发展有很大的障碍，长期会处于颈瓶期。最后，护工所干的都是脏、苦、累的活，三班倒，对他们要求也比较高，起码要有爱心和耐心吧，工资待遇也不是很好，一个月1000多元。

清华：您分析得非常好，对于那部分养老的老人来说，对他们有些什么要求？

胡院长：不能有传染病，不能影响其他老人的生活。

清华：老人为什么会选择进入福利院呢？

胡院长：一般情况下，老人也是有病的，需要照顾。在家里，卧床的老人是家庭矛盾的焦点。

清华：与那些私人养老机构相比，您认为福利院有哪些优势和劣势？

胡院长：优势在于有政府的投入，运行成本比较低，我们这里主要针对的是中低等收入家庭，属于普惠型的，只要保证成本运行就可以了。劣势在于行政运行成本太高，我们现在行政人员有9个，（而）在私人机构，可能行政人员就一两个人，大大地减少了行政支出成本。

清华：由于时间关系，这次访谈就到这里，非常谢谢您对我们工作的支持。

五号访谈录

访谈时间：2013年1月24日

访谈地点：清远市残疾人联合会

访谈对象：清远市卓威电子有限公司经理　何博亮

（访谈实录中简称"何经理"）

访谈人：广东省社会科学院硕士研究生　雷宸亚

（访谈实录中简称"宸亚"）

访谈目的：清远市卓威电子有限公司是福利企业，福利企业以集中安置残疾人就业为目的，是残疾人自食其力、实现自我价值的重要阵地。此次访谈主要是了解福利企业创办中存在的问题以及残疾人就业现状等相关情况。

宸亚：何经理，您好！请问清远市卓威电子有限公司是哪一年创办的？

何经理：公司是 2007 年创办的，至今五年多了。

宸亚：福利企业，以集中安置残疾人就业为目的。你们在税收方面有哪些优惠？相关部门对你们有什么帮助？

何经理：没有什么税收优惠。但残疾人联合会在工人培训、资金等方面对我们公司帮助不少。残疾人联合会会在公司开办一些培训班、手语班之类的，这些都是不用交费的，由残疾人联合会资助，效果不错。而且我们的残疾职工也多是来源于残疾人联合会的推荐。

宸亚：您能谈谈企业发展中遇到的困难吗？

何经理：我们属于电子加工厂，属于劳动密集型行业，技术含量低，工人的文化教育程度都不高，而且大部分还是残疾人，有 10% 的职工小学未毕业，这样致使公司的升值空间小，限制了公司的发展。

宸亚：那残疾人在工作中的接受能力怎么样？您谈谈公司的残疾职工情况吧。

何经理：需要不停地示范，直到他们学会。我们公司有 70% 的残疾职工，也是残疾人就业培训机构，起一个带头作用，职工年龄在 18～40 多岁之间，一般每个月工资 1800 元左右，一些文化程度高的残疾人也能做到管理层。

宸亚：那您公司的职工都有保险吗？

何经理：公司职工流动性大。有些残疾人在正式进入工作职位之前需要适应一段时间，有些做几天就走了，有些身体吃不消。所以，一般会等他们稳定下来，能够胜任自己的工作，待公司评定之后，（再）签合同，按照自愿原则，基本上三分之一的职工买了社会保险，他们这方面的意识还是不够。

宸亚：您对残疾人就业有什么看法？

何经理：对残疾人（进行）康复治疗、教育培训的最终目的是就业，让残疾人能够自食其力。因此，解决就业是非常重要的，然而在就业这一环节中，企业又是解决残疾人就业的关键。国家关于企业招收残疾人的相关政策应该严格一些，应该按照一定的比例进行奖惩。对于招收残疾人比例超过政策规定比例的企业就应该给予奖励，对于招收残疾人比例低于政策规定比例的企业就应该给予惩罚，应该按照程度奖惩分明。

　　后记：通过此次对福利企业管理人员的访谈，可以看出当地残疾人联合会对福利企业的帮助很大。同时，福利企业也多是劳动密集型，技术含量低，这不利于企业的发展，当地相关部门应该帮助这些福利企业进行产业升级，倡导社会优先购买福利企业产品，重视对残疾人的教育，支持企业人才引进和技术创新，为福利企业提供更多的发展机会。

六号访谈录

　　　访谈时间：2013 年 3 月 12 日
　　　访谈地点：茂名市残疾人联合会
　　　访谈对象：茂名市"步步赢"儿童潜能特训中心主任　郑滨莎
　　　　　　　　（访谈实录中简称"郑主任"）
　　　访谈人：广东省社会科学院硕士研究生　谢清华
　　　　　　　（访谈实录中简称"清华"）
　　　访谈目的：了解掌握残疾人康复机构开展残疾人服务的成效、问题与改进措施。

　　清华：郑主任，您好！昨天去您的中心调研，听了您的简单介绍。您这一路走来，确实很不容易，您为什么会选择这一行业呢？
　　郑主任：我是学心理学的，主要针对有学习障碍儿童的治疗。大学毕业之后，开了六年的幼儿园，之后做了四年心理障碍治疗。在这四年之中，遇到了很多自闭症孩子，家长希望通过专业机构的治疗可以让小孩走向社会，家长有这样的需求。我们对每个孩子都非常负责，一般都是在有一定效果了，家长才交钱的。所以在 2004 年，成立了"步步赢"儿童潜能特训营，我选择这一行也是因为社会的需要，并且和我的专业也很相关。我希望通过这样可以帮助到更多的家庭，慢慢地我们得到了社会的认可，也有了政府的支持。
　　清华：您简单介绍一下机构发展历程。

郑主任：2004 年 5 月，我和几名特教老师创办了"步步赢"儿童潜能特训营，在茂名市，是专业服务于特殊儿童的专业机构——首个为自闭症及各种障碍儿童提供特殊教育及家庭训练指导的民办非营利机构。2009 年，改名为茂名市"步步赢"儿童潜能特训中心，总部在茂名市，第二基地在从化市区，第三基地在茂南区，每间训练场地都超过 300 平方米，服务于 0～18 岁自闭症、脑瘫、智障、心障、学习障碍儿童，提供康复训练及心理咨询。

清华：在这个过程中，中心具体开展了哪些服务？

郑主任：0～18 岁残疾儿童的七大领域的康复训练，第一，生活技能，社会交往技能训练；第二，亲子同训；第三，残疾儿童心理咨询；第四，家长心理咨询；第五，家长专业培训；第六，义工及志愿者培训；第七，倡导活动，关爱这些特殊孩子，减少并消除社会对他们的歧视。

清华：开展了这么多项目，服务效果怎么样？

郑主任："步步赢"儿童潜能特训中心自筹办成立运作以来，在政府和社会各界的帮助下，共招收了 32 期 380 名各种障碍儿童。经过有素的训练，特训中心的康复几率为：自闭症儿童接近正常生活的有 40%，聋儿正常发音的 100%，脑瘫患儿肢体康复的有 72%，其他儿童个人能力都有明显的提高，减轻了家庭和社会沉重的负担。家长们对"步步赢"的工作也十分满意。

清华：确实做得很不错，目前机构有多少工作人员，他们的待遇如何？

郑主任：员工共 50 人，其中管理人员 10 人，服务人员 40 人，签约义工 100 人。员工的性别：女性 47 人，男性 3 人。年龄居于 22～50 岁之间，中专到大专学历。流动性稍大，待遇是 850～1600 元/月，每月定期培训一次。经济来源是：学生训练费，政府支援，爱心人士资助。收费标准是：1250 元/月，收支仅平衡，经济效益差，享受过扶持优惠政策。

清华：那目前面临的困难有哪些？

郑主任：第一，生源不断增加，训练空间不够，房租过高，不敢轻易扩大，经费不足，训练器材陈旧及欠缺，管理硬件短缺，宣传影响力不够，无法提高老师们的待遇及福利，容易导致人才流失，致使孩子们的特训效果不稳定；第二，7～18 岁的残疾儿童，收费过高，效果缓慢，家长信心不足，轻易放弃训练，但又苦于无处安置，心情十分纠结及痛苦。（接下来被访者很激动。)

现在社会上体力劳工每天的工资是 200～300 元，只要有力气，不需要专业，只要愿意都可以应付。而残疾人服务行业，本来压力就很大，不仅需要一定的专业性，还要有良好的心态，有耐心、爱心、细心和恒心，这样比较起来，为了生活，相信更多的人宁愿选择体力劳务工作。我们好不容易培养一批人才，可因为福利或待遇不好，很多员工选择了离职或者转行。即便政府给孩子再多的资助，没人愿意来为孩子做康复训练，又有何用？

以下是我们中心 2005 年和 2012 年收入与支出的详细比较。

2005 年，学生收费是 1200 元/月，老师没有任何福利，只有工资 750 元/月。学校需要负担的房租是 $400 \times 9 = 3600$ 元/月，管理费用是 2000 元/月，折旧 1000 元/月，其他 1000 元/月。有学生 12 人，老师 8 人。学校全年的支出情况是：（老师待遇 750×8 + 房租 3600 + 管理 2000 + 折旧 1000 + 其他 1000）$\times 12 = 163200$ 元。收入包括：学费 $12 \times 1200 \times$（10～11.5）（小孩请假不收费，寒假 10 天，暑假 7 天）$= 144000～165600$ 元；其他评估费和杂费：$300 \times 12 = 3600$ 元；学费 + 评估费 + 杂费 $= 147600～169200$ 元。总收入－总支出 $= -15600～6000$ 元。节约一点，机构大致能维持平衡，但要增加软硬件配置就是件非常困难的事了。

2012 年，政府救助的学生收费是 1200 元/月，政府只救助小孩 10 个月的费用，机构也就只有小孩 10 个月的收入，不再收取学费。老师有一保一医的社会保险津贴，基本工资是：1200 元/月。老师本人负担一半的社会保险费：286.5 元/月，拿到手的现金只有 913.5 元。机构也要为老师负担另一半社会保险费：286.5 元/月。房租 400×22 元 $= 8800$ 元/月，管理费用：15000 元/月，折旧 5000 元/月，其他杂费 2000 元/月。学生有 98 人，其中救助对象 91 名，未救助对象 7 名，老师 50 人。支出：（老师待遇 1200×50 + 社保 286.5×50 + 房租 8800 + 管理 15000 + 折旧 5000 + 其他 2000）$\times 12 = 1261500$ 元。收入：得到救助 $91 \times 1200 \times 10 = 1092000$ 元；没有得到救助 $7 \times 1250 \times$（10～11.5）（小孩请假不收费，寒假 10 天，暑假 7 天）$= 87500～100625$ 元。其他评估费、杂费：$300 \times 7 = 2100$ 元。总收入：1092000 +（87500～100625）+ 2100 $= 1181600～1194725$ 元。总收入－总支出 $= -79900～-66775$ 元。这已出现倒贴，还能勉力维持下去，人员有些流动，不是特别大，有了一些不好的预兆，若再不提高工资，将会有更多的人离开，特别是和大部分老师签的合同 2013 年就到期，到时候，怎么留住这些人？机构怎么维持下去？这是一个巨大的挑战。

2013 年，以目前的生活水准，每位工作人员加上社会保险应提升到 2600 元/月，应有"五险一金"①的福利，国家也有法律规定要给员工购买全部社会保险。如果以 2600 元/月的待遇预算，2013 年，救助学生收费是 1200 元/月，和 2012 年一样，机构只收取 10 个月的费用。基本工资是：2600 元/月，包括"五险一金"，机构为每个老师负担另一半的社会保险费：374.5 元/月。房租 400 × 22 元 = 8800 元/月，管理费用：15000 元/月，折旧 5000 元/月，其他杂费 2000 元/月，学生有 108 人，其中救助学生 83 人，未救助的学生 25 人，老师 50 人。支出：（老师待遇 2600 × 50 + 社会保险 374.5 × 50 + 房租 8800 + 管理 15000 + 折旧 5000 + 其他 2000） × 12 = 2154300 元。收入：得到救助 83 × 1200 × 10 = 996000 元。没有得到救助 25 × 1250 × （10 ~ 11.5） （小孩请假不收费，寒假 10 天，暑假 7 天） = 312500 ~ 359375 元。其他评估费、杂费：300 × 25 = 7500 元。总收入：996000 + （312500 ~ 359375） + 7500 = 1316000 ~ 1362875 元。总收入 - 总支出 = -838300 ~ -791425 元。这么算来机构将要倒贴 80 万元左右，对一个非营利性的机构来说，这么大的缺口，简直比登天还难。我们不能提高学生收费，因为很多孩子家庭本身就很贫困，靠政府的救助才能来康复机构；我们更不能放下这些孩子不管，因为很多孩子都很有潜力，他们以后可以像正常人一样生活、学习和工作。如果我们放弃了他们，并且他们没有办法到其他机构进行康复时，前期的很多努力就白费了。孩子离开了特殊的氛围，回归到一般人的生活环境，可能会由于不适应，导致更严重的心理疾病，要是这样就增加了家庭的负担，也增加了社会的负担。但如果我们不提高收费，老师的待遇就没办法保证。如果没有稳定专业的师资队伍，孩子的康复效果会有保证吗？

清华：我想，这不是我们一个机构的问题，而是整个残疾儿童康复机构都面临的困境，单靠个人的力量已经很难解决。希望有更多的人参与到这一份事业当中，关注这一特殊的群体。您希望得到哪些支持与指导？

郑主任：希望物价局可以尽快给予我们有关收费标准的明确条文；希

---

① "五险一金"指养老、医疗、失业、生育、工伤保险和公积金。

望放开收费管制，允许机构收取差额，用以提高老师的待遇；希望政府也给老师们提供补贴，帮助实现师资队伍的稳定；希望政府帮忙减免房租或者找到更大更好的场地，以造福更多的孩子；学校应有专业的社会工作或专业的导师队伍，方便即时介入调节；希望健全法律法规，创新管理模式，加大政府扶持，提供优惠服务，完善监督评估，优化社会环境。

　　清华：您对机构未来的发展有什么设想？

　　郑主任：第一，扩大训练空间到 600～1000 平方米；第二，容纳 300 名残疾儿童；第三，扩大师资队伍到 160 人；第四，有独立的心理咨询师队伍及空间；第五，有独立的义工队伍 400 人；第六，开设可容纳 300 人的融合幼儿园；第七，建立达 400 名会员的自闭症群体协会。

　　清华：您对未来的构想很美好，希望能尽早实现，如果要实现残疾人服务业的跨越式发展，您有些什么建议？

　　郑主任：目前残疾人服务业的范围相对狭窄，未能满足残疾人的服务需要，服务体系也不够系统，离完善的残疾人服务业还差很远的距离。如需要实现残疾人服务业跨越式发展，个人认为，政府已有十二五的计划，原则上是个很好的计划，但现实要真正实现，别忽视民间组织的实力，需要社会一起努力，政府购买民间服务是个很好的方法。同时也可吸收外国的一些好的经验，培养更多的专业社会工作者。通过政府积极的鼓励和支持，理想将会实现。

七号访谈录

　　　　访谈时间：2013 年 3 月 21 日
　　　　访谈地点：茂名市残疾人联合会
　　　　访谈对象：茂名市残疾人康复中心副主任　黄敬尧
　　　　　　　　　（访谈实录中简称"黄主任"）
　　　　访谈人：广东省社会科学院硕士研究生　雷宸亚
　　　　　　　　（访谈实录中简称"宸亚"）
　　　　访谈目的：茂名市残疾人康复中心是公益一类的事业单位，访谈主要涉及此机构的发展历程、在发展中的需求与遇到的问题以及对残疾人服务业的看法。

宸亚：黄主任，您好！据了解茂名市残疾人康复中心是残疾人联合会下属的公办机构。请您谈谈机构的发展情况吧。

黄主任：茂名市残疾人康复中心是1996年经茂名市政府批准成立的准公益性事业单位，经过多年发展，特别是在《茂名市残疾人联合会所属事业单位分类改革方案》的文件实施以后，我们机构在改革中确定为公益一类事业单位。

宸亚：你们的机构主要提供哪些服务？

黄主任：主要是两方面：一是为听障人士提供听力语言康复训练，二是为肢残者、智残者的康复医疗提供服务及指导。并且相应地培训本市聋儿听力语言师资和智残等康复训练骨干，指导本市残疾人康复中心展开业务工作。

宸亚：好的，接下来我们聊聊你们机构的师资情况吧。

黄主任：我们中心共有员工31人，其中管理人员4名，康复业务人员17名，财务2名，厨师及服务人员4名，保育师4名。主要由女性构成。其中，博士学历1名，大专学历15名，中专11名，其他4名。在持有相关专业资格证的24名人员中，持有教育类证件的7名，持有医学类证件的10名，持有保育员资格证的3名，持有其他资格证的4名，同时获得省康复资格证的10名。

宸亚：你们机构的师资会进行定期或者不定期的再培训或者继续教育吗？

黄主任：外出到高级康复中心机构进修是康复水平提高的有效办法，目前主要是通过省康复中心提供的进修机会进行相关业务学习，不过每个业务人员每年平均进修时间不足5天。

宸亚：你们机构的经费来源主要有哪些？支出情况怎样？

黄主任：经费来源主要以运用国家"七彩梦行动计划"残疾儿童康复项目补贴及编制内人员财政供给为主。支出包括中心日常费用（水、电、电话、房屋修缮、设备工具修理等）、临时人员社会保险工资支出、耳膜制作、电池购置、康复训练、康复评估、家长培训、康复教材、残疾人食宿费等。

宸亚：你们机构享受到了什么扶持优惠政策吗？

黄主任：对我们中心影响比较大的政策有《中国残疾人事业"十二五"发展纲要》《广东省残疾人康复服务"十二五"实施方案》《茂名市残

疾人联合会所属事业单位分类改革方案》，国家"七彩梦行动计划"肢体残疾儿童（脑瘫儿童）康复救助项目、国家"七彩梦行动计划"聋儿（助听器）康复救助项目。

宸亚：您是怎么进入这一行业的？谈谈您的从业感受吧。

黄主任：我从医学院毕业后在高州市一个镇的医院从事五官科工作，后来由于家庭原因，于2004年8月调到这个中心工作，同年9月到中国康复研究中心首都医科大学康复医学院进行了为期三个月的系统学习。这一次专业的康复理论学习，给我留下的印象非常深刻，使本人的康复专业知识得到了很大的提高。回来后，2005年1月在这里办起了脑瘫儿童康复训练部，2012年开展人工耳蜗术后训练。我真正体会到了作为康复工作者的自豪感，从初期的听障儿童鹦鹉学舌的教学方法到现在的AV教学等模式，看到了康复效果，术后听障儿童能够返到正常学校就读。家长的笑容和孩子的康复成果是我最大的精神动力。

宸亚：你们机构运行发展存在的主要问题是什么？

黄主任：主要有几个难题，一是康复中心人员工资低，康复技术人才流动性大。我中心属于公益事业单位，无法产生经济效益，同时受到政策制约，福利及奖金无法实施，与当地同等私立机构、公务员同级别人员差距大。而且我中心的康复人员无法享受特教津贴，国务院、省政府下发了残疾人康复中心员工可享受特殊津贴相关文件，但在办理过程中无法执行。二是康复经费总体投入少，专项救助资金、项目资金使用欠缺灵活性。2012年我市审计局到我单位审计，专项救助资金不能用于教师，造成临聘教师的薪金无法开支。三是市级项目配套资金投入少。四是康复从业人员整体水平不高，专业技术人才难聘请，激励机制缺乏，这是制约我们机构发展的瓶颈问题。五是康复场地限制，制约了我们机构其他业务的开展，如智障、自闭症和视力残疾儿童（的康复）。

宸亚：您刚提到了你们机构遇到的难题。你们需要得到哪些支持或者扶助呢？

黄主任：一是希望通过加大各级各类资金投入，提高员工的工资及福利待遇；二是希望建立与公益慈善领域的横向联系，联合展开康复项目，吸引更多资金，另外希望下发指导性文件调整专项资金使用范围，允许专项资金可用于支付临聘人员的工资；三是希望国家、省级政府更加重视残疾人康复事业，将它列入政绩考核的重点内容，希望省级政府优先对民生事业、公益事业投入资金，将资金及时拨到位；四是希望对急需的高素质人才的聘用放宽相关政策，让我们吸引他们来就职，希望政府或者残疾人联合会的机构能够增加康复培训投入，能够选拔优秀人才到高级康复机构学习进修；五是希望在政府主导下扩展场地，为我们提供免费的足够的场地。

宸亚：谢谢您反映这些问题与需求。接下来请您聊聊对你们机构未来发展的设想吧。

黄主任：首先是加强与卫生部门、民政部门和教育部门的联系，并且下乡到农村地区发展简便易行，推广经济适用的康复技术，提供基本社区康复服务；其次是争取更多的进修机会，加强中心人员内部自身培训，引进高水平的康复专业人才，逐步构建区域内核心康复机构，建立特色优势部门和科室；再次是提高专业人员待遇水平，实施激励措施。

宸亚：那您对残疾人服务业发展有些什么看法？

黄主任：残疾人服务业不是一个部门的事，也不是一个单位能够完成的事，而是要从系统的、整体的、和谐的角度去推进，要主动融合所有社会资源，充分利用公共服务、社区服务以及家庭服务，实现服务资源的最大化。而且应该根据地方经济条件和残疾人的意愿，制定适合本地区的服务结构和模式。国家的政策及相关扶助，应该真正落实到位。

八号访谈录

访谈时间：2013 年 4 月 23 日

访谈地点：广州市黄埔区残疾人联合会

访谈对象：广州市黄埔区残疾人康复中心主任　张蔚然

（访谈实录中简称"张主任"）

广州市黄埔区残疾人康复中心副主任　陈泽芳（负责儿童康复）

（访谈实录中简称"陈主任"）

广州市黄埔区残疾人康复中心副主任　蔡月飞（负责成人康复）

（访谈实录中简称"蔡主任"）

访谈人：广东省社会科学院硕士研究生　雷宸亚

（访谈实录中简称"宸亚"）

访谈目的：了解掌握残疾人康复机构开展残疾人服务的成效、问题与改进措施。

宸亚：张主任，您好！首先请您介绍一下你们康复中心吧。可以从服务对象、师资等方面，进行简单的介绍。

张主任：我们中心主要承担黄埔区残疾人康复服务、康复训练和康复教育工作，分为成人康复部和儿童康复部两大部分。目前，我们中心配置10名聘用制合同工工作人员，其中管理人员1名，服务人员9名，并且师资队伍年轻，文化水平高，其中本科学历3名，大专学历7名。员工月薪平均3500元（基本工资＋绩效）。2012年，我们成立了残疾人社区康复站，为我区持证肢体残疾人提供免费的康复服务，近一年来，先后为50多名肢体残疾人提供免费的康复训练服务和居家服务。

宸亚：您刚才提到居家服务。您详细谈谈你们居家服务的工作情况，好吗？

蔡主任：居家康复是近年来残疾人服务工作的重点，发展这项工作非常有意义，这不仅有利于重度肢体残疾人在家享受康复服务，也减轻了残疾人家庭的负担。而且，我们是全免费的。首先通过筛查，有治疗康复希望且是相对更为严重的残疾人才能享受居家康复服务，评估认为康复后无逆转的不予通过。

宸亚：大概一个残疾人家庭每周去几次呢？

蔡主任：我们一个街道有一个工疗站，一共有9个工疗站，一户每次服务时间为45~60分钟，每户每周3~4次。

宸亚：你们在开展居家服务时，遇到了哪些困难？

蔡主任：社区康复服务站按照规定所配备的人力与实际需求不相称。由于有些街之间距离比较远，所以在路上花费了很大一部分时间，而且居家服务的需求量大，因此，每天只可以服务4~5户。

张主任：还有，因为我们居家服务才刚刚起步，很多残疾人家庭对这项工作的开展有怀疑，不相信不用交费就可以提供上门康复服务，对此产生质疑，存在"天上不会掉馅饼"的心理。这种心理对我们工作的开展有较大影响。通过贴广告、发传单和在网上发布消息等，宣传途径效果不是特别显著。所以，我们暂时的有效宣传方式基本就是通过接受居家服务的康复人员交流，以及康复效果进行推广。

宸亚：你们主要为哪些类型的残疾儿童提供服务呢？

陈：主要为广州市智力残疾儿童、孤独症儿童、脑瘫儿童提供康复加上教育的服务模式，这种"康教结合"的运作模式取得了很好的康复效果。

宸亚：你们儿童康复部主要开展哪些方面的康复服务？

陈主任：主要有认知训练、语言训练、引导式教育、音乐治疗、学前教育、运动治疗、作业治疗、物理因子治疗、感觉统合训练、日常生活训练、儿童发展评估等十余项康复训练与教学内容。我们引进了先进的认知电脑治疗仪，孩子们都非常喜欢通过电脑去认知和感知，这既是在治疗，也是在学习，很好地体现了"康教结合"模式。

宸亚：请您具体谈谈你们的"康教结合"模式吧。

陈主任：我们针对残疾儿童的实际需求，不断更新服务理念，总结先进经验，以原来单一的康复训练模式为基础，探索出了一套符合我区学龄前残疾儿童实际的教学方式。我们的"康教结合"模式，是把康复和教育的内容和形式完美结合在一起的特色服务模式。具体来说，是为一对一康复教育方式奠定基础，以集体康复教育方式强化巩固，加强亲子同训，实现突破的运作模式。

宸亚：小孩们通过这个模式的训练，效果如何？家长们有什么反应？

陈主任：孩子们通过系统训练学习后，认知水平和运动功能均取得了不同程度的进步，受到广大残疾人及其家属的一致好评，取得了良好的社会效应。

宸亚：你们机构在发展中还存在哪些难题？

陈主任：最大的难题是专业人才少，人员配备不足。就儿童康复这块来说，我区没有为残疾儿童提供学前教育的特殊机构，大部分学龄前残疾儿童未能接受任何学前教育，仅有10多人在区残疾人康复中心接受免费康复与教育。我中心承担了黄埔区学龄前残疾儿童康复、特殊教育的大部分工作。由于机构的性质及职能定位，目前在机构发展、人员聘用及培养等方面都存在较大困难。

张主任：我中心不属于教育机构，接触教育知识的专业学习与培训机会很少，只能靠咨询交流，自我摸索不断改进，导致"康、教"发展不平衡，机构及工作人员的学习交流、发展进步受到了限制。

蔡主任：而且在职称评定上也存在困难。残疾人联合会既不是卫生部门，也不是教育部门，我们考证需要挂靠在这些相关部门，但是这些部门有严格的规范，我们根本挂靠不了。所以很多相关专业人才觉得在残疾人康复机构工作没有吸引力，康复专业无晋升空间，职业发展受影响，大部分专业人才不愿意做此类职业。因此，已有的专业人才队伍也不稳定。

宸亚：请谈谈你们机构未来的发展吧。

陈主任：我中心致力于开办一所特教幼儿园。就公办形式的特教幼儿园来说，据我们了解到的情况，全国只有厦门有一所，其他地区都没有。

张主任：特教幼儿园是造福残疾儿童及其家庭的一大民心工程，有重大的社会意义，不仅能满足残疾儿童的需求和减轻家庭负担，更能从源头上帮助残疾儿童日后顺利过渡到特教小学和普通小学。

宸亚：你们认为近年来，残疾人服务业有没有发展？

张主任：当然有。国家和政府对残疾人服务越来越重视，不管在人力、财力、物力，还是在政策上都予以大力支持。康复、教育、就业、扶贫、社会保障、维权、文化体育、无障碍环境建设、残疾预防等领域都取得长足进步，大大提高了残疾人的生活质量和社会参与能力，使残疾人切实感受到了社会主义政治文明、物质文明和精神文明的成果。

蔡主任：就举一个最简单的例子，以前很多残疾人都不愿意办理残疾人证，但是现在办证的比例逐年上升。从这个现象，可以看出确实是残疾人服务业在发展，这些发展成果切实惠及残疾人及其家庭，吸引了残疾人办理残疾证。

宸亚：你们对以后残疾人服务业的发展有什么高见？

张主任：建议不断强化社会化工作方式，形成各职能部门都来做残疾人服务工作，人人都关心残疾人服务的工作格局。要形成良好的氛围，以最大的决心和努力，不断缩小或消除残疾人服务业与经济社会发展之间的差距。

九号访谈录

访谈时间：2013 年 4 月 23 日

访谈地点：广州市黄埔区残疾人联合会

访谈对象：广州市黄埔区"康园"工疗站服务中心主任 苏丽华
（访谈实录中简称"苏主任"）
访谈人：广东省社会科学院硕士研究生 谢清华
（访谈实录中简称"清华"）
访谈目的：了解掌握残疾人康复机构开展残疾人服务的成效、问题与改进措施。

清华：您好，苏主任！请您谈谈机构的总体概况，包括成立时间和发展过程、性质和职能、服务对象和内容、服务方式方法等。

苏主任：2007 年 8 月成立黄埔区"康园"工疗站服务中心。目前，我区共有 1 个"康园"中心、9 个街道"康园"工疗站和 2 个托养工疗站，进站残疾人 330 多人，其中智力残疾和精神残疾约占 70%。"康园"工疗机构的建设，是广州市委、市政府惠民措施之一，也是我省实施加快残疾人事业发展的"五个一工程"重点项目之一，已被列为广州市残疾人工作亮点品牌。

区"康园"工疗站服务中心是直属于区残疾人联合会的公益性福利服务机构，为民办非企业性质，场地由区残疾人联合会无偿提供，开办费是市残疾人就业保障金一次性拨付 6 万元。中心主要负责组织、指导、协调辖区内各街道"康园"工疗站的组建、管理、发展以及产品的产、供、销，制订落实发展计划和康复训练项目等。

各"康园"工疗站为区中心的派出机构，是立足于社区，为精神病患者和智力残疾人提供以职业康复训练为主要形式的过渡期康复、就业服务的机构。工疗站是由所在街道无偿提供不少于 60 平方米的场地，有部分街道的工疗站场地面积已达到 120 平方米以上，区政府还免费提供 500 平方米的场所作为东部三街的工疗站。工疗站开办费由市、区残疾人就业保障金分别一次性拨付 3 万元和 2 万元；康复训练经费由市福利彩票收入中的残疾人事业专项资金和区残疾人就业保障金承担，接收工疗人员每人每月按 500 元标准计算安排，分别承担 30% 和 70%。

清华：机构的人员构成是怎么样的?

苏主任：中心有工作人员 4 人：主任 1 名、财务 1 名、文员 1 名、司机 1 名，主要职能是联系加工货源、业务指导、监督管理等。各"康园"工疗站配备专职工作人员 1 名（共 11 人），与街道残疾人联合会的专职和年审工作人员统筹使用，负责管理进站工疗的残疾人。志愿者由各大专院校的学生组成，主要是参与工疗站的娱疗、生活技能辅导等活动，志愿者与工疗的人员进行简单而有趣的活动，受到工疗人员的热烈欢迎。

清华：各街道的工疗站的情况是怎样的？

苏主任：中心选用责任心强的工作人员担任站长，更好地把管理制度落到实处，把工疗站做好做实。工作人员有12名女性，3名男性；年龄在20~30岁的有10人，31~40岁的有2人，41岁以上的有3人；本科学历9人，专科学历5人，中专学历1人。据统计，因待遇福利和发展空间限制等问题，在2011年有5人辞职，2012年有4人辞职。为了加强我区"康园"工疗站工作者队伍建设，中心每年定期开办残疾人工作者爱岗敬业和残疾人知识培训班，并组织工作人员向兄弟区学习等。

"康园"工疗站组织工疗人员进行手工加工，报酬以多劳多得的方式分配给个人。从2006年11月起，在区政府和残疾人联合会的重视和支持下，还给予进入工疗站的残疾人每人每天10元补贴，以激励的形式加快残疾人精神及身体的康复速度，开创了全市工疗的人员进站发放补贴的先河。工疗站的建设得到黄埔区国税部门的支持，享受了免税的优惠。

清华：工疗站的工作得到了政府部门的大力支持，您觉得机构发展的特色体现在哪些方面？

苏主任：经过几年的发展，我区"康园"机构从初期的简单小手工作坊，发展成为集文化学习、康复、工疗、娱疗和就业前职业培训于一身的全方位残疾人服务场所，为残疾人提供交流学习平台，受到了残疾人及亲友的一致好评。关于特色主要体现在以下几个方面。

在康复工作方面，每位进站残疾人在进站前都要进行健康体检，符合条件方可入站，其中精神病人必须经过精神病防治医生的评估，认为病情稳定方可进站。工疗站为每一位工疗的人员建立了健康档案，定期组织精神病防治医生到站或社区进行访视和评估，做到一月一访视，一年一免费体检和评估，及时了解他们的健康状况，实行动态管理。

在文化方面，为提高工疗的人员的文化素质，中心将《弟子规》学习活动作为工疗站日常工作项目之一，并制订长效学习机制，要求各个工疗站每天组织工疗的人员学习《弟子规》，使文化水平较低的残疾人感受到读书学习的气氛，开阔了眼界，活跃了思想，丰富了内心世界。通过学习活动，工疗的人员懂得了如何孝敬父母，关爱兄弟姐妹，团结同事，尊敬长辈，学会了沟通、交流与感恩，身心均得到了提升。

在职业技能训练方面，为了帮助残疾人掌握一技之长，中心要求工作人员教导工疗的人员学做丝网花，并连续四年，十多次组织工疗的人员将制作的产品，参加迎春花市、"菠萝诞"和"爱心满花城"等义卖活动，所有收入除成本外全部返还给站员，不但提高了劳动技能，也增强了自信心。

清华：你们确实做了不少工作，取得了哪些工作成效？

苏主任：工疗站的设立，让残疾人朋友有了一个学习活动的场所。通过工疗、娱疗和康复等方式，他们学会了沟通，学会了帮助别人，养成了一种良好的生活态度。我区先后推荐了20多名工疗的人员上岗就业，挂靠人员有100多人。具体来说，成效有以下几个方面。

一是残疾人进站前后的状态有了明显的改变。有些智障的工疗的人员进站前是低头不言不语，在工作人员帮助和指导下，现在是主动和来人打招呼、交流；有些精神残疾的工疗人员每年都要去住院治疗，入站后有专人监督他们定时吃药，现已很少甚至不用住院，大大减轻了家庭的负担。工疗站的开办由原来的鸦雀无声，到现在的一片谈笑风生；从接受社会的关心，到现在学会了互相帮助，为集体做好事。站员们在生理上虽有残缺，但在参与社会生活的过程中，体现了他们的人生价值。是他们创建了和谐"康园"工疗站。

二是通过"工疗"活动，不但减少了精神病患者的病发率，降低了肇事肇祸率，而且帮助了残疾人从工疗站走向了社会。如文冲街工疗站的王进威是一位重度肢体残疾人，以前是瘫痪在家，不喜欢与人打交道，后来经过康复和工作人员进家家访鼓励，他得以到工疗站进行工疗、娱疗和体疗。进站后他爱说话了，自身头脑灵活多了，还被录用为穗东街残疾人联合会专职干部。现在他找到了喜欢的工作，并有了小家庭。又如庙头工疗站的何民雄是一位智力残疾人，在家里可是个"宝贝"孩子，现在不但找到了工作，还在工疗站里找到了另一半，肩负起了一家之主的责任。

三是在工作人员的指导和培训下，工疗人员学会了制作丝网花、十字绣等手工艺品。如红山街的工疗的人员钟慧贞通过工疗站丝网花的培训后，激发了兴趣，她上网进一步学习丝网花制作技能，制做出形象逼真的孔雀、天鹅、公鸡等手工产品。她制作的孔雀，在"菠萝诞"庙会和迎春花市义卖中受到广大市民的喜爱与好评。2011年3月，她被黄埔区选送去参加"广州市才艺展示活动"；同年5月，她又被选送参加"广东省残疾人才艺展示活动"。文冲街工疗站的钟绮彰的十字绣作品，手工精致，在参加各慈善团体的拍卖时，都获得了不错的成绩。

清华：确实收获不小，这些成效来得很不容易。那您觉得还存在哪些问题？

苏主任：第一，由于工资薪酬和区编制制度的制约，工疗站欠缺专业指导的工作人员；第二，由于对工疗站的认识只局限于区之间和站之间的经验交流和探索，因此工作人员欠缺专业培训；第三，工疗的人员制作的工艺品未能被社会所认识，造成工艺技术较高的工艺品滞销；第四，进站的工疗人员都是一、二级重度的智力和精神残疾人，很难找到工作或挂靠，因此他们及家属对养老方面较为忧心，并造成了心理上的障碍。

清华：您对解决这些问题有些什么好的建议和意见？

苏主任：首先，要加强对"康园"服务中心的建设和业务指导。要完善社会工作者和康复师的引入制度，满足工疗的人员身心康复方面需求；要制定"康园"工作人员的薪酬制度，完善福利制度，稳定人才，提高积极性；要按照上级政策文件的要求，及时对"康园"服务中心的工作开展给予宏观思路上的指导。

其次，要加强对工作人员的系统培训。要提供专业类培训，提高工作人员的服务水平；要收集工疗个案和问题汇编进行培训，提升工作人员应对处理突发事件的能力；要定期组织各街工疗站到示范点、特色站参观学习，搭建互相学习和交流的平台。

再次，要扩大工疗的人员的外界接触面。要定期开展工疗的人员竞赛或生存技能的培训，加强他们与人交往的主动性，增强他们的生活自信心；要举办慈善类团体活动，大力推广工疗的人员的手工作品，并进行义卖活动，开辟另类的就业渠道。

最后，要加大工疗站资金投入，完善工疗站人员的保障机制，制定工疗站养老制度，做好"老有所养"工作，激励他们进站工疗。

清华：您的建议非常好，在这方面您下了很多功夫啊！工疗站今后发展的方向和构想怎么样？

苏主任：第一，通过组织工疗的人员开展一些力所能及的工疗训练，锻炼工疗的人员的手脑，以达到一定程度的康复效果，同时激发工疗的人员参与社会生活的热情，提高收入，改善生活水平，让他们意识到自身的价值。

第二，开展娱疗活动，通过组织开展和参加各种形式多样的娱乐活动，如听音乐、学歌咏、看电影、看电视、看戏剧表演、跳舞、游戏、下棋、游园等，来陶冶工疗的人员的性情、增进身心健康。

第三，针对工疗的人员的功能障碍情况，以康复机构为主导，有组织、有计划地开展康复训练，以恢复或补偿功能，增强工疗的人员的生活能力和参与社会的能力。

第四，通过为工疗的人员开展一些生活技能、劳动技能、社交技能、康复知识、文化知识、体育竞技等项目培训，加强工疗的人员的生活自理能力和融入社会的能力。

清华：您对残疾人服务业是怎样理解的，有些什么好的建议？

苏主任：残疾人事业是社会主义事业的重要组成部分，扶弱、济困、助残是中华民族的传统美德，是人类文明和社会进步的标志之一。工疗站的建立不仅解决了精神和智力残疾人的就业出路问题，更帮助他们的家庭从过去沉重的负担中解脱出来，切实地做到了"服务一个人，解放一家人，幸福一群人，影响一片人"。"康园"把残疾人社区康复工作引向深入，推进了残疾人"人人享有康复服务"目标的实现，不仅得到了残疾人及其家属的拥护、社区居民的好评，还得到了各级领导的高度重视。共建和谐社会，让更多的残疾人参与社会生活，共享祖国建设成果，是"康园"工疗站服务中心全体员工努力奋斗的方向，相信在大家的共同努力下，会有更多的残疾人享受到政府的深切关怀和帮助。

第二部分 残疾人家长亲属代表访谈录

一号访谈录

访谈时间：2013 年 1 月 17 日

访谈地点：惠州市护苗培智学校

访谈对象：惠州市护苗培智学校自闭症儿童东东的父亲

（访谈实录中简称"东东爸爸"）

访谈人：广东省社会科学院硕士研究生 谢清华

（访谈实录中简称"清华"）

访谈目的：了解掌握残疾人家长在为残疾人提供服务时的酸甜苦辣，听取意见和建议。

清华：您好！

东东爸爸：您好！非常感谢你们对我们的关心。

清华：实在不敢当，这是我们应该做的，您的孩子今年几岁了？

东东爸爸：六岁。

清华：您是什么时候发现您的孩子跟其他孩子不一样的？

东东爸爸：确切地说，是两岁九个月的时候才引起我们的警觉。那时由于信息不对称，走了一些弯路。比如说，两岁多的时候还不会说话，目光呆滞，也还不会走路，有点感觉不妥，但我们没怎么在意，因为我们家族有个表舅五六岁才说话，后来一切正常。再加上家里的老一辈都觉得只是小孩发育比较慢，以后就会好的，我们也就相信没什么事。记得那时应该两岁半了，去惠州市中心医院检查，医生说可能是孤独症，建议我们去广州中山大学附属第三医院确诊。我们这才找到了中山三院的李建英医生。根据自闭症的各项指标，她告诉我，孩子的情况很严重，开始（我）真的接受不了那样的事实。结果，她推荐我们来"护苗"，我们开始也很害怕，不知道来了之后到底会怎么样。在和另一家机构对比的情况下，我们选择了"护苗"。孩子两岁十个月来"护苗"的，到现在已经有三年多的时间了。

清华：您这一路走来确实不容易，那东东在学校过得怎么样？老师对他怎么样？

东东爸爸：刚到"护苗"的时候，有的家长告诉我别来了，付出很多会没有任何收获的。但我觉得他们的这种模式很好，既培训小孩，又培训家长，这些老师很爱孩子，按照"谁最需要，谁优先"的原则。我很敬佩也很感激学校的老师和校长。在老师的细心教导下，东东现在的情况有了很大的进步，比如说，他现在可以说一些简单词汇，进行简单交流；目光也没有以前那么呆滞，可以目光对着打招呼了；现在学会了走路，只是有时候是尖足，不是很稳，但现在他学会了爬山、游泳、溜冰，还有很多，孩子的这一切都离不开老师的莫大帮助。（他脸上露出了一种喜悦的表情）学校对小孩的这种关爱，让小孩感受到这种亲和力，促进了小孩的进步。这里的老师也很好，我儿子最喜欢上音乐课了，在音乐课上，东东盯着老师看，聚精会神的，听课很认真，非常喜欢这个老师。一个老师要真的爱小孩，关注小孩，小孩才会喜欢他。评价一个老师的标准，就是小孩是否关注你，你是否发自内心地关注小孩。

清华： 东东取得这么大的进步，我为您感到高兴，这一切离不开老师的教导，更离不开您的耐心照料。我听说这里的孩子上课都需要家长陪读，这样家里就少一位工作的人员，您这三年一直在带东东，您的生活来源全靠东东妈妈吗？东东长这么大了，一共花了您家多少钱呢？

东东爸爸： 估计有二三十万吧，我也一直没算过，东东妈妈怀了好几年，一直没怀上小孩，好不容易怀上东东。东东早产，缺氧，在保温箱里放了三天三夜，大人也要照顾，小孩也要照顾，我在孩子身边两宿没休息，我妈和姐姐帮我照顾老婆。怎么说呢，算我和东东比较有缘分吧，在一次和朋友的聚会上，喝醉酒了，我哭了，我这辈子最爱的人，可是他却变成了那样。我觉得并不是所有的父子都可以像我和东东那样的，也并不是说只要是父子关系就可以和我们那样的，而是我和东东很有缘分，我愿意无怨无悔地为他付出，而他也能感受到那一切，我已三年多没上班了，现倾家荡产，靠老婆微薄的工资来维持。

清华： 您是一位伟大的父亲，那您在这里照顾东东，除了东东一个月2800元的学费，您还要在哪些方面支出？

东东爸爸： 支出的地方可多了，一下也算不出来，也算不清。比如，在这里房租费一个月800元，还有每个月的生活费、水电费，带东东出去玩所花的费用，并且还要给东东买器材（训练所用的器材、玩具、卡片等等），这些一个月估计至少也要一两千元。其实，学校收的钱也不是很多，别以为他们赚了钱，事实上没有什么，我相信他们赚不了什么的，私立机构现在活得不容易，能维持下来就不错了。如果没有国家政策的扶持，肯定维持不下去。

清华： 那开支一年下来也不少啊，其实，东东能遇到您这样的父亲，也算是他一生最大的福分了，您有些什么需求和愿望吗？

东东爸爸： 第一，现在自闭症救助款是12000元，是否能增加？七岁以后的小孩就没有救助款了，能否放开年龄限制，18岁之前都有救助？我觉得作为自闭症这一群体，都应该享受国家福利，即使成年后，也应该有补助。第二，要有政策支持和资金支持。在澳洲、欧洲，有国家购买服务，作为自闭症患者，不用承担医疗费和教育费，国家应该承担。一方面我们自己难以承担那么重的负担，另一方面，老师的福利待遇偏低，工作也很辛苦，所以国家应该拨款保障教师的收入。如果一个老师离职的话，三个小孩就无法上学了，家长实在不忍心啦；如果一个资格老的老师离职，大课的质量就会下降。一个学校的骨干是教师队伍，（他们）是中坚力量，要让这帮人有信心，让他们长期坚持下去。比如说国家补助100万元。所以，一定要出台政策扶持学校，保障教师收入，稳定教师队伍，这是最重要、最关键的。第三，一般来说，七八岁的小孩可以去上小学了，这些孩子该怎么办呢？在（中国）台湾，"立法"规定学校必须接收每个适龄儿童，如果不，就可以上法院去告他们。由于习近平总书记的重视，艾滋病得到了社会的广泛关注。但现在对自闭症仍然很难接受，让有自闭症的孩子上学更难。如果国家更重视有自闭症的孩子，社会对有自闭症的孩子的接受度就会更高。所以，要创造条件让他们上学，感受多于学习，给他们一个机会。如果开始不行，家长陪着，慢慢地建立一种认同感。

清华：您说得非常好。前段时间深圳的19位家长联名写信，要求拒绝患有自闭症的孩子随班就读，您对这件事怎么看？

东东爸爸：我认为，每个适龄儿童都有受教育的权利，学校必须坚持住真理，顶得住压力。从校长到老师对此要有一定的认识，一般情况下，老师讲什么，学生就做什么，老师在学生面前具有一定的权威，学校助长了这种风气，家长就会那样。你说现在哪个家长愿意得罪老师？同时，学校不仅要宽容自闭症（孩子），也要宽容老师。在自闭症就读的班级里，可以给孩子学籍，但不要给他成绩，更不要把这些指标纳入老师的考核里面。不管立法，还是政策规定，希望上级部门让学校去接受他们。法律没有绝对的公平，只能保障最大的利益。面对死规定，必须接受有自闭症的孩子入学，不能以任何理由开除任何一个学生。我们最怕的就是孩子没有地方读书，因为人是群体性动物，必须给他们一个可以去的地方。隔离，很容易犯精神病的。校长和老师要坚信，小孩不会无辜打闹的。

清华：除了学校，您觉得社会或者说社区应该怎么对待自闭症孩子？

东东爸爸：有的人说，自闭症是最严重的精神分裂症，我不同意也不愿意承认，这是由于一些家长和身边人的不理解，走了极端。其实，自闭症是自闭症，精神病是精神病，两者不能等同。自闭症转化为精神病，是由于环境的隔离造成的。所以，要对自闭症的定义进行修改。人是社会性的动物，如果把他们隔离起来，不跟社会接触，自身的独立就成很大的问题，甚至应对一些简单的事都不能。久而久之，就形成了精神病。我害怕有一天自己老了，不在这世上了，小孩可能自己捡垃圾吃。这种没有尊严的生活，我害怕出现。所以，要给他们一个空间，把他们当作普通人，他们只是有些行为有问题。同时，要加大宣传力度，不要歧视，要以平常心对待，要关爱。但我们不需要同情，我们需要理解，不要过度拼命地把他们当作特殊动物，也不要一直盯着他们看，帮人要恰到好处。

清华：您说得非常对，非常好。您在教育东东方面，有什么好的心得，可以供其他家长借鉴？

东东爸爸：对于自闭症小孩来说，感受大于一切，只有让他感受到了，他才能去理解，比如，这个喝水杯子，你不能简单地说，这是杯子，他根本不知道杯子是何物，你要让他摸，让他去感受，再把里面装水，给他喝，他才能感受到杯子是可以用来装水的。小孩做一件事情，如果引起了关注，就会继续那样做。但对于我小孩，哪样异常，就当没看见，比如，东东在跑步的时候，总喜欢手撒开（东东爸爸做了示范动作，就像《海洋天堂》电影中的那个小孩跑步一样的），我觉得对他跑步没什么大碍，只是他的行为和别人不一样而已，我会把这一行为当作正常行为。如果实在觉得那样的行为不妥，你可以试着转移他的注意力，把每天的生活安排得充实点，让他在潜移默化中忘记那些不妥的行为，培养小孩正确的生活观，进行正确的康体运动。在我所住的小区，没有一个人因为东东去投诉。人家理解我们，因为我们是那么爱他。只要我有时间，我就会带他去公共场所。在公共场所，首先要爱小孩，给小孩留住面子。将心比心嘛，要站在小孩的角度去感受这件事，用一颗平常心去对待。孩子只是做事能力比较低，越是这样的孩子，越不能把他们当作特殊孩子来对待，只是发展上的问题，他们还是正常人。

清华：今天能够访谈到您，是我的荣幸，您有很多自己的思考，对我们很有用，非常谢谢您对我们工作的支持，祝愿东东早日康复。

二号访谈录

访谈时间：2013 年 1 月 24 日

访谈地点：清远市残疾人联合会

访谈对象：清远市一位 10 岁脑瘫孩子的母亲，一个单亲妈妈
（访谈实录中简称"艳姐"）

访谈人：广东省社会科学院硕士研究生　谢清华
（访谈实录中简称"清华"）

访谈目的：了解掌握残疾人家长在为残疾人提供服务时的酸甜苦辣，听取意见和建议。

清华：艳姐，你好！

艳姐：你好！谢谢你们对我们的关心！

清华：这是我们应该做的，你的小孩今年几岁？他怎么了？

艳姐：10 岁了，他脑瘫。

清华：我有亲人也是脑瘫，你小孩具体是哪种情况？

艳姐：偏瘫，左手左脚瘫，右手右脚是好的。生活完全不能自理，不会说话，不会走路，自己不会表达，智力也有一点问题。

清华：那还挺严重的，你们是怎么发现的？

艳姐：出生的时候就缺氧，那时，医生告诉我们有 10% 的后遗症。8 个月了也不会爬。

清华：你们做过哪些治疗？

艳姐：针灸，肢体训练，做过高压氧，打过补脑针。

清华：这些花了你们多少钱？有没有得到外界的帮助？

艳姐：花了多少钱，具体也并不清楚，高压氧做了 10 次，一次 100 多元啊，补脑针打了 30 次，一次也是 100 多元，估计有一二十万元吧。区里帮残疾人做了很多事，也做得很好，很有耐心，对小孩很关心，区残疾人联合会针对不同的残疾人做康复训练，市残疾人联合会也有老师免费上课一个小时，主要是肢体训练，说话练习。8 岁的时候，得到残疾补助，做了手术，还帮助配了矫正鞋。

清华：你平时在家教他些什么？

艳姐：教他写字、认字，不过，他只是无意识地斜画，大脑支配不了他的意识。

清华：现在小孩的情况怎么样了？

艳姐：孩子最大的进步是可以走路了，在市里面走，都不会摔跤。其他的没有特别明显的好转，别人是一天天过，而我们是一年年过啊。一天

两天基本看不到变化，一年两年才有一点点变化。

清华： 你这一路走来，不容易啊，劳心又劳力，那你们的生活来源呢？

艳姐： 有最低生活保障，有朋友的帮助。我，离婚了。孩子的姑妈会适当给一些钱，孩子的父亲也会适当给一些。

清华： 你们离婚是因为孩子吗？

艳姐： 绝大部分是，孩子那样，加重了家庭负担。不过，他那时也过得很不好，工作压力大，也不是很顺利。再加上我天天围着孩子转，忽略了双方彼此的感受，他选择离婚，也是可以理解的。有时候，他也会来看孩子，也会给一些钱，孩子的奶奶有时也会帮忙照顾。

清华： 艳姐，你太善解人意了。

艳姐： 我觉得，人，应该面对现实，不能把自己的负担强加在别人身上。如果一个当妈妈的都不坚持，也就不再会有人坚持了，而我只是做了一个母亲应该做的。

清华： 你是一位平凡而伟大的母亲，你现在面临哪些困难，有些什么愿望？

艳姐： 最希望有人帮助我照顾小孩半天，自己找份工作。你看，那些会走，会说话的，可以去学校；不会走，不会说话的，只能放在家里，肯定有怨言。但又能怎么样呢？像现在我这样的情况，一个月800元，包括伙食费在内，我都支付不起啊，我现在什么也做不了。我想有个机构（比如收容所），为他们提供方便，可以免费，也可以自己出一部分。

清华： 你的意思是把小孩送到特殊机构吗？

艳姐： 但说实在的，去特殊机构可以解决生活困难，但解决不了问题本身。有些东西是钱补不回来的，14岁之前，小孩还有很大的发育空间，康复治疗对小孩起很大的作用，但16岁之后就定型了，所以这之前的时间对小孩来说很宝贵，要抓紧时间赶紧治疗，即使我赚了钱也弥补不了啊。

清华： 你有没有向一些基金会申请补助？

艳姐： 申请过，红十字会下的小天使基金会。可我后来询问，他们说没收到材料。

清华： 你有没有想过自己做什么工作比较好？

艳姐： 我最大的心愿就是孩子他能自理，会做饭，会穿衣服。这样的话，我就可以自己开一个店，卖菜或者卖水果，但目前也没有资金。其实，我做任何事情都要考虑孩子，因为他任何事情都要我弄，像我这样的家庭实在太多了，放在家里，去其他地方打工，于心不忍。

清华：你可以去一些福利彩票店上班，顺便可以带孩子。

艳姐：小孩现在会走路了，特别好动，很难照顾的。再加上他比较自卑，现阶段待在家里比较好吧。

清华：你这一路走来，有些什么心得体会？

艳姐：像我这样的家庭实在太多了，有很多比我更辛苦，我还算好的了。有一位奶奶10年如一日带着小孩做康复训练，从小孩五六斤到小孩五十多斤，从一楼爬到五楼，这中间康复停了一个月，效果反弹了，心也碎，人也累垮了。所以，不仅要救助小孩，也要救助整个家庭。

清华：你说得非常好，感谢你对我们工作的支持，也祝愿你的孩子早日康复。

第三部分　优秀创业残疾人代表访谈录

一号访谈录

访谈时间：2013 年 1 月 24 日

访谈地点：清远市残疾人联合会

访谈对象：清远市绿叶广告公司经理兼清城区肢残协会主席　张志荣

　　　　　（访谈实录中简称"张经理"）

访谈人：广东省社会科学院硕士研究生　雷宸亚

　　　　（访谈实录中简称"宸亚"）

访谈目的：了解掌握优秀创业残疾人代表对残疾人就业、创业的看法。张志荣经理是残疾人创业中的成功人士，又是清远市清城区肢体残疾人协会的主席。他对残疾人就业、创业有着深厚的见解，对目前我国残疾人服务业发展水平也有着敏锐的观察。

宸亚：张经理，您好！请问绿叶广告公司何时开始创办？

张经理：公司是 1998 年创办的，当时是靠家人的资助，开一个小店，就自己一个人负责，公司慢慢地逐渐扩大到现在几十个人的规模。

宸亚：您作为一个残疾人进行创业，肯定是非常辛苦的，您觉得国家对您有帮助吗？

张经理：有帮助，但希望帮助更大些。比如说在纳税方面，自己开店，一个人就免税，请人就不免税。我觉得对残疾人创业、就业方面的优惠政策还要继续推行，应该加强就业资助，比如借款、贷款方面，减免残疾人创业的一些费用。国家应该出台相关政策，应该设有专款、专项、专人去管理，而且还要行政监督，以落实到位。残疾人自立了，对他自己来说是实现了自己的价值，对国家来说也是减轻了负担。

宸亚：那请您谈一下对残疾人就业扶助的看法吧。

张经理：就业扶助最理想的状态就是让残疾人能够自立、脱贫，国家应该资助残疾人创业，提高他们的劳动力。因此，可以帮助他们学一门有用的技术，我觉得办那种什么电脑班，学打字什么的没有用，没有竞争力，这不能解决他们的生计。应该办一些厨师班、修理班、理发班等，这些实在的技术，社会需要，对他们就业和创业都很有用。而且应该增加残疾人继续教育学院，让他们能够不断地学习和进步。

宸亚：您作为清远市清城区肢体残疾人协会的主席，感受如何？

张经理：我觉得肢体残疾人协会不是很健全。肢体残疾人协会缺乏资金，做的多是场面上的工作。政府应该帮助肢体残疾人协会完善组织架构，发挥功能作用，更好地为残疾人服务。

宸亚：那您觉得应该怎么去改善？

张经理：我觉得肢体残疾人协会应该由专人管理，发挥协会在残疾人联合会和残疾人之间的桥梁作用，真正起到沟通和维权的作用；应该建立困难残疾人家庭专项救助资金。

宸亚：接下来谈谈您对残疾人服务业发展的看法吧。

张经理：就清远市残疾人服务业发展来说，我自己觉得是不满意的。就无障碍建筑这方面来说吧，建设、管理和规划都不到位。很多单位前面都没有无障碍建筑设施，甚至教育局、税务局和工商管理局等单位都没有无障碍建筑设施；路上的盲道很多，但都被车辆、电话亭、电线杆等占领，某一路段的盲道上竟然被修筑花坛，还有用光滑的瓷砖铺盲道的情况，类似的情况太多。残疾人坐公交车的也非常少，应该帮助残疾人走出去，加大相关宣传的力度。还有，应该加大政府购买服务的力度。

宸亚：那您觉得没有一点改善吗？

张经理：要说有改善的话，那就是最低生活保障等救助有改善，城镇医疗保险和新型农村合作医疗等方面还是做得不错的。

二号访谈录

访谈时间：2013 年 4 月 1 日

访谈地点：增城市残疾人联合会

访谈对象：增城市优秀残疾人作家　林旻颖（笔名旻旻）

　　　　　（访谈实录中简称"旻旻"）

　　　　　增城市增江街五星小学教师兼增城市肢残协会主席

　　　　　赖勇雄

　　　　　（访谈实录中简称"赖老师"）

访谈人：广东省社会科学院助理研究员　欧阳卿

　　　　（访谈实录中简称"欧阳"）

访谈目的：了解掌握优秀创业残疾人代表对残疾人服务业现状的看法及残疾人对服务的需求。林旻颖是中国诗歌学会会员、广东作家协会会员、中级作家，肢体一级残疾，被誉为"增城张海迪"；赖勇雄是增城市政协委员，左手残疾，也是增城市自强不息的残疾人代表。

欧阳：两位好。你们了解残疾人服务业吗？之前有没有听说过残疾人服务业？

旻旻：我上网查了一下，残疾人服务业包括营利性和非营利性两类，但具体什么内容我还不太清楚。

欧阳：残疾人服务业主要包括医疗康复、教育、就业培训和指导、社会保障、法律援助、无障碍设施、文体活动、信息化建设等方面。

旻旻：我觉得政府应加大对残疾人服务业的宣传力度，我们现在对残疾人服务业都不太了解，甚至很多残疾人都不清楚自己应该享有哪些权益，可以从残疾人联合会那里得到什么样的帮助。建议政府借鉴（中国）香港，多制作一些公益性广告。

赖老师：因为增城市残疾人联合会搞什么活动都叫我一起去，参加的座谈比较多，因此我对残疾人服务业有所了解。

欧阳：刚刚我列举了残疾人服务业的一些内容，你们认为在这些内容中哪些方面做得比较好一些？哪些还有待进一步加强？

昱昱：我觉得残疾人服务业总体来说做得还不错。政府对残疾人就业比较重视，找工作应该不太难，我认识的几个残疾人都在从事家教工作。但是我觉得在社会保障方面做得还不太好，政府的社会救助和保障不够，特别是对由于重大疾病或突发事件导致残疾的，特殊医疗救治的申请手续非常烦琐、繁复。还有，我认为把残疾人区分对待不公平，需要进一步健全社会法制，通过立法来确保残疾人的权益。

赖老师：我认为增城在医疗康复方面做得不错，尤其是精神残疾和白内障康复治疗方面做得非常好，精神残疾每人每月补贴80元的药费，并有上门送药服务，对重症病人还可免费治疗。在就业方面，增城也做出了一些成绩，现在晶蓝灯饰厂、中新镇制罐厂等工厂都招收残疾人，希望政府可以鼓励社会多新建残疾人可以就业的工厂和企业。现在，增城每个镇街都建立了康疗站，为市区残疾人提供工作、娱乐、治疗的平台。但是，农村的残疾人却难以享受这些服务。目前增城有八成的残疾人在农村，希望政府可以定期用班车来接送农村的残疾人，使他们也能来康疗站进行娱疗活动。在就业培训方面，还有待改进，以前政府也开展过电脑、文化补习和种植业培训等，但是这些培训断断续续，没有常态化，不少残疾人因错过了报名时间而无法参加，希望能够补报。还有，残疾人联合会每年都会在一个镇召开一次残疾人招聘会，但能找到工作的人很少，流于形式，未落到实处。

欧阳：你们觉得在医疗康复方面有没有碰到什么困难？

昱昱：我认识的残疾人大多是小儿麻痹症患者，据我所知，很少有进行医疗康复的。但是有康复中心邀请我去做康复治疗，我去做了几次，效果还不错。

欧阳：你们认为周边的无障碍设施便利、完善吗？需要什么改进？

昱昱：有些旧建筑缺乏无障碍设施，不太方便，希望能够加装。我有一个切身体会，就是很难买到适合自己的轮椅，我希望买到小一点有扶手的轮椅，但是很难买到，希望有专门定制用品用具的服务。听说广州市有一段时间有过上门改造用品用具的服务，但是没有坚持，也没有宣传推广。希望这项服务能常态化、制度化。

赖老师：我觉得无障碍设施做得不太好。例如，一些酒楼、企业无斜坡，或是有斜坡无电梯，或是无残疾人专用厕所，残疾人的出行不方便。我刚听说有人大代表建议叫停残疾人黄色绿牌三轮摩托车，希望政府不要叫停。

欧阳：你们对促进残疾人服务业的跨越式发展有什么意见和建议？

昊昊：政府要加大宣传力度，使整个社会形成平等对待、接纳包容残疾人的风气；要借鉴澳大利亚、日本等国的做法，用法律来保障残疾人的权益，如残疾人的社会保障、社会救助、社区服务等。

赖老师：我觉得残疾人了解信息的途径还比较窄，建议政府加强对残疾人的电脑技能培训。

欧阳：谢谢二位，你们的意见和建议对我们课题组的研究工作很有帮助。

附录二　残疾人服务业研究
广东实地调研报告

　　2013年1月至4月，由广东省社会科学院、广东省残疾人联合会和中山大学联合成立的"残疾人服务业研究"课题组先后前往广东省惠州市、清远市、茂名市、广州市辖下的黄埔区和增城市进行深度访谈的同时，进行了实地调研。所到各地，都在政府残疾人工作委员会或残疾人联合会负责人主持下召开专题座谈会，与卫生、教育、劳动人事与社会保障、民政、财政等部门，残疾人服务各类机构，乡镇、社区代表与残疾人及其家属代表互动交流；同时考察走访了部分政府残疾人工作委员会成员单位、残疾人服务机构、乡镇、社区及残疾人家庭。现将实地调研会议座谈和考察走访所掌握和了解的情况①简要报告如下。

一　成效与经验

　　在实地调研中了解到，自中央、省先后提出加强残疾人服务体系建设以来，各地都在发展残疾人服务业方面采取了积极的行动，取得了初步的成效，积累了有益的经验。归纳起来，大致有以下六个方面。

（一）政府比较重视残疾人服务业发展

　　政府对残疾人服务业发展的总体目标是建立健全残疾人社会保障制度，加强残疾人服务体系建设，逐步缩小残疾人生活状况与社会平均水平的差距，实现残疾人事业与经济社会协调发展。以残疾人社会保障体系和服务体系建设为主线，加大发展残疾人康复、教育、就业、托养等各项工作的

---

① 课题组所到各地进行深度访谈的情况，附件一已报告，本报告不重复论述。与此同时，课题组还通过广东省残疾人联合会向广州、珠海、惠州、汕头、茂名、清远六个市发放调查问卷，问卷调查结果见附件三，本报告也不重复论述。

力度，保障残疾人的权益，促进残疾人事业与经济社会协调发展。

在政策支持方面，2012 年，惠州市制定并出台了《惠州市残疾人事业"十二五"发展规划纲要》。在规划中，涵盖了残疾人服务业发展内容。为了进一步完善残疾人社会保障体系与服务体系建设，惠州市先后制定了《中共惠州市委惠州市人民政府关于加快残疾人事业发展的决定》《惠州市贫困残疾人生活补助方法》《惠州市扶助残疾人办法》《惠州市残疾人康复救助实施办法》等政策，从社会保障、康复、教育、就业等方面对残疾人实施帮扶。

清远市委、市政府出台了《关于加快残疾人事业发展的实施意见》，明确提出了"加快残疾人服务体系建设"和相关重点工程的建设。《清远市残疾人事业"十二五"发展纲要》对残疾人康复、就业、培训、教育等服务机构规范化建设作了明确的规定。《关于印发清远市发展家庭服务业就业实施意见通知》（2012 年）、《关于培育发展和规范管理社会组织的实施意见》（2013 年），对培育发展为残疾人提供服务的枢纽型和公益服务类等社会组织，购买专业服务、家庭服务进社区等提出了要求。同时，对在服务机构进行康复、职业培训的残疾人，按照中央、省市和县的有关政策给予救助、补助，或实施全免费。

在财政投入方面，目前，各市公办残疾人服务机构，全部由各级政府财政投资建设，包括机构的基础建设、升级达标改造、完善设备、购买服务岗位、正常工作运转等各方面都由财政支付解决。

为了发展残疾人服务业，惠州市两项社会工作项目被纳入 2013 年财政预算，共投入 65 万元，聘请 14 名社会工作者，对惠城区江北办事处 180 名重度残障人士及其家属进行援助计划；对惠城区桥东街道办事处 446 名残障人士及其家属开展增能成长计划。

清远市政府投资 6000 万元，兴建了市特殊教育学校，2011 年已投入使用；2008 年市财政投入 300 万元对市残疾人康复中心、市聋儿语言训练中心进行了升级改造，使这两个中心成为省二级康复机构。市残疾人托养中心在 2012 年已批准规划 30 亩，市财政将投入一定资金来加快推进建设，目前正在开展筹建工作。县级财政也加大财政资金的投入，加快残疾人服务机构建设。

增城市对残疾人服务业的财政投入不断增加，2012 年财政安排残疾人服务业预算资金 3635 万元，其中本级财政安排 1834 万元，上级补助 1801

万元；实际投入 2840 万元，其中本级财政 1617 万元，上级补助 1223 万元；2013 年本级财政安排 2886 万元，比上年本级财政安排增加 1052 万元，增长 57.36%。增城市市委、市政府先后无偿为市残疾人联合会提供场地支持，各镇（街）分别安排一定面积的场地建立镇（街）级"康园"工疗站和社区康复站，为推进基层残疾人服务工作提供了平台，为残疾人服务业的稳步推进提供了硬件保障。

广州市黄埔区委、区政府高度重视残疾人事业发展，2012 年残疾人就业保障金安排 701 万元。其中"康园"工疗站工作经费 213.12 万元；残疾人托养经费 100 万元；残疾人康复中心运作经费 54.5 万元；黄埔"康苑"经费 25.11 万元。2013 年区财政进一步加大经费投入，残疾人就业保障金中安排了 1292.92 万元。其中"康园"工疗站工作经费 285.12 万元，对进入工疗站进行康复及辅助性就业的残疾人，给予职业训练津贴和劳动补贴；黄埔"康苑"经费 28 万元；残疾人康复中心运作经费 61.8 万元；残疾人托养经费 100 万元；根据《广州市民办残疾人服务机构资助试行办法》，为有需求的残疾人及其照顾者提供社工服务，资助标准为每人每月 300 元，2013 年区财政安排社工服务经费 71.28 万元。

（二）康复服务机构等多元化互动发展

目前，各市残疾人服务业均由政府主导，都兼有公办和民办两种性质的服务机构。

惠州市公办服务机构有市、县（区）残疾人康复中心（7 个）、残疾人劳动就业培训中心（所）、残疾人辅助器具服务中心（站）分属市、县（区）残疾人联合会管理，特殊教育学校 5 所分属市、县（区）教育局管理，民办服务机构有市护苗培智学校等 6 家残疾儿童康复服务机构。这些机构主要为残疾人提供教育、康复训练、就业推荐等服务。为了加强机构队伍建设，每年都会定期或不定期举办服务人员培训班，提高服务人员为残疾人的服务水平与质量。

清远市残疾人联合会系统有残疾人服务机构 53 个（其中市残疾人联合会直属的残疾人服务机构 5 个，县级残疾人联合会直属的服务机构 16 个，社区康园中心 32 个），民办残疾人服务机构清城区 4 个、清新区 1 个。其中，市残疾人联合会的残疾人康复中心、聋儿语言训练中心、残疾人辅助器具服务中心、残疾人就业服务部开展的业务工作有：脑瘫儿童康复训练、肢残人康复训练、聋儿语言训练、残疾人辅助供应、假肢装配、残疾人按比例就业各项工作、残疾人职业技能培训等工作，切实地为残疾人提供了有效的服务。

茂名地区残疾人康复服务机构主要是以政府主导和市场调节相结合的方式建设。目前已经形成了公办康复机构为基础，民办康复机构为补充的发展格局，现有康复机构15个，其中茂名市残疾人联合会办康复机构3个。

广州增城市市委、市政府为市残疾人联合会无偿提供场地支持，残疾人康复中心建设面积5110平方米，已基本完成工程建设，使用后将为增城市各类残疾人提供康复训练、托养、培训、特殊教育等服务。并且，各镇（街）分别安排了一定面积的场地建立了镇（街）级"康园"工疗站和社区康复站。同时，增城市聋儿语训部为聋哑和智障儿童提供学龄前教育和进行康复训练，近年来，已为近百名学龄前残疾儿童提供服务，使他们顺利随班就读或者到广州市聋校就读。

广州市人人社会服务中心是广州市残疾人联合会审定的民办康复服务定点机构之一。2012年，广东省、广州市残疾人联合会以增城市新塘镇残疾人综合服务中心为社区残疾人康复服务试点。2013年，在新塘镇社区康复试点工作的基础上，利用现有"康园"工疗站资源，再建了5个社区康复站，以政府购买服务的形式，形成了由市残疾人联合会给予政策支持和经费保障，镇（街）分管残疾人联合会领导、残疾人联合会理事长监管协调，人人社会服务中心提供专业服务的三级联动机制，为有康复需求的肢残、脑瘫儿童以及治理残疾儿童建立康复训练档案，提供康复训练和居家康复服务，并定期组织残疾人开展小组或集体活动，进一步拓宽了残疾人服务渠道。

2011年，广州市黄埔区大胆探索、先行先试、整合资源，正式挂牌成立了黄埔区残疾人综合服务中心。该中心为区残疾人联合会下属正科级事业单位，挂区残疾人托养中心、区残疾人康复中心、区残疾人就业培训中心等5块牌子。该中心的成立是黄埔区贯彻落实广州市创建"残疾人社会保障体系和服务体系先行市"的积极尝试，标志着黄埔区完成中国残疾人联合会工作目标迈出跨越式的一步。

（三）残疾人普通及特殊教育稳步发展

惠州市特殊学校不断完善办学规模，在原单一招收有听力障碍的学生的基础上，先后开办智障班、视障班，满足了有智力障碍和有视力障碍的学生接受教育的需求。惠阳区、惠东县、博罗县、龙门县 4 个县（区）特殊学校已建成招生，填补了惠州市县（区）无特殊学校的空白。同时，协调筹办残疾人中职或高中阶段的特教工作，逐步提高惠州市残疾人教育层次。

清远市目前已新建清远市特殊教育学校、英德市智通特殊教育学校和佛冈县启智特殊教育学校，由于经济薄弱，连州市和阳山县两所特殊教育学校正在推进中。从 2009 年起，特别是 2010、2012 这两年，清远市把加快特殊教育发展作为民生福利服务工程的一项重要工作来抓，在清远市政府的强力推动下，对新建的清远市特殊教育学校优先规划、优先投入和优化配置，将学校建设纳入全市 2009 年和 2010 年重点工程项目，列入清远市重大民生福利工程项目予以保障。全市 2011～2012 学年在校残疾儿童少年共 191 人，其中盲生 0 人，聋生 78 人，有智力障碍的学生 87 人，自闭症、脑瘫学生和多重残疾学生 20 人，有严重行为不良学生 0 人，在普通小学随班就读的 6 人。

茂名市现有特殊教育学校 6 所（5 所公办，1 所民办），特殊教育在校学生 4519 人（特殊教育学校学生 684 人，普通中小学随班就读的残疾学生有 3835 人），全市"三残"儿童少年入学率 90% 以上。茂名市建立了以随班就读和普通学校附设特教班为主体、以特殊学校为骨干的适龄残疾儿童义务教育体系。并设立特殊教育专项经费，同时成立了特效规划编制工作领导小组，制定了《茂名市 2009～2012 年特殊教育学校建设总体规划及项目建设方案》，各县市区相应制定了《特殊教育发展规划》，把特殊教育纳入当地政府的议事日程，定期研究特殊教育工作，把特殊教育与普及九年义务教育统一规划、统一领导、统一部署、统一管理。

广州增城市形成了比较完善的特殊儿童少年基础教育体系，主要分为"随班就读、送教上门、特殊学校"三种特殊教育模式。2012～2013 年增城市义务教育阶段特殊儿童少年在校生有 276 人，其中，初中学生 134 人，小学生 142 人，适龄残疾儿童少年入学率 97.9%。有特殊教育学校一所，现有学生 80 人（在校就读学生 70 人，送教上门学生 10 人）；全市有特殊儿童少年随班就读学生 105 人，随班就读学校有 58 所，市成立了随班就读工作领导小组，下设随班就读工作指导中心，加强随班就读业务指导和教育管理；送教上门学生有 91 人，送教上门的学校有 34 所，在普通中小学校派出 56 名教师并在家长的配合下每两周送教上门一次，为学生提供语文、数学等教学内容。增城市重视特殊教育工作的管理，教育局由一位副局长分管特殊教育，基础教育科、各镇（街）教学指导中心、学校均设有特殊教育干部，积极做好残疾儿童的入学动员、安置和资助等工作，最大限度地控制残疾学生的辍学率。同时，非常重视特殊教育教师的队伍建设，积极举办特殊教育知识培训班，选派特教干部、教师参加省和广州市组织的特教师资培训，积极在市内开展特殊教育教研活动。

广州市黄埔区根据广州市教育局的有关文件精神，对特殊儿童采取分类处理的办法安排学习，落实《关于印发广州市特殊儿童随班就读资源教师建设与管理实施办法的通知》文件精神，推进随班就读资源教室建设工作，并且重视残疾人成人教育。目前，黄埔区普通中小学随班就读的学生65人，分布在19所中小学；接受送教上门的学生19人，分布在13所中小学。其中，启智学校占地6000多平方米，建筑面积2500平方米，按照特教学校师生1∶2.5比例计算，全校配备教职员16人。2012年共招收41人，年龄从6岁到16岁，其中在校就读的学生有27人，送教上门14人。按照年龄分设了3个教学班级。黄埔区重视成年残疾人的教育培训表现在，定期举办残疾人文化补习班，从2011年开始，共举办了2期残疾人文化补习班，共有150名残疾人参加学习。

（四）残疾人就业服务工作常态化发展

帮助残疾人实现就业、创业，不仅使得残疾人能够自食其力，也在一定程度上使得残疾人能够适应并融入社会。惠州市残疾人联合会依托各类培训机构举办电脑、制衣、盲人按摩、电子技术、美容美发等各类残疾人技能培训班，有效促进了残疾人就业。他们还为16～60岁未就业的智力、精神和重度残疾人群体提供托养抚养、学习教育、技能培训等各项服务，促使其回归社会。

茂名市的残疾人就业工作在茂名市残疾人劳动就业服务中心的主持下，取得了突破性发展：一是茂名市的残疾人就业保障金征收额由原来的每年200多万提升至每年1000多万，实现了成倍增长。二是结合就业金征收工作，加大了分散按比例安排残疾人就业宣传力度，近年来用人单位安排残疾人就业的人数有了大幅度增加，2012年统计（累计）安置在用人单位的职工有1087人。三是加大就业援助力度。2012年残疾人就业援助月期间，登记就业困难人员405人，各种渠道帮助就业困难人员实现就业190人，帮助就业困难人员享受政策1285人。四是加强对有劳动力和劳动需求的而又未就业的残疾人进行登记，并且对其进行免费职业培训。五是为提高残疾人就业指导员综合素质，就业中心认真组织各县（区）残疾人联合会选派残疾人就业工作人员参加就业指导员远程培训挑选工作。

广州增城市残疾人劳动就业服务中心，主要为用人单位安排残疾人就业年审，并为增城市残疾人提供专项补助、扶残助学、培训教育、就业咨询、求职登记、推荐就业、养老保险、用品用具展示等一站式服务。增城市有3个残疾人就业基地：广州市增城晶蓝灯饰有限公司、广州市星邦制罐有限公司及广州市保丰农业发展有限公司。其中广州市增城晶蓝灯饰有限公司目前共有稳定就业残疾人147名，并率先成立残疾人集中就业示范基地党支部；广州市星邦制罐有限公司目前共有稳定就业残疾人44名；广州市保丰农业发展有限公司与周边村社的残疾人家庭签订《种植农业产品协议书》（目前已发展到84户），通过"公司加基地加农户"的运作方式，无偿为残疾人提供农产品种苗、种植技术，并以保底价回收农产品的形式帮扶残疾人脱贫致富，成效显著。

广州黄埔区的残疾人就业服务工作以黄埔区残疾人就业服务所和黄埔区残疾人就业培训中心等机构协同工作，保证了黄埔区残疾人的就业服务工作有序开展。第一，失业登记。凡广州市户籍，在法定劳动年龄内，持有残疾人证，有劳动能力，目前无业但是有就业要求的残疾人，可自愿到户口所在地的区残疾人就业服务机构申请办理失业登记。截至2013年4月12日，共有172名残疾人办理了失业登记。第二，残疾人就业。1.求职登记。为区内有劳动能力、有就业需求的残疾人做好求职登记，及时将残疾人的求职资料录入市、区残疾人就业系统。2.就业推荐。利用每年按比例安排残疾人就业年审的契机，积极推荐符合用人单位招工要求的残疾人面试，近几年，每年可安排50~60名残疾人就业。3.职业指导。对部分求职定位不清晰的残疾人，根据其自身的文化程度、工作能力、特长、身体状况等特点，帮助其做好职业规划。4.成立黄埔区首个残疾人集中就业基地，目前共有43名残疾人集中就业。第三，积极开展残疾人培训工作。结合残疾人的需求和残疾人工作队伍的实际情况，积极开展多渠道、多层次、多形式的培训，提高了黄埔区残疾人的文化素质和职业技能及残疾人工作的综合能力与服务水平。在黄埔区街道工疗站内开展残疾人文化补习班，以聘请专业教师的方式，结合残疾学员的教育程度，向学员教授相关内容。与区劳动就业训练中心和其他社会培训机构合作，开展职业技能培训，并协助残疾人参加相关的职业资格考试，增强他们的就业竞争力。到目前为止，共有 90 名残疾人免费参加了职业技能培训。并且，结合区残疾人工作中存在的问题，定期开展各类残疾人工作者基本素质和业务培训，极大地加强了区残疾人工作者的综合素质和业务能力。

（五）残疾人社会保障水平进一步提高

在残疾人社会保障方面，惠州市对最低生活保障家庭、低收入家庭和无经济收入的残疾人家庭每人每月发放 100 元的生活补助金；累计对 9737 名一、二级重度残疾人发放康复护理补贴费 932 万多元；累计落实 33269 名农村残疾人参加社会养老保险，3098 名城镇残疾人参加养老保险；落实盲人和一级肢残人免费乘坐市内公交车，其他残疾人减半优惠。

茂名市有 5.1 万残疾人参加了养老保险，1.13 万残疾人有工伤保险，0.9 万残疾人有生育保险，1.03 万残疾人有失业保险。对重度残疾人，对其缴纳最低标准的养老保险费。城镇居民和农民医疗保险，属重度残疾人的，由政府财政给予全额补贴。截至 2012 年底，茂名市共有 1.66 万户，共计 2.3 万残疾人获得最低生活保障。茂名市民政部门开展了包括灾害救助、孤寡病疾救助、城乡困难户救助等各类救助工作，尤其是在各种自然灾害发生后，茂名市民政局积极与本市残疾人联合会密切配合，帮助残疾人等弱势群体开展救灾、复产等工作。

广州增城市对最低生活保障工作高度重视，近几年来，连续多次提高城乡最低生活保障标准。目前，增城市城镇最低生活保障标准为 530 元，城镇低收入标准为 800 元；农村最低生活保障标准为 420 元，农村低收入标准为 630 元。享受最低生活保障待遇的残疾人，参加城镇居民医疗保险、城镇老年人养老保险的个人缴费部分由政府资助（医疗保险：学生及未成年人，每人 80 元/年；非从业人员，每人 480 元/年；老年人，每人 500 元/年；养老保险资助标准为每人 2700 元/年）；2013 年，增城市共资助残疾人参加新型农村合作医疗 6616 人，较去年增加了 659 人，参加新型农村合作医疗和农村社会养老保险的个人缴费部分由政府资助（新型农村合作医疗每人 60 元/年；养老保险每人 10 元/月）。并且，每人每月可享受最低生活保障标准 14% 额度的基本医疗救助（城镇 74.2 元，农村 58.8 元），从 2012 年 9 月起，每人享受门诊医疗救助 100 元/月，住院医疗救助每人 4 万元/年，如自付医疗费用特别大，可申请特别医疗救助，每人上限为 15 万元/年。并且，在低保的审核中，对有残疾人员的最低生活保障申请家庭，其准入门槛适当降低；对重度残疾人的最低生活保障救济金给予全额救济，尽可能地保证他们生活水平稳定。

广州市黄埔区严格按照三条保障线（最低生活保障、低收入困难家庭救助及最低生活保障"边缘群体"困难家庭救助）的标准实施救助。其中残疾人困难家庭月人均收入低于530元的家庭，补足至530元；残疾人困难家庭月人均收入低于800元的家庭，纳入低收入困难家庭保障；残疾人困难家庭月人均收入低于960元的家庭，纳入最低生活保障"边缘群体"困难家庭。参照三条保障线的标准，2012年黄埔区救助9267人次，其中困难家庭残疾人2352人次，占最低生活保障人口的25%。各项救助包括：1. 最低生活保障。2012年最低生活保障残疾人1980人次，发放低保金60.88万元，发放最低生活保障、低收入重度精神残疾人分类救助1055人次，救助金额11.18万元。2. 实物救助2352人次，资助金额10.58万元。3. 发放补贴和节日慰问金，缓解残疾人困难家庭生活压力。2012年，为困难家庭残疾人发放各项补贴及慰问金，共计33.82万元。4. 医疗救助。困难家庭残疾人医疗救助，全额资助困难家庭重度残疾者购买社会医疗保障；2012年，医疗救助困难家庭残疾人42人次，资助金额7.44万元；发放患重大疾病困难家庭残疾人慈善医疗门诊证19个，他们每月获慈善资助240元，全年共计资助5.47万元。5. 居家养老服务。符合居家养老服务残疾人家庭16户，全年享受政府全额购买居家服务6898小时，服务费用5.52万元。随着社会经济发展水平的提高和物价水平的上涨，正在积极争取将黄埔区低保户中一、二级残疾人专项补助金标准提高至500元/月。自2004年来，黄埔区给没有医疗保障的精神病人实施了免费发药，此举开创广东省先河。由于精神病人不能良好表达药后反应，针对此问题，每年免费体检一次，指导医生用药，使精神病人得到持续有效治疗，控制了病情。应用广州市精神疾病社区防治与康复信息管理系统，完善病人管理信息。

（六）残疾人无障碍设施逐步趋于完善

无障碍通道是方便残疾人日常出行的专用通道，是残疾人参与社会的基本条件。一个城市无障碍通道的建设水平的高低，不仅反映了其对残疾人士的人文关怀度，更体现了城市的社会良知和道德水平。

惠州市成立了市残疾人辅助器具服务中心，可为各类残疾人提供辅助器具配置，无障碍设施环境改造，假肢与矫形器制作与装配等辅助器具服务，开通了市辅具中心网络，实现了市、县（区）服务信息联网。近年来，共为残疾人提供辅具服务 6451 人次，同时，免费帮助 116 户贫困残疾人家庭完成家居无障碍改造工作，并对市残疾人汽车驾驶技能培训基地进行无障碍设施改造。

自 1999 年以来，茂名市各单位基本上都能执行《方便残疾人使用的城市道路和建筑物设计规范》及其若干补充规定，新建、扩建、改建的城市道路、车站、公园、图书馆、影剧院、酒店、商场等公共建筑物和公共服务场所等工程都能按照国家的标准进行规划、设计、施工，并作为审批和验收内容，无障碍设施建设做得比较好。

广州增城市以上述理念为出发点，积极推动无障碍设施建设。目前，已设置人行道无障碍通道 57 条（长：115.48 公里；面积：34664.9 平方米），建有无障碍通道过街指示牌 3480 个，无障碍通道设置率占增城中心城区市政道路的 57.58%。

广州市黄埔区不仅重视公共场所的无障碍建筑的建设与督察，而且致力探索符合黄埔区实际的残疾人家庭无障碍改造工作模式，不断丰富无障碍建筑的建设内容。黄埔区建设局、城管局等相关职能部门加强沟通联系，定期对城市主要道路、各类公共建筑以及新建住宅的无障碍设施建设、管理和使用情况进行检查，确保无障碍设施正常使用。并于 2012 年 3 月，利用市残疾人福利基金会下拨的无障碍工程改造经费 9 万元，按照市残疾人联合会相关要求，在前期摸查工作的基础上，统筹对全区 33 户有迫切需求的残疾人家庭进行改造。同年年底，以红山街为试点，进一步探索残疾人家庭无障碍改造的工作模式，改造其辖区内 32 户残疾人家庭，为黄埔区全面铺开残疾人家庭无障碍改造做好准备。2013 年，黄埔区财政局为进一步推进残疾人无障碍设施建设，安排残疾人家居无障碍改造经费 125 万元。

二　问题与建议

在实地调研中，被调查者也指出了当前各地残疾人服务业发展中的一些实际困难，并向课题组提出了解决问题的对策。课题组通过对这些实际困难和应对之策的甄别、归纳与梳理，提出以下七个方面值得关注的问题及其相应的建议。

（一）亟待加大残疾人服务业发展的资金投入

由于清远市、茂名市都是经济欠发达地区，经济发展相对落后，财政支出相对紧张，导致许多单位经费紧张，这制约了单位开展与残疾人有关的各项业务。资金投入不足，残疾人联合会系统的残疾人服务机构的基础设施建设严重滞后，服务场所普遍偏少，功能不完善，不能适应残疾人事业发展的服务需求。

建议：加大政府对此方面的财政投入比例；适当与各类公益慈善基金合作，吸引更多的资金投入；在提高各类服务机构服务质量的同时，适当提高费用标准。

（二）亟待增加残疾人服务机构编制福利待遇

清远市残疾人联合会系统的残疾人服务机构人员编制少，特别是县级康复机构平均只有 1.8 人，与残疾人事业发展不相适应；茂名市因为资金紧张，薪酬待遇普遍偏低，这一方面导致某些单位人员流失率较大，而且在一定程度上影响工作人员的工作积极性。

建议：加大各级各类资金投入，增加残疾人联合会系统残疾人服务机构的人员编制，提高员工工资水平；严格按照相关政策法律给予工作人员相应的特殊津贴。

（三）亟待培养残疾人服务业的专业技术人才

不管是经济发达的广州黄埔区、惠州市，还是经济欠发达的茂名市、增城市、清远市，特教老师、康复技师、职业指导员等专业人才都较为短缺，从业人员整体水平不高，服务机构缺乏专业指导的工作人员，制约着残疾人事业的发展，这是所有问题中最严峻的问题之一，希望能引起相关部门重视。

建议：由省、市残疾人联合会建立残疾人工作专业技术人才库，并与人社、财政等相关部门联合，安排专项补贴经费和培训经费用于提高专业人才的福利待遇和业务水平，从而确保残疾人工作专业技术人才的稳定性；提供专业类培训，提高工作人员的服务水平；定期组织到示范点、特色站进行参观学习，搭建互相学习和交流的平台。

（四）亟待健全残疾人服务民办机构激励机制

通过调研发现，各地的民办残疾人服务机构发展参差不齐，民办机构的待遇和公办的待遇完全没法比，并在某种程度上出现资金短缺，像惠州市的"护苗"，茂名市的"步步赢"，民办服务机构之间缺少激励机制，服务水平有待进一步提高。

建议：省、市建立长效激励机制，每年择优筛选一定数量的民办残疾人服务定点机构予以公布，同时安排专项经费予以奖励，让各地残疾人联合会有更多的选择，也让每个民办服务机构存有竞争心理，这有助于逐年提高服务水平。

（五）亟待提升残疾人就业培训工作实际效能

由于资金、设备、师资等原因，培训中心在与社会培训机构合作过程中，常处于被动状态，导致部分残疾人培训服务无法开展，或服务成效不大，如社会培训机构的教师较少与残疾人接触，无法制订、使用适合残疾人的授课内容和教学方式。

建议：市残疾人职业培训中心加强对各区（县、县级市）残疾人培训的支持力度，每年年初，各区（县、县级市）上报培训计划，市残疾人职业培训中心对上报的计划进行审批，并根据审批项目拨付经费、安排或推荐适当的教师和培训机构。

（六）亟待推动农村残疾人服务业的加速发展

由于市区的各类资源相对较好，而且辐射范围较广，致使各类残疾人服务机构多集中于市区，而偏远地区残疾人服务机构匮乏。要在各行政村建立残疾人服务点，让农村残疾人也就近得到各类服务，目前的人力和财力还不足以支撑。

建议：省、市根据各地的居家康复服务需求情况和财政状况，按照目前政府购买服务所需经费数额，安排专项居家康复服务补贴经费，切实推进农村残疾人的居家康复服务工作。

（七）亟待强化残疾人服务业宣传力度、深度和广度

由于残疾人服务业宣传的力度、深度、广度都非常缺乏，一部分残疾人及其家庭对新开展的康复治疗等服务内容、形式不予接受；并且工疗康复站的人员所制作的工艺品也未能被社会所认识，造成工艺技术较高的工艺品滞销；由于宣传不到位，位于农村的残疾人绝大部分对这些优惠政策不知情。

建议：省、市拓宽宣传渠道，落实专项宣传经费，要求各地把宣传工作提上重要议事日程，让广大残疾人知道党委、政府为他们提供的各项优惠政策、措施，更有效地把政策、措施落实到位，让他们真正得到实惠。采用科学有效的宣传方式，更新广大残疾人及其家庭对残疾人服务业的陈旧观念；举办慈善类团体活动，大力推广工疗康复站的人员的手工作品，并进行义卖，拓展就业渠道。

三　讨论与商榷

实地调研还让课题组发现了一些并未被调研对象明确提出的值得商榷的问题，在此一并提出，请教于业内专家，并供相关决策部门参考、斟酌。

（一）让残疾人服务具有更强的战略性

0~6岁的残障儿童是最有康复价值、最有康复希望的群体，对他们进行康复最具有抢救性，所产生的个人、家庭、社会等综合效应十分显著。应重视这一领域的康复与教学，加大资金、场地、师资、康复设备等投入，开办公办特殊教育幼儿园，将特殊儿童的学前教育纳入义务教育范围内。

广东省0~14岁的残疾人有33万，中老年残疾人有320万，现行政策是重点将资源用在中老年残疾人这块。考虑到源头的治疗效果和恢复效果好，应尽快调整资源配置，着重将资金、人力等资源用于0~14岁残疾人的恢复与治疗。

（二）让残疾人服务具有更强的针对性

不论是服务机构还是福利企业等，针对残疾人的出行不便，最好是实现小规模式撒网分布，这样能够惠及更多的残疾人，方便残疾人更好地实现医疗、康复及就业。

聋哑人及其部分精神类的残疾人存在沟通障碍，建议所有涉及残疾人服务业的单位或部门都配备专业的残疾人沟通人员，实现人性化、个性化服务。

（三）让残疾人服务具有更强的社会性

民办残疾人服务机构的资金来源单一，可将具体财务收支状况在网上公开，以争取民间力量，特别是企业老板的支持。

如果民办残疾人服务机构的服务水平、硬件设施、师资力量等指标达到国家规定的水平，那么就应该考虑统一民办与公办残疾人服务机构的补助标准的调整。

（四）让残疾人服务具有更强的规范性

言语矫治师作为新兴职业，人才缺口巨大，中国在言语矫治康复事业和人才培养方面还处于"无法可依""无标准可依""无职业类别归属"的起步阶段。应该尽快制定相关政策、法规，使其规范发展，尽快与国际接轨。

对于残疾人全日制托养，应该制定严格的准入标准，规范其费用，根据服务机构自身的规模，确保安全管理，按照标准接受需要全日制托养的对象。

残疾人的出行问题一直是一个难点。应该加强管理，残疾人的代步车不能借给他人使用，更不允许营业；政策上也需要与时俱进，适时调整残疾人出行的交通政策法规；并且，应该不断突破现有技术水平，针对不同类型的残疾人开发研究不同的代步工具，满足不同群体的需求。

（五）让残疾人服务具有更强的协同性

残疾人联合会既不是卫生部门，也不是教育部门，残疾人康复机构的服务人员考证需要挂靠在这些相关部门，但是这些部门有严格的规范，因此存在残疾人康复机构的服务人员职称评定困难的问题。建议政府残疾人工作委员会赋权残疾人联合会牵头，协同有关部门尽快制定此类工作人员的职业评定机制。

国家应按普惠特惠相结合的原则逐步提高对残疾人的补助标准，鼓励残疾人主动办理残疾证，不断完善残疾人数据网络。残疾人的数据库应该实现政府残疾人工作委员会相关成员单位的联网与共享。残疾人联合会应该与统计、卫生、劳动人事、社会保障、教育、民政等主要职能部门实现信息上的无缝对接。

附录三　残疾人服务业研究
广东问卷调研报告

由广东省社会科学院、广东省残疾人联合会和中山大学联合成立的"残疾人服务业研究"课题组不仅曾前往广东省惠州市、茂名市、清远市和广州市辖下的黄埔区、增城市进行深度访谈和实地调研，而且在课题立项后的 2012 年 4 月即开始设计和完善调研问卷工作。2012 年 12 月，通过广东省残疾人联合会向广州、珠海、惠州、汕头、茂名、清远六个市发放调查问卷，在这六个市各选取了一个县（区）开展了问卷调研。2013 年 4 月完成问卷回收，2013 年 5 月完成问卷分析。现将问卷调研情况报告如下。

一　样本概况

本次调查共发出问卷 808 份，回收问卷 801 份，回收率 99.13%。其中有效问卷 492 份，有效率为 61.42%。无效问卷的出现，主要是因为填报对象不符合要求或问卷空缺太多。有效问卷中的个别漏填现象，本报告中以缺失表示。

（一）样本构成

残疾人服务业跨越式发展调查的样本构成情况，主要从性别构成、年龄构成、文化程度构成、婚姻状况构成、户籍所在地构成和户籍性质构成方面进行介绍。

1. 性别构成

在 492 个样本中，男性 275 人，占 55.89%；女性 210 人，占 42.68%；缺失 7 人，占 1.43%。男性比女性稍多。（图 1）

2. 年龄构成

在 492 个样本中，16～19 岁 17 人，占 3.46%；20～29 岁 95 人，占 19.31%；30～39 岁 128 人，占 26.02%；40～49 岁 113 人，占 22.97%；50～59 岁 63 人，占 12.80%；60～69 岁 32 人，占 6.50%；70 岁以上 11

人，占 2.24%；缺失 33 人，占 6.71%。其中，样本以中青年残疾人为主，20～50 岁年龄段的样本合计 336 人，占样本总数的 68.30%。（图 2）

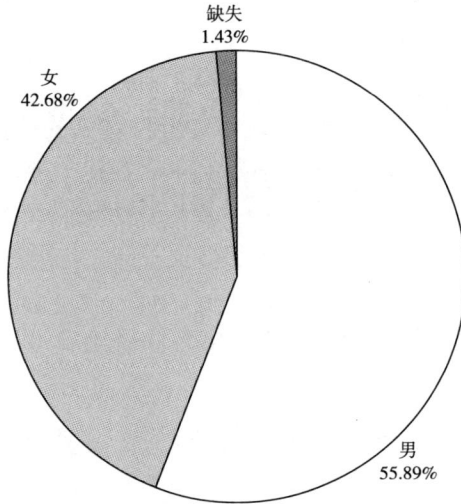

图 1   性别构成

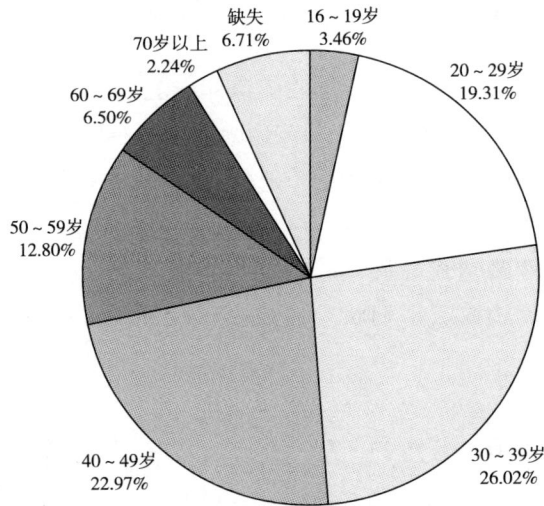

图 2   年龄构成

3. 文化程度构成

在 492 人的样本中，从未上学 21 人，占 4.27%；小学及以下文化水平

143人，占29.07%；初中和高中（中专）文化水平分别为186人和101人，比例分别为37.80%和20.53%；大专水平15人，占3.05%；大学以上22人，仅占4.47%；缺失4人，占0.81%。（图3）

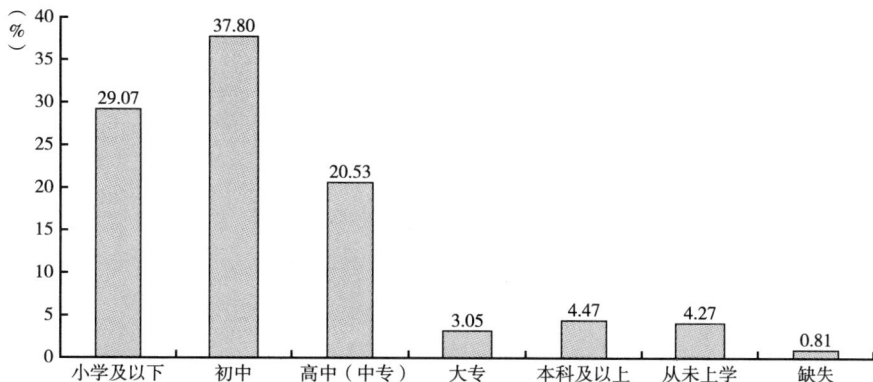

图3 文化程度构成

4. 婚姻状态构成

在492人的样本中，已婚者291人，占59.15%；未婚者175人，占35.57%；离婚、丧偶的比重分别为1.42%和0.41%；缺失占3.46%。（图4）结合上文样本中年龄的构成情况可知，大多数残疾人由于各种原因，在婚姻方面存在较大的困难。

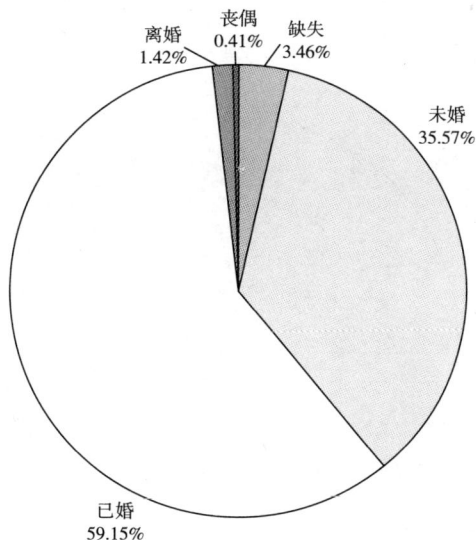

图4 婚姻状态构成

5. 户籍所在地构成

在 492 人的样本中，广东省本地户籍 479 人，占 97.36%；外地户籍 10 人，占 2.03%；缺失 3 人，占 0.61%。（表 1）

表 1　户籍所在地构成

户籍所在地	频数（人）	百分比（%）
广州市（本地）	101	20.53
广州市（外地）	4	0.81
清远市（本地）	153	31.10
清远市（外地）	2	0.41
珠海市（本地）	12	2.44
汕头市（本地）	75	15.24
汕头市（外地）	1	0.20
惠州市（本地）	80	16.26
惠州市（外地）	2	0.41
茂名市（本地）	58	11.79
茂名市（外地）	1	0.20
缺　失	3	0.61
合　计	492	100

6. 户籍性质构成

在 492 人的样本中，城镇户籍的残疾人略多于农村。其中，城镇户籍的残疾人 282 人，占 57.32%；农村户籍的残疾人 205 人，占 41.67%；缺失 5 人，比重为 1.02%。（图 5）

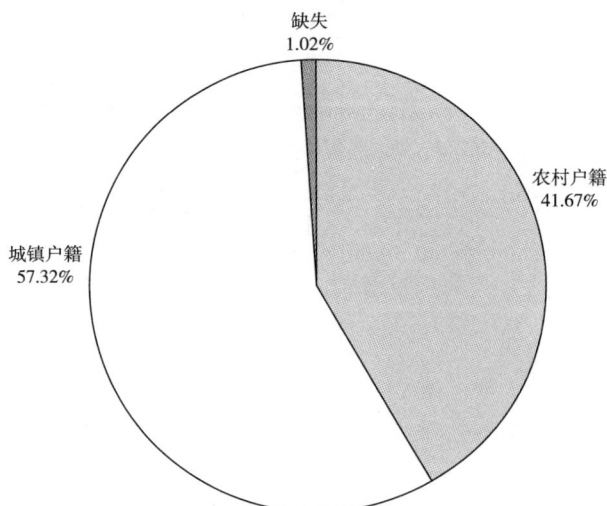

图 5　户籍性质构成

缺失 1.02%
农村户籍 41.67%
城镇户籍 57.32%

（二）残疾状况

样本的残疾人状况，主要包括残疾类型、残疾等级、生活状况满意度和不满意的原因四方面。

1. 残疾类型

在 492 人的样本中，肢体残疾 191 人，占 38.82%；听力语言残疾 77 人，占 15.65%；视力残疾 75 人，占 15.24%；精神残疾 57 人，占 11.59%；智力残疾 53 人，占 10.77%；多重残疾 32 人，占 6.50%；不知道的有 4 人，占 0.81%；缺失 3 人，占 0.61%。（图 6）其中，交叉分析发现，样本残疾类型情况在城镇、农村又存在差异。总体来说，除掉多重残疾、不知道和缺失的情形，其余的残疾类型都是城镇多于农村。（表 2）

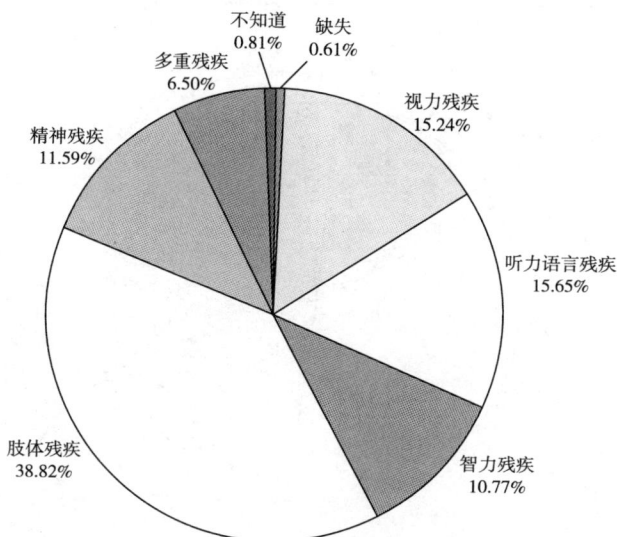

图 6　残疾类型

2. 残疾等级

在 492 人的样本中，一级（极重度）残疾 99 人，占 20.12%；二级（重度）残疾 128 人，占 26.02%；三级（中度）残疾 174 人，占 35.37%；四级（轻度）残疾 76 人，占 15.45%；未确定或不知道自身残疾等级的有 7 人，占 1.42%；缺失 8 人，占 1.63%。（图 7）其中，交叉分析发现，样本残疾等级情况在城镇、农村存在差异。总体来说，各个残疾等级上的残疾人数，城镇占比都大于农村。（表 3）

表 2   样本城乡残疾类型情况

单位：人

		户籍性质			合计
		农村	城镇	缺失	
残疾类型	视力残疾	36	38	1	75
	听力语言残疾	28	49	0	77
	智力残疾	13	40	0	53
	肢体残疾	90	100	1	191
	精神残疾	13	43	1	57
	多重残疾	20	12	0	32
	不知道	3	0	1	4
	缺失	2	0	1	3
合　计		205	282	5	492

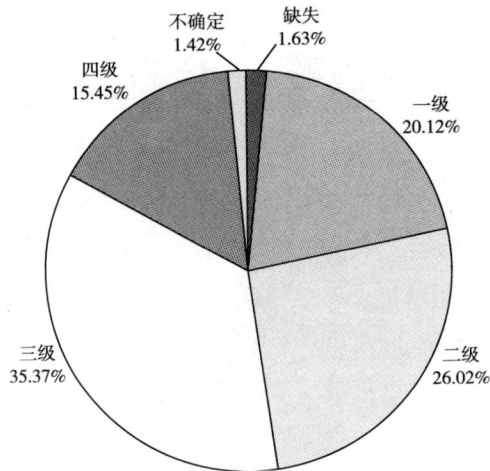

图 7   残疾等级

表 3   残疾等级城乡交叉分析

单位：人

		户口性质			合计
		农村	城镇	缺失	
残疾类型	一级	32	67	0	99
	二级	52	75	1	128
	三级	78	94	2	174
	四级	36	40	0	76
	不知道	4	2	1	7
	缺失	3	4	1	8
合　计		205	282	5	492

3. 生活状况满意度

如图 8 所示,残疾人对目前的生活状况满意度感到一般的占比最高,为 38.41%,感到基本满意的为 28.05%,多于感到不太满意的 19.92%。很满意和很不满意都占比较低,都在 5% 左右。

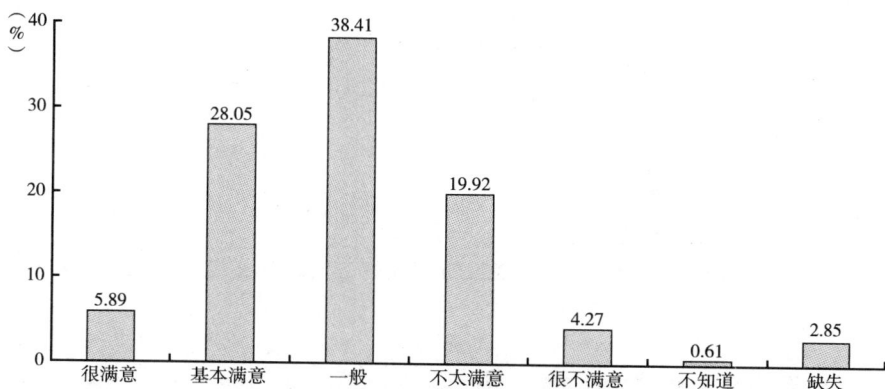

图 8　生活状况满意度

4. 不满意的原因

调查结果表明不满意的原因最重要的三项是收入太低、生活困难,社会保障太少、生活无助,社会或他人歧视,分别占比 28.96%,18.89% 和 15.42%。(图 9)

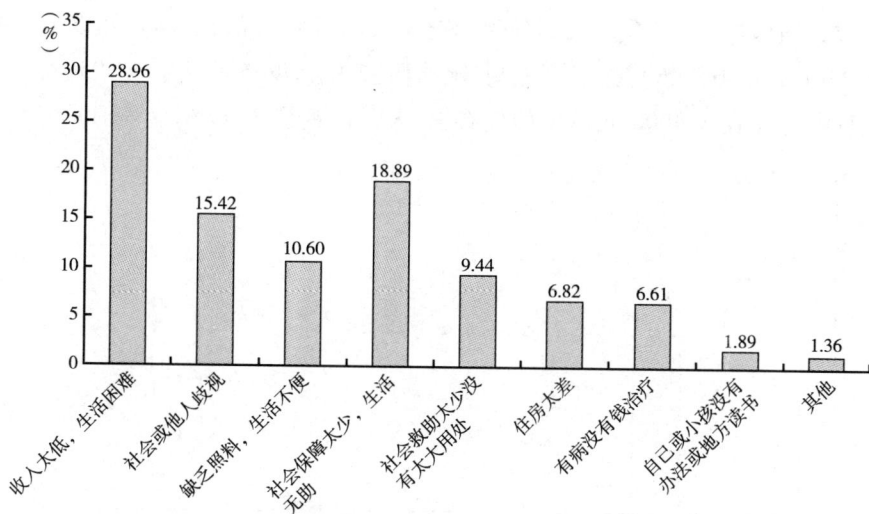

图 9　不满意的原因

(三) 经济状况

样本的基本经济状况，主要包括残疾人职业、月收入、经济来源三大方面。

1. 职业

从职业来看，一半的受调查人员为无业人员，说明残疾人在就业方面存在相当大的困难。除此之外，职业类型占比较高的三项为工人、服务人员，私营企业主、自由职业者和其他，分别为 11.99%，10.98% 和 8.54%。这充分说明，即使是就业的残疾人，一般也都在低端岗位或者自谋生计的岗位。(图 10)

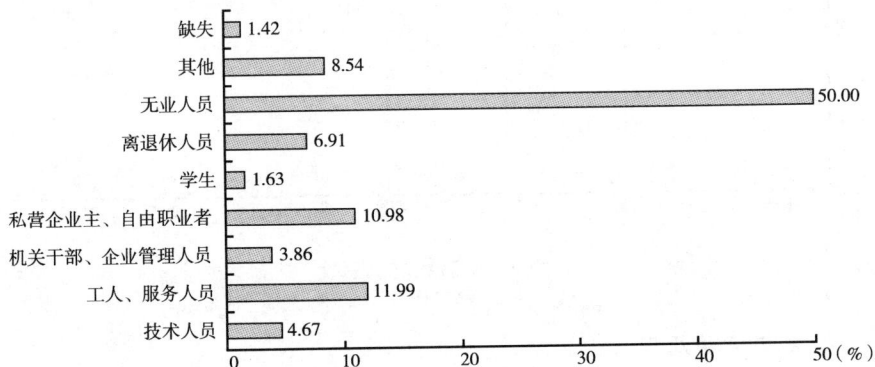

图 10　残疾人职业类型

2. 月收入

从月收入情况来看，大部分受调查人员的月收入都在 2000 元以下，共有 325 人，占 66.06%；相当一部分受调查人员没有收入，为 95 人，占 19.31%；月收入 4000 元以上的仅有 10 人，比重为 2.03%。(图 11)

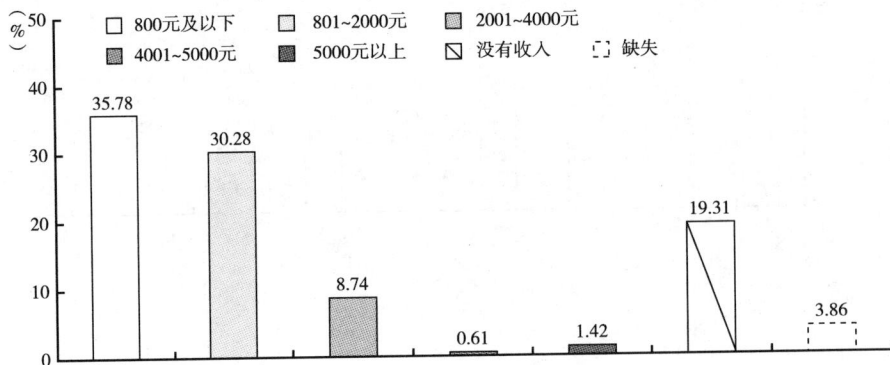

图 11　残疾人月收入

3. 经济来源

图 12 表明有 52.79% 的残疾人靠自己劳动来获取收入。依靠他人捐助和社会保险的比例大致相同，分别为 16.36% 和 15.06%。靠退休金和子女赡养的比例也大致相同，分别为 7.99% 和 7.81%。

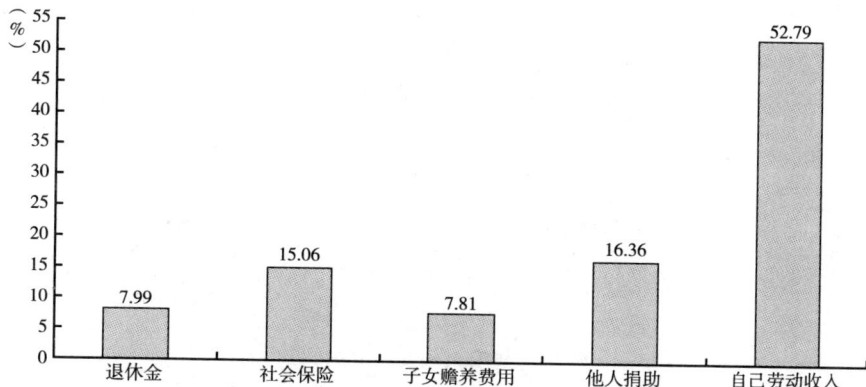

图 12 残疾人经济来源

二 存在的问题

总的来说，改革开放以来，在各级政府和社会各界的共同努力下，通过有效实施一系列有利于提高残疾人服务业发展水平的政策、措施，广东残疾人服务业已取得了显著的成效。但这次调查表明，广东残疾人服务业的跨越式发展至少还存在以下一些突出问题。

（一）教育投入经费不足

1. 残疾人接受教育的方式

调查显示，小学以下文化程度的残疾人比重高达 29.07%，初中文化程度的残疾人占 37.80%。这意味着，超过 2/3 的残疾人受教育年限不超过 9 年。调查发现，不少普通学校不管残疾儿童是否具有接受普通教育的能力，总以各种理由拒绝招收；一些得到较好康复的残疾儿童到普通学校就读之后，由于受歧视、学习能力跟不上等原因，通常还会回流到特殊学校就读。而特殊教育学校由于教育资源有限，残疾儿童因此成了被两头踢的"皮球""包袱"。从调查结果来看，目前广东残疾人绝大部分还是在普通学校跟班就读的，仅有 21.34% 的残疾人在为残疾人专门设立的特殊学校接受教育。残疾人专门学校的匮乏和投入不足，让绝大部分残疾人只能选择普通学校就读，无法得到和他们的身体和智力条件相匹配的优良教育。（图 13）

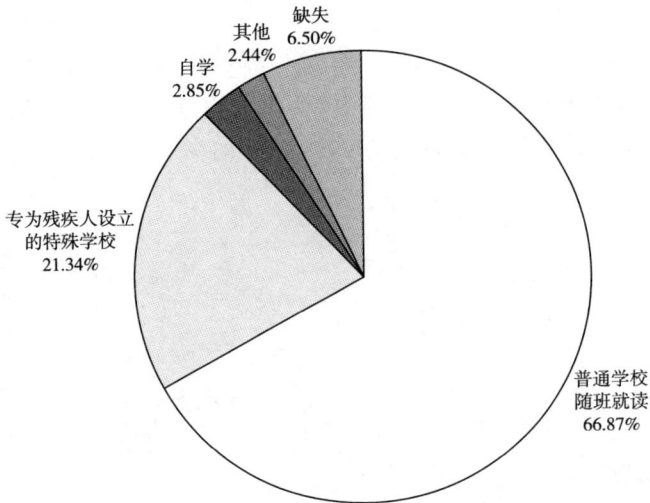

图 13　残疾人接受教育的渠道

2. 未受教育或辍学原因

　　在本次接受调查的对象当中，除掉缺失的部分，因经济条件困难而未受教育或辍学的比率为 46.26%，因身体不适应未受教育或辍学的占 29.31%，此外，因无特殊教育机构而未受教育或辍学的占 9.77%，与自己不愿读书的持平。（图 14）由此可见，经济条件成为阻碍残疾人接受教育的最大障碍，政府有必要加大投入，扶持经济困难家庭的适龄残疾儿童接受教育。

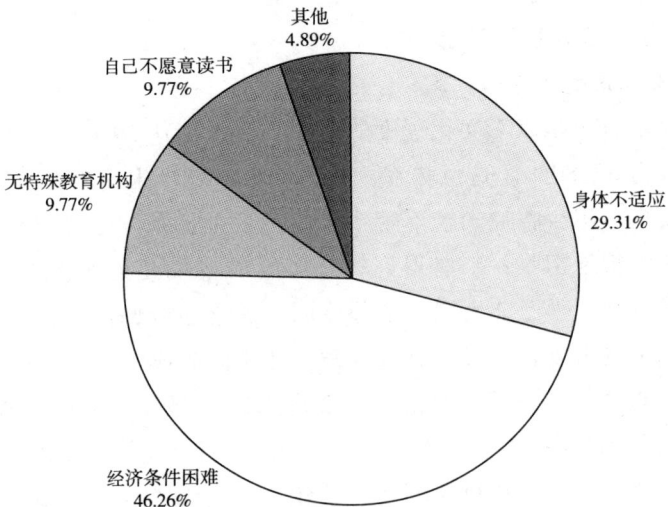

图 14　未受教育或辍学原因

3. 特殊教育收费状况

在接受特殊教育的调查对象中，除掉缺失和不知道的情形，免费的占比只有 36.94%，剩余的都要收费或者少量收费，还有一些可能是民营或私立机构，收费且价格较昂贵。调查结果（图 15）表明，并不是所有残疾人都享受了免费的特殊教育待遇，政府在这方面应该加大投入，以期实现像九年义务教育一样的教育。

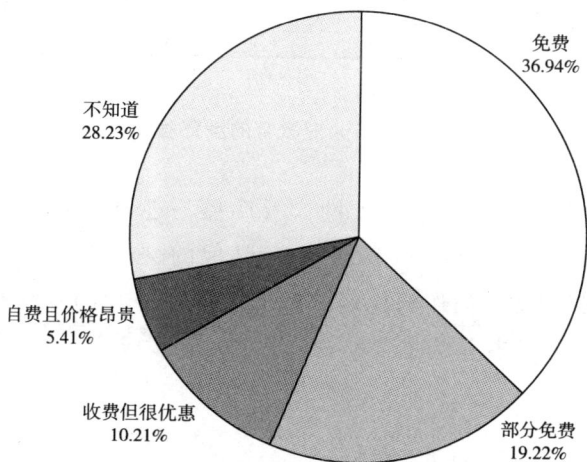

图 15 特殊教育收费情况

4. 对残疾人教育的整体满意度

接受调查对象对残疾人教育的整体满意度感到一般的占比最高，为 36.79%，其次是基本满意，占比为 29.88%，感到很满意的比例较低且大大低于不太满意的人数。很不满意的占比较低，仅为 3.05%。（图 16）调查结果表明，残疾人教育事业还有很大的提升空间，要以使更多的残疾人感到满意为目标和宗旨。

（二）文体活动设施匮乏

广大残疾人有着对文化体育娱乐活动的强烈需求，但是现有的供给和条件远远不能满足他们的需求。调查发现，当前广东省残疾人的文化娱乐活动形式有限，层次较低，残疾人体育事业受众面和参与度低，相关的文化娱乐设施匮乏。

1. 文化娱乐活动

在各种文化娱乐活动当中，最普遍的是看电影和电视，占比为

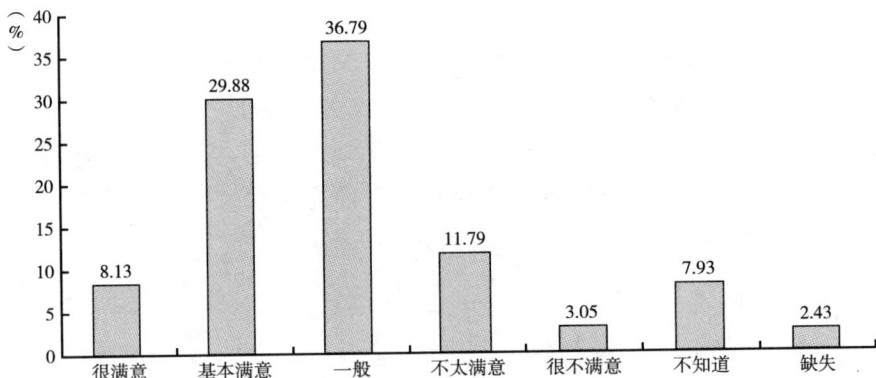

图 16　残疾人对教育的满意程度

71.94%。其次是看报纸杂志，上网，听广播，进行体育锻炼，分别占比33.12%，31.01%，21.73%，16.46%。其他的文化娱乐活动，如看文艺演出，书画展览和文艺创作的比例都较低。值得注意的是约有 1/3 的残疾人懂得利用网络并将其作为主要的娱乐方式。(图 17)

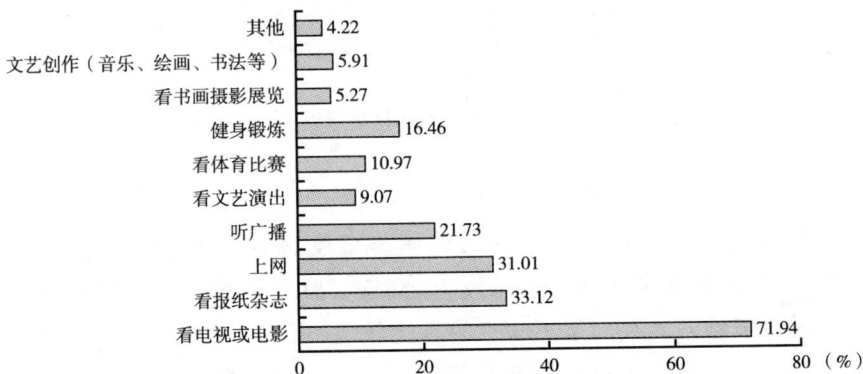

图 17　残疾人文化娱乐活动

2. 残疾人体育

对于残疾人的体育事业，调查结果表明，大部分残疾人对此有一定了解，不了解的仅有 28.36%。(图 18) 这为在残疾人当中推动残疾人体育运动打下了良好的基础，有助于实现残疾人体育事业的跨越式发展。

3. 残疾人运动设施便利程度

调查结果表明，绝大部分人感到便利程度一般，有高达 21.95% 的人感

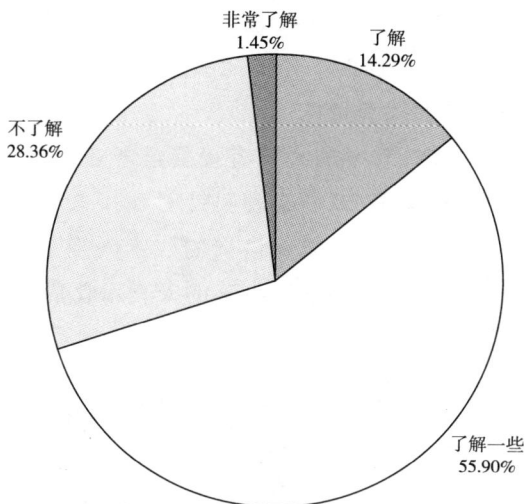

图 18 对残疾人体育的了解

到不太方便和7.72%的人感到非常不便,只有15.45%的人感到方便,感到非常方便的很少,只有2.03%。(图19)这表明,从整体上而言,残疾人运动设施是匮乏和不够便利的,不利于残疾人服务业的发展。

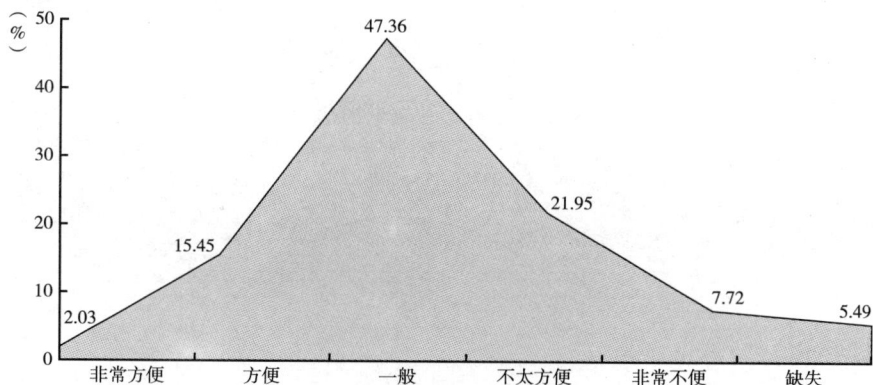

图 19 残疾人运动设施便利程度

(三) 创业扶持效果不佳

为解决残疾人的就业问题,相关政府部门对残疾人开展了职业培训活动,对残疾人的自谋生计和创业采取了一定的帮扶措施,取得了一定的效果,但是这些政策的受众面较低,远远不能解决广大残疾人严峻的就业问题。需要政府部门加大投入，增加覆盖面，将就业服务落到实处，真正地让更多的残疾人能有一份体面的工作，能够过上有尊严和幸福美满的生活。

1. 职业培训受众面及收费情况

调查结果表明，有61.59%的人没有接受过职业培训，仅有27.85%的残疾人接受过职业培训。（图20）这表明针对残疾人的职业培训的受众面相当低。调查同时显示，在接受职业培训的残疾人当中，大部分人都免费接受了培训，部分人要付费，仅有3.41%的人表示收费昂贵。（图21）

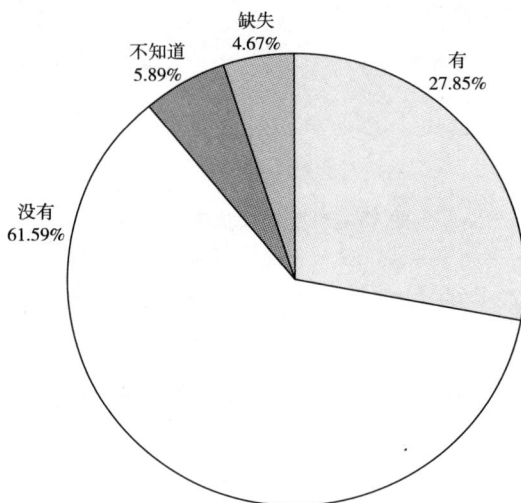

图 20　接受职业培训的情况

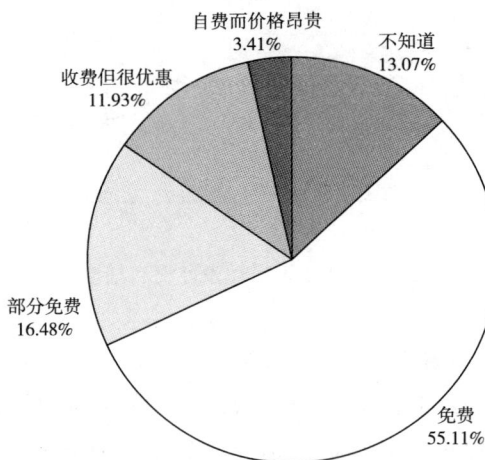

图 21　职业培训收费情况

2. 对职业培训的认知和对现状的评价

调查结果表明高达86.03%的残疾人认为职业培训有用,仅有5.03%的残疾人认为职业培训基本上没用。但谈及对广东省残疾人就业工作现状的评价时,高达54.75%的人认为一般,只有少数人得到这种培训和就业机会;14.53%的人认为很好,很多这样的人士都接受过这种训练,有的还获得了不错的工作;另有11.73%的人认为很差,多数人没有这种机会。由此可知,残疾人职业培训和就业的期望与现状之间存在着相当大的差距,需要通过进一步扩大覆盖面、提高针对性等措施做好残疾人职业培训工作,为更多的残疾人提供机会。

3. 残疾人创业扶持工作

关于残疾人创业扶持政策,仅有4.89%的人表示了解,41.06%的人表示了解一些,还有31.28%的人表示完全不了解。这一结果表明,残疾人群尚未广泛接受残疾人创业的观念,对残疾人创业扶持工作也大多不了解。在接受调查的残疾人当中,仅有10.46%的人接受过来自政府或其他渠道的创业扶持。因此,需要加大政府和社会各界对残疾人创业的宣传和扶持力度,为残疾人创业提供更强动力和更多便利。

(四) 法律服务受益面小

1. 残疾人法律权益受侵害的情况

调查结果表明,残疾人有较强的权利意识,分别有25.06%、19.73%、36.14%、16.19%、26.39%、14.19%的残疾人认为他们的生活特别保障权、受教育特别保障权、劳动就业保障权、精神文化生活保障权、社会福利和物质帮助获得权、名誉权(诽谤、歧视和侮辱)受到了侵害,有30.38%的人回答从未受过侵害。(图22)这一结果表明,日常生活中损害残疾人合法权益的现象较为普遍,残疾人对此有切身的感受,而其中最迫切需要解决的问题是保障残疾人的就业。

2. 残疾人法律援助

调查结果表明只有49.18%的人了解法律援助,而接受过法律援助服务的人则更少,仅占20.88%。绝大部分人没有接受过法律援助服务。因而有必要加大宣传和普法,让更多的残疾人及其家人知晓法律援助服务,以便在他们权益受到侵害的时候能够使用法律的手段维护自身权益。

(五) 社会保障极不理想

1. 政府及非政府救助

除去不知道的缺失数值以外,约有48.02%的残疾人接受过政府救助,尚有

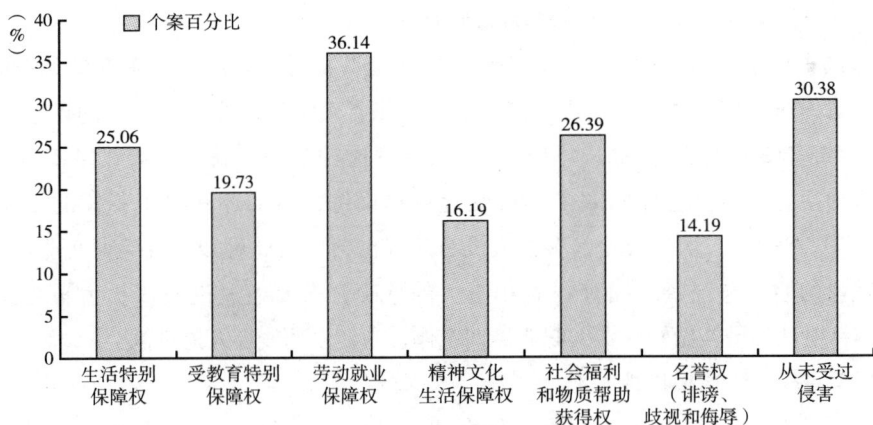

图 22 残疾人权益受侵害情况

42.59% 的人未接受过政府救助，有 39.08% 的人接受过非政府的慈善组织或个人的救助，有 53.99% 的残疾人未曾接受过任何形式的非政府救助。约有 48.01% 的残疾人接受过社区、邻里或非亲友的社会人士的救助，有 46.22% 的残疾人未曾接受过此类救助。整体来看，残疾人不管是接受政府、非政府的还是社会的救助的比例都比较低，相对而言，接受过政府救助的残疾人占比要略高一些。

2. 购买保险的情况

约有 26.78% 的受访者没有购买任何保险，购买过保险的残疾人也主要是购买医疗保险和基本养老保险，分别占比 59.62% 和 42.68%，五险全买的残疾人占比非常少。（图 23）

3. 享受最低生活保障的情况

调查结果表明，超过 60% 的受访残疾人没有享受过最低生活保障待遇，即使是享受了最低生活保障待遇的残疾人，待遇也普遍较低。299 元及以下的占比为 12.81%，300～399 元的占比为 11.44%，只有极少量的残疾人享受了高于 1000 元的最低生活保障。（图 24）

（六）无障碍出行困难

1. 身边的无障碍设施情况

调查显示，有 35.74% 的人知道或接触过盲道，还有 27.67% 的人知道或接触过无障碍厕所，但是对于盲人过街音响提示信号、公交车站等候区的提示盲道、无障碍人行天桥及其他无障碍设施，较少比例的残疾人表示知道或接触过，分别占受访者比例为 5.35%，4.32%，6.75% 和 1.31%。（图 25）

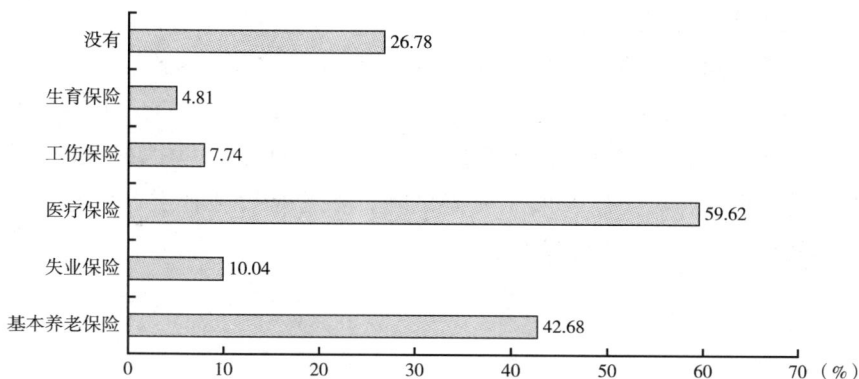

图 23 残疾人购买保险情况统计

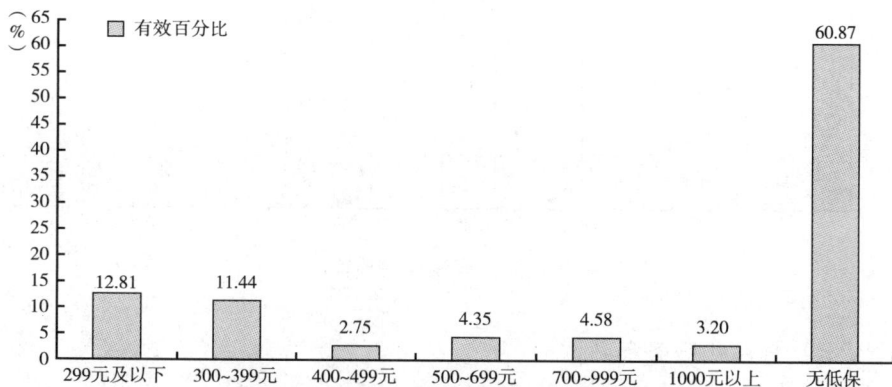

图 24 享受最低生活保障待遇的残疾人群分布

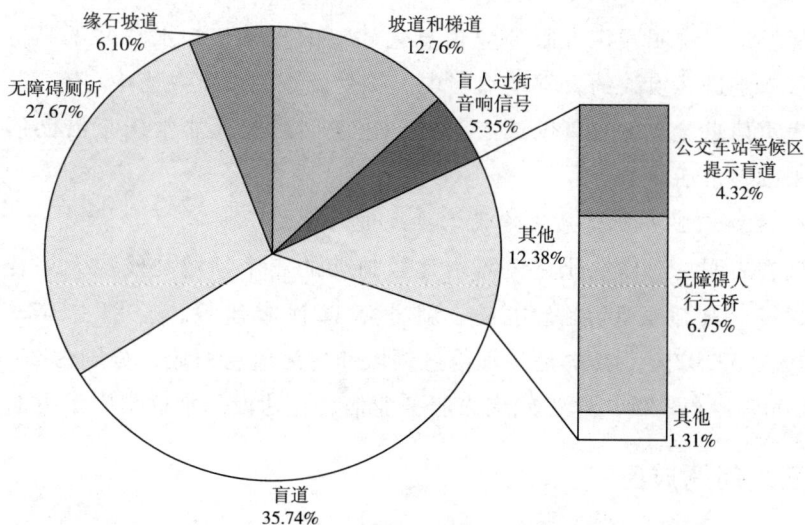

图 25 知道或接触过的无障碍设施

2. 设施完善程度

在评价无障碍设施完善程度时，高达 55.58% 的人认为比较缺乏，还有 13.57% 的人认为自身周围根本就没有残疾人无障碍设施。有 29.54% 的人认为比较好，但有待完善。认为很完善的仅有 1.31%。（图 26）接受访问的对象同时表示，对于残疾人无障碍设施，不管是设施种类、数量、利用率，还是日常维护，都需要大大加强。

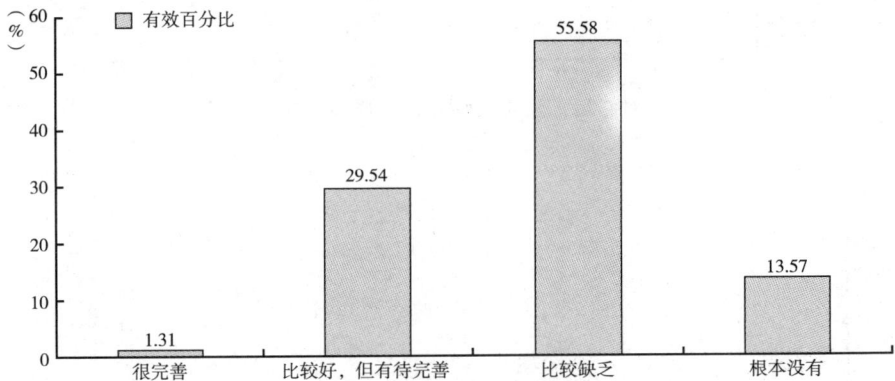

图 26　无障碍设施完善程度

（七）信息化服务不到位

1. 残疾人服务业信息化建设认知

调查中，高达 64.78% 的残疾人表示不太了解或不了解残疾人服务业信息化建设，这说明残疾人服务业信息化建设的整体认知水平并不高，信息化还远未走进残疾人的日常生活当中。接受调查的残疾人当中，有 72.50% 的人表示信息化非常有帮助或有帮助，这表明残疾人非常乐意借助信息化建设来改善生活质量。

2. 残疾人服务业信息化建设需要改进的方面

调查表明，对信息化建设需求比较迫切的三个领域是残疾人综合服务系统建设、基础配套设施建设、就业信息领域建设，分别占 67.67%、56.74%、53.02%，其次是教育信息领域和生活信息领域，分别占 30.23% 和 30.00%。（图 27）这为残疾人服务业信息化建设的推进指明了方向。

三　问题成因

调查结果显示，近年来，广东省残疾人服务业发展成效比较显著的方

（%）80

□ 个案百分比

70
67.67
60
56.74
53.02
50
40
30
30.23　30.00
25.35
20
10
1.16
0

残疾人综合服务系统建设　基础配套设施建设　信息技术队伍建设　就业信息领域建设　教育信息领域　生活信息领域　其他

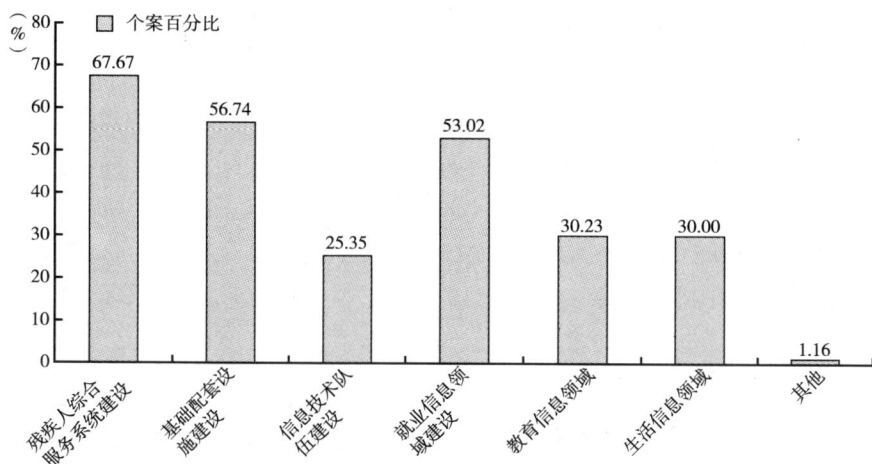

图 27　残疾人服务业信息化建设需要改进的方面

面，集中表现在康复服务水平、社会保障与社会福利和就业与经济状况，分别占 61.33%、39.33% 和 36.22%；发展比较缓慢的集中在社会保障与社会福利、就业与经济状况和反歧视与社会环境，分别占 51.22%、46.33% 和 33.18%。虽然社会保障与社会福利和就业与经济状况有很大的成效，但仍然赶不上广大残疾人士对此的需求，这也说明残疾人服务还有很大的发展空间。在谈到残疾人未来的期望时，主要集中在权益保护、康复服务水平与教育水平上，分别占 63.73%、62.02%、60.73%，并且都有超过一半的人选择，说明这是众多残疾人的心声。（图 28）

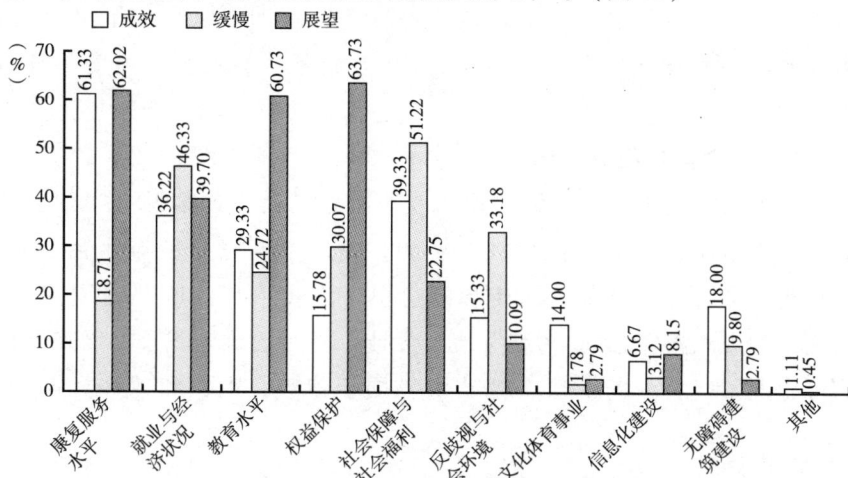

（%）70

□ 成效　□ 缓慢　■ 展望

60
61.33　62.02
60.73　63.73
50
51.22
46.33
39.70　39.33
40
36.22
33.18
30.07
30
29.33
22.75
24.72
20
18.71
15.78
15.33
18.00
14.00
9.80
10
10.09
6.67
8.15
2.79　3.12　2.79
1.78
1.11　0.45
0

康复服务水平　就业与经济状况　教育水平　权益保护　社会保障与社会福利　反歧视与社会环境　文化体育事业　信息化建设　无障碍建筑建设　其他

图 28　残疾人服务业发展成效情况

　　2006 年第二次全国残疾人抽样调查的广东地区数据也显示，学龄残疾儿童接受义务教育的比例只有 68.92%；残疾人康复服务覆盖率只有 40.5%；城镇残疾人基本社会保险覆盖率仅有 24.62%，社区服务覆盖率只有 9.61%；农村残疾人新型合作医疗覆盖率只有 61.78%。残疾人服务水平也相对较低，针对残疾人特殊需求的个性化服务项目更是相当缺乏。应该说，广东残疾人服务业存在以上问题的原因是复杂的，既有残疾人自身的原因，也有制度的原因；既有历史的原因，也有现实的原因；既有经济方面的原因，也有非经济的原因。综合来说，最主要的原因包括以下几个方面。

（一）投入不足且不平衡

　　从当前的经济发达地区和经济落后地区、城镇和农村的差异来看，无论是残疾人服务业的覆盖率，还是服务业的水平，基本上是经济发达地区领先于经济落后地区，城镇领先于农村。可以说，当地的经济发展水平是影响残疾人服务业发展的决定性因素之一，经济发展水平也极大地影响了政府对残疾人服务业的投入与支持力度。

　　中国香港地区 30 多万残疾人，有 173 家非政府机构的 3000 多家服务单位直接为残疾人提供服务，政府每年投入 160 多亿港元。而广州市 52 万余残疾人，拥有服务机构仅 143 家，其中由财政核拨、核补的仅 31 家，投入与服务能力和香港地区无法相比。特别是在经济不发达的粤东、粤西、粤北地区 12 个市共有残疾人 315 万，占全省残疾人口的近六成，拥有残疾人服务机构不足全省的四成，与珠江三角洲地区形成了鲜明对比，并且这种不平衡状况还在进一步扩大。① 这也是因为投入的力度不够所导致的。

（二）社会排斥根深蒂固

　　观念上的社会排斥是导致残疾人丧失社会支持力的根源。当社会政策从观念上拒绝向某些群体提供社会资源，使之不能完全参与社会生活时，就会出现社会排斥。例如，在传统观念里，"残"与"废"是固定搭配，因残而废的观念根深蒂固。"残＝废＝无能"这种思维定式长期以来严重地损害和歪曲了残疾人的形象，把残疾等同于依赖、脆弱和放弃。再例如，

---

　　① 　方积干：《加强广东残疾人基础服务设施建设的建议》，http：//www.zhgpl.com/crn-webapp/cbspub/secDetail.jsp? bookid＝39783&secid＝39952，2009-10-09。

很多人认为无障碍设施是专为少数残疾人服务的，事实上老弱妇孺等社会成员都是无障碍设施的受益者。观念上的排斥反过来影响了人们对残疾人的态度和看法，进而影响社会政策的实施，这种观念层面的排斥让社会难以全面接纳残疾人参与日常生活和各种活动，大大阻碍了残疾人服务业的发展。只有大家消除了观念上这些无形的障碍，残疾人服务业才能无障碍地大步前行。

（三）专业技术人才缺乏

残疾人服务业缺乏专业技术的有效支撑，不只是广东省的问题，也是一个全国性的问题。虽然经过多年摸索，但还没有设立关于残疾人服务专业技术职称评估体系，导致残疾人服务业专业技术人才的职业发展受到了限制，影响了专业人才从事本行业的积极性。

广东残疾人服务机构现有 5828 名服务人员，其中，有特殊教育、医疗、工程、心理、社会工作等专业背景的仅 1738 名，不足全部服务人员的三成。[①] 专业人员匮乏不仅影响了广东现有残疾人服务机构效能的发挥，也影响了残疾人服务业向纵深推进，严重制约了广东残疾人服务业的跨越式发展。

（四）基础设施很不完善

广东省残疾人服务业跨越式发展中存在的问题，和残疾人基础设施和基础服务体系的不完善有着极为重要的关系。实地调查结果显示，广东残疾人服务业体系主要存在以下问题：一是残疾人服务点数量较少，导致残疾人不能就近得到服务。比如，医疗康复站点少，特别是耳聋、脑瘫、智障三类儿童的医疗康复服务需求难以满足。即使是在珠江三角洲地区，通常一个街道（镇）只有一家残疾人医疗康复中心；在经济较为落后的粤东、粤西、粤北山区，残疾人医疗康复保障服务点普遍只有县一级才设置。二是残疾人服务中心的硬件、软件设施不能满足残疾人需求。除部分地区的残疾人服务机构硬件、软件设施发展较为完善以外，广东大多数地区的残疾人训练设施和娱乐设施都比较简陋，特别是无障碍设施的建设更不如人意，并且缺乏长效的资金投入机制，设施的补充和维护面临较大的困境。三是残疾人服务机构制度尚待完善。虽然大多数服务机构都是面向全体残

---

① 方积干：《加强广东残疾人基础服务设施建设的建议》，http://www.zhgpl.com/crn - webapp/cbspub/secDetail.jsp? bookid = 39783&secid = 39952，2009 - 10 - 09。

疾人的，但由于财政投入的不足，机构需要收取一定的费用来维持机构的正常运作。而大多数残疾人家庭生活都比较困难，难以承担长期的教育、医疗等费用。因此，这些服务的享用，在某种意义上成为"相对有钱人（家庭）"的"特权"，更困难、更有需要的人和家庭往往只能"望门兴叹"。

（五）总体发展规划缺失

至今，广东仍没有涵盖残疾人服务业全面和跨越式发展的总体规划，没有明确的、具体的指导方针、战略和目标，相关的建设都是零零散散，不成体系的。在这样的情况下，首先必然导致残疾人服务业的资金投入、运行缺乏明确的目标，很多方面都没有考虑到或者投入严重不足；其次是导致各地市残疾人服务业各自为政，独立发展，各有各的实施办法，各有各的标准，发展水平参差不齐；再次是导致城乡残疾人服务业发展的分离，城镇有城镇的办法，农村有农村的措施，城乡差距日益增大。从调查发现的情况来看，后面两种情况尤为明显。

四　对策建议

为了有效解决当前广东省残疾人服务业跨越式发展中存在的突出问题，真正促进广东省残疾人服务业的跨越式发展，课题组有针对性地提出以下几个主要的对策建议。

（一）尽快制定残疾人服务业总体发展规划

按照 2006 年第二次全国残疾人抽样调查结果，广东有 540 万残疾人，至少涉及全省五分之一家庭户的 2000 万人口。因此，完全可以这样说，没有残疾人的幸福安康，就不是广东真正意义上的和谐社会；没有残疾人服务业在内的残疾人事业的发展，就不是广东真正意义上的科学发展，也无法真正实现率先发展。由此，规划首先要明确残疾人服务业跨越式发展对广东省经济社会协调发展、率先发展、科学发展，对建设和谐广东、幸福广东具有的重大现实意义；其次，要确定在一定时间节点（如 2020 年、2025 年等）上，残疾人服务业跨越式发展的战略目标、阶段性目标、具体指标和工作任务；再次，要明确实现这些中长期战略目标的主要路径和重大行动；最后，需要明确实现这些目标的配套政策（包括财政支持政策、领导责任追究制度、社会体制改革方案等）、激励和约束条件等。

（二）　切实加大残疾人服务整体财政投入

残疾人服务设施建设、人才队伍建设等经费要列入各级财政预算，建立财政资金投入的稳定增长机制。要加大对欠发达地区残疾人服务设施、人才培养的省级财政转移支付力度，多渠道筹集服务设施建设经费，有效引导社会资金参与残疾人服务业建设。

（三）　不断健全残疾人教育文体扶持政策

对于残疾人教育事业，要进一步完善残疾人特殊教育体系，制定帮扶政策，帮助适龄残疾儿童少年普遍接受义务教育。积极发展残疾儿童学前康复教育，对残疾儿童接受普惠型学前教育予以保障；逐步实施残疾学生免费高中阶段教育，大力发展残疾人职业教育，加快发展残疾人高中阶段教育和高等教育。健全特殊教育保障机制，完善残疾学生教育救助政策，加大对农村残疾人生产扶助和生活救助力度。

对于残疾人文化娱乐事业，首先，要为残疾人提供基本、均等、人性化的文化服务，在规划和建设公共文化服务体系过程中将残疾人文化建设作为必要项纳入其中，给予特别安排，充分考虑残疾人的特殊需求，提供残疾人能够参与的文化内容和方便参与的无障碍设施及环境。其次，要发挥残疾人的主体作用，扩大残疾人参与文化活动的覆盖面，增加各项文化娱乐活动残疾人参与的人数和次数。要按照集中与分散、定期与日常相结合的原则，把残疾人文化娱乐活动广泛深入地开展下去，不断丰富活动内容，创新活动形式，覆盖到广大城乡社区各类残疾人群众。再次，要重视社会资源的吸纳，在场地设施上，依托和利用各种社区文化资源，让残疾人在社区范围内能够就近、便利参与文化体育活动，有条件的地方也可根据实际情况，采取新建、改建、共建等形式，推进残疾人文化活动服务设施建设。在活动形式上，既可以根据自身的特点独立组织开展活动，也可以与社区群众文化活动融为一体。同时要注意发现并培养有一定文化潜质和组织能力的残疾人，带动和引导基层残疾人文化活动。最后，要大力扶持残疾人文化产业，借助市场对文化资源配置的积极作用，引导残疾人将自己的文化作品变成文化产品，这样既能发展残疾人文化，又能帮助残疾人实现文化创业、文化就业。

（四）　努力改善残疾人培训就业创业状况

要利用政府购买服务的方式，筛选社会培训机构参与残疾人职业培训工作，扩大职业培训的受众面；利用政府采购和招标的形式优先考虑残疾人业户、残疾人福利企业、残疾人辅助性就业机构、残疾人企业、超比例安排残疾人就业单位的产品和服务，以促进残疾人就业；扶持辅助性就业，探讨智力、精神残疾人就业新形式，设立辅助性就业机构，集中安排智力方面经治疗已康复的精神残疾人就业。设立创业基金，扶持残疾人个体创业，同时给予补贴，并适当减免相关税费，建立残疾人创业孵化中心，为残疾人开展创业实践提供支持。要提高企业吸纳残疾人就业的奖励标准，使残疾人扩大就业和稳定就业。要在农村地区不断扩大就业扶贫基地，使更多农村残疾人脱贫致富，结合当地农业产业化发展规划，采取龙头企业带动、公司加农户、专业合作社等形式，引导利用社会资源，为残疾人提供就业劳动岗位，增加收入、摆脱贫困。

（五）不断强化残疾人社会保障体系建设

本次调查显示，约有20%的受访残疾人没有经济来源，26.78%的受访残疾人没有购买任何保险，超过60%的受访残疾人没有享受过最低生活保障待遇，即使是享受了最低生活保障待遇的残疾人，待遇也普遍较低。

因此，要进一步建立健全残疾人社会保障制度，提高残疾人社会保障水平。应当优先安排、抓紧实施，使城乡贫困残疾人基本生活需求尽快得到稳定的制度性保障，将残疾人普遍纳入覆盖城乡居民的社会保障体系，同时要制定实施针对残疾人特殊困难和需求的专项社会保障政策及措施。要继续推进残疾人社会救助，不断扩大救助范围，提高救助标准；将住房困难的低收入残疾人家庭优先纳入城市住房保障和城乡住房救助体系。要落实残疾人社会保险的政府补贴，继续扩大社会保险尤其是基本医疗、基本养老保险的覆盖面，逐步将残疾人急需的康复医疗项目纳入社会保险支付范围。要大力发展残疾人福利，逐步提高对低收入残疾人的专项生活救助水平，使他们得到稳定的基本收入补贴。要继续开展对0~6岁残疾儿童的免费抢救性康复，对重度残疾人适配基本型辅助器具、残疾人家居环境无障碍建设和改造、日间照料、护理与居家服务给予政府补贴。着力发展重度肢体、智力、精神残疾人托养服务。要高度重视社区和社会力量的作用，发展以社区为基础的残疾人服务设施。大力发展残疾人慈善事业，培育助残志愿者队伍，鼓励社会组织、企业和民间资本参与残疾人公共服务。

（六）尽力改善残疾人无障碍设施的供给

2012年8月1日，中国首部无障碍设施的行政法规《无障碍环境建设条例》开始实行，这为残疾人无障碍设施的建设提供了法律保障。但是，问题依然很多，必须进一步改善无障碍设施的供给，加强各部门的合作，在公共场所普遍提供无障碍设施，对于已经建成的无障碍设施，要加强维修保养，避免出现无法使用或禁止使用的情形，减少人为破坏。

（七）继续推进残疾人服务业信息化建设

推进残疾人服务业信息化建设，首先要加强基础配套设施建设，搭建社区残疾人就业服务信息网络平台，同步搭建社区残疾人就业服务信息系统平台，整合劳动就业业务职能系统，统一规划，整合各地经办机构信息系统，将信息系统涵盖的就业管理、残保金核定征收、失业登记、失业就业统计、盲人按摩管理、从业残疾人状况监测、就业促进管理以及办公自动化和决策分析等残疾人服务项目内容归并在统一的网络平台上，实现充分的资源共享。各级残疾人联合会要为残疾人共享信息创造条件，积极协调，出台、落实残疾人上网优惠政策，降低残疾人享受信息化成果的门槛。要设立残疾人与残疾人组织、社会之间的信息化通道，突破传统时空距离，实现便捷沟通；吸引残疾人参与信息化建设，使信息化工作更贴近残疾人的需求。

其次要重视人才培养，加强岗位培训，对各级残疾人工作者进行不同类型和不同层次的信息技术培训，造就一支熟悉信息技术和残疾人工作的人才队伍，特别要加强对乡镇残疾人联合会及城乡社区残疾人协会工作人员的培训。要加强专业化信息分析人员的培养工作，走专业化的道路，提供一流的信息收集、整理、分析、应用和传递服务，更好地利用信息化为残疾人服务。

参考文献 *

[1] 柯克等：《特殊儿童的心理与教育》，汤盛钦、银春明主编译，天津：天津教育出版社，1989。

[2] 刘翠霄：《各国残疾人权益保障比较研究》，北京：中国社会科学出版社，1994。

[3] 李惜雯：《中国残疾人口研究》，北京：华夏出版社，1996。

[4] 卢连才：《残疾人社会保障研究》，北京：华夏出版社，1997。

[5] 方俊明：《当代特殊教育导论》，西安：陕西人民教育出版社，1998。

[6] 风笑天：《社会学研究方法》，北京：中国人民大学出版社，2001。

[7] 马洪路：《中国残疾人社会福利》，北京：中国社会出版社，2002。

[8] 时正新、廖鸿：《中国社会救助体系研究》，北京：中国社会科学出版社，2002。

[9] 刘全礼：《特殊教育导论》，北京：教育科学出版社，2003。

[10] 陈云英：《中国特殊教育学基础》，北京：教育科学出版社，2004。

[11] 宋卓平：《残疾人社会保障研究》，广州：广东人民出版社，2004。

[12] 周建明：《社会政策：欧洲的启示与对中国的挑战》，上海：上海社会科学院出版社，2005。

[13] 广州市残疾人联合会、广州市残疾人事业研究会编《广州残疾人服务模式研究》，广州：广东省出版集团广东人民出版社，2007。

[14] 莫邦豪：《中国社会福利研究文集》，北京：社会科学文献出版社，2007。

---

* 参考文献根据本著作各章作者在初稿章末附列的参考文献汇总整理；排列以文献类别、出版时间先后、作者名拼音字母为序；在正文及正文脚注中出现过的参考文献不重复列出。

［15］ 第二次全国残疾人抽样调查办公室编《第二次全国残疾人抽样调查资料》（上，下），北京：中国统计出版社，2008。

［16］ 李迎生：《残疾人社会保障理论与实践研究》，北京：华夏出版社，2008。

［17］ 孙俊民、江明旭：《广东残疾人口现状与发展研究》，广州：中山大学出版社，2008。

［18］ 王珏等：《中国残疾人康复需求分析与发展研究》，北京：华夏出版社，2008。

［19］ 王利明等：《残疾人法律保障机制研究》，北京：华夏出版社，2008。

［20］ 杜晓新、宋永宁：《特殊教育研究方法》，北京：北京大学出版社，2011。

［21］ 尚珂、梁土坤：《新形势下的中国残疾人就业问题研究》，北京：中国劳动社会保障出版社，2011。

［22］ 余向东：《残疾人社会保障法律制度研究》，北京：中国法制出版社，2012。

［23］ 周利敏：《残疾人社会工作》，北京：社会科学文献出版社，2012。

［24］ 杨立雄：《四川省残疾人服务模式创新研究》，北京：人民出版社，2013。

［25］ 莫明：《残联：顺应时代，承接未来》，《中国残疾人》1992年第12期。

［26］ 刘翠霄、玫思娜：《德国残疾人社会保障法》，《外国法评议》1996年第3期。

［27］ 刘全礼：《论一体化及中国特殊教育形式》，《山东特教》1996年第4期。

［28］ 邱卓英、吴弦光、董红等：《国际残损、活动和参与分类新系统研究》，《中国康复理论与实践》1999年第5期。

［29］ 方俊明：《我国特殊教育研究的回顾与展望》，《中国特殊教育》2000年第1期。

［30］ 陈琪、励建安：《对残疾人康复需要的调查研究》，《中国康复医学杂志》2000年第5期。

［31］ 周林刚：《社会排斥理论与残疾人问题研究》，《青年研究》2003年第5期。

［32］陈喜强、刘婵婵：《社区残疾人保障的现状分析与政策建议》，《公共管理学报》2004 年第 1 期。

［33］李晓捷：《英国残疾儿童康复服务的机构特点及现状》，《中国临床康复》2004 年第 8 期。

［34］蔡禾、周林刚：《消除社会排斥，实现社会公正——残疾人工作的深层理念》，载宋卓平编《残疾人社会保障研究》，广州：广东人民出版社，2004。

［35］陈国彦：《残疾人事业政策体系及建立的思考》，《中国残疾人》2005 年第 5 期。

［36］黄翔：《论基础教育和谐发展：基于课程的视角》，《教育研究》2005 年第 4 期。

［37］林喆：《人性论，人道主义与人权研究》，《法学家》2006 年第 6 期。

［38］陈刚、张文红：《社区康复对现实残疾人康复服务的影响》，《医学与哲学》2007 年第 7 期。

［39］王子先：《高度关注服务业全球化发展趋势》，《国际市场》2007 年第 9 期。

［40］程凯：《我国残疾人康复工作的回顾与展望》，《中国康复理论与实践》2008 年第 4 期。

［41］黄佳豪：《西方社会排斥理论研究述略》，《理论与现代化》2008 年第 6 期。

［42］施继良、彭红、魏志云：《北京市六类残疾人康复需求现状分析》，《中华流行病学杂志》2008 年第 7 期。

［43］陈耀红、曹雁：《北京市智力残疾人康复需求分析》，《中国康复理论与实践》2008 年第 10 期。

［44］赵小红：《改革开放 30 年中国特殊教育的发展及政策建议》，《中国特殊教育》2008 年第 10 期。

［45］中国残疾人联合会党组：《在新的起点上加快推进残疾人事业的发展》，《求是》2008 年第 10 期。

［46］施继良、魏志云、孙喜斌、彭虹、曲成毅：《北京市听力残疾人群康复需求与服务现状分析》，《中国听力语言康复科学杂志》2009 年第 1 期。

［47］孙树菡、毛艾琳：《我国残疾人康复需求与供给研究》，《湖南师范大学社会科学学报》2009 年第 1 期。

［48］杨俊、庄为岛：《社区和康复机构对残疾人事业影响的分析——基于残疾人"二抽"的数据》，《湖南师范大学学报》2009 年第 1 期。

［49］龚文君、周建宇：《社区康复——我国残疾人康复事业发展的必由之路》，《江海纵横》2009 年第 4 期。

［50］王丽娅：《粤港澳三地社会保障制度的比较研究》，《粤港澳经济》2010 年第 6 期。

［51］卢茜、雷江华：《美国高校残疾人服务特点及对我国高校的启示》，《中国特殊教育》2010 年第 9 期。

［52］中国残疾人联合会：《加快推进残疾人社会保障体系和服务体系建设》，《求是》2010 年第 14 期。

［53］回良玉：《健全残疾人社会保障体系和服务体系，推动"十二五"时期残疾人事业加快发展》，《残疾人研究》2011 年第 1 期。

［54］程潮：《庄子的残疾人思想及其现代启示》，《残疾人研究》2011 年第 2 期。

［55］林瑜胜：《山东省残疾人公共服务问题分析及建议——兼与江苏、浙江、广东三省比较》，《社科纵横》2011 年第 26 期。

［56］梁土坤：《我国按比例安排残疾人就业实施办法问题研究》，《人口与经济》2011（增刊）。

［57］王乃坤：《加强残疾人文化建设，保障残疾人文化权利》，《残疾人研究》2012 年第 1 期。

［58］王新文、段世江：《中国残疾人政策及其发展理念》，《前沿》2012 年第 2 期。

［59］卢江勇、陈功：《贫困残疾人的社会保障问题研究》，《中国人口资源与环境》2012 年第 S2 期。

［60］周峰：《人道主义与社会主义人道主义》，《中共济南市委党校学报》2012 年第 3 期。

［61］边丽、许家成、郑俭等：《国外残疾人康复立法研究》，《残疾人研究》2012 年第 4 期。

［62］陆德阳：《残疾人与近代中国残疾人事业的发展》，《齐鲁学刊》2012 年第 6 期。

［63］唐钧：《非营利组织与残疾人社会服务体系的建构》，《教育与研究》2012 年第 8 期。

［64］管向梅：《西方残疾人社会福利的三个世界——兼论中国残疾人社会福利体制的完善》，《社会福利》（理论版）2012年第12期。

［65］张海迪：《努力建设残疾人事业的好队伍》，《残疾人研究》2013年第3期。

［66］张延辉：《我国残疾人社会保障制度绩效评价研究》，吉林大学博士学位论文，2008。

［67］E. S. 萨瓦斯：《民营化与公私部门的伙伴关系》，周志忍等译，北京：中国人民大学出版社，2002。

［68］坂脇昭吉等：《现代日本的社会保障》，杨河清等译，北京：中国劳动社会保障出版社，2005。

［69］内维尔·哈里斯：《社会保障法》，李西霞、李凌译，北京：北京大学出版社，2006。

［70］Juliet C. Rothman：《残疾人社会工作》，曾守锤、张坤等译，上海：华东理工大学出版社，2008。

［71］杰克·奈特：《制度与社会冲突》，周伟林译，上海：上海人民出版社，2009。

［72］桑原洋子：《日本社会福利法制概论》，韩君玲、邹文星译，北京：商务印书馆，2010。

［73］Asa Briggs. *The Welfare State in Historical Perspective*. New York：Harper Torchbooks，1967.

［74］Selwyn Goldsmith. *Designing for the Disabled*. London：McGraw – Hill，1968.

［75］Gregory J. Walters. *Equal Access：Safeguarding Disability Rights*. Vero Beach：Rourke Publishing Group，1992.

［76］Michel Harington. *The Other America：Poverty in the United States*. New York：Simon & Schuster，1997.

［77］Robert M. Page，Richard L. Silburn. *British Social Welfare in the Twentieth Century*. London：Palgrave Macmillan，1999.

［78］Ayesha Vernon . *User-Defined Outcomes of Community Care for Asian Disabled People*. Bristol：The Policy Press，2002.

［79］Jacqueline Vaughn. *Disabled Rights：American Disability Policy and the Fight for Equality*. Washington DC：Georgetown University Press，2003.

[80] Robert Walker. *Social Security and Welfare: Concepts and Comparisons.* Lansing: Open University Press, 2005.

[81] Michael J. Prince. *Canadians Need a Medium-Term Sickness/ Disability Income Benefit.* Ottawa: The Caledon Institute of Social Policy, 2008.

[82] Norman L. Cantor. *Making Medical Decisions for the Profoundly Mentally Disabled.* Cambridge: Mit Press, 2009.

[83] William J. Reid. *The Task Planner: An Intervention Resource for Human Service Professionals.* New York: Columbia University Press, 2013.

[84] Lawrence D. Haber. Social Planning for Disability. *The Journal of Human Resources, Supplement: Work and Welfare*, 1973 (8).

[85] John N. Smith. Community Responsibility for the Disabled. *Annals of the American Academy of Political and Social Science*, 1984 (239).

[86] Barry R. Sherman, Joseph J. Cocozza. Stress in Families of the Developmentally Disabled. *A Literature Review of Factors Affecting the Decision to Seek Out-of-Home Placements*, 1986 (33).

[87] Kay Donahue Jennings, Vaughan Stagg, Robin E. Connors, Shelley Ross. Social Networks of Mothers of Physically Handicapped and Nonhandicapped Preschoolers: Group Differences and Relations to Mother-Child Interaction. *Journal of Applied Developmental Psychology*, 1995 (16).

[88] Ellen Jane Hollingsworth. Mental Health Services in England: The 1990s. *International Journal of Law and Psychiatry*, 1996 (19 – 3).

[89] Theodosia R. Paclawskyj, Johnny L. Matson, Jerald W. Bamburg, Christopher S. Baglio. A Comparison of the Diagnostic Assessment for the Severely Handicapped-II (DASH-II) and the Aberrant Behavior Checklist (ABC) . *Research in Developmental Disabilities*, 1997 (4).

[90] Mark S. Salzer, Leonard Bickman. Delivering Effective Children's Services in the Community: Reconsidering the Benefits of System Interventions . *Applied & Preventive Psychology*, 1997 (6).

[91] T. E. Elkins, M. Ghaziuddin. Integration of a Sexuality Counseling Service into a Reproductive Health Program for Persons with Mental Retardation. *J Pediatr Adolesc Gynecol*, 1997 (10).

［92］Ilias Papathanasiou, S Jane Lyon-Maris. Outcome Measurements and Case Weightings in Physiotherapy Services for People with Learning Disabilities. *Physiotherapy*, 1997（184 – 12）.

［93］William G. Johnson. The Future of Disability Policy: Benefit Payments or Civil Rights. *Annals of the American Academy of Political and Social Science*, 1997（549）.

［94］Chia-Fen Chi. A Study on Job Placement for Handicapped Workers Using Job Analysis Data. *International Journal of Industrial Ergonomics*, 1999（24）.

［95］Sue Arthur. New Deal for Disabled People: Early Implementation. *Research Report（Great Britain）*, 1999（106）.

［96］Julia Loumidis. Evaluation of the New Deal for Disabled People: Personal Adviser Service Pilot. *Research Report（Great Britain）*, 2001（144）.

［97］N. Bent, A. Tennant, T. Swift, J. Posnett, P. Scuffham, M. A. Chamberlain. Team Approach Versus ad Hoc Health Services for Young People with Physical Disabilities: A Retrospective Cohort Study. *The Lancet*, 2002（360）.

［98］Marilyn Howard. An "Interactionist" Perspective on Barriers and Bridges to Work for Disabled People . *DSS Research Report*, 2003（54）.

［99］Annie Bartlett. The Care of Women in Forensic Mental Health Services. *Psychiatry*, 2004（3 – 11）.

［100］Dag Hofoss. Healthy Living does not Reduce Life Satisfaction among Physically Handicapped Persons. *Patient Education and Counseling*, 2004（52）.

［101］Deborah S. Metzel. Places of Social Poverty and Service Dependency of People with Intellectual Disabilities: A Case Study in Baltimore, Marylands. *Health & Place*, 2005（11）.

［102］Sandra M. L. Ribeiro, Regina C. da Silva, Inar A. de Castro, Julio Tirapegui. Assessment of Nutritional Status of Active Handicapped Individuals. *Nutrition Research*, 2005（25）.

［103］Anke Bramesfeld, Gerhard Holler. Administrative and Financial Responsibilities for Sheltered Housing for Mentally ill and Handicapped Persons in Germany and its Impact on Housing Supply. *Health Policy*,

2005 (72).

[104] Klaus Seeland, Simone Nicole. Public Green Space and Disabled Users. *Urban Forestry & Urban Greening*, 2006 (5).

[105] B. M. Nandjui, D. A. Alloh, B. K. Manou, J. Bombo, A. Twoolys and A. Pillah. Quality of Life Assessment of Handicapped Students Integrated into the Ordinary Higher Education System. *Ann Readapt Med Phys*, 2008 (51).

[106] Annemarie Profanter. Facing the Challenges of Children and Youth with Special Abilities and Needs on the Fringes of Omani Society. *Children and Youth Services Review*, 2009 (31).

[107] Julie Paquette, Jean-François Cordeau and Gilbert Laporte. Quality of Service in Dial-a-ride Operations. *Computers & Industrial Engineering*, 2009 (56).

[108] Amy E. Kalkbrenner, Jujie L. Daniels, Michael Emch, Joseph Morrissey, Charles Poole, and Jiu-chiuan Chen. Geographic Access to Health Services and Diagnosis with an Autism Spectrum Disorder. *Health Services and Autish Diagnosis*, Aep, 2011 (21 −4).

[109] Kate ina Juklová, Monika Ulrichová. Changes of Handicapped and other Students Self-concept and Mutual Attitudes as a Result of their Directed Interaction. *Procedia-Social and Behavioral Sciences*, 2011 (29).

[110] Patrick Shannon, Christine Tappan. A Qualitative Analysis of Child Protective Services Practice with Children with Developmental Disabilities. *Children and Youth Services Review*, 2011 (33).

[111] Molly P. Jarman, J. Michael Bowling, Pamela Dickens, Karen Luken, Bonnie C. Yankaskas. Factors Facilitating Acceptable Mammography Services for Women with Disabilities. *Women's Health Issues*, 2012 (22 −5).

[112] Paraskevi Giagazoglou, Fotini Arabatzi, Eleftherios Kellis, Maria Liga, Chrisanthi Karra and Ioannis Amiridis. Muscle Reaction Function of Individuals with Intellectual Disabilities may be Improved through Therapeutic Use of a Horse. *Research in Developmental Disabilities*, 2013 (34 −9).

后 记

　　本著作《残疾人服务业跨越式发展研究——基于融会中西的广东视角》，是由广东省社会科学院、广东省残疾人联合会和中山大学联合成立的"残疾人服务业研究"课题组承担的中国残疾人联合会 2012～2013 年度残疾人事业理论与实践研究课题——"残疾人服务业研究"的最终研究成果。课题 2013 年 10 月结项。本著作的研究内容、研究价值、研究方法包括工作程序等，均已在本著作第一章概说，这里不再赘述。

　　以下为课题组成员和本书作者名单。广东省残疾人联合会有理事长张永安、巡视员宋卓平、维权部部长江明旭、《广东残疾人》杂志主编董淼章；广东省社会科学院有副院长刘小敏研究员、社会学与人口学研究所副所长左晓斯研究员（主持工作）、法学研究所李娟副研究员、现代化战略研究所欧阳卿助理研究员、企业管理与决策研究所严若谷博士及硕士研究生雷宸亚和谢清华；中山大学有社会学与人类学学院副院长王宁教授、博士研究生张桂金。

　　本研究和著作的完成及出版，得到了中国残疾人联合会及其研究室、广东省人民政府及其残疾人工作委员会的精心指导，得到了社会科学文献出版社、课题组成员所在单位、广东省政府残疾人工作委员会各成员单位和广东地区科研机构、高等院校的鼎力支持，得到了广东省广州（辖下的黄埔区、增城市）、珠海、惠州、汕头、茂名、清远市政府残疾人工作委员会及其成员单位，特别是残疾人联合会以及相关镇街社区、残疾人服务机构、残疾人家属、残疾人的积极配合，在此谨致以最诚挚的感谢。在研究过程中，课题组还参阅了国际国内大量相关的文献资料，在此一并向文献作者致谢。

由于时间仓促，再加上水平有限，本著作的缺点错误在所难免，诚盼读者诸君批评指正。

编　者
2013 年 9 月于广州

图书在版编目（CIP）数据

残疾人服务业跨越式发展研究：基于融会中西的广东视角/
刘小敏等著. —北京：社会科学文献出版社，2014.6
ISBN 978 - 7 - 5097 - 5692 - 8

Ⅰ.①残…　Ⅱ.①刘…　Ⅲ.①残疾人 - 服务业 - 研究 -
中国　Ⅳ.①D669.69

中国版本图书馆 CIP 数据核字（2014）第 035391 号

残疾人服务业跨越式发展研究
——基于融会中西的广东视角

著　　者 / 刘小敏　张永安　左晓斯　江明旭 等

出 版 人 / 谢寿光
出 版 者 / 社会科学文献出版社
地　　址 / 北京市西城区北三环中路甲 29 号院 3 号楼华龙大厦
邮政编码 / 100029

责任部门 / 社会政法分社（010）59367156　　责任编辑 / 任晓霞　谢蕊芬
电子信箱 / shekebu@ ssap. cn　　　　　　　责任校对 / 张成海
项目统筹 / 童根兴　谢蕊芬　　　　　　　　 责任印制 / 岳　阳
经　　销 / 社会科学文献出版社市场营销中心（010）59367081　59367089
读者服务 / 读者服务中心（010）59367028

印　　装 / 三河市东方印刷有限公司
开　　本 / 787mm × 1092mm　1/16　　　印　张 / 23.75
版　　次 / 2014 年 6 月第 1 版　　　　　　字　数 / 401 千字
印　　次 / 2014 年 6 月第 1 次印刷
书　　号 / ISBN 978 - 7 - 5097 - 5692 - 8
定　　价 / 89.00 元